D1726796

Weddig Fricke

Der Fall Jesus

Eine juristische
Beweisführung

Herzlichst
Ihr

W. Fricke

2. VII. 95

Rasch und Röhring Verlag

Das Titelbild zeigt den Pilatusstein, der 1961 in Ceasara gefunden wurde. Es ust die einzige Inschrift, in der Pilatus erwähnt wurde. Es heißt dort: [Pon]tius Pilatus [Prae]fectus Judae[ae]

Die Deutsche Bibliothek – CIP-Einheitsaufgnahme

Fricke, Weddig:
Der Fall Jesus : eine juristische Beweisführung / Weddig Fricke. –
Hamburg : Rasch und Röhring, 1995
ISBN 3-89136-562-4

Copyright © 1995 by Rasch und Röhring Verlag, Hamburg
Großer Burstah 42, 20457 Hamburg, Fax 040/37 13 72
Umschlaggestaltung: Peter Albers, Foto Ellen Schönberger
Satzherstellung: KCS GmbH, Buchholz/Hamburg
Druck- und Bindearbeiten: Ebner, Ulm
Printed in Germany

Inhalt

Vorwort

Der gedankliche Ursprung dieses Buches liegt in einem Rechtsfall, mit dem ich mich als Anwalt beruflich zu befassen hatte. 1970 wurde ich vom Landgericht Freiburg i. Br. zum Pflichtverteidiger in einem Mordfall wegen nationalsozialistischer Gewaltverbrechen bestellt. Dem Beschuldigten – er befand sich auf freiem Fuß – wurde von der Staatsanwaltschaft vorgeworfen, er habe 1942 im Judengetto von Tschenstochau, wo er als Polizist eingesetzt war, eigenhändig acht Juden aus nichtigem Anlaß und niedrigen Beweggründen erschossen.
Beim Beschuldigten handelte es sich um einen an sich sympathisch wirkenden älteren Mann. Die Taten, die ihm vorgeworfen wurden, lagen annähernd dreißig Jahre zurück. Als ich das erste Mal mit ihm sprach, erklärte er mir, über den gegen ihn erhobenen Vorwurf könne er nur lachen. Selbstverständlich habe er keinen Menschen umgebracht, im Gegenteil, er habe seinerzeit in Tschenstochau vielen Juden geholfen. Wenn er jetzt angezeigt worden ist, so beweise das, wie undankbar gerade die Juden sein können; natürlich sei die Anzeige nur deshalb erfolgt, weil die Betreffenden sich davon materielle Vorteile erhofften. Man kenne die Juden ja: Wo es Geld gäbe, da seien sie immer dabei und schreckten vor nichts zurück. Seit diesem Gespräch wußte ich immerhin das eine: Mein Mandant war ein typischer und unverbesserlicher Antisemit. Dennoch mochte ich ihm die Taten, wie sie ihm vorgeworfen wurden, nicht zutrauen. Er war der Typ eines ehrlichen Mannes, eines zuverlässigen Schlossermeisters, der in jeder Hinsicht Vertrauen ausstrahlte. Oft brachte er zu den

Besprechungen in meiner Kanzlei seine Frau mit. Als diese mich einmal allein besuchte, schilderte sie mir, wie gütig und hilfsbereit ihr Mann sei; das könne jeder bestätigen, der ihn kennt. Die Ermittlungen dauerten etwa vier Jahre. 1974 fand dann vor dem Schwurgericht in Freiburg die Hauptverhandlung statt. Die Sache stand schlecht für den Angeklagten. Seiner Beteuerung, es handele sich um ein Komplott gegen ihn, er habe – so wörtlich – »niemals einen Schuß aus seiner Dienstpistole abgegeben«, standen die einhellig belastenden Zeugenaussagen der überlebenden Opfer entgegen, so daß er der ihm vorgeworfenen Taten als überführt galt.

Erschütternd in einem solchen Verfahren ist das Szenarium des Grauens, das aus den Schilderungen der Zeugen den Gerichtssaal erfüllt. Erschütternd ist aber auch die Feststellung, daß dieser so absolut unauffällige Angeklagte seine Taten nur in einem geistigen Umfeld pervertierten Rechtsempfindens hatte begehen können, für dessen Existenz er nicht mehr Verantwortung trug als diejenigen, die sich jetzt mit seinen Taten zu befassen hatten. Während der Mörder im landläufigen Sinne gegen die staatliche Ordnung und die in ihr ruhenden gesellschaftlichen Vorstellungen handelt, sich somit außerhalb von Staat und Gesellschaft stellt, durfte ein Polizist, der 1942 in einem Judengetto dort lebende Menschen erschoß, glauben, in seiner Tat mit Staat und Gesellschaft konform zu sein. Gerade in diesem Umstand liegt das Unterscheidungsmerkmal zwischen einem Staat, in welchem sich *auch* Verbrechen ereignen, und einem solchen, in welchem das Verbrechen zur Tugend erklärt wird.

Ein näheres Gespräch über das Konzept der Verteidigung hatte ich mit meinem Mandanten nicht führen können. Das wäre nur dann möglich gewesen, wenn er die Taten eingeräumt und dadurch mich in die Lage versetzt hätte, nach den Ursachen und Motiven seines Handelns zu forschen. So also war ich darauf angewiesen, gleichsam »selbst auf die Suche zu gehen«, und das war in Anbetracht des Leugnens der Taten nur in einer ganz abstrakten Weise möglich. Ich mußte mich mit dem generellen Problem des historischen Antisemitismus (»Antijudaismus« wie man richtigerweise sagen sollte) befassen, einer Erscheinung, die zwar unter Hitler ihren grauenvollen Höhepunkt erreicht hatte, die aber viel älter ist und sich keineswegs auf Deutschland beschränkt. Ich mußte mir die Frage stellen, wie es wohl kommt, daß Leute wie dieser solide Handwerksmeister in bestimmten Situationen keine Bedenken haben, andere Menschen zu töten, sofern es sich bei diesen Menschen um Juden handelt.

Ausgeprägt ist der historische Antijudaismus in all den Ländern, die zum christlichen Kulturkreis gehören. Seit es Christen gibt, reden Christen über Juden. Seit Christen über Juden reden, sprechen sie die Sprache der Feindschaft und Verachtung. Dafür stehen, um nur einige wenige herauszugreifen, Namen wie Martin Luther, Thomas von Aquin, Franz von Assisi, die Kirchenväter Ambrosius, Augustinus, Origenes, Tertullian. Bei ihnen allen stößt man auf eine fatale Judenfeindschaft. Folgt man diesen Spuren bis zum Ursprung, dann steht man – leider muß es gesagt werden – bei den Autoren des Neuen Testaments. Aus der von ihnen aufgestellten These von der Schuld der Juden am Tode Jesu und einer im Evangelium des Matthäus nachzulesenden Selbstverfluchung der Juden wurde über alle Zeiten hinweg eine Art *Rechtstitel* hergeleitet, der für die Diskriminierung, Vertreibung und Ermordung der Juden als Grundlage diente. Pflastersteine auf dem Weg nach Auschwitz. Wann immer »Christen« ihren Judenhaß austobten, haben sie sich dabei vorzugsweise auf das Matthäus- und Johannes-Evangelium berufen. Dies besonders zu Ostern, und die Frohe Botschaft vom auferstandenen Christus war überdeckt vom Gedanken an den gemeinen Verrat, den der Jünger Judas an seinem Herrn begangen hatte.

Nicht, daß die Juden nichts zu leiden gehabt hätten, solange es noch kein Christentum gab. Doch litten sie – *Hans Küng* weist mit so treffenden Worten darauf hin –, weil sie ihre Feinde unterschätzt, die falsche Bündnispolitik betrieben hatten oder irgendwelchen Großmächten im Wege waren. Sie litten aber nicht, weil sie *Juden* waren. Hingegen verband sich mit der Behauptung, daß ein gewisser Jesus von Nazareth der Christus sei, in der heiden-christlichen Gemeinde sehr früh ein *antijüdischer Impuls*: Die Juden? Das waren doch die, die ihren eigenen Messias verkannt, verhöhnt, zum Tode verurteilt hatten, obwohl nur ihnen die Voraussetzung dafür gegeben war, ihn zu erkennen, nämlich durch die Hebräische Bibel, die ihn geistig vorbereitet hatte. Der Unglaube der *Juden* war nicht jener unwissende der *Heiden*, die keine Ahnung davon hatten, was ein Christus ist, bis christliche Missionare kamen und es ihnen auf ihre Weise erklärten. Der Unglaube der Juden war ein Unglaube wider besseres Wissen: Verhärtung, Verstocktheit.

Die Evangelien sind es, die von Anfang an in judenfeindlicher Tendenz verkündet wurden. Auf jeden Fall haben sich schon die ersten Kirchenväter in ihren antijüdischen Äußerungen auf die Evangelien berufen. Auf eine Formel gebracht: Die Juden haben Jesus getötet, sie haben einen »Gottesmord« begangen. Dafür müssen sie gezüchtigt werden, für alle Zeiten büßen. Unterzieht man sich der Mühe, die Evangelien in einer »enttheologisierten« Form zu lesen, so stößt man verhältnismäßig rasch auf zahlreiche historische Unrichtigkeiten, und insbesondere erkennt man mühelos den Grund, warum die Autoren des Neuen Testaments bestrebt waren, nicht die Römer, sondern die Juden für den Tod Jesu verantwortlich zu machen.

Diese erste Erkenntnis veranlaßte mich, das Quellenstudium zu vertiefen und mich schließlich der Faszination hinzugeben, die gerade auch die historische Persönlichkeit des Jesus von Nazareth ausübt. Die Gedanken habe ich zunächst lose schriftlich fixiert, nachdem mein Schlußplädoyer in dem anfänglich erwähnten Mordprozeß mir einige Einladungen als Referent zu Vortragsveranstaltungen eingebracht hatte. Die schriftliche Fixierung wiederum führte zu einer weiteren Einarbeitung in die Materie, und daraus wurde ein Buchmanuskript, dem ich den Titel »Standrechtlich gekreuzigt« gab. Als Untertitel habe ich hinzugefügt »Person und Prozeß des Jesus aus Galiläa«. Einer meiner früheren Referendare, der inzwischen einen kleinen Verlag gegründet hatte, erbot sich 1986, das Buch kommissionsweise in sein Programm aufzunehmen. Wegen einer lebhaften Reaktion in den Medien bot mir bald darauf der Rowohlt-Taschenbuchverlag einen Vertrag an. Das 1987 erschienene Taschenbuch fand eine breite Resonanz, es folgten Übersetzungen in Holland, USA, Frankreich, Italien, Spanien, Japan und Polen.

Das Interesse an der historischen Figur des Jesus von Nazareth ist anhaltend groß. Das beweisen die vielen Publikationen, die in den letzten Jahren zu dem Thema erschienen sind. Auf die *Bestsellerliste* gelangten dabei Bücher – beispielsweise zu nennen das von *Franz Alt* »Jesus – der erste neue Mann« oder das von *Michael Baigent* und *Richard Leigh* »Verschlußsache Jesus« –, die in den fachkundigen Rezensionen so gut wie kein einziges Lob erfahren haben. Auf der anderen Seite ist aber der *Hochmut* mancher Theologen zu beklagen, welche meinen, allein sie seien berufen, sich zum Thema Jesus zu äußern. Wer ihrer Zunft nicht angehört und sich dennoch mit der Persönlichkeit des Nazareners befaßt, verfolgt in ihren Augen eine »billige Modesache«; aus der Feder solcher Autoren werde ein – wie der katholische Neutestamentler *Joachim Gnilka* es bezeichnet – »Jesus-Brei« zusammengerührt. Theologen wie *Gnilka* vergessen, welch haarsträubender Jesus-Brei gerade mit theologischer Feder schon zusammengerührt worden ist. Manche Theologen sind sich vielleicht auch nicht immer hinreichend bewußt, daß die Theologie zwar nicht ohne Gott und Jesus Christus denkbar ist, daß umgekehrt aber Gott und Jesus Christus durchaus ohne Theologie denkbar sind. Gut stünde es diesen sich unwiderlegbar Dünkenden an, wenn sie bei der historischen Erforschung des Menschen Jesus dem *Historiker* und bei der Analyse des in den Evangelien geschilderten Prozeßgeschehens dem *Juristen* den Vortritt ließen oder diesen beiden Berufsgruppen doch wenigstens ein »Mitspracherecht« einräumten. Auf die Weise könnten wir gegenseitig voneinander lernen. Indem ich die in meinem Buch *Standrechtlich gekreuzigt* vertretenen Thesen in diesem neuen Buch weiterentwickele, mich insbesondere mit den Auffassungen anderer Autoren, die zu dem

Thema in den letzten Jahren etwas geschrieben haben, auseinandersetze, hoffe ich, sowohl der historischen Redlichkeit zu dienen als auch meinen Beitrag zum christlich-jüdischen Dialog fortzusetzen. Um dem Buch gerecht zu werden, sollte man es nicht unter theologischen, sondern ausschließlich unter juristisch-historischen Aspekten sehen. Besonderen Dank sage ich meinem Sozietätspartner *Christian Otto*. Er war kritischer Leser des Manuskripts, so daß in fruchtbarer Diskussion zwischen uns zusätzliche Gedanken entwickelt wurden, die ich als Bereicherung für das Buch ansehen darf. Ein zusätzliches Dankeschön bin ich ihm dafür schuldig, daß er sämtliche im Buch aufgeführten Zitate und Quellen auf ihre Richtigkeit und Stimmigkeit sowie auf ihre korrekte Zitierweise überprüft hat. Auf die Ratschläge von *Georg Thamm*, der an der Redaktion des »Vorgänger-Buches« *Standrechtlich gekreuzigt* maßgeblichen Anteil hatte, mochte ich auch diesmal nicht verzichten. Die aus dem Born seines fundierten Wissens stammenden Ratschläge, seine ausgeprägten Kenntnisse auf dem Gebiet des Judaismus haben noch kurz vor Abgabe des Manuskripts an den Verlag einige Änderungen als sachdienlich erscheinen lassen. So darf ich meinem langjährigen Freunde Georg auch im Vorwort dieses Buches wieder meinen herzlichen Dank aussprechen. Einzubeziehen in meinen Dank habe ich schließlich noch Herrn *Raul Niemann*, der, theologisch vorgebildet, das Gesamtwerk lektoriert und mir ebenfalls noch manchen fachkundigen und wertvollen Hinweis gegeben hat.

Freiburg im Breisgau, Ostern 1995   Weddig Fricke

Einleitung

Rechtsanwälte haben sich mit der Person des Jesus von Nazareth und den Umständen seines gewaltsamen Todes bis jetzt kaum befaßt. Das überrascht insofern, als der Anwalt in besonderem Maße zur Stellungnahme herausgefordert sein sollte. Denn der Überlieferung zufolge ist der Fall Jesus einer jener Fälle – und zwar der folgenreichste –, in denen ein Unschuldiger zum Tode verurteilt und hingerichtet worden ist.

Eine Stellungnahme zu einem Prozeßgeschehen kann bekanntlich nicht erfolgen, ohne die über den Angeklagten zur Verfügung stehenden biographischen Tatsachen zu berücksichtigen und diese unter kritischer Würdigung bestimmter Faktoren seiner Umwelt in die Betrachtung einzubeziehen. In Anlehnung an den Ablauf eines Strafprozesses unserer Zeit habe ich daher dem eigentlichen Verfahrensstoff einen Abschnitt »Zur Person« vorangestellt.

Die Umstände zur Person Jesu könnten durchaus auch für die *prozessuale Beurteilung* von Bedeutung sein. Nachgegangen wird der in der Diskussion nie enden wollenden Frage, ob Jesus von einer *Jungfrau* geboren sein könnte. Ein Richter hat mit Sicherheit eine *Hemmschwelle*, einen Angeklagten zu verurteilen, wenn er weiß, daß dieser von einer *Jungfrau* geboren oder gar Gottes *eingeborener Sohn* ist. (»Auf Pilatus machte die Kunde, daß Jesus sich als Gottes Sohn ausgegeben habe, einen tiefen Eindruck. Sollte dieser Angeklagte wirklich ein höheres Wesen sein?« schreibt allen Ernstes der katholische Theologieprofessor *Josef Blinzler* in seinem Standardwerk »Der Prozeß Jesu«. Und eine Ergänzung dazu ist das, was sein evangelischer Kollege Professor Ethelbert Stauffer schreibt:»Man darf schließen, daß Pilatus und einige jüdische Richter kein ganz ruhiges Gewissen mehr hatten.«) Von Interesse dürfte die Frage sein, wie Jesu Verhältnis zu seiner Familie war. Wie war sein Familienstand: ledig oder verheiratet? Hatte er Geschwister, oder war er ein Einzelkind? Scheint er mehr ein Asket oder eher eine Frohnatur gewesen zu sein? Können wir aus der Beschreibung in den Evangelien irgend etwas über sein Wesen und seinen Charakter erfahren? Ein Mann, der dem Leben, den Frauen und dem Wein zugeneigt ist, hat wahrscheinlich einen größeren Lebensdrang als ein den fröhlichen Seiten des irdischen Lebens abgewandter Mann. Ferner: Von Belang dürfte auch die Frage sein, ob ein *Jüngling* (»*Heranwachsender*«, wie wir heute sagen würden) vor Gericht gestanden hat oder ein Mann in mittleren Lebensjahren. Die Evangelien lassen die Auslegung zu, daß Jesus erst 20 Jahre alt war, als er eines gewaltsamen Todes starb, oder daß er schon 41 war. Er ist frühestens 7 v. Chr. und spätestens 7 n. Chr. geboren. Wäre er in dem Jahr geboren, in dem unsere Zeitrechnung beginnt, so wäre dies ein Zufall.

Es kann hier freilich nicht der Versuch unternommen werden, den Lebenslauf Jesu darzustellen oder den Jerusalemer Prozeß gedanklich aufzurollen, etwa mit dem Ziel, zu einer Revision im Schuldspruch zu gelangen. In Anbetracht der Fragwürdigkeit, ob es überhaupt einen derartigen Prozeß im Sinne der zeitgenössischen Strafprozeßordnung gegeben hat, sind einer umfassenden juristischen Analyse naturgemäß enge Grenzen gesetzt. Keine der drei – historisch allein relevanten – Theorien über die Hintergründe der Kreuzigung Jesu sind letzten Endes beweisbar: weder die, daß das jüdische »Establishment« sich des unerwünschten Propheten aus Galiläa entledigen wollte und ihn an die Römer auslieferte, noch die Theorie, daß Jesus in Wirklichkeit ein zelotischer Widerstandskämpfer gegen das römische Besatzungsregime war, als solcher ergriffen und hingerichtet wurde, noch schließlich jene, der hier der größte Grad an Wahrscheinlichkeit beigemessen wird, wonach Jesus als *vermeintlicher* Aufrührer in einem militärischen Schnellverfahren von den Römern verurteilt und gekreuzigt wurde, weil diese den im Grunde friedfertigen Charakter seines Handelns verkannt hatten.

Die Evangelien geben nur einen bescheidenen Aufschluß sowohl über den Lebensweg Jesu als auch darüber, wie es zur Verurteilung und Hinrichtung gekommen ist. Weit eher aufzeigbar sind die Punkte, in denen die Berichterstattung mit objektiven Kriterien nicht in Einklang zu bringen ist und daher einer Korrektur bedarf.

Unter Zugrundelegung des gegenwärtigen Erkenntnisstandes der Forschung will ich versuchen, einige Spuren des gewaltsam zu Tode gekommenen Menschen Jesus von Nazareth aufzuzeigen. Der Umstand, daß außerhalb der Evangelien nirgendwo von einem Prozeß berichtet wird, der in Jerusalem um das Jahr 30 unserer Zeitrechnung gegen eine prominente Persönlichkeit stattgefunden hätte, läßt mich zu dem Ergebnis kommen, daß es sich für die Zeitgenossen bei dem Geschehen von Golgatha zumindest *nicht* um ein aufsehenerregendes Ereignis gehandelt haben kann.

Weder die Evangelisten noch die übrigen Autoren des Neuen Testaments sind an einer Biographie Jesu sonderlich interessiert. Die ungewöhnliche Dürftigkeit der Informationen ließ sogar immer wieder die Frage aufkommen, ob Jesus als geschichtliche Persönlichkeit überhaupt existiert hat. Eine weitverbreitete Auffassung zum Schluß des 19. und zu Beginn des 20. Jahrhunderts lautete: Jesus von Nazareth ist niemals auf der Welt gewesen, seine Gestalt ist eine Erfindung. Nicht eine historische Person ist durch den Glauben vergöttlicht worden, sondern ein anfänglicher Mythos hat durch den Glauben eine historische Person hervorgebracht. Erst durch die Erkenntnisse der sogenannten *historisch-kritischen* Forschung ist diese Skepsis wohl endgültig überwunden.

Außer der Tatsache, daß Jesus eine geschichtliche Figur ist, gelten nur zwei weitere Tatsachen als historisch gesichert: Er ist von Johannes dem Täufer im Jordan getauft und zur Zeit des Statthalters Pontius Pilatus in Jerusalem von den Römern gekreuzigt worden. Sodann gibt es bestimmte, in den Evangelien beschriebene Umstände und Begebenheiten aus dem Leben Jesu, die einen gewissen oder gar hohen Grad an historischer Wahrscheinlichkeit haben. Solche Umstände und Begebenheiten aufzuspüren und sie von denen zu scheiden, die zweifelsfrei unhistorisch sind, ist der Kernpunkt der historisch-kritischen Exegese. Methodischer Ausgangspunkt dieser Forschung ist die Frage nach den *Anliegen* der Evangelien. Die Evangelien sind durch drei kardinale Anliegen in ihrer Jesus-Darstellung charakterisiert. Erstens: Jesus darzustellen als mit göttlicher Vollmacht und göttlicher Kraft ausgestattet, befähigt, Wundertaten zu vollbringen. Zweitens: Jesu Erscheinen anzusehen als Erfüllung dessen, was die Hebräische Bibel, das sogenannte Alte Testament, verheißen hat. Als drittes Anliegen kommt hinzu, Jesus in ständiger Auseinandersetzung mit seinen jüdischen Landsleuten, insbesondere mit den Pharisäern, zu schildern und die Schuld an seinem Tod den Juden anzulasten, hingegen den Tatbeitrag der Römer abzuschwächen.

Soweit in den Texten des Neuen Testaments eines dieser Anliegen allzu deutlich zum Ausdruck kommt, sind Zweifel an der Historizität angebracht. Umgekehrt bedeutet dies, daß alles, was in den Texten entweder von der vorausgesetzten göttlichen Vollmacht und göttlichen Kraft abweicht oder nicht Widerspiegelung einer prophetischen Verheißung ist, dadurch einen historischen Wahrscheinlichkeitsgehalt gewinnt. Ebenfalls wahrscheinlich ist die Historizität dort, wo in den Berichten auf einen Antagonismus zwischen Jesus und dem Judentum verzichtet wird oder gar ein klares Bekenntnis Jesu zum Judentum hervortritt. Gesteigert noch wird die historische Wahrscheinlichkeit dort, wo in den Evangelien eine romkritische oder gar romfeindliche Haltung erkennbar wird oder gar Jesu Hinrichtung am römischen Kreuz als ein für die jüdische Bevölkerung beklagenswertes Ereignis erscheint.

Man muß bedenken, daß die ersten Evangelientexte erst nach dem Jahre 70 geschrieben wurden, nachdem der jüdische Aufstand gegen Rom zusammengebrochen und Jerusalem sowie der Tempel zerstört waren. Die Evangelisten hatten schlicht Partei für die siegreichen Römer ergriffen. Deswegen kommt die römische Besatzungsmacht in den Evangelien auch so auffallend gut davon – zumindest vom Hauptmann an aufwärts. Es war zur Frage des

Überlebens der jungen Kirche geworden, den Stifter ihrer Religion so weit wie irgend möglich wegzurücken von jüdischen Aufstandsbewegungen. Nicht die Römer durften es gewesen sein, die Jesus als Aufrührer hingerichtet hatten, sondern die Juden waren es, die ihn aus religiösen Gründen ans Kreuz gebracht haben. Nur durch eine solche Umkehrung der Schuldfrage, die man in die Prozeßberichterstattung hineindichtete, konnte man sich eine gewisse Toleranz seitens der römischen Behörden erhoffen. Jesus jedenfalls mußte als ein Mann erscheinen, der in den Augen der Römer niemals als Rebell oder Staatsfeind gegolten hatte. Dies ist auch der Grund dafür, daß der in den *historischen* Quellen als besonders grausam und judenfeindlich beschriebene Römer Pontius Pilatus im Neuen Testament als ein im Grunde milder Gerichtsherr dargestellt wird, der, weil er von der Schuldlosigkeit Jesu überzeugt gewesen sei, alles darangesetzt habe, dem vor seinem Tribunal stehenden Angeklagten die Freiheit zu schenken.

Die Aussagen, die der Leser in der nachfolgenden Abhandlung erfährt, können von ihm – jedenfalls als jeweilige Einzelaussage – auch aus anderen Publikationen bezogen werden, ja es gibt hier wohl keinen Gedanken, der seinem Inhalt nach nicht auch schon irgendwo auf der breiten Palette der *theologischen* Diskussion erschienen ist. Von sehr angesehenen Theologen beider christlicher Konfessionen werden mitunter Meinungen vertreten, die man aus solchem Munde oder solcher Feder kaum erwartet hätte. Einige Beispiele: »Kein einziges der uns in den Evangelien von Jesus überlieferten Worte ist zweifelsfrei historisch« (Karl Barth). »Die Bergpredigt stammt nicht von Jesus, sie ist Redaktionsgut des Matthäus-Evangelisten« (Lorenz Oberlinner). »Unvoreingenommene Exegese erlaubt nur *die* Feststellung, daß bei Markus die Namen von vier *leiblichen* Brüdern Jesu und die Existenz von *leiblichen* Schwestern historisch bezeugt sind« (Rudolf Pesch). »Der Geburtsort Jesu ist unbekannt, Bethlehem erfolgte nicht aus historischen, sondern aus dogmatischen Gründen« (Albert Schweitzer). »Vom historischen Jesus wissen wir nicht, daß er sich als Messias bekannt habe« (Adolf Kolping). »Der behauptete Prozeß vor einem jüdischen Gericht und Jesu Verurteilung durch dieses Gericht ist Legende« (Martin Dibelius). »Das Ereignis der Auferstehung Jesu Christi von den Toten, sein Leben und seine ewige Herrschaft sind der Geschichtswissenschaft entzogen« (Günther Bornkamm). »Pilatus hätte man sicherlich sehr damit überrascht, wenn man ihm angekündigt hätte, daß sein Name wegen des nichtssagenden kleinen Juden, der vor ihm erschienen war, unsterblich gemacht würde« (Maurice Goguel).

Dies alles ist also auch schon von offizieller theologischer Warte aus unmißverständlich gesagt worden. Allerdings selten im Klartext, eher in den Fußnoten, im »Kleingedruckten«. Die Fachsprache, die dabei verwendet wird, ist dem Laien oft unverständlich. Da ist die Rede von »eschatologisch«, »kerygmatisch«, »parusiebezogen«, »pneumatisch«, »jesuanisch«. Neu an meiner Arbeit (und vielleicht das Besondere) ist die Zusammenstellung dieser (auch) theologischerseits geäußerten Gedanken in einer Gesamtschau und im Klartext. Auch unterscheidet sich der von mir gewählte methodische Ansatz bewußt von anderen Veröffentlichungen. Mein Anliegen ist es: den Unterschied deutlich zu machen zwischen dem *historisch denkbaren* Jesus, der vor zweitausend Jahren auf dieser Erde gelebt hat, und dem *geglaubten, gepredigten auferstandenen Christus.* Jesus von Nazareth war – sogar nach kirchlich-dogmatischem Verständnis – ein ganz normaler Mensch (»vere homo«), folglich auch ein Mensch, der gelacht, geweint, geliebt – und sich gelegentlich geirrt hat.

Als Anwalt erschien es mir reizvoll, gewissermaßen nach Art eines Plädoyers eine »Würdigung des Beweisergebnisses« in bezug auf Person und Prozeß Jesu vorzunehmen und der Leserin und dem Leser keine These zuzumuten, die nicht durch seriöse Quellen belegt werden kann. Die bevorzugt argumentative Form der Darstellung unter Zitierung solcher Quellen des einschlägigen Schrifttums, die ich zur »Beweisführung« heranziehe, soll bewußtmachen, daß das gemeinhin durch Kirche und Predigt vermittelte Jesusbild in ganz entscheidenden Punkten von dem Bild abweicht, das einer historischen Nachprüfung standhält. Um speziell dieses Anliegen sichtbar zu machen, habe ich alle relevanten Zitate durch Einrücken im Text hervorgehoben, vergleichbar einem anwaltlichen Schriftsatz, in welchem für jede behauptete und möglicherweise bestrittene Tatsache ein Beweismittel anzubieten ist. Kann man sich im Rahmen der hier abgehandelten Thematik bei einer Aussage auf einen renommierten Theologen oder Historiker oder auf eine namhafte Persönlichkeit im christlich-jüdischen Dialog berufen, dann ist das vergleichbar der Situation, daß man in einem Anwaltsschriftsatz zur Stützung der vorgetragenen Rechtsauffassung das Urteil eines Oberlandesgerichts oder des Bundesgerichtshofs zitieren kann. Kann man für eine These gar eine Schriftstelle aus dem Neuen Testament anführen, so ist dies, in der erwähnten Analogie, damit vergleichbar, daß man sich unmittelbar auf den Gesetzestext beruft.

Wenngleich wohl alle Stellungnahmen zum historischen Jesus mitgeprägt sind von den weltanschaulichen Vorstellungen und glaubensmäßigen Orientierungen des jeweiligen Autors, bin ich dennoch bestrebt, Fragen des *persönlichen Glaubens* unangetastet zu lassen – von zwei Ausnahmen abgesehen. Die eine Ausnahme betrifft den Glauben an die *Jungfrauengeburt,* die andere den Glauben daran, daß Gott seinen Sohn als »*Schlachtopfer*« gefordert haben soll, damit dadurch die Welt von ihren Sünden erlöst wird. Auch derjenige Leser, der geneigt ist, sich meinen Argumenten anzuschließen, wird uneingeschränkt an der zentralen Botschaft des Christentums festhalten können: daß Jesus von Nazareth der für jeden Menschen gestorbene und auferstandene Christus ist. Wogegen ich mich wende, ist ein Glaube, der die Ergebnisse historischer Forschung bewußt ignoriert, unterschlägt oder negiert und daher *naiv* ist. Dabei verkenne ich nicht, daß auch ein naiver Glaube für manche Menschen und in bestimmten Situationen Trost und Kraft bedeuten kann. Jegliches Verständnis hört für mich aber dort auf – die Enzyklika »Glanz der Wahrheit« (»veritatis splendor«), die Papst Johannes Paul II. im Spätsommer 1993 verkündete, ist ein beredtes Beispiel –, wo eine Verpflichtung zum

Aberglauben ausgesprochen wird. Die Geschichte lehrt nur allzu bedrückend, wie leicht naiver oder dogmatischer Glaube in *Fanatismus* und *Verfolgung anderer* ausarten kann.

I. TEIL
Zur Person

1. Kapitel
Die Quellen und ihre historische Qualität

Autorenschaft und Kanon

Wer biographische Tatsachen über Jesus erfahren will, tappt ziemlich im dunkeln. Man kann nicht annähernd so viel zusammentragen wie beispielsweise über Alexander, Cäsar oder Augustus.[1] Nur Vermutungen kann man äußern, wie dies oder jenes – vielleicht – gewesen sein mag. Schon eher läßt sich sagen, was von den bekannten Schilderungen seiner Persönlichkeit und seines Handelns mit Sicherheit Legende ist. Wir kennen nicht den Tag und das Jahr seiner Geburt und auch nicht den Ort, wo er geboren wurde. Unbekannt ist, wie lange er öffentlich gewirkt hat. Wir können im Grunde nur davon ausgehen, daß er vor etwa zweitausend Jahren auf dieser Erde lebte, daß er Jünger und Jüngerinnen um sich versammelt hat, daß er von Johannes dem Täufer im Jordan getauft worden ist, daß er von Galiläa nach Jerusalem gezogen ist und daß er – als gescheiterter Mensch – etwa im Alter von dreißig Jahren von den Römern als Aufrührer am Kreuz, dem römischen Marterpfahl, hingerichtet wurde.

Hans Küng zieht einen Vergleich zu anderen Religionsstiftern[2] (Christ sein, S. 324):

»Sie alle starben in hohem Alter, erfolgreich, inmitten ihrer Schüler und Anhänger … Mohammed starb, nachdem er als politischer Herr Arabiens die letzten Lebensjahre gut genossen hatte, mitten in seinem Harem in den Armen seiner Lieblingsfrau.«

Jesus selbst hat der Nachwelt kein schriftliches Zeugnis hinterlassen. Das zeitgenössische Schrifttum beschreibt ihn nicht. In außerchristlichen Quellen erwähnt wird Jesus nur ein einziges Mal, und zwar bei Flavius Josephus in einem halben Nebensatz, und selbst diese Erwähnung ist historisch nicht zweifelsfrei.[3] Die einzige Quelle bezüglich seiner Person ist das Neue Testament. Doch niemand, der dort von Jesus berichtet, ist jemals mit ihm zusammengetroffen. Auch Paulus nicht, der einzige, der immerhin ein Zeitgenosse Jesu war. Die gegenteilige Behauptung von der Augenzeugenschaft stammt von *Augustinus*. Ihm zufolge waren Matthäus und Johannes *Augenzeugen*, Markus und Lukas erhielten ihre Kenntnisse durch deren »glaubwürdige Berichte«.[4] Der Franziskaner *Gerhard Dautzenberg* spricht aus, was unter Theologen im Grunde seit langem mehr oder weniger Allgemeingut ist (S. 63):

»Kein Evangelium ist von einem Augenzeugen geschrieben worden.«

Nur ganz vereinzelt gibt es auch im neueren Schrifttum, allen wissenschaftlichen Erkenntnissen zum Trotz, noch Behauptungen, die sogar über Augustinus hinausgehen. So bei F. May: »Die Wahrheit über Jesus Christus« (Moers, 1982), dem es als »Jesusgläubigem« ausschließlich auf eine »erbauliche Auslegung« der Schriften ankommt und der die historischen Fakten abtut als etwas, das »in den Köpfen vieler neuzeitlicher Theologen ... herumgeistert«. May zitiert zwar gelegentlich diese »modernen Theologen«, aber nur, um ihnen, wie er meint, »überraschende und überzeugende Antworten zu geben«. Es gibt, wie der evangelische Theologe *Heinz Zahrnt* (S. 17) es so treffend formuliert, eben nicht nur eine *Verstocktheit im Unglauben*, sondern auch eine *verstockte Gläubigkeit*.

Die Verfasser der Evangelien – Zeitgenossen einer späteren Generation – sind historisch unbekannte Persönlichkeiten. Bei keinem von ihnen handelt es sich etwa um einen der gleichnamigen Apostel, die als Jünger Jesu genannt werden. Auch der Verfasser der beiden Petrus-Briefe ist, obwohl er sich als *Jünger* Simon Petrus vorstellt und sich als Augenzeugen der Geschehnisse ausgibt, nicht identisch mit dem in den Evangelien und in der Apostelgeschichte genannten Jünger Simon Petrus. Ein unbekannter Verfasser der beiden Briefe hat sich lediglich den Namen Petrus zugelegt, um damit seine Autorität zu erhöhen und seinen Worten ein größeres Gewicht zu geben.[5]

Die beiden Petrus-Briefe stammen von einem Verfasser, der das Evangelium ganz im paulinischen Sinne verkündet. Das aber hat der Jünger Petrus gerade nicht getan. In der endgültigen Fassung sind die genannten Briefe vermutlich erst zu Beginn des 4. Jahrhunderts entstanden. Für eine frühere Fassung des 1. Petrus-Briefes spricht zwar die – typisch jesuanische – *Naherwartung* vom Kommen des Reiches Gottes (1.Petr.4.7); die in 3.19-20 enthaltene Fabel vom Abstieg Jesu in das Reich der Geister ist aber erst seit dem Konzil von Nicäa im Jahre 325 bekannt. Auch berichtet der Verfasser im 1. Petrus-Brief (5.9), die Christen würden »in der ganzen Welt« verfolgt. Das wurden sie aber noch nicht unter Kaiser Nero (von dem nur einzelne, überdies historisch umstrittene Polizeiaktionen gegen Christen überliefert sind), sondern erst viel später unter Marc Aurel und vor allem unter Diokletian. Erst in dieser späteren Zeit fühlten sich andererseits die Christen stark genug, solche Verfolgungen auch öffentlich anzuprangern.

In der Antike war der Begriff des literarischen Eigentums unbekannt, und zahlreiche Schriften wurden unter den Namen bedeutender Persönlichkeiten verfaßt, ohne daß die jeweiligen Verfasser mit dem Träger dieses Namens etwas zu tun hatten. Zum Beispiel haben die meisten Psalmen Davids und die Sprüche Salomos mit den Königen David und Salomo so wenig zu tun wie die Bücher Moses mit Mose.

Ebenso irreführend wie der Verfasser der Petrus-Briefe erklärt auch der Autor des Johannes-Evangeliums:

»Dies ist der Jünger, der von diesen Dingen zeugt und dies geschrieben hat; und wir wissen, daß sein Zeugnis wahrhaftig ist.« (Joh.21.24)

Es soll die Vorstellung erweckt werden, der Johannes-Evangelist sei identisch mit Johannes, dem sogenannten Lieblingsjünger. Auch die Stelle (Joh.19.35), wonach Johannes unter dem Kreuz gestanden und die letzten Augenblicke Jesu miterlebt habe, wird für diese (unrichtige) Annahme einer Identität zwischen Lieblingsjünger und Evangelist herangezogen. In Wirklichkeit lag, als das Johannes-Evangelium verfaßt wurde, das berichtete Geschehen schon etwa achtzig Jahre zurück. Der Verfasser hätte also über hundert Jahre alt gewesen sein müssen, wenn er dabeigewesen wäre.

Bei den Jüngern (zur Konstituierung dieses Kreises siehe Mk.3.14-19), überhaupt bei allen, die Jesus in der kurzen – vielleicht nur nach Monaten zu bemessenden – Zeit seines Wirkens umgeben haben mögen, handelt es sich um einfache, des Lesens und Schreibens allenfalls in den Grundzügen kundige Leute. Der Sprachgebrauch »Jünger« ist unterschiedlich. Markus und Lukas gebrauchen das Wort nur für diejenigen, die zum engeren Kreis Jesu gehört oder ihn auf seinen Wanderungen begleitet haben. Bei Matthäus und Johannes werden mitunter auch alle diejenigen als Jünger bezeichnet, die an die Botschaft Jesu glaubten, die ihn verehrten.[6]

Ob es sich schon zu Jesu Lebzeiten um eine geschlossene Jüngergruppe gehandelt hat oder ob diese Gruppe erst später in Jerusalem durch ihre Übereinstimmung im Glauben an die Auferstehung entstand, ist eine historisch offene Frage.[7] Walter Simonis (S. 55 ff.) legt mit überzeugenden Argumenten seine Auffassung dar, daß der Zwölferkreis nicht in das *Leben* Jesu projiziert werden kann, sondern eine ausschließlich nachösterliche Institution ist.

Zur Zeit Jesu existierte nur noch der Stamm Juda und eine mythische Erinnerung an die übrigen Stämme. Überhaupt: die Zwölfzahl wird man nicht wörtlich nehmen dürfen, sie hat Symbolcharakter und steht für die zwölf Stämme des Bundesvolkes.

»Ihr sollt in meinem Reich mit mir an meinem Tisch essen und trinken, und ihr sollt auf Thronen sitzen und die zwölf Stämme Israels richten.« (Lk.22.30).

Obwohl Jesus bemüht ist, keine besonderen intellektuellen Anforderungen an seine Zuhörer zu stellen, sollen gerade die zum engeren Kreis gehörenden Jünger häufig Schwierigkeiten gehabt haben, ihm gedanklich zu folgen. Ihre Rückfragen, wie dies oder jenes zu verstehen sei, müssen des Meisters Geduld oft auf eine harte Probe gestellt haben:

»Versteht ihr dies Gleichnis nicht, wie wollt ihr dann die anderen alle verstehen?« (Mk.4.13)

»Habt ihr denn noch immer nichts bemerkt und immer nichts verstanden? Ihr habt Augen und sehet nicht und habt Ohren und höret nicht.« (Mk.8.17-18)

In ihrer Mehrzahl sind die Jünger wohl – wie Petrus – galiläische Fischer gewesen. Abgesehen davon, daß von ihnen tatsächlich kein schriftliches Zeugnis vorliegt, wäre es auch völlig undenkbar, daß einer von ihnen befähigt gewesen wäre, ein theologisches Gedankengut zu entwerfen, wie es in den Schriften des Neuen Testaments zum Ausdruck kommt. In der Apostelgeschichte (Apg.4.13) werden speziell Petrus und Johannes als »ungebildete und einfache Leute« bezeichnet – ein weiterer Beweis dafür, daß der Petrus-Brief nicht vom Jünger Petrus und das Johannes-Evangelium nicht vom Jünger Johannes verfaßt ist.
Die Evangelien und die anderen Berichte des Neuen Testaments wurden von ihren Verfassern in griechischer Sprache geschrieben.

Jedenfalls gibt es weder einen philologischen Beweis noch einen vernünftigen Grund für die Annahme, daß sie ursprünglich in hebräisch oder aramäisch geschrieben worden wären und daß uns lediglich griechische Übersetzungen vorlägen. Zur Zeit Jesu war in Palästina Griechisch die Sprache der gebildeten Volksschichten, das einfache Volk hingegen sprach aramäisch, eine dem Hebräischen eng verwandte Sprache. Griechisch wurde im ganzen römischen Weltreich gesprochen, in Rom selbst hat man außer griechisch auch lateinisch gesprochen. Ob Jesus die griechische Sprache beherrscht hat, weiß man nicht. Auch die streitlustige, durch viele interessante Bücher einer breiteren Öffentlichkeit bekannt gewordene jüdische Schriftstellerin *Salcia Landmann* kann es nicht wissen, sie hat aber eine feste Meinung (S. 263):

>»Wir können davon ausgehen, daß der galiläische Dörfler Jesus etwa gleichviel griechisch und lateinisch konnte wie ein ostgalizischer Wunderrabbi polnisch und ruthenisch. Also nur ein paar Worte, die allenfalls zu einer notdürftigen Verständigung über einfachste Tagesfragen ausreichten.«

Jesus selbst und sein engerer Anhang haben aramäisch gesprochen, man darf vermuten, daß es aramäisch mit einem etwas schwerfälligen Akzent (nachlässig in der Aussprache der Kehllaute[8]) war, typisch für Galiläa. Petrus soll man gerade daran als Galiläer und damit als Anhänger Jesu erkannt haben.

>»Wahrlich, du bist deren einer; denn du bist ein Galiläer, und deine Sprache lautet gleichalso.« (Mk. 14.70)

Was Jesus im persönlichen Bereich gesprochen hat, was er von sich und seiner Familie, von seinem Lebenslauf erzählt hat, darüber gibt es keine Aufzeichnungen. Bei den meisten Verfassern des Neuen Testaments, zum Beispiel in den Paulus-Briefen, kommt Jesus selbst überhaupt nicht zu Wort. Nur in den *Evangelien* sind

Worte Jesu angeführt. Diese Worte sind in die damalige Weltsprache Griechisch übersetzt worden; Rückübersetzungen zum Verständnis für die zum Teil wiederum nur aramäisch sprechenden Anhänger der sich etablierenden Jesus-Bewegung waren nötig, bis sie schließlich in den vorliegenden Evangelien für ein Publikum niedergeschrieben wurden, das seinerseits in der griechischen Sprache beheimatet war.

Jesu Worte, wie wir sie in den Evangelien lesen und verstehen sollen, basieren nicht auf seiner semitischen Sprachwelt, sondern auf unserer europäischen. Es ist nun aber allgemein bekannt, daß Angehörige einer anderen Sprachfamilie nicht nur anders sprechen, sondern auch anders denken.[9] Jesus und sein Anhang (als Angehörige einer semitischen Sprachfamilie) haben in anderen Kategorien gedacht als die Angehörigen unserer (indoeuropäischen) Sprachfamilie. So manches, was uns in den Evangelien unverständlich oder schwer verständlich ist, mag auf diesen Umstand zurückzuführen sein. Auch darf man nicht vergessen, daß das Christentum eine ursprünglich orientalische Religion ist. Der amerikanische evangelische Theologe *Leonhard Swidler* formuliert es unter Berufung auf den niederländischen katholischen Theologen *Edward Schillebeeckx* folgendermaßen (S. 27):

»Als Konsequenz müssen wir, wenn wir Jesus und seine ersten Nachfolger richtig verstehen wollen, die von ihnen gemachten Aussagen in ihren jüdischen Kategorien und Denkmustern begreifen .... Diejenigen Christen, die den Weg gegangen sind, vom jüdischen Verständnis abweichende Interpretationen der Worte und Taten Jesu und seiner ersten Anhänger zu suchen, haben sich offensichtlich von Jesus abgewandt.«

Die ältesten uns vorliegenden Zeugnisse sind die Paulus-Briefe, deren erster vermutlich im Jahre 50 von Korinth aus nach Saloniki (Gemeinde der Thessalonicher) gesandt wurde. Paulus freilich hat sich mit der irdischen Person Jesu weder befaßt noch sich für sie überhaupt interessiert. Daher weiß er von ihr auch so gut wie nichts zu berichten. Er berichtet vom gekreuzigten, geglaubten, auferstandenen und gepredigten Christus, nicht aber von der geschichtlichen Person Jesus von Nazareth.[10]

Man ist sich über die zeitliche Reihenfolge der Evangelien zwar weitgehend einig, aber das Jahr ihrer jeweiligen Entstehung ist nicht genau bekannt. Nach der Datierung von *Ulrich Wilckens* sowie nach allgemein herrschender Meinung entstand Markus (ohne die letzte Hälfte des Schlußkapitels, die erst etwa hundert Jahre später geschrieben wurde) um das Jahr 70; Matthäus (ebenfalls ohne Schlußkapitel, das erst etwa einhundertfünfzig Jahre später entstand) in den achtziger Jahren; Lukas kurz darauf, etwa um das Jahr 90; Johannes etwa zehn bis dreißig Jahre später, also erst um die oder nach der Jahrhundertwende. Die Apostelgeschichte (ihr Verfasser ist identisch mit dem des Lukas-Evangeliums) entstand um das Jahr 95.

Die im Jahre 70 erfolgte Eroberung Jerusalems durch die Römer und die Zerstörung des Tempels scheinen sowohl im Markus-Evangelium (Mk.13.14 ff.) als auch im Lukas-Evangelium (Lk.21.20 ff.) erwähnt zu werden. Bei Matthäus ist der Bericht von der zerstörten Hauptstadt eingebettet im Gleichnis vom großen Hochzeitsmahl (Mt.22.7), die Zerstörung des Tempels wird in Mt.24.2 erwähnt.

Die Offenbarung (Apokalypse) des Johannes, also diejenige Schrift, die im Neuen Testament an letzter Stelle steht, wird auch als das zuletzt entstandene kanonische Dokument angesehen. Eine kleine Minderheitsmeinung allerdings (z. B. *Anton Mayer*, S. 158, 175) will gerade die Apokalypse an den zeitlichen Anfang stellen, und zwar mit dem Hinweis darauf, daß die dort in 13.18 erwähnte mystische Zahl 666 ein Geheimzeichen Neros sei.

Weder die Evangelien noch die übrigen Schriften des Neuen Testaments sind in ihrer Originalfassung erhalten. Auch die ersten Abschriften liegen nicht vor. Es gibt nur Abschriften von Abschriften der Abschriften. Niemand vermag sich dafür zu verbürgen, daß durch die spätere kirchliche Lehre nicht Zusätze oder Weglassungen vorgenommen wurden, die den Ursprung erheblich verändert haben. Die ältesten vorliegenden Abschriften der synoptischen Evangelien – nicht mehr auf Papyros, sondern bereits auf Pergament geschrieben – stammen aus dem 3. und 4. Jahrhundert und befinden sich in der Bibliothek des Vatikans. Das uns heute vorliegende Neue Testament entspricht dem Zustand, in dem es um das Jahr 380 in der östlichen Christenheit verbreitet war.[11] Vom Johannes-Evangelium wurde im Jahre 1933 in der ägyptischen Wüste ein Papyros-Fragment des 18. Kapitels gefunden, das aus der ersten Hälfte des 2. Jahrhunderts stammt.

Das Johannes-Evangelium wurde mit Sicherheit nicht nur von einem einzigen Verfasser geschrieben. Ob auch bei den anderen Evangelien mehrere Verfasser zusammengewirkt haben, weiß man nicht. Man wird sich die Verfasser durchweg als mehr oder weniger gebildete Theologen vorzustellen haben. Woher sie kamen, wo sie vorwiegend gelebt und ihre Werke verfaßt haben, ist letzten Endes unbekannt. Lediglich vom ältesten Evangelium, dem Markus-Evangelium, wird mitunter in der Wissenschaft und durchweg nach der katholischen Überlieferung angenommen, daß es in Rom verfaßt wurde.

Die Evangelien wurden anonym überliefert; ihre jeweiligen Namensbezeichnungen haben sie erst von den Kirchenvätern im Laufe des 2. Jahrhunderts erhalten. Die Gründe für die Namensgebung sind nicht bekannt. Nur vom Johannes-Evangelium wird man vermuten dürfen, daß es deswegen so benannt wurde, weil darin der Jünger Johannes exklusiv als der Jünger bezeichnet wird, »den Jesus lieb hatte« (Joh.13.23).

Die Evangelien und die Briefe der wandernden Jesusbekenner wurden zur Verbreitung immer wieder abgeschrieben. Allein dadurch entstanden auf ganz natürliche Weise Abweichungen. Es ist eine bekannte Tatsache selbst aus unseren Tagen, daß Berichte und Meldungen, die durch mehrere Mittelspersonen weitergegeben werden, oft total verfälscht und sinnentstellt beim »Letztbezieher« ankommen.[12] Es wird etwas hinzugegeben oder weggelassen, ja selbst eine etwas abweichende Formulierung eines Gedankens oder eine abweichende Akzentuierung können einer ursprünglichen Aussage ein total anderes Gesicht geben. Eine besondere Fehlerquelle liegt speziell darin, daß die frommen Chronisten das, was sie über Jesus berichteten, überwiegend nur aufgrund mündlicher Erzählungen erfahren haben. Nimmt man dann noch hinzu, daß das ganze Geschehen sich im Vorderen Orient abgespielt hat, speziell die Galiläer (und Jesus war bekanntlich ein Galiläer!) von alters her für ihre nachlässige Aussprache bekannt[13] und die »Informanten« meist von einfacher Herkunft waren und überdies nur solche Leute von Jesus Notiz genommen hatten, die ihrerseits vom Glauben an seine Auferweckung erfüllt waren, dann bedarf es keines weiteren Hinweises, wie schwierig und oft unmöglich es ist, Dichtung und Wahrheit auseinanderzuhalten.

In den etwa dreihundert Jahren zwischen Jesu Tod und der Erhebung der christlichen Lehre zur Staatsreligion war in der Lehrmeinung ein nicht mehr zu bewältigender Wirrwarr entstanden. In einem im Jahre 1966 in Istanbul entdeckten Manuskript, welches Aufschluß über die ersten christlichen Jahrhunderte gibt, wird berichtet, daß es etwa achtzig verschiedene Versionen der Evangelien gab. Einige sind auch erhalten, sie gelten aber als »*apokryph*« und haben daher im Neuen Testament keine Aufnahme gefunden.

Was man aus der Fülle der verschiedenen Fassungen und Schriften als verbindlich ansehen kann und was nicht, war ein Problem, mit dem schon die ersten christlichen Gemeinden konfrontiert waren. Von Zeit zu Zeit mußten »Auslesen« getroffen bzw. »Bereinigungen« vorgenommen werden. Das erfolgte mehr oder weniger willkürlich. Der altchristliche Bischof Papias berichtet um das Jahr 140 von einer Zusammenkunft der Kirchenväter, bei der alle vorhandenen Texte unter einen Altar gelegt wurden. Da die echten von den unechten nicht mehr zu unterscheiden waren, beteten die Väter darum, die echten Bücher möchten sich erheben und sich selbst auf den Altar legen. Dies ist, wie Papias berichtet, dann auch geschehen. Nur hat er leider nicht verraten, welche Bücher es waren.

Als das im eigentlichen Sinne »heilige« Buch wurde nach wie vor das sogenannte Alte Testament angesehen. Die gleiche Autorität genossen die mündlich tradierten Worte Jesu. Daneben, aber in der Bedeutung weit darunter stehend, existierten die zahlreichen Evangelien und sonstigen Schriften, ohne daß man eine Rangordnung unter ihnen eingerichtet hatte. Was als »katholisch« und was als »Häresie« galt, war lange Zeit umstritten und bildete den Gegenstand der innerkirchlichen Auseinandersetzungen. Hunderte von rivalisierenden Lehrern behaupteten alle, die »wahre Lehre Christi« zu verkündigen, und beschuldigten die anderen als Betrüger.[14] Die »echten« Christen nannten diejenigen Christen, die eine andere Meinung vertraten, »*Gnostiker*«. Der Streit der Christen untereinander wurde bei weitem heftiger ausgetragen als der mit den Heiden, denen gegenüber man sich, solange man noch keine Macht hatte, durchaus tolerant zeigte.

In einem sich über zwei Jahrhunderte hinziehenden Prozeß gelangten dann diejenigen Evangelien zu größerer Bedeutung, die schließlich ins sogenannte Neue Testament aufgenommen wurden. Viele Schriften, die Aufnahme fanden, waren zunächst lange umstritten. Andererseits gab es Schriften, über deren Aufnahme ursprünglich Einigkeit zu bestehen schien, die dann aber doch nicht aufgenommen wurden. Beispielsweise wollten Tertullian und Origenes das Hebräer- und Ägypter-Evangelium kanonisiert wissen. Bei einer früheren geplanten Kanonisierung sollten einmal nur das – allerdings von »Judaismen gereinigte« – Lukas-Evangelium und zehn (ebenfalls »gereinigte«) Briefe des Apostels Paulus gelten. Das war die später als Irrlehre verworfene Forderung des Kirchenlehrers Marcion, des wohl bedeutendsten christlichen Streiters im 2. Jahrhundert.[15]

Ein Ende gesetzt wurde dem Durcheinander im Jahre 383, als Papst Damasus I. seinen Sekretär Hieronymus beauftragte, die altlateinische Bibelübersetzung zu revidieren, woraus dann ein (ebenfalls in lateinischer Sprache verfaßtes) Werk, die Vulgata, entstand, in der die 27 Schriften enthalten sind, die fortan den Kanon des Neuen Testaments bilden. Sie galten von nun an als

Schriften der Apostel, als vom Heiligen Geist inspirierte Bücher, somit als göttlichen Ursprungs; eine Diskussion über den Inhalt verbot sich daher von selbst. Was speziell die vier Evangelien anlangt, so erfolgte deren Zulassung mit einer eigenartigen Begründung: Es gebe auch vier Himmelsrichtungen und außerdem, dem Propheten Ezechiel zufolge, vier Tiere am Wagen des allmächtigen Gottes.

Erst im Zuge der Aufklärung wagte man theologischerseits zögernd, das Neue Testament als ausschließliches Werk Gottes in Frage zu stellen und es – so Johann Gottfried Herder – als »ein Buch durch Menschen für Menschen geschrieben« zu sehen. Allerdings konnten nur evangelische Theologen diese Infragestellung offiziell vollziehen. Für Katholiken wurde das Dogma von der göttlichen Inspiration der neutestamentlichen Texte auf dem Ersten Vatikanischen Konzil im Jahre 1870 nochmals bestätigt. Die Aussageabsicht des letzten Redaktors dieser Texte bleibt »unfehlbar«.[16] Darüber gibt es bis auf den heutigen Tag keine vom Lehramt erlaubte Diskussion.

Bericht und Legende

Die Verfasser des Neuen Testaments interessieren sich kaum für historische Tatsachen. Ihr Anliegen ist kerygmatisch: Sie wollen die Frohe Botschaft (»eu-angelion«) verkünden, und zwar in erster Linie die paulinische Botschaft vom auferstandenen Christus, dessen Kreuzigungstod (»*Schlachtopfer*«, wie es offiziell heißt) die schuldige Menschheit entsühnt hat (2.Kor.5.19). Speziell die Evangelisten wollen außerdem noch berichten von der Frohen Botschaft, wie Jesus sie selbst verkündet hat, nämlich die Botschaft vom Herannahen des Gottesreiches (Mk.1.15).

Eindrucksvoll und beziehungsreich ist der Jesaja-Text (Jes.61.1-2), auf den sich Jesus bei seiner ersten Predigt in der Synagoge seiner Heimatstadt bezieht:

»Der Geist Gottes, des Herrn, ruht auf mir; denn der Herr hat mich gesalbt. Er hat mich gesandt, damit ich den Armen eine gute Nachricht bringe; damit ich den Gefangenen die Entlassung verkünde, den Blinden das Augenlicht und den Gefesselten die Befreiung; damit ich die Zerschlagenen in Freiheit setze und ein Gnadenjahr des Herrn ausrufe.« (Lk.4.18-19)

Laut Lukas schließt Jesus seine Lesung des Jesaja-Textes mit den Worten »und ein Gnadenjahr des Herrn ausrufe«. Was bei Jesaja in Vollendung des letzten Satzes folgt, nämlich »und einen Tag der Rache Gottes«, läßt Lukas aus. Der Evangelist will damit zum Ausdruck bringen, daß Jesus jeglicher Vergeltungsgedanke fern liegt. Offenbar also auch die Androhung aller *Höllenstrafen*, das beliebte Instrument der katholischen Kirche zwecks Disziplinierung der Gläubigen. Seit der Verdammungslehre des Augustinus geht man dabei sogar so weit, daß sämtliche Menschen, die nicht vor ihrem Tod katholisch geworden sind, also zum Beispiel alle Hindus, Moslems, Juden sowieso, aber auch alle kleinen ungetauften Kinder, in die Hölle gelangen, wo sie unsägliche Pein erleiden müssen. So lehrt es die Kirche, die sich schon immer gern als »Anwalt des ungeborenen Lebens« hingestellt hat. (Evangelisch Getaufte werden *toleriert*.) Nur in begrenztem Umfang hat das Zweite Vaticanum hier eine Abmilderung herbeigeführt. Augustinus, der Urheber dieses Unfugs, hätte sich die Frage vorhalten lassen müssen, inwieweit er Jesus selbst und die Apostel, die ja alle nicht katholisch waren, von seiner Verdammungslehre ausnimmt. Origenes jedenfalls, der große Kirchenlehrer der frühen Kirche, wurde dreihundert Jahre nach seinem Tod von der Synode in Konstantinopel verdammt, weil er die *Ewigkeit* der Höllenstrafen geleugnet hatte.[17]

Das Problem der Historizität jesuanischer Worte wird durch den Umstand erschwert, daß es eine spezielle Lehre, die ihren Ursprung in Jesus hat, nicht gibt. Spätestens seit der Entdeckung der Schriftrollen vom Toten Meer im Jahre 1947 muß dies als gesichert angesehen werden.[18]

Selbst ein eher konservativer evangelischer Theologe wie *Helmut Thielicke* resümiert:

> »Jesus hat kaum ein Wort gesprochen, das in der rabbinischen Literatur vor ihm nicht wenigstens in ähnlicher Form schon zu lesen gewesen wäre.«[19]

Küng (Christ sein, S. 146) teilt diese Skepsis insofern nicht, als er (in Übereinstimmung mit der jetzt vorherrschenden Auffassung)[20] in den Evangelien nicht nur reine Glaubenszeugnisse, sondern durchaus auch historische Informationsquellen sieht, die dazu angetan sind, auf den geschichtlichen Jesus rückzufragen. Andererseits führt Küng *Karl Barth, Rudolf Bultmann* und *Paul Tillich* an, die in ihrer Skepsis sogar so weit gegangen sind, daß sie kein einziges der überlieferten Worte Jesu für zweifelsfrei historisch hielten. Aber: Gerade in der historischen Ungewißheit manifestiert sich nach ihrer Überzeugung der wahre Glaube.

Es ist zu unterscheiden zwischen den Worten, die Jesus wirklich gesprochen haben könnte (*ipsissima verba Jesu*), und solchen, die man ihm in den Mund gelegt hat. Des weiteren ist zu fragen: Was ist Wiedergabe eines Geschehensablaufes, und was ist Interpretation, Predigt der nachösterlichen Gemeinde? Und wo wird sogar die Interpretation verlassen und an ihre Stelle Deutung und Verklärung gesetzt?

Ein Beispiel hierfür bildet die von Evangelium zu Evangelium zunehmende »Entschärfung« des Sterbens Jesu[21].

Markus (15.34) und Matthäus (27.46) lassen also noch die ganze Verzweiflung eines Menschen, der sich von seinem Gott verlassen glaubt, erkennen. Jesus stirbt in größtem seelischen Elend:

> »Mein Gott, mein Gott, warum hast du mich verlassen?«

Der Verfasser des etwas späteren, hellenistisch geprägten Lukas-Evangelium sieht die Dinge schon anders. Da spiegeln die letzten Worte nicht mehr Verzweiflung wider, sondern bereits Zustimmung zum Tod. Hier stirbt Jesus den Tod des Gerechten und Frommen:

>>Vater, in deine Hände befehlige ich meinen Geist.<< (Lk.23.46)

Im Johannes-Evangelium schließlich, in welchem alles Menschliche schon weitgehend eingegangen ist in die göttliche Natur des gepredigten Christus, ist weder von Verzweiflung noch von demutsvoller Zustimmung die Rede. Es ist der Tod des göttlichen Offenbarers und Königs. Jesus beendet sein irdisches Leben mit dem triumphierenden Ausruf:

>>Es ist vollbracht!<< (Joh.19.30)

In Wirklichkeit weiß niemand, welche letzten Worte Jesus gesprochen hat – sofern er am Kreuz überhaupt gesprochen hat.[22] Das letzte, was von ihm zu hören war, ist wahrscheinlich ein Schrei ohne Worte gewesen. Es gibt keine Augen- und Ohrenzeugen, die das Sterben Jesu miterlebt haben.[23] Den vier in römischen Diensten stehenden syrischen Söldnern, welche die Exekution besorgt und das Opfer während des Sterbevorgangs zu bewachen hatten, war es uninteressant, was sich am Kreuz abspielte. Der Mann, der da hing, war ihnen nicht bekannt und entsprechend gleichgültig. Man muß, wenn man die Evangelien liest, immer bedenken, daß diese nicht an einer historischen Wahrheit interessiert sind, sondern an einer für das Wohl und Heil der Menschen relevanten Wahrheit. Der katholische Nestor unter den Neutestamentlern *Rudolf Schnackenburg*[24] drückt es so aus:

>>(Es sind) keine vorwiegend historisch orientierten Schriften, sondern alles geschichtlich Überlieferte wird sogleich in das Glaubensbild von Jesus Christus (hineingezogen) ... Ihr Blick ist immer schon auf den verherrlichten Christus, den bleibenden Herrn seiner Gemeinde, gerichtet.<<

Insgesamt gilt für die antike griechisch-römische Geschichtsschreibung, daß es nicht so sehr auf Information ankommt, sondern darauf, den Leser zu einer bestimmten ethischen oder religiösen Sicht der Wirklichkeit zu bringen. Auf die Weise werden Helden idealisiert, Feiglingen werden fiktive schlechte Taten zugeschrieben. Der römische Historiker Titus Livius hat diese Auffassung als geltendes Ideal der Geschichtsschreibung ausdrücklich formuliert.

Hans Küng vergleicht die Evangelien mit einem Shakespeareschen Drama (Christ sein, S. 407). Hier wie dort solle nicht möglichst exakte Historie geboten, sondern eine Botschaft verkündet und ein neues Zeitalter angekündigt werden. So gesehen kann die Legende also durchaus eine bedeutungsvollere Wahrheit sein als der historische Bericht. Die Geschichte vom Barmherzigen Samariter ist das dafür wohl schönste Beispiel. Der im christlich-jüdischen Dialog herausragende, in Jerusalem lebende Religionsphilosoph *Schalom Ben-Chorin* hat in seinem Buch »Bruder Jesus« (S. 109) diese Parabel in einem Zusammenhang zur deutschen Geschichte aus der NS-Zeit angeführt. Er schildert die Zeugenaussage von Probst Grüber im Eichmann-Prozeß. Eichmann hatte Grüber während des Krieges einmal gefragt, warum er als Christ sich so für die Juden einsetze, ohne Dank dafür ernten zu können. Grüber, welcher glaubte, daß Eichmann durch seine frühere Verbindung zum Templer-Orden gerade die im Gleichnis vom Barmherzigen Samariter erwähnte Straße kennen würde, erwiderte:

>»Auf der Straße zwischen Jerusalem und Jericho lag einmal ein Jude, der unter die Räuber gefallen war. Da kam einer vorbei, der kein Jude war, und hat geholfen. Das, Herr Sturmbannführer, ist meine Antwort.«

Jedoch: Damit, daß man die Legende hochstilisiert und sie im Vergleich mit der historischen Wahrheit als die »höhere Wahrheit« bezeichnet, ist es auch nicht getan, jedenfalls dann nicht, wenn die Legende die Tatsachen verfälscht. Die durch ihre aufsehenerregenden Bücher bekannt gewordene katholische Autorin *Uta Ranke-Heinemann*, Professorin für Religionsgeschichte an der Universität Essen, drückt ihre Bedenken wie folgt aus (S. 124):

»Auch die Legende kann die Wahrheit verdunkeln. Dann verdeutlicht sie nicht Heil, sondern schafft Unheil, einen heillosen Wirrwarr von Pseudofakten, die schließlich auch das beabsichtigte heilsgeschichtliche ›Gedenken des Sterbens Jesu‹ behindern.«

Legende und Fakten müssen also zusammengesehen werden, um der Wahrheit, um die es hier geht, ein wenig näherzukommen.

Strömungen und Wandlungen im Urchristentum

Die Autoren des Neuen Testaments können nicht als Zeitzeugen gelten. Sie sind – für den Johannes-Evangelisten gilt nicht einmal das – bestenfalls Zeugen vom Hörensagen. Die frühesten christlichen Berichte enthalten, wie *Martin Dibelius* schreibt, »keinerlei biographisches Material, das mit Recht diesen Namen verdient«.[25]

Die »Geschichten«, die von Jesus von Nazareth erzählt wurden, waren von Anfang an Berichte solcher Menschen, für die Jesus mehr bedeutete als nur die Erinnerung an einen nahestehenden Verstorbenen. Jeder der Erzähler hatte bereits eine ganz persönliche Heilserfahrung mit ihm gemacht. Jedenfalls darf man annehmen, daß diejenigen, die Jesus noch persönlich gekannt hatten, anders über ihn dachten und berichteten als später Paulus und die Evangelisten. Während Jesu »*Jude-Sein*« seit Paulus nur noch gewissermaßen beiläufig zum Ausdruck kommt und statt dessen der Eindruck vermittelt wird, Jesus habe sich in einer ständigen Auseinandersetzung mit dem Judentum, zumindest mit einer bestimmten Gruppe, den Pharisäern, befunden, kann mit Sicherheit angenommen werden, daß ihn die Urgemeinde noch ganz,

ohne jeden Abstrich, als einen »Juden mit Leib und Seele« empfunden und geschildert hat.
Der evangelische Theologe *Paul Gerhard Aring*, dessen Lebenswerk der Verständigung zwischen Juden und Christen gewidmet ist, schreibt (S. 307):

»Jesus lebte in Kontinuität und Zeitgenossenschaft mit seinem jüdischen Volk. Man darf ihn nicht als einen Außenseiter bezeichnen ... Den Traditionen Israels entsprechend wurde das Kind Jesus im Glauben an Gott, den Schöpfer, Vater und Erlöser, aufgezogen und unterwiesen. Ihn betete er an, in Lobpreis, Fürbitte und Klage ... So lebte und lehrte er den Gehorsam gegen den Willen Gottes in seiner Hinwendung zu den Mitmenschen und erwies sich damit als ein Sohn seines Volkes, das von der Gewißheit lebte, Gott habe sich ihm besonders zugewandt, damit es zum Licht für die Völker werde.«

Jesu Jude-Sein hat im Christentum einen ständigen Verdrängungsprozeß erfahren. Der schlichte und doch allein wahre Satz:

»Jesus war kein Christ, er war Jude«

wirkt auf viele Christen schockierend, sind sie doch der Meinung, bei Jesus handele es sich um den »ersten Christen«. Speziell für viele Katholiken ist es noch schockierender, wenn man *Maria* als »orientalische Jüdin« bezeichnet, obwohl auch das allein der historischen Wahrheit entspricht. Jedenfalls: Jesus hat das Wort »Christentum« niemals in den Mund genommen, und er hat auch niemals davon gehört.
Hans Küng (Das Judentum S. 378) zitiert mit voller eigener Zustimmung die Worte des 1956 gestorbenen Rabbiners *Leo Baeck*:

»Jesus ist eine echte jüdische Persönlichkeit, all sein Streben und Tun, sein Tragen und Fühlen, sein Sprechen und Schweigen, es trägt den Stempel jüdischer Art, das Gepräge des jüdischen Idealismus, des Besten, was es im Judentum gab und gibt, aber nur im Judentum damals gab. Er war ein Jude unter Juden; aus keinem anderen Volke hätte ein Mann wie er hervorgehen können und in keinem anderen Volke hätte ein Mann wie er wirken können.«

Die Texte des Neuen Testaments sind überlagert von dem spirituellen Interesse, Jesus aus der Sicht der Auferstehung und der Verherrlichung als Erlöser zu schildern (»Predigtcharakter der Evangelien«). Zwischen dem geglaubten und dem historischen Jesus klafft der sogenannte *Ostergraben.* »Ein breiter, häßlicher Graben«, wie *Schnackenburg*[26] bemerkt. Warum eigentlich »häßlich«? Die ungewöhnliche Dürftigkeit der Information über den Mann aus Nazareth läßt erkennen, daß man schon in den frühen christlichen Gemeinden an dessen Lebensgeschichte nicht sonderlich interessiert war.

Aring (S. 306):

»Der ›Christus des Bekenntnisses‹ wird im Gewand des irdischen Jesus gezeichnet, enthusiastisch, liebevoll, überwältigt von aktuellen, konkreten Glaubenserfahrungen.«

Die historische Gestalt Jesu wurde systematisch ausgehöhlt und tendierte – auf paulinischer Grundlage – hin zum »Göttlichen Christus«. Das Bild, das gezeichnet wurde, war von Anfang an nicht ein Bild, wie Jesus gewesen ist, sondern wie es die Gemeinde für den Glauben brauchte.
Der Göttinger evangelische Neutestamentler *Wolfgang Reinbold* bringt es auf den Punkt (S. 222):

»Der ›kerygmatische Christus‹ hüllte den ›historischen Jesus‹ ein.«

Gewisse Etappen allerdings lassen sich in den Evangelien, entsprechend ihrer zeitlichen Reihenfolge, unterscheiden: Zimmermannssohn bei Markus, Davidssohn bei Matthäus, Prophet und Retter bei Lukas, Gottessohn bei Johannes – und dann sogar Gott selbst auf den Konzilien von Nicäa im Jahre 325 und Chalcedon im Jahre 451.[27] Die Evangelien berichten nicht unabhängig voneinander. Die Verfasser des Matthäus- und Lukas-Evangeliums haben offenkundig das Markus-Evangelium benutzt. Bei beiden ist der Markus-Text um etwa ein Drittel erweitert, so daß sie scherzhaft als »zweite und dritte erweiterte Auflage des Markus-Evangeliums« bezeichnet worden sind. Die Werke von Markus, Matthäus und Lukas werden »*synoptische*« Evangelien genannt, weil sie im Aufbau und in der Auswahl des Stoffes vergleichbare Züge aufweisen, also einer »Zusammen-Schau« zugänglich sind. Aber auch sie weichen in vielen Punkten voneinander ab. Demgegenüber weist das Johannes-Evangelium einen völlig anderen Charakter auf. Vom palästinensischen Ursprung ist in diesem Evangelium nichts mehr enthalten. Es ist eine ausschließlich christologische Abhandlung. Theologisch wird es als »*pneumatisches*« Evangelium bezeichnet. In der Wissenschaft wird allgemein die Auffassung vertreten, daß zumindest die Synoptiker eine (schriftliche oder mündliche? aramäische? griechische?) Quelle für ihre Erzählung benutzten, die sie dann gemäß ihren eigenen (paulinischen) Glaubensvorstellungen redaktionell bearbeitet haben. Diese sogenannte »Logienquelle« (in der Wissenschaft wird sie meist nur mit »Q« bezeichnet), in der ein Christus-Bekenntnis noch nicht enthalten war[28], ist verschollen, möglicherweise der kirchlichen Zensur zum Opfer gefallen. Man vermutet, daß es eine Sammlung bestimmter, Jesus zugeschriebener Sprüche war, die dann später – beispielsweise in der sogenannten *Bergpredigt* – redaktionell aufbereitet und zusammengefaßt wurden.

Die Historizität der Bergpredigt, zumindest im Sinne einer in sich geschlossenen Ansprache, ist zweifelhaft. Möglicherweise sind die Worte der Bergpredigt reines Redaktionsgut des Matthäus-Evangelisten.[29] Zunächst einmal fällt auf, daß die Bergpredigt in ihrer bekanntesten und meistgenannten Form nur bei Matthäus angeführt ist. Bei Lukas (dort »Feldrede« genannt) erscheint sie stark gekürzt, bei Markus und Johannes kommt sie überhaupt nicht vor. Markus und Johannes schweigen sich aber nicht nur über eine vermeintliche Bergpredigt mit dem darin u. a. aufgestellten Gebot der *Feindesliebe* aus – also über etwas, was als höchste und edelste Forderung der Lehre Jesu und damit als Quintessenz des Christentums überhaupt angesehen wird –, sondern Markus hebt pointiert nur auf die *Nächstenliebe* ab, ohne mit einer Silbe die Feindesliebe zu erwähnen. In einer Diskussion bei Markus bekennen sich Jesus und ein Schriftgelehrter übereinstimmend zur Nächstenliebe, nicht aber zur Feindesliebe (Mk.12.31).

Speziell die Passionsgeschichte dürfte schon ganz früh überliefert worden sein, möglicherweise noch zur Amtszeit von Kaiphas und Pilatus, also vor dem Jahre 37.[30] Gegenstand dieser frühen Passionsgeschichte war Jesu Leidensweg unter Pontius Pilatus. Noch nicht in ihr enthalten war der »Religionsprozeß« vor dem Synedrium.[31] Hingegen ist anzunehmen, »daß von Anfang an die Passionsüberlieferung mit einer kurzen Erwähnung der Auferweckung Jesu schloß ..., sonst wäre der Tod Jesu nur die Geschichte einer Katastrophe ohnegleichen gewesen«.[32]

Bei der Schilderung der Passion ist die redaktionsgeschichtliche Anpassung besonders deutlich. In den synoptischen Evangelien sind Bestandteile enthalten, die verschiedene Überlieferungen der Passionsgeschichte voraussetzen. Im Markus- und im Matthäus-Evangelium heißt es, die Behörde habe sich gescheut, Jesus innerhalb der in Jerusalem zu Passah versammelten Festgemeinde verhaften zu lassen, weil sie in einem solchen Fall einen Aufstand der Bevölkerung zugunsten des Verhafteten befürchtete:

»Sie sagten aber: Ja nicht am Fest, damit es im Volk keinen Aufruhr gibt.« (Mk.14.2, Mt.26.5)

Ein möglicher projesuanischer Volksaufstand wird auch von Lukas erwähnt:

»Und die Hohen Priester und die Schriftgelehrten suchten nach einer Möglichkeit, Jesus (unauffällig) zu beseitigen; denn sie fürchteten sich vor dem Volk.« (Lk.22.2)

Bei Lukas sind es die Römer, die bisweilen als die Feinde des Glaubens Jesu und des jüdischen Volkes erscheinen. (Klammerbemerkung: An anderer Stelle des lukanischen Berichts, insbesondere in der Apostelgeschichte, werden die Dinge dann allerdings mit genau entgegengesetzter Tendenz dargestellt: im Sinne einer persönlichen Schuldzuweisung an das jüdische Volk. Sowohl für die Hinrichtung Jesu als auch für den Judasverrat werden die Juden insgesamt verantwortlich gemacht, Apg. 2.23; 4.10; 5.30; 13.27 f.). Es muß eine ursprüngliche Überlieferung gegeben haben, derzufolge die Hinrichtung Jesu am römischen Kreuz von der Bevölkerung Jerusalems als ein beklagenswertes Ereignis empfunden wurde: Eine große Volksmenge folgte ihm auf seinem Gang zur Hinrichtungsstätte und betrauerte und beklagte sein Schicksal. Jüdinnen versuchten, seine Qualen mit einem Betäubungstrank zu lindern, und die Volksmassen waren es, die sich trauernd an die Brust schlugen, als die Hinrichtung vollzogen war:

»Es folgte ihm aber eine große Menge des Volkes und viele Frauen, die ihn betrauerten und beklagten. Jesus jedoch wandte sich zu ihnen und sprach: Ihr Töchter Jerusalems weinet nicht über mich, weinet vielmehr über euch und eure Kinder.[33] ... Und die ganze Volksmenge, die zu diesem Schauspiel zusammengeströmt war, schlug sich beim Anblick dessen, was geschehen war, an die Brust und ging betroffen weg.« (Lk.23.27,48)

Dasselbe Thema behandelt – wenn auch in abgeschwächter Form – Markus (15.23), indem er berichtet, daß Jesus auf dem Weg zur Hinrichtungsstätte »Myrrhe im Wein« gereicht wurde, er das Getränk aber nicht zu sich nahm. (Dies war, wie der bekannte jüdische Theologe und Historiker *David Flusser*[34] bemerkt, ein Akt der Barmherzigkeit, den man in Israel einem Verurteilten auf seinem Todeswege zu erweisen gewöhnt war; der Trunk sollte ihn etwas betäuben und ihm sein Leiden erleichtern.)

Die markinischen und lukanischen Textstellen stehen in einem krassen Widerspruch zu einem der Hauptthemen in den evangeliaren Berichten, wonach das jüdische Volk in einem Ausbruch von Leidenschaft und Haß die Verurteilung und Hinrichtung Jesu verlangt haben soll. Lukas berichtet ferner (wie es auch der historischen Tatsache entspricht)[35], daß es sich bei Pilatus um einen besonders grausamen Menschen gehandelt hat, dem es beispielsweise nichts ausmachte, friedliche jüdische Pilger serienweise niederzumetzeln:

»Es waren aber zu der Zeit etliche dabei, die verkündigten ihm von den Galiläern, deren Blut Pilatus mit ihrem Opfer vermischt hatte.« (Lk.13.1)

Auch diese Textstelle dürfte auf eine Quelle zurückgehen, die im Widerspruch steht zu anderen Schilderungen in den Evangelien, wonach Pilatus ein eher gutmütiger Mensch gewesen sei, der viele Versuche unternommen habe, Jesu Leben zu retten.

Die Doppelschichtigkeit läßt sich an vielen Stellen noch redaktionell nachvollziehen. So ist das Matthäus-Evangelium auf der einen Seite durch eine besonders judenfeindliche Gesamttendenz gekennzeichnet, während auf der anderen Seite ständig betont wird, daß Jesu Erscheinen und seine Taten die Erfüllung der Propheten des Alten Testaments seien. Bei Lukas fällt eine ausgeprägte prorömische Gesamttendenz auf (die Römer haben mit dem gewaltsamen Tode Jesu eigentlich überhaupt nichts zu tun: Lk.23.13-25; Apg.2.36; 5.30), während im Widerspruch dazu

Jesus als der erwartete *Kampfmessias* gekennzeichnet ist, der die Römer aus dem Lande vertreiben werde (Lk.1.68-71; 24.19-21) und dessen Hinrichtung von der Bevölkerung als ein großes Unglück empfunden wird (Lk.23.48).

Festzustellen bleibt, daß es eine ursprüngliche Überlieferung des Lebens und Sterbens Jesu gegeben hat, in der noch viel von dem enthalten war, was dann nach dem Sieg der hellenistisch-paulinischen Lehre nicht mehr dem aktuellen Stand der Berichterstattung entsprach.

Die noch lebenden Mitglieder der Urgemeinde, also diejenigen, die Jesus noch persönlich gekannt hatten, diese Leute aus seiner engsten Umgebung, die von ihrem Meister getreulich berichtet hatten, wie er wirklich gewesen war, hatten keinerlei Einfluß mehr auf die redaktionelle Gestaltung der Schriften. Sie hielten sich auch gar nicht mehr in Jerusalem auf. Beim Ausbruch des Jüdischen Krieges gegen die Römer im Jahre 66 waren sie nach Pella ins Ostjordanland geflohen,[36] weil sie – inzwischen Pazifisten geworden – den Kriegsdienst mit der Waffe ablehnten.[37] Diese (sich auf Jesu Bruder Jakobus berufenden) Judenchristen huldigten auch in der Fremde dem Ideal der Armut, nannten sich »*Ebioniten*« (»die Armen«) und zeigten sich als besonders gesetzestreue Juden. Sie leugneten die – später aufgekommenen – Lehren von der jungfräulichen Geburt sowie von der Gottheit Christi. Deswegen wurden sie im Laufe des zweiten Jahrhunderts als Häretiker verbannt, ihr Andenken aus der Kirchengeschichte getilgt.[38] (Jakobus persönlich allerdings, den »*Herren-Bruder*«, hat man nicht in die Verunglimpfung einbezogen.) Jedenfalls hatte, als die Evangelien und die Apostelgeschichte entstanden, die paulinische Theologie bereits den Sieg über die Glaubensvorstellungen der Jerusalemer Urgemeinde davongetragen. Sie war zur »*herrschenden Meinung*« unter den Jesusanhängern geworden.[39]

Das Charakteristikum paulinischer Lehre liegt darin, Jesus nicht nach dem zu beurteilen, was und wie er zeitlich gewirkt hat, sondern sein Leben aus der Sicht seines Todes zu interpretieren. Genau das tun auch die Evangelisten. Der Tod Jesu wird nunmehr mit der Vorstellung verbunden, ein seit jeher unbußfertiges Israel zeige die Verstockung seines Herzens durch die Tötung der Propheten.[40]

Ganz und gar paulinisch auch sind z. B. der im Markus- und im Matthäus-Evangelium enthaltene Missionsbefehl und der Taufbefehl:

>>Vor dem Ende aber muß allen Völkern das Evangelium verkündet werden.<< (Mk.13.10)

>>Darum geht zu allen Völkern und macht alle Menschen zu meinen Jüngern; tauft sie auf den Namen des Vaters und des Sohnes und des Heiligen Geistes.<< (Mt.28.19)

Beide >>Befehle<< sind ins Evangelium eingefügt worden, um die Missionsreisen des Paulus zu rechtfertigen. In der theologischen Umschreibung werden diese Jesus in den Mund gelegten Aussprüche als >>Worte des erhöhten Herrn<< bezeichnet. Beim Taufbefehl ist interessant, daß bei den Synoptikern nirgendwo bekundet wird, Jesus selbst habe getauft. Im Johannes-Evangelium sind die Nachrichten darüber widersprüchlich. Während in Joh.3.22 von einer Tauftätigkeit Jesu die Rede ist, betont der Evangelist in Joh.4.2, daß nur Jesu Jünger getauft haben, nicht aber er selbst. Darüber hinaus ist der Taufbefehl in Mt.28.19 noch eine eindeutig dogmatische *Fortentwicklung* paulinischer Gedanken. Er ist Gedankengut der Trinitätslehre, die erst von Tertullian im dritten Jahrhundert konzipiert und auf den Konzilien des vierten Jahrhunderts (Nicäa und Konstantinopel) festgelegt wurde.[41] Und der Missionsbefehl steht im wörtlichen Widerspruch zur historischen Situation, in der Jesus seine Botschaft verbreiten wollte:

>>Ich bin nur zu den verlorenen Schafen des Hauses Israel geschickt worden.<< (Mt.15.24)

Ja, es ist ihm nicht einmal einerlei, ob auch die Heiden davon profitieren. Vielmehr verbietet er den Jüngern ausdrücklich, die Nichtjuden mit der Botschaft bekannt zu machen.

»Gehet nicht auf der Heiden Straße und ziehet nicht in der Samariter Städte, sondern gehet hin zu den verlorenen Schafen aus dem Hause Israel.« (Mt.10.5-6)

Dieser Standpunkt ist um so bemerkenswerter, als Jesus schließlich gewußt hatte, daß sein biblischer Glaube ihm eine Hinwendung an die Heiden keineswegs verbot. Der Gott Israels hat sich allen Menschen zugewandt, wie es in den Büchern der Könige und beim Propheten Jesaja zum Ausdruck kommt (1.Kön.8.41-43; Jes.49.6).

In moderner Sprachregelung würde man manche Äußerung Jesu sogar als ausgesprochen *chauvinistisch* bezeichnen müssen. So zum Beispiel sagt er (Mt.6.7), die Nichtjuden würden »plappern«, wenn sie beten.

Als stolzer Israelit geht er sogar so weit, dem Gebot der Nächstenliebe eine *nationale Grenze* zu setzen. Als eine Nichtjüdin (die sog. »Syrophönitierin«) von ihm Heilung für ihre kranke Tochter erfleht, hört sie die bitteren Worte aus Jesu Munde:

»Füttern wir erst die Kinder; es ist nicht fein, den Kindern das Brot zu nehmen und es den Hunden vorzuwerfen.« (Mk.7.27)

Die »Kinder«, das sind die Kinder Israels, die »Hunde« sind auch hier die Nichtjuden.

Ben-Chorin (Bruder Jesus, S. 58):

»Erst nachdem sich die um ihre erkrankte Tochter besorgte Mutter so tief demütigt, daß sie auf dieses Gleichnis eingeht: ›Doch Herr, denn auch die jungen Hunde fressen von den Brocken, die vom Tisch ihrer Herren fallen‹, wird er von diesem Glauben überwältigt: ›O Weib, groß ist dein Glaube; dir geschehe, was du begehrst.‹«

In den Evangelien wird nur ein einziger Heide erwähnt, dem Jesus seine Heilkräfte vorbehaltlos angedeihen ließ: dem Diener des römischen Hauptmanns (Mt.5.13; Lk.1.10). Jesus als Freund der Römer hinzustellen, war offenbar auch in relativ belanglosen Bereichen opportun.

Die vorstehend aufgezeigten diversen Widersprüche freilich zeigen auf der anderen Seite auch wieder beispielhaft, daß es gerade die Evangelien und ihre vielschichtige Entstehungsgeschichte sind, die unter paulinischer Tünche noch immer Spuren des historischen Jesus erkennen lassen.

2. Kapitel:
Der biblische Jesus

Die vier Evangelien im Überblick

Der (nach den Paulusbriefen) älteste Text, das *Markus-Evangelium*, dürfte unmittelbar nach der Zerstörung Jerusalems und der Plünderung des Tempels durch die Römer im Jahre 70 entstanden sein. Die sogenannte »Markus-Priorität« ist seit der Mitte des 19. Jahrhunderts historisch und theologisch nachgewiesen. Markus hat gewissermaßen das Gerüst der Erzählungen geschaffen, an das sich die anderen Evangelisten, zumindest die Synoptiker, gehalten haben. Katholischerseits wird angenommen, daß das Markus-Evangelium in Rom verfaßt wurde, und zwar deswegen, weil Markus der Dolmetscher und Reisebegleiter von Petrus gewesen sei und Petrus nach Rom begleitet habe, wo dieser unter Nero das Martyrium gefunden habe. Markus habe dann in Rom niedergeschrieben, was er von Petrus erfahren hatte. In Wirklichkeit aber ist über den Entstehungsort dieses Evangeliums nichts bekannt. Es ist auch nicht bekannt, ob Markus in einer persönlichen Beziehung zu Petrus stand. Hingegen steht fest, daß Petrus niemals in Rom gewesen ist.

Ob Markus *Judenchrist* oder *Heidenchrist* war, ist umstritten, jedenfalls war er ein heidenfreundlicher Mann. Einiges spricht dafür, daß er *Galiläer* war. Sein Evangelium, wiewohl für *heidenchristliche Leser* geschrieben (in Mk.7.3 erhält der Leser ein Belehrung über jüdische Bräuche), hat einen ausgeprägten galiläischen Bezug. Dies gilt auch für das – sehr viel später, vermutlich in der Mitte des zweiten Jahrhunderts entstandene – Schlußkapitel, den sogenannten »Markus-Nachtrag«.[1] Sogar der auferstandene Christus begibt sich nach Mk.16.7 zunächst wieder nach Galiläa. (Diese Schilderung ist auch in das – ebenfalls später entstandene – Schlußkapitel des Matthäus-Evangeliums hineingeschrieben worden. Bei Lukas und Johannes hingegen wird für die Erscheinung des Auferstandenen nur die nähere Umgebung von Jerusalem, beispielsweise Emmaus, genannt.) Weitere Indizien für den galiläischen Ursprung des Markus-Evangeliums sind die häufig verwandten typischen Begriffe aus der aramäischen Sprachwelt, teilweise auch drastische Begriffe, die dann in der griechischen Sprache entsprechend »unfein« wirken.

Anton Mayer, Dozent für Pädagogik in Münster und Esslingen, bis 1974 Professor für Soziologie an der Pädagogischen Hochschule Reutlingen, hat den Versuch unternommen, das Markus-Evangelium als Beweis für die *proletarische* Herkunft Jesu heranzuziehen, indem er auf die typische *unterschichtige* Sprache verweist, die diesem ursprünglichen Evangelium eigen ist. So findet sich zum Beispiel in Mk.7.19 das derbe Wort »aphedron«, das Jesus ganz ungeniert gebraucht haben soll.

Mayer (S. 39):

> »Aphedron ist kein Abort, eher noch ein Abtritt, und schon ganz und gar nicht ein WC. Es ist, mit Respekt gesagt, das ›Scheißhaus‹ der Proletarier, das auch kein Klassiker der Antike in den Mund zu nehmen wagte.«

Möglicherweise – und das wäre eine Erklärung für die mitunter derbe Ausdrucksweise – hatte der Markus-Evangelist eine soldatische Vergangenheit. Auffallend oft spricht er in Termini, die dem römischen Militärbereich entstammen. Das wiederum könnte darauf hindeuten, daß er römischer Bürger war und sein Evangelium tatsächlich in Rom entstand.

Bei Markus klingt nicht entfernt an, daß Jesus eine überirdische Gestalt sein könnte. Die bei Markus dominierenden Bezeichnungen lauten »Lehrer« und »Rabbi«. Nach markinischer Schilderung liegt Jesu einzige Besonderheit darin, daß – in Gestalt einer Taube – der Geist Gottes als Zeichen göttlichen Wohlgefallens über ihm schwebte, nachdem er sich von Johannes dem Täufer hatte taufen lassen. Erst von da an und nur ganz vereinzelt wird der Begriff »Gottessohn«[2] gebraucht: Außer der himmlischen Stimme (Mk.1.11; 9.7) sind es zweimal von bösen Geistern besessene Menschen, die Jesus so nennen (Mk.3.11; 5.7).

Ganz am Schluß des Evangeliums gebraucht der römische Hauptmann diesen Ausdruck:

> »Der Hauptmann aber … sprach: Wahrlich, dieser Mensch ist Gottes Sohn gewesen.« (Mk.15.39)

(Klammerbemerkung: Dieser Hauptmann, Repräsentant des römischen Weltreichs, wird uns im ältesten Evangelium als derjenige vorgestellt, der als allererster ein Bekenntnis zum *Christentum* abgelegt hat. *Der »erste Christ« war Jesu Henker!* Sicherlich ist diese Textstelle Widerspiegelung eines gebräuchlichen literarischen Motivs: die Bekehrung des Henkers. Ein Theologe wie *Josef Blinzler* sieht das aber unter einem noch ganz anderen Aspekt. Er will aus der Textstelle herauslesen, daß der Hauptmann voll innerer Zerknirschung erkannt habe, daß er sich nicht an einem Menschen, sondern zugleich an einem himmlischen Wesen vergriffen hat. Blinzler jedenfalls meint – er meint es allen Ernstes! – S. 433: »Der römische Hauptmann erkannte die Gottessohnschaft Jesu nur 60 Minuten zu spät.«)

Wägt man alle Umstände gegeneinander ab und bezieht man in die Erwägungen mit ein, daß Markus – trotz ausgesprochen nachösterlicher Einschübe wie das Bekenntnis des römischen Hauptmanns – das »hebräischste« aller Evangelien ist und daher in der Tat von den Ur-Aposteln (Jakobus und Petrus) beeinflußt sein kann, so spricht ein leichtes Übergewicht in der Vermutung dafür, daß Markus *Judenchrist* war und sein Evangelium galiläischen Ursprungs ist.

Das wohl etwas über ein Jahrzehnt nach dem Markus-Evangelium entstandene *Matthäus-Evangelium* ist in einem korrekten, wenn auch nicht so eleganten Griechisch wie das zeitlich wiederum spätere Lukas-Evangelium geschrieben. Sicherlich hat Matthäus das Markus-Evangelium als Quelle benutzt.

Ob der Verfasser des Matthäus-Evangeliums *Judenchrist* oder *Heidenchrist* war, ist in der Wissenschaft ebenfalls umstritten. Der Umstand, daß er die Legende von der Jungfrauengeburt in sein Evangelium hineinschreibt, spricht für sein Heidenchristentum, denn im hellenistischen Bereich war es durchaus üblich, sich Verbindungen von Göttern mit Menschenfrauen vorzustellen, aus denen dann Göttersöhne entstanden, wohingegen eine solche Vorstellung dem jüdischen Denken fremd war.[3]

Vermutlich hat der Matthäus-Evangelist in Syrien gelebt. Er berichtet, daß Jesu Ruf sich in »Syrien« verbreitet habe (Mt.4.24). Von seinem geographischen Standpunkt aus liegt Judäa »jenseits des Jordan« (Mt.19.1).

Abwegig ist die mitunter aufgestellte Behauptung, Matthäus sei der Zöllner gewesen, der zur Jüngerschar Jesu gehört habe, weil dieser Zöllner, der sonst (jüdisch) Levi heißt, im Matthäus-Evangelium den Namen Matthäus trägt (Mt.9.9-13; 10.3) und weil in der Apostelgeschichte (Apg.1.13) auch ein urchristlicher Apostel namens Matthäus im Zusammenhang mit der Jüngerschar erwähnt wird, die sich nach Jesu Tod zu einer ersten Zusammenkunft auf dem Ölberg versammelt haben soll. (Noch ein anderer Matthäus – Matthias – ist dann kurz darauf als Nachfolger von Judas Iskariot in den Kreis der Apostel gewählt worden – Apg.1.26.) Der Evangelist Matthäus behauptet von sich jedenfalls nicht, zu den Jüngern Jesu gehört zu haben. Auch Paulus erwähnt keinen Jünger namens Matthäus, welcher zur Verkündigung der Frohen Botschaft besondere Aktivitäten entfaltet hätte. In den Paulus-Briefen werden nur Jakobus, Petrus und Johannes als Apostel bezeichnet.

Das Matthäus-Evangelium ist das Lieblingsevangelium der katholischen Kirche. Das hat einen naheliegenden Grund: Nur in diesem Evangelium wird pointiert davon berichtet, daß Jesus einem einzelnen Jünger, nämlich Simon Petrus, eine bevorzugte Stellung eingeräumt habe:

»Selig bist du, Simon Barjona ... Und ich sage dir auch: Du bist Petrus, und auf diesen Felsen will ich bauen meine Kirche, und die Pforten der Hölle sollen sie nicht überwältigen. Und ich will dir des Himmelreichs Schlüssel geben: alles, was du auf Erden binden wirst, soll auch im Himmel gebunden sein, und alles, was du auf Erden lösen wirst, soll auch im Himmel gelöst sein.« (Mt.16.17-19)

Auf diese Textstelle, in welcher Petrus sogar göttliche Vollmachten verliehen werden, haben sich von jeher die Päpste berufen, um ihre Autorität als Nachfolger Petri zu bekräftigen. Deswegen wird das Matthäus-Evangelium auch in der redaktionellen Reihenfolge des Neuen Testaments an den Anfang gestellt, obwohl Markus das ältere Evangelium ist. Katholischerseits wird von Petrus behauptet, er sei am Ende seines Lebens nach Rom gekommen und habe dort während der neronischen Christenverfolgung gemeinsam mit Paulus (Petrus gekreuzigt, Paulus enthauptet) den Märtyrertod erlitten, die Peterskirche sei über dem Petrusgrab errichtet worden.

Der Geschichte vom Märtyrertod in Rom ist entgegenzuhalten, daß Zeitpunkt und Umstände des Todes Petri unbekannt sind. Es liegt eine gewisse Wahrscheinlichkeit dafür vor – vgl. Apg.12.3 –, daß Petrus durch König Herodes Agrippa I. im Jahre 44 als Zelot hingerichtet wurde. Jedenfalls ist nirgendwo im Neuen Testament die Rede davon, daß dieser galiläische Fischer größere Reisen unternommen hätte, noch dazu in Länder, in denen er sich sprachlich nicht hätte verständigen können. Wäre er jemals nach Rom gereist, dann wäre ein so bedeutsames Ereignis mit Sicherheit irgendwo, vor allem in der Apostelgeschichte, erwähnt worden. Und was Mt.16.17-19 anbelangt, wonach Jesus seinem Jünger Petrus besondere Vollmachten erteilt hat, steht in der Wissenschaft inzwischen fest, daß diese Textstelle in der ursprünglichen Fassung des Evangeliums entweder überhaupt nicht enthalten war, es sich bei ihr also um einen späteren christologischen Einschub handelt, oder aber, daß es jedenfalls nicht Jesus ist, der hier spricht, sondern die frühe Kirche, die im Aufbau ihrer hierarchischen Konstitution an der Etablierung einer solchen Führerfigur interessiert war. Dem Juden Jesus konnte es natürlich nicht in den Sinn gekommen sein kann, eine »Kirche«, die *Kirche Jesu*, zu gründen. Auch wissen die anderen Evangelisten nichts von einer Bevorzugung Petri durch Jesus zu berichten, was sie mit Sicherheit getan hätten, wenn die Bevorzugung historisch wäre. Die Unhistorizität wird im übrigen auch dadurch deutlich, daß Jesus ausgerechnet den Jünger Petrus, nur vier Verse weiter, in außerordentlich scharfer Form zurechtgewiesen haben soll:

»Hebe dich Satan von mir! Du bist mir ärgerlich, denn du meinst nicht, was göttlich, sondern was menschlich ist.« (Mt.16.23)

Diese Zurechtweisung kann mit der angeblichen Inthronisation Petri und der Verleihung der sogenannten Schlüsselgewalt schlechterdings nicht in Einklang gebracht werden. *Schalom Ben-Chorin* (Bruder Jesus, S.138) schildert, daß dem katholischen Theologen Joseph Schnitzer die Lehrbefugnis an der Universität München entzogen, er seines Amtes enthoben und exkommuniziert wurde, weil er sich als unbestechlicher Wissenschaftler geweigert hatte, dem evangelischen Theologen Adolf von Harnack entgegenzutreten und die Echtheit der Evangelienstelle von der Schlüsselgewalt Petri zu bezeugen.

Deutlicher noch als bei den anderen Synoptikern wird bei Matthäus hervorgehoben: Das Judentum außerhalb der bekehrten Gemeinde ist verstockt und sündhaft; seine Führer – die traditionsbewußten Pharisäer – sind Heuchler, blinde Narren, Ottern, Natterngezücht, Schlangenbrut, Kinder der Hölle.

Nur im Matthäus-Evangelium stehen die beiden Perikopen, die

im Laufe der abendländischen Geschichte immer wieder als »Rechtsgrundlage« für die Verfolgung der Juden herangezogen worden sind, nämlich der sogenannte »Verstoßungssatz Jesu« und die sogenannte »Selbstverfluchung der Juden«:

»Darum sage ich euch: Das Reich Gottes wird euch weggenommen und einem Volk gegeben werden, das die erwarteten Früchte bringt.« (Mt.21.43)

»Da rief das ganze Volk: Sein Blut komme über uns und unsere Kinder!« (Mt.27.25)

Und noch eine weitere von Antijudaismus geprägte Perikope taucht bei Matthäus auf, sie ist eingebettet in das Gleichnis vom königlichen Hochzeitsmahl und richtet sich gegen ein angeblich verstocktes Israel, das der Einladung des (göttlichen) Gastgebers nicht folgt. Deswegen muß es vernichtet werden. Der international bekannte Freiburger Exeget *Anton Vögtle* zählt diese Perikope zu den »Spitzenaussagen antijüdischer Polemik«:[4]

»Da wurde der König zornig; er schickte sein Heer, ließ die Mörder töten und ihre Stadt in Schutt und Asche legen.« (Mt.22.7)

Als Matthäus sein Evangelium schrieb, lag Jerusalem mitsamt dem Tempel in Schutt und Asche, was der Evangelist ganz offenbar als die gerechte Strafe dafür ansieht, daß das offizielle Judentum Jesus nicht akzeptiert hat.
Eugen Drewermann kommentiert das Gleichnis vom königlichen Hochzeitsmahl mit folgenden Worten (S. 106 f.):

»Da treten also die Legionen Roms als die Racheheere eines erzürnten Himmelsgottes auf, der den Tod seines Sohnes rächt an der Stadt der Mörder – an dem ehemals heiligen, jetzt aber verfluchten Jerusalem! Kein Antisemit des zwanzigsten Jahrhunderts, das muß man mit Schrecken feststellen, könnte eine ungeheuerlichere ›Theologie‹ gegen ›das Judentum‹, gegen das Volk der Erwählung, gefunden haben, als es hier bei Matthäus geschieht.«

Andererseits ist es gerade Matthäus – so paradox das angesichts seiner ansonsten schroffen Verwerfung Israels erscheinen mag –, der dezidiert bemüht ist, das Neue Testament mit dem Alten Testament zu verzahnen. Es ist das Bemühen um den sogenannten »Schriftbeweis«: Mit dem Erscheinen Jesu und seinem Wirken habe sich das erfüllt, was die Bibel Israel verheißen hat. Die ständige Formel lautet:

»Das aber ist alles geschehen, auf daß erfüllet werde, was der Herr durch die Propheten gesagt hat.«

Uta Ranke-Heinemann (S. 37):

»Er gibt sich jede erdenkliche Mühe, darzulegen, daß diese Prophezeiungen nun in Erfüllung gegangen seien, wenngleich es bei seinen Erfüllungsbeweisen gelegentlich auf Biegen oder Brechen geht.«

Insoweit unterscheidet sich Matthäus in nichts von einigen Fundamentalisten im modernen Judentum, die exakt wissen, in welchem Bibelvers z. B. die Balfour-Erklärung oder die Staatsgründung Israels oder der 6-Tage-Krieg vorausgesagt wurden.
Ein weiteres Interesse des Matthäus-Evangelisten ist, Jesus als den verheißenen Messias zu bezeugen. Dies kommt in der bei ihm besonders häufig auftretenden Bezeichnung »Sohn Davids« zum Ausdruck, was nach damaligem Verständnis als messianisches Prädikat zu werten ist. Die breit angelegte Genealogie Jesu in der Einleitung seines Evangeliums, die Hervorhebung Bethlehems als Geburtsort und das typisch messianische Schicksal der Flucht (Flucht nach Ägypten) sind Beispiele für dieses Anliegen. Interes-

sant jedoch ist, daß Jesus nicht als *Kampfmessias* vorgestellt wird, den man sich in der Zeit des römischen Jochs ersehnt hatte, sondern als ausgesprochener *Friedensfürst*.

Bei *Lukas*, dessen Evangelium im vorletzten oder letzten Jahrzehnt des 1. Jahrhunderts verfaßt wurde, dürfte es sich um einen griechischen, vermutlich nichtjüdischen, theologisch gebildeten Gelehrten gehandelt haben, also um einen *Heidenchristen*. Beheimatet war er in Griechenland oder Kleinasien; er ist viel gereist, wie seine detaillierten Ortskenntnisse beweisen. Möglicherweise war er eine Zeitlang der Wegbegleiter von Paulus, was jedenfalls katholischerseits (schon aus Paritätsgründen, weil Markus der Begleiter von Petrus gewesen sein soll) gern behauptet wird. Der lukanische Jesus ist nicht mehr der auf der Erde gegenwärtige, sondern der Jesus, der früher einmal gelebt, inzwischen aber im Himmel Aufnahme gefunden hat. Lukas ist der einzige unter den Autoren des Neuen Testaments, der eine Himmelfahrt Jesu schildert (Lk.24.50 f.; Apg.1.9-11).[5] *Walter Simonis*, Professor für Dogmatik und Dogmengeschichte an der Universität Würzburg, bezeichnet ihn als den »großen Erzähler« unter den Evangelisten, bei dem die Gestalt Jesu »bewußt literarisch« geworden ist.[6] Die hellenistische Gedankenwelt, in der Lukas lebte, dürfte der Grund dafür gewesen sein, daß dieser Evangelist, mehr noch als die anderen, eine besondere Vorliebe für das Wunderwirken Jesu zeigt. Gern, besonders kirchlicherseits, wird behauptet, Lukas sei Arzt gewesen. Dafür gibt es aber keinen Beweis, allenfalls ein – sehr kleines – Indiz: Krankheiten werden bei Lukas genauer beschrieben als bei den anderen Evangelisten, die medizinischen Erfolge Jesu werden noch etwas mehr hervorgehoben. Bei einer Erzählung, bei der Markus eine kritische Haltung zu den Ärzten einnimmt, weil diese mit ihren Honorarforderungen eine Frau um ihr gesamtes Vermögen gebracht hatten, unterdrückt Lukas (kollegialiter?) diese Kritik (Mk.5.25-26; Lk.8.43). Im Kolosserbrief (Kol.4.14) stellt Paulus einen »Arzt Lukas, unseren lieben Freund«, vor. Die exegetische Forschung verneint aber, daß dieser Lukas identisch sei mit dem Verfasser des Evangeliums. Der Autor des Lukas-Evangeliums ist auch der Verfasser der Apostelgeschichte (Apg.1.1). Das Lukas-Evangelium kann daher nicht isoliert betrachtet werden, sondern ist mit der Apostelgeschichte Bestandteil eines theologischen Doppelwerkes. Der Bericht beginnt im Tempel (Lk.1.5-9) und endet auch dort (Lk.24.53). Das Schicksal Jesu wird mit dem Schicksal Jerusalems verknüpft.[7] Lukas gilt, wie *Anton Mayer* (S. 121 ff.) betont, als der »vornehmste Autor des Neuen Testaments«, der sich »an ein feinsinniges Leserpublikum, an den Besitzbürgerstand« wendet:

>»Er liebt es, Wörter nach ihrem Sozialprestige zu wählen. Sofern ein Wort auch nur von Ferne nach Unterschicht riecht, meidet er es … Lukas selbst hätte vermutlich nichts dagegen, wenn man ihn den ersten christlichen Gentleman hieße.«

Häufig ist von »führenden Männern«, von »vornehmer Herkunft«, von »Königswürde« die Rede. Im Gleichnis vom verlorenen Sohn kann der Vater es sich leisten, ein Mastkalb zu schlachten. Bei Lukas hat Jesus aristokratische Verwandtschaft: Seine Tante Elisabeth (Cousine seiner Mutter Maria) war mit Zacharias, der zur Priesterklasse gehörte, verheiratet, die Tante selbst – Mutter Johannes des Täufers – entstammte dem priesterlichen Geschlecht derer von Aaron (Lk.1.5, 36).
Andererseits hat das Lukas-Evangelium einen ausgesprochen sozialkritischen Bezug. Oft wird der Gegensatz arm/reich betont. Im Gleichnis vom großen Gastmahl (Lk.14.15-24) sind es die Armen und Krüppel, die Blinden und Lahmen, die eingeladen werden. Das Gleichnis hat allerdings (ähnlich wie das von den bösen Winzern und vom königlichen Hochzeitsmahl) einen antijüdischen Inhalt: Die zuerst Eingeladenen, die Vornehmen, sind das Volk Israel. Israel aber ist verstockt, folgt der Einladung Gottes nicht. In seinem Zorn wendet Gott sich nunmehr an die Armen, die Krüppel und Blinden. Das sind die Heiden, sie sind nunmehr Gottes Gäste.

Der sogenannte »Ur-Kommunismus« der ersten Christengemeinde wird nur in der lukanischen Apostelgeschichte erwähnt (Apg.4.32-37). Das Magnifikat der Maria (Lk.1.46-56) hat sogar klassenkämpferische Züge – allerdings hat es Vorbilder im Alten Testament (Ps.147.6; Ijob.5.11; 12.19; 1. Sam.2.7):

>»Er (Gott) stößt die Gewaltigen vom Thron und erhebt die Niedrigen. Die Hungrigen füllet er mit Gütern und läßt die Reichen leer.« (Lk.1.52-53)

Möglicherweise läßt diese Perikope auch noch eine andere Deutung zu, nämlich die, daß mit den »Gewaltigen« und den »Reichen« die hochmütigen Römer gemeint sind, die Gott durch den Messias aus dem Lande Israel vertreiben wird, um so sein erniedrigtes Volk zu erheben.

Jesus wird pointiert als das Kind armer Leute vorgestellt. Nicht einmal für die Niederkunft findet die Mutter einen menschenwürdigen Ort. Ein dunkler Stall ist die Geburtsstatt. Vielleicht war es wirklich so. Ein Viehstall wird nicht so ohne weiteres erfunden. Aber Lukas hat Sinn für Sentimentales. Die Elendsgeburt wird zur *Krippenidylle*. Deswegen liebt gerade das deutsche Publikum so sehr die Weihnachtsgeschichte aus dem Lukas-Evangelium: Maria, die das Jesuskind in der Krippe wickelt, flankiert von Joseph, Ochs und Esel. Notabene: Im Lukas-Evangelium selbst ist nur von der Krippe, von Maria und Joseph und dem Jesuskind die Rede, nicht aber von Ochs und Esel. Franz von Assisi war einer der ersten, der die Krippe szenisch darstellte und (als Tierfreund) Ochs und Esel dazugab – eine bis heute lebendige Tradition. Zurückgegriffen wird damit auf den Propheten Jesaja:

>»Der Ochs kennt seinen Herrn und der Esel die Krippe seines Herrn; Israel aber hat keine Erkenntnis, mein Volk hat keine Einsicht.« (Jes.1.3)

Pinchas Lapide, der in Frankfurt lebende jüdische Neutestamentler, der sich im jüdisch-christlichen Dialog einen ganz besonderen
Namen gemacht hat, glossiert wie folgt:[8]

»Diese Rüge des Propheten wurde aus ihrem Kontext her-
ausgerissen und von den Kirchenvätern in eine zoologische
Huldigung des neugeborenen Jesus umfunktioniert, nur um
Israels angebliche Verstocktheit mittels der beiden Vierfüß-
ler anschaulich anzuprangern.«

Maria ist es, die im Lukas-Evangelium eine herausragende Stellung erlangt. Diese Textstellen werden, nachdem es im 4. Jahrhundert (und dann nochmals verstärkt im Zug der Gegenreformation)
zur Marienverehrung und zu einem regelrechten Marienkult
gekommen war, zur lyrisch ausbaufähigen Grundlage für einen
»*Muttergotteskult*«:

»Und der Engel kam zu ihr hinein und sprach: Gegrüßet seist
du, Hochbegnadete! Der Herr ist mit dir! ... Und Maria
sprach: Meine Seele erhebet den Herrn, und mein Geist
freuet sich Gottes, meines Heilandes.« (Lk.1.28, 46-47)

Ansonsten nämlich spielt Maria in den Evangelien keine nennenswerte Rolle. Dort, wo beiläufig Begegnungen zwischen Jesus und
seiner Mutter geschildert werden, haben diese einen eher abwer-
tenden Charakter (beispielsweise Mk.3.31-35; Mt.12.46-50;
Joh.2.4). Auch die vom Johannes-Evangelisten geschilderte Anwesenheit Marias beim Kreuz (diese Anwesenheit ist natürlich nicht
historisch![9]) ist das Zeugnis einer erschreckenden Distanziertheit
im Verhältnis zwischen Sohn und Mutter:

»Weib, siehe, das ist dein Sohn.« (Joh.19.26)

Paulus hält Maria offenbar für so belanglos, daß er nicht einmal ihren Namen nennt, obwohl er vermutlich mit ihr in Jerusalem

zusammengetroffen war (Apg.1.14). Aber auch bei Lukas gibt es eine markante Stelle, die von einem nicht gerade respektvollen Verhalten des Sohnes zur Mutter zeugt. Als aus der Menge heraus Jesu Mutter gepriesen wird, legt Jesus selbst dagegen sofort Verwahrung ein:

>Es rief eine Frau aus der Menge ihm zu: Selig die Frau, deren Leib dich getragen und deren Brust dich genährt hat. Er aber erwiderte: Selig sind vielmehr die, die das Wort Gottes hören und es befolgen.« (Lk.11.27-28)[10]

Nur im Lukas-Evangelium wird erwähnt, daß in der Gefolgschaft Jesu nicht nur Jünger, sondern auch Jüngerinnen gewesen seien:

>In der folgenden Zeit wanderte er von Stadt zu Stadt und von Dorf zu Dorf und verkündete das Evangelium vom Reich Gottes. Die Zwölf begleiteten ihn, außerdem einige Frauen, die er von bösen Geistern und von Krankheiten geheilt hat: Maria Magdalena, aus der sieben Dämonen ausgefahren waren, Johanna, die Frau des Chuzas, eines Beamten des Herodes, Susanna und viele andere. Sie alle unterstützten Jesus und die Jünger mit dem, was sie besaßen.« (Lk.8.1-3)

Außer den drei namentlich genannten Frauen waren es also noch »viele andere« Frauen. Möglicherweise zählten sogar mehr Frauen als Männer zu Jesu engerer Umgebung.

Adolf Kolping, emeritierter Professor für Fundamentaltheologie an der Universität Freiburg, drückt sich mißverständlich aus, wenn er schreibt (Theologische Revue, S. 270):

>Daß Jesus Frauen in seiner Begleitung hatte, ist aus Dienstleistungskriterien ... zu erklären.«

Der Evangelist spricht nicht von »Dienstleistungen« (die es daneben auch gegeben haben mag), sondern davon, daß Jesus und die Jünger sich von wohlhabenden Frauen haben aushalten lassen.[11]

Der Verfasser des – vermutlich erst nach der Wende des 1. Jahrhunderts entstandenen – *Johannes-Evangeliums* hat nichts zu tun mit dem sogenannten *»Lieblingsjünger«* Johannes, der zusammen mit seinem Bruder Jakobus als Sohn des Zebedäus vorgestellt wird (»Donnersöhne« – Mk.3.17) und der, ebenso wie sein Bruder, unter König Herodes Agrippa I. im Jahre 44 als Märtyrer (Zelot?) enthauptet worden sein soll, Apg.12.2. (Dort ist zwar nur von der Enthauptung des Zebedeiden Jakobus die Rede. Man schließt aber auf dasselbe Schicksal des Johannes, nachdem von diesem fortan in der Apostelgeschichte nicht mehr die Rede ist.) Dasselbe Schicksal mag, wie bereits erwähnt, auch Petrus widerfahren sein (Apg.12.13).[12]

Das Johannes-Evangelium ist von einem ganz generellen und grundsätzlichen Antijudaismus gekennzeichnet. Zwar steht der berühmte Satz Jesu, den er zu der Frau am Jakobsbrunnen gesagt haben soll:

»Das Heil kommt von den Juden« (Joh.4.22)

überraschenderweise im Johannes-Evangelium; doch besagt dieser Satz nicht mehr als die ohnehin unumstrittene Tatsache, daß der Messias aus dem Volke Israel hervorgehen wird. (Klammerbemerkung: Durch einen Erlaß des Reichsinnenministers aus dem Jahre 1938 wurden die Schulbehörden angewiesen, für eine Streichung dieser Perikope bei den im Religionsunterricht verwendeten Bibelausgaben Sorge zu tragen.)

Freilich spricht es für die Vielschichtigkeit auch des Johannes-Evangeliums, daß angesichts seiner antijüdischen Grund- und Gesamttendenz gerade umgekehrt die Juden besonders häufig als begeisterte Anhänger Jesu geschildert werden.[13] Sogar zu ihrem König wollten sie ihn einmal machen (Joh.6.14-15).

Dem Johannes-Evangelisten zufolge beschimpft und verdammt Jesus seine jüdischen Landsleute, wo immer er mit ihnen zusammentrifft. Er spricht ihnen jedwedes Gottesverständnis ab (Joh.5.37-47). Bisweilen tut er auch so, als seien sie für ihn Ausländer. Er spricht von »eurem« Gesetz (Joh.10.34) oder von »ihrem« Gesetz (Joh.15.25) und vom »Fest der Juden« (Joh.7.2). Sogar über diejenigen, »die an ihn glauben« (Joh.8.31), spricht er die Bannformel:

»Ihr habt den Teufel zum Vater, und ihr wollt das tun, wonach es eurem Vater verlangt. Er war ein Mörder von Anfang an.« (Joh.8.44)

Die Juden können Gott nicht kennen, denn Gott wird nur durch Christus erkannt (Joh.5.19-47; 7.28; 15.21; 16.3). Die Juden sind unfähig, die Bedeutung der Heiligen Schrift zu erkennen, weil sie die christologische Exegese ablehnen (Joh.12.37-40).

Lapide (Der Jude Jesus, S. 73) formuliert es drastisch:

»Ein Eskimo, der seine Kenntnisse über das Christentum ausschließlich dem Vierten Evangelium entnimmt, muß aus solchen Texten zwangsläufig folgern, daß Jesus aus unerklärlichen Gründen in die üble Gesellschaft von verräterischen, ungläubigen und mordlustigen Juden geraten war, deren Gehässigkeit ihn früher oder später ums Leben bringen mußte. Die Idee, daß dieser Jesus und ›die Juden‹ auch nur die geringste Gemeinsamkeit besäßen, müßte ihm als unvorstellbar gelten.«

In derselben Publikation ergänzt der Schweizer evangelische Theologe *Ulrich Luz*, Professor für Neues Testament (S. 135):

»Aus den wirklichen Juden wurde im Johannes-Evangelium ein theologisches Symbol. Und das theologische Symbol wurde dann später wiederum zum Prügelknaben für die wirklichen Juden.«

Der Johannes-Evangelist hat nicht in Palästina, sondern irgendwo im hellenistischen Raum, vermutlich in Kleinasien (Smyrna?), gelebt. Obgleich nicht auszuschließen ist, daß er selbst Jude (Diasporajude) war, ist der redaktionelle Aufbau seines Evangeliums doch ganz unjüdisch. Es ist stark beeinflußt vom Gedankengut einer bestimmten frühchristlichen (später vom Christentum heftig bekämpften) Richtung der »*Gnosis*«, einem, wie der bekannte evangelische Theologe *Hans Conzelmann* formuliert, »ungeheuerlichen mixtum compositum aus iranischen, babylonischen, ägyptischen Ideen«.[14]

Einigkeit in der Beurteilung herrscht darüber, daß das Werk des Evangelisten unvollendet geblieben ist, weil der Verfasser vor der Vollendung starb. Mitarbeiter oder auch spätere Autoren haben das Evangelium nicht nur ausgeschmückt und redaktionell bearbeitet, sondern auch das 21. Kapitel hinzugefügt. Manche Theologen sind der Auffassung, Johannes habe die Synoptiker ergänzen, andere meinen, er habe sie verdrängen wollen, und eine dritte Ansicht geht dahin, Johannes habe die Synoptiker überhaupt nicht gekannt, die Parallelen zu ihnen würden sich aus der gemeinsamen christlichen Tradition erklären.[15]

Während bei den Synoptikern Jesus nach Art eines jüdischen Rabbi jener Zeit Gottes Gebote in Form von Gleichnissen und Sprüchen darlegt und das Herannahen des Gottesreiches verkündet – eine Sprechweise, die von den Leuten recht wohl verstanden werden konnte und vielen zu Herzen gegangen sein mochte –, spricht er im Johannes-Evangelium in langen, monologischen, sich wiederholenden Sätzen, die um das Wesen seiner eigenen Person kreisen:

»Ich bin das lebendige Brot, vom Himmel gekommen. Wer von diesem Brot essen wird, der wird leben in Ewigkeit. Und das Brot, das ich geben werde, ist mein Fleisch, welches ich geben werde für das Leben der Welt … Wahrlich, wahrlich ich sage euch: Werdet ihr nicht essen das Fleisch des Menschensohnes und trinken sein Blut, so habt ihr kein Leben in euch. Wer mein Fleisch isset und trinket mein Blut, der hat das ewige Leben, und ich werde ihn am Jüngsten Tage auferwecken. Denn mein Fleisch ist die rechte Speise, und mein Blut ist der rechte Trank. Wer mein Fleisch isset und mein Blut trinket, der bleibt in mir, und ich bleibe in ihm. Wie mich gesandt hat der lebendige Vater und ich lebe um des Vaters willen, so wird jeder, der mich isset, auch leben um meinetwillen. Dies ist das Brot, das vom Himmel gekommen ist; nicht, wie eure Väter haben Manna gegessen und sind gestorben: wer dies Brot isset, der wird leben in Ewigkeit.« (Joh.6.51-58)

Abgesehen von einigen allegorischen Gemälden wie dem vom guten Hirten oder der Bildrede vom Fruchtbringen, steht *kein einziges Gleichnis* in diesem Evangelium.

Für eine Biographie Jesu gibt das Johannes-Evangelium noch weniger her als die übrigen Evangelien. Während schon für die Synoptiker gilt, daß es gewissermaßen ein Zufall wäre, wenn das, was dort als Jesu Worte festgehalten ist, auch tatsächlich von ihm gesagt worden wäre, kann man beim Johannes-Evangelium völlig ausschließen, daß es sich hier um authentische Jesus-Worte oder eine authentische Jesus-Botschaft handelt.

Bei Johannes ist Jesus nicht mehr, wie bei den Synoptikern, der Rabbi aus Galiläa, in dem das Volk einen Propheten vermutet und die Apostel den Messias ahnen. Beim johanneischen Jesus gibt es keine menschliche Schwäche, keine Bußtaufe, keine Versuchung durch Satan, kein Zittern und Zagen in Gethsemane. Weggefallen ist der von Markus und Matthäus überlieferte Schmerzensschrei am Kreuz. Die Abstammung aus dem Königshaus David interessiert nicht mehr. Statt dessen wird ihm eine Allwissenheit beigelegt, die sonst nur Gott eigen ist. Dieses Evangelium ist geschrieben worden, so sagt es sein Verfasser,

»daß ihr glaubet, Jesus ist Christus, der Sohn Gottes«.

Zweifellos ist das Johannes-Evangelium das Evangelium mit dem größten intellektuellen Niveau. Die Dichterin *Luise Rinser* charakterisiert Johannes so:

> »Nur einer, Johanan, schrieb das Eigentliche auf, doch war er ein Adler, der in großer Höhe flog, von Zeit zu Zeit niederschoß im Stoßflug, ein Stück Geschichte packte und damit wieder hochstieg, mehr Geheimnis verbreitend als einfache Klärung.«[16]

Das Johannes-Evangelium ist übrigens das bevorzugte Evangelium Martin Luthers:

> »Weil nu Johannes gar wenig Werk von Christo, aber gar viel seiner Predigt schreibt, ... ist Johannis Evangelion das einzig zarte, recht Häuptevangelion, und den andern dreien weit, weit furzuziehen.«[17]

In diesem Evangelium werden die Ereignisse in einer theoretisch bereits aufbereiteten Form dargelegt. Die Warte, von der aus berichtet wird, ist distanzierter; Sinnzusammenhänge sollen hergestellt werden. Historische Hintergründe und politisches Kalkül werden im Unterschied zu den anderen Evangelien durchaus berücksichtigt. Bei der Frage, wie dieses oder jenes Ereignis in die Gesamtsituation einzuordnen ist, damit es glaubhaft werde, kann gerade auf dieses Evangelium noch am ehesten zurückgegriffen werden. Ein bemerkenswertes Beispiel dafür sind die Verse 47–50 im elften Kapitel, in denen der Hohepriester Kaiphas realpolitische Argumente dafür ins Feld führt, daß es für die Interessen des jüdischen Gesamtvolkes gut sei, Jesus bei den Römern zu denunzieren.[18]

Der Apostel *Paulus* berichtet

Paulus ist die zweifellos überragende Persönlichkeit unter den Autoren des Neuen Testaments. Obwohl er im historischen Schrifttum nirgendwo erwähnt wird, bestehen an seiner Historizität keine Zweifel. Zu seiner Hinterlassenschaft gehören nach offizieller Zählung dreizehn Briefe, von denen nach herrschender Meinung als echt zumindest die folgenden sieben gelten: der Römer-Brief, die beiden Korinther-Briefe, die Briefe an die Galater und Philipper, der 1. Thessalonicher-Brief und der Brief an Philemon.[19] Die übrigen Paulus-Briefe stammen wahrscheinlich von Mitarbeitern des Apostels, die unter seinem Namen veröffentlicht haben, um ihren Briefen ein besonderes Gewicht zu verleihen. Von Paulus ist in der Apostelgeschichte des Lukas ausführlich die Rede. Da der Verfasser aber nirgendwo auf die Briefe Bezug nimmt, wird man schließen müssen, daß sie am Ende des 1. Jahrhunderts noch keine sonderliche Breitenwirkung erzielt hatten.[20] Paulus wurde etwa im Jahre 10 nach der Zeitrechnung geboren. Im Zeitpunkt des Todes Jesu war er also ein noch recht junger Mann. Er dürfte zu jener Zeit gerade Student in Jerusalem gewesen sein. Dennoch hat er Jesus nie persönlich kennengelernt, was übrigens einer der Beweise dafür ist, daß Jesus ein wenig bekannter Mann war und kein aufsehenerregender Prozeß mit seiner Hinrichtung verbunden werden kann. Der Lehrer des Paulus war der berühmte Rabbi Gamaliel (Apg.22.3), ein Ratsherr, der dem obersten jüdischen Gerichtshof – dem Synedrium – angehörte (Apg.5.34) und der an dem Todesbeschluß gegen Jesus mitgewirkt haben müßte, wenn es eine Verurteilung Jesu durch ein jüdisches Gericht gegeben haben sollte.

Paulus entstammte, soweit dem Bericht der Apostelgeschichte (22.3) gefolgt werden darf, einer strenggläubigen jüdischen Familie aus der Stadt Tarsos in Kilikien, im heutigen Anatolien. Sein Vater war in Tarsos ein wohlhabender Hersteller von Zelten, einer Branche mit Konjunktur, insbesondere auf dem Exportsektor.

Paulus besaß das römische Bürgerrecht, ein Privileg, das nicht einmal zehn Prozent der Einwohner im römischen Reich hatten. Daß ein *Jude* das Bürgerrecht besaß, war eine ganz große Ausnahme, worauf Paulus besonders stolz war. Mit dem Begriffs- und Gedankengut der hellenistischen Philosophie und Religion war er bestens vertraut. Tarsos rühmte sich, die griechischste Stadt Kleinasiens zu sein.

Paulus ist immer Diasporajude geblieben:

»Den Juden ein Jude, den Griechen ein Grieche.« (1.Kor. 9.20)

Die griechische Welt war sein Missionsgebiet, dort hat er seine Erfolge erzielt, als »Apostel der Heiden«. Die Heiden, enttäuscht von der inzwischen eingetretenen Leere ihres Glaubens, der ihnen keinen Trost aus der diesseitigen Ausweglosigkeit versprach, strömten in großer Zahl zum Christentum. Sie waren angezogen von den monotheistischen Prinzipien, aber auch von einem generellen Mysterienglauben, einer tief im Menschen verwurzelten Sehnsucht nach einer Erlösung im Jenseits durch einen Gott, der ihnen die Ewigkeit verheißt.[21]

Paulus war, wie Schalom Ben-Chorin es elegant definiert, »römischer Staatsbürger jüdischen Glaubens und hellenistischer Kultur«. Da er den auferstandenen Christus predigt, ist es erlaubt, ihn als »Christ« zu bezeichnen. Jesus hingegen war kein Christ; er war ein »Ur- und Nur-Jude, Volksjude und Volljude, den wir heute einen Sabre nennen würden«.[22] Mit Paulus aber setzt ein Prozeß der Entjudaisierung Jesu ein.[23]

Jüdischer Tradition entsprechend hatte Paulus zunächst ein Handwerk erlernt: bei seinem Vater das Handwerk des Zeltmachers (Sattlers). Auch Jesus soll bekanntlich ein Handwerk erlernt haben, und zwar – ebenfalls bei seinem Vater – das des Zimmermanns oder Tischlers. Während Jesus offenbar keine akademische Ausbildung erhalten, sondern als Autodidakt den pharisäischen Ehrentitel »Rabbi« erworben hat, erhielt Paulus bei Rabbi Gamaliel eine theologisch-juristische Ausbildung und wurde so Pharisäer. Auf sein Pharisäertum hat er immer gern verwiesen, wenn es ihm nützlich erschien. So zum Beispiel vor dem jüdischen Hohen Rat, wo er um das Jahr 60 wegen gesetzeswidrigen Verhaltens Rechenschaft ablegen sollte:

> »Ihr Männer, liebe Brüder, ich bin ein Pharisäer, der Sohn von Pharisäern!« (Apg.23.6)

Mit diesem trickreichen Hinweis ist es Paulus gelungen, das Anklagegremium, bestehend aus Sadduzäern und Phasisäern, zu spalten. Die Auseinandersetzungen zwischen diesen beiden Fraktionen wurden derart heftig, daß die Verhandlung gegen den Apostel unterbrochen werden mußte, mit der Folge, daß Paulus seinem Antrage entsprechend in die Obhut der Römer gebracht wurde (Apg.23.6-10).[24]

In Wirklichkeit war des Apostels Hinweis auf sein Pharisäertum nur formal richtig. Paulus hat zwar eine rabbinische Ausbildung genossen, sein Briefstil ist pharisäisch geprägt, doch stand er als Hellenist und durch seine Hinwendung zu den Heiden in fundamentalem Gegensatz zu den Pharisäern.

Eine Tragik besonderer Art liegt darin, daß mit Paulus eine Lawine ins Rollen gebracht wird, welche die Grundlage nicht nur des späteren kirchlichen Rigorismus, sondern auch eines krassen Antijudaismus bildet.

Ben-Chorin stellt in dem Zusammenhang die Frage (Paulus, S. 196):

> »War wirklich die Liebe das treibende Motiv im Leben des Paulus, von der er so herrlich gesungen hat, oder aber der Haß, der aus vielen Sätzen seiner Briefe spricht?«

Paulus prangert – ist es Ausdruck seiner zerrissenen Persönlichkeit? – seine eigene jüdische Abkunft an und bezeichnet das, was

ihn zum rechtgläubigen Juden gemacht hat, als »Dreck«
(Phil.3.8). Gegenüber seinen jüdischen Glaubensbrüdern, die
nicht gleichzeitig der Jesus-Sekte angehören, werden die Schmähungen des Apostels bisweilen so stark, daß sie in verhängnisvol-
ler Weise »Endlösungs«-Gedanken anklingen lassen:

> »Die haben auch den Herrn Jesus getötet und ihre eigenen
> Propheten und haben uns verfolgt und gefallen Gott nicht
> und sind allen Menschen zuwider ..., auf daß sie ihre Sünden
> erfüllen alle Wege; denn der Zorn ist schon über sie gekom-
> men *zum Ende hin*.« (1.Thess.2.15-16)

Der katholische Religionswissenschaftler Willibald Bösen beweist Mut und intellektuelle Redlichkeit mit folgenden Sätzen
(S. 250):

> »Die *Distanz* zu ›Israel‹ vergrößert sich langsam aber stetig
> mit dem wachsenden Abstand zur Jesuszeit hin. 1. Thess.
> 2.15 ... beweist (im nun folgenden schließt sich Bösen den
> Ausführungen von J. Petuchowski und C. Thoma im 1989
> in Freiburg erschienenen Lexikon der jüdisch-christlichen
> Begegnung an), ›daß sich schon die erste christlich-missio-
> nare Expansionswelle paganer judenfeindlicher Motive
> bediente‹.«

Letzten Endes bleibt es unbegreiflich, daß ein Mensch wie Paulus
so abfällig über die Juden schreiben kann, der sich andererseits
noch ganz dem Verbund seines Volkes Israel zugehörig fühlt und
dieses Volk in der Allegorie des guten Ölbaums sieht, aus dessen
Wurzeln die zu bekehrenden Heiden Nahrung ziehen.

Ben-Chorin (Paulus, S. 47):

> »Man muß also den jüdischen Selbsthaß und die Liebe zu
> Israel in den Äußerungen des Paulus zusammen sehen, um

sich ein Bild zu machen von der Zerreißprobe, der dieser Mann ausgesetzt war.«

Mit Erleichterung möchte man es entgegennehmen, wenn die antisemitischen Ausfälle, namentlich die im Thessalonicher-Brief, sich als eine historische Fälschung erweisen sollten. Nicht auszuschließen ist immerhin, daß dem Apostel solcherlei beschämende Worte erst durch eine spätere »Überarbeitung« seiner Briefe von den zumeist judenfeindlichen Kirchenvätern in den Mund gelegt worden sind.[25] Immerhin liegen uns auch ganz andere Sätze aus der Feder des Paulus vor, Sätze der Versöhnung und eines eindeutigen Bekenntnisses zum Judentum:

»Denn es gibt keinen Unterschied: Alle haben gesündigt und die Herrlichkeit Gottes verloren. Ohne es verdient zu haben, werden sie gerecht dank seiner Gnade durch die Erlösung in Christus Jesus.« (Röm.3.22-24)[26]

»Ja, ich möchte selber verflucht und von Christus getrennt sein um meiner Brüder willen, die der Abstammung nach mit mir verbunden sind. Sie sind Israeliten, damit haben sie die Sohnschaft, die Herrlichkeit, die Bundesordnung, ihnen ist das Gesetz gegeben, der Gottesdienst und die Verheißungen, sie haben die Väter, und dem Fleisch nach entstammt ihnen der Christus, der über allem als Gott steht, er ist gepriesen in Ewigkeit. Amen.« (Röm.9.3-5)

»Gott hat sein Volk nicht verlassen, welches er zuvor erwählt hat.« (Röm.11.2)

Aus ökumenischer Sicht möchte ich diese Sätze des Apostels aus dem Römerbrief so aufnehmen, wie sie ihrem »objektiven Erklärungswert« entsprechen. Kritische Exegese aber führt mitunter zu einem anderen Ergebnis: Das wahre Israel ist in der Vorstellung des Paulus das *geistige Israel*, das *Israel der Verheißung*, nicht das

Israel des *Sinaibundes*. Nur die Christusgläubigen sind wahre Kinder Abrahams und seiner Verheißung.[27]

Einige Jahre nach Jesu Tod hatte Paulus sich dem neuen Glauben, dem Glauben der Jesusanhänger, angeschlossen. Im Brief an die Galater berichtet er, daß er, nachdem er Jesus-Anhänger geworden war, zunächst mehrmals zwischen Damaskus und Arabien und erst dann nach Jerusalem gereist sei, um dort Petrus zu treffen. In Jerusalem lernte er außer Petrus nur Jesu Bruder Jakobus kennen.

»Von den anderen Aposteln habe ich keinen gesehen, nur Jakobus, den *Bruder* des Herrn. Was ich euch hier schreibe – Gott weiß, daß ich nicht lüge.« (Gal.1.19-20)[28]

Wann diese Begegnung mit den Männern der Urgemeinde stattgefunden hat, läßt sich allerdings nicht ausmachen. Jedenfalls war es ein ganz kurzes Treffen, woraus man wird schließen können, daß Paulus und Petrus einander von Anfang an nicht sonderlich mochten. Und die 15 Tage, in denen man zusammen war, sind vermutlich so unerfreulich verlaufen, daß sie zum Ausgangspunkt des folgenden persönlichen Zwistes zwischen diesen beiden Männern wurden. Möglicherweise waren die Mitglieder der Jerusalemer Gemeinde auch mißtrauisch gegenüber einem Mann, der sich da plötzlich als Jesusanhänger ausgab. Dessen »Vergangenheit« gab immerhin Anlaß zur Skepsis und legte den Verdacht nahe, daß er ein Spitzel des Synedriums oder der römischen Militärverwaltung sein könnte. Erst 14 Jahre später traf Paulus erneut mit Petrus zusammen (Gal.2.1-9). Bei dieser Begegnung in Antiochien haben sich die beiden endgültig entzweit, nachdem Paulus dort eine öffentliche Klage gegen Petrus erhoben hatte (Gal.2.11 ff.).

Paulus dokumentiert seine Abneigung gegen Petrus auch rein äußerlich darin, daß er sich weigert, den Namen »Petrus« zu verwenden; er nennt ihn fast immer nur – um ihn publizistisch nicht aufzuwerten – aramäisch »Kephas«. Wenn in der Apostelgeschichte (15.1-35) geschildert wird, daß Petrus und Jakobus sich dem paulinischen Standpunkt angeschlossen hätten, so ist dies der apologetische Versuch, die Gegensätze möglichst zuzudecken: An einer Offenlegung des persönlichen Zwists zwischen Paulus und der Urgemeinde war man nun, fast dreißig Jahre später und nachdem der judenchristliche Flügel jeglichen Einfluß verloren hatte, nicht mehr interessiert. Der katholische Feiertag Peter und Paul entbehrt nicht einer gewissen Ironie.

Festzuhalten bleibt, daß schon in der Anfangszeit eine Spaltung innerhalb des Christentums eingesetzt hatte: Hebräer contra Hellenisten. Auf der einen Seite standen die streng gesetzestreuen Israeliten der Urgemeinde (angeführt von Jakobus und Petrus), auf der anderen Seite die griechisch sprechenden und der griechischen Kultur nahestehenden Diasporajuden (angeführt von Stephanus und sodann von Paulus).

Paulus hatte sich, wie er in mehreren Briefen berichtet (z. B. Gal.1.13), zunächst an Verfolgungen beteiligt, welchen die Angehörigen der Jesussekte seitens der jüdischen Behörden in gewissem Umfang ausgesetzt waren. Die Steinigung des Stephanus vor den Toren Jerusalems soll der Apostelgeschichte zufolge (7.54 ff.) ein Beispiel solcher Verfolgung sein – wobei aber durchaus fraglich ist, ob die Steinigung auf Anordnung der jüdischen Behörden erfolgte oder ob hier ganz einfach eine Ausschreitung des Mobs vorliegt, deren Hintergrund niemand kennt.[29] Von Verfolgungen betroffen war nur der hellenistische Flügel der Jesus-Anhänger; der hebräische Flügel wurde als loyale Judensekte akzeptiert. Während die »Hellenisten« fliehen mußten und daher außerhalb Palästinas ihre Missionstätigkeit entfalteten (Apg.8.1), hatten die hebräischen Apostel »in ganz Judäa und Galiläa und Samarien Frieden« (Apg.9.31).

Der Name »Paulus« ist das Cognomen, das er als römischer Bürger hatte. Sein eigentlicher – jüdischer – Name lautet »Saul« (auszusprechen: »Scha-ul«). Falsch ist die Annahme, der Apostel habe seinen jüdischen Namen abgelegt und sich nach seiner Bekehrung zum Christentum »Paulus« genannt. In Wirklichkeit hatte sich Paulus überhaupt nicht zum Christentum »bekehrt«, indem er etwa eine alte Religion abgelegt und eine neue angelegt hätte.[30]

Ein Namenswechsel infolge eines besonderen religiösen Ereignisses war im übrigen nichts Ungewöhnliches. Zum Beispiel wurde der Fischer Simon in Petrus umbenannt, als er zum Jünger Jesu wurde (Mk.3.16; Lk.6.14), und in der katholischen Kirche ist es noch immer üblich, daß jemand einen anderen Namen bekommt, wenn er als Mönch oder Nonne in ein Kloster eintritt oder wenn er zum Papst gewählt wird.

In seinen Berichten über Jesus beruft sich Paulus nicht etwa auf das Zeugnis der Jerusalemer Ur-Apostel (die er bisweilen spöttisch »Über-Apostel« nennt), sondern auf eine unmittelbare Offenbarung durch den auferstandenen Christus:

> »Ich habe es ja nicht von einem Menschen übernommen oder gelernt, sondern durch die Offenbarung Jesu Christi empfangen.« (Gal.1.12)

Eine bestimmte Lehre, die von Jesus vertreten worden sei, spielt in der paulinischen Berichterstattung überhaupt keine Rolle. Nur bei der Beschreibung des Abendmahls, sonst nirgendwo in seinen Schriften, läßt Paulus den Nazarener einmal selbst zu Wort kommen. Auf »Herrenworte« nimmt der Apostel nur drei- oder viermal Bezug. Der einfache Name Jesus wird von Paulus insgesamt 15mal gebraucht, der Titel »Der Christus« dahingegen 378mal. Jesu Leben interessiert ihn nicht, nur dessen Tod:

> »Auch wenn wir früher Christus nach menschlichen Maßstäben eingeschätzt haben, jetzt schätzen wir ihn nicht mehr so ein.« (2.Kor.5.16)

Paulus fragt nicht nach den Umständen, die zu Jesu gewaltsamem Tod geführt haben. Seine ganze Botschaft gilt dem »Gekreuzigten Christus«. Dieser Begriff ist es, der den Prozeß der kultischen Verklärung verdeutlicht. Er hat seinen Anfang bei Paulus genommen und bildet von da ab die eigentliche Grundlage der Predigt:

»Denn ich hatte mich entschlossen, bei euch nichts zu wissen außer Jesus Christus, und zwar als den Gekreuzigten.« (1.Kor.2.2)

Paulus ist an einer Biographie Jesu noch weniger interessiert als die Evangelisten. Die einzigen Fakten, die er berichtet, sind: Jesus war ein loyaler Jude (Gal.3.16); er wurde von einer (normalen) Frau geboren (Gal.4.4); er hatte mehrere Geschwister (1.Kor.9.5); er wurde gekreuzigt (Gal.2.19; 3.13).
Die Passionsgeschichte – das zentrale Geschehen in den Evangelien – bleibt unerwähnt! Paulus weiß zur Passion nicht mehr zu sagen als eine Belanglosigkeit, vorgetragen nicht einmal von ihm selbst, sondern durch einen seiner Schüler:

»Christus Jesus, der vor Pontius Pilatus das gute Bekenntnis abgelegt hat.« (1.Tim.6.13)

Im Spiegel paulinischer Verkündigung würde sich der auf Golgatha gekreuzigte Jesus von Nazareth wohl kaum wiedererkennen: Der Zimmermannssohn aus Galiläa, der sein Volk Israel zur Versöhnung mit Gott aufgerufen hatte, soll nunmehr der Erlöser selbst sein, der Erlöser der ganzen Welt. Als »Lamm Gottes« nimmt Jesus die Schuld aller Menschen auf sich und ermöglicht so die Rechtfertigung vor dem Jüngsten Gericht (1. Kor.5.7).

Ben-Chorin spottet (Paulus, S. 51):

»Man könnte, in diesem Sinne, sich Jesus von Nazareth vorstellen, wie er der Predigt des Paulus lauscht, um das Messiasgeheimnis des prä-existenten Christus zu erfahren.«

Jesus soll von sich gesagt haben, er sei gekommen, um das Gesetz zu erfüllen:

»Ihr sollt nicht wähnen, daß ich gekommen bin, das Gesetz

oder die Propheten aufzulösen; ich bin nicht gekommen, aufzulösen, sondern zu erfüllen. Denn ich sage euch wahrlich: Bis daß Himmel und Erde zergehe, wird nicht zergehen der kleinste Buchstabe noch ein Tüttel vom Gesetz, bevor nicht alles geschehen ist. Wer nun eines von diesen kleinsten Geboten auflöst und lehrt die Leute also, der wird der Kleinste heißen im Himmelreich; wer sie aber hält und halten lehrt, der wird groß heißen im Himmelreich.« (Mt.5.17-19)

Nach Jesu Meinung (Mk.10.18) ist »niemand gut als Gott allein«. Jesus hat nicht versucht, eine neue Religion zu gründen, schon gar nicht hat er sich als Stifter einer weltumspannenden Religion verstanden; er fühlte sich gesandt »nur zu den verlorenen Schafen des Hauses Israel« (Mt.15.24). Er verbietet den Jüngern ausdrücklich, die Nichtjuden mit der Botschaft bekannt zu machen(Mt.10.5-6). Paulus hat dies alles abgeändert. Nicht länger an die Juden, sondern an die Heiden wendet er sich mit seiner Botschaft. Er ist auf Reisen gegangen und hat, oft unter größten Erschwernissen, zahlreiche christliche Gemeinden im ganzen hellenistischen Raum gegründet. Allein durch ihn wurde dieser Raum »christianisiert«. In der Jerusalemer Urgemeinde wurde seine Tätigkeit trotz seiner Erfolge abgelehnt.

Der Zugang zu Gott, so lehrt Paulus, bedarf eines Mittlers: Christus Jesus. (Die katholische Kirche geht noch weit darüber hinaus: »Extra ecclesiam nulla salus.« = »Kein Heil außerhalb der Kirche.« Oder: »Der kann nicht Gott zum Vater haben, wer nicht die Kirche zur Mutter hat.« Oder, wie es in einem katholischen Kirchenlied heißt: »Ich glaube, Gott, mit Zuversicht, was deine Kirche lehrt, es sei geschrieben oder nicht, denn du hast ihr's erkläret.«[31])

Um das Jahr 60 oder Anfang der 60er Jahre ist Paulus dann nochmals nach Jerusalem gekommen. Er soll im Tempel gepredigt und mit seiner Rede einen Aufruhr gegen sich ausgelöst haben, der zu seiner Verhaftung führte. Jedoch: Als römischer Bürger beantragte er, vor ein kaiserliches Gericht gestellt zu werden. Dem Antrag wurde stattgegeben, und so wurde er als Gefangener nach Rom gebracht. Unterwegs ereilte ihn noch ein Schiffbruch, der ihn auf die Insel Malta verschlug. In Rom angekommen, konnte er dort immerhin eine Wohnung beziehen, während er auf seinen Prozeß wartete. Er stand unter einer Art Hausarrest. So berichtet es Lukas in der Apostelgeschichte. Ob die Geschichte so stimmt oder von vielen erzählerischen Ausschmückungen überlagert ist, bleibt offen. Das weitere Schicksal des Apostels liegt jedenfalls völlig im dunkeln. Ob er eines natürlichen Todes gestorben ist oder ein gewaltsames Ende fand, ist ebenfalls eine offene Frage. Nicht ganz auszuschließen ist, daß er das Opfer einer Christenverfolgung wurde, die Kaiser Nero anläßlich des Brandes von Rom im Jahre 64 durchgeführt hatte. Daß er, wie von der Kirche behauptet wird, in Rom gemeinsam mit Petrus wegen des Bekenntnisses zum christlichen Glauben den Märtyrertod erlitten hat, ist eine fromme Legende. Sie beruht auf den am Ende des zweiten Jahrhunderts von einem unbekannten Autor verfaßten apokryphen sogenannten »*Paulusakten*«, denen zufolge bei der Enthauptung des Paulus nicht Blut, sondern Milch auf die Kleidung der neronischen Henker spritzte, mit der weiteren Folge, daß Paulus am nächsten Morgen von den Toten auferstanden war und gemeinsam mit zwei namentlich genannten Männern an seinem eigenen Grab betete. Aufgrund dieser phantastischen Geschichte wird die Enthauptung des Paulus in der katholischen Lehre als historische Tatsache hingestellt.[32]

Doch zurück zur Persönlichkeit des Paulus. Dieser ist es, der den am Kreuz gestorbenen Jesus von Nazareth in einer Weise umgedeutet hat, die in der Geschichte der Völker einmalig ist. Mit seiner Lehre hat er den jüdischen und damit jesuanischen Monotheismus in seiner reinen Form verwässert. Unbeschadet der Tatsache, daß Martin Luther der Lehre des Paulus eine überragende Bedeutung zugemessen hat, wodurch Paulus in der evangelischen Kirche eine wohl noch größere Rolle spielt als in der katholischen, ist es der evangelische Theologe *Heinz Zahrnt* (S. 64), der Paulus als den »Verderber des Evangeliums Jesu« bezeichnet. Und der Theologe *Overbeck* konstatiert:

»Alle schönen Sachen des Christentums knüpfen sich an Jesus, alle unschönen an Paulus.«[33]

Seit Paulus ist es gewissermaßen »offiziell« erlaubt, zur Verherrlichung Gottes und zur Verherrlichung von allem, dem die Kirche ihre Verkündigung widmen wird, »heilig zu lügen«. Paulus ist es einerlei, ob Christus in lauterer oder unlauterer Weise verkündigt wird (Phil.1.18). Obwohl er reichlich oft in fast schon verdächtiger Weise beteuert, die Wahrheit zu sagen (z. B.: Röm.9.1; Gal.1.20), hebt er andererseits wieder hervor, die Lüge sei ein durchaus legitimes Mittel, um den angestrebten Zweck zu erreichen:

»Wenn aber die Wahrheit Gottes sich durch meine Lüge als noch größer erweist und so Gott verherrlicht wird, warum werde ich dann als Sünder gerichtet?« (Röm.3.7)

Der »Fromme Betrug« ist in der zweitausendjährigen Kirchengeschichte zu einem fast schon liebenswürdigen, jedenfalls mit Schmunzeln auszusprechenden Begriff geworden. Der Gründer des Jesuiten-Ordens, *Ignatius von Loyola*, schrieb als Regel vor:

»Damit wir in allen Stücken sichergehen, müssen wir immer festhalten: das, was unserem Auge weiß erscheint, sei schwarz, sobald die hierarchische Kirche so entscheidet.«[34]

Nicht nur von den Ur-Aposteln wurde Paulus heftig angegriffen. Von Anfang an war er die wohl umstrittenste Gestalt. Die Kirchenväter *Papias, Justin* und *Tertullian* lehnten ihn ab. Der Verfasser des Jakobus-Briefes distanziert sich von ihm.

Die Parole:

»Weg von Paulus – zurück zu Jesus!«

hat bis in die Gegenwart an Aktualität nicht verloren. Aber: Paulus, dem größten Theologen aller Zeiten, gebührt der Ruf, der eigentliche *Gründer des Christentums* zu sein.[35] Ihm – nur ihm – ist es gelungen, den Glauben daran, daß es nur einen einzigen Gott und Schöpfer gibt, also den Glauben an den Gott Israels, so zu verbreiten, daß er zu einer weltumspannenden Religion geworden ist. Das wiederum konnte nur dadurch gelingen, daß er sich gegen seine Widersacher – insbesondere Petrus und Jakobus – auf dem Apostelkonzil in Jerusalem um das Jahr 48 durchsetzte und auch Nichtjuden den Zugang zum jüdischen Gottesglauben verschaffte. Seit Paulus können Heiden zu Christen werden, ohne sich vorher zum Judentum mit seinen strengen Gesetzesvorschriften (z. B. Beschneidung, Reinheitsgebote, Sabbatvorschriften) bekannt zu haben. So geschah es, daß aus der ursprünglichen rein jüdischen Gemeinde eine gemischte Gemeinde aus Juden und Heiden wurde, in der die Nichtjuden die Oberhand gewannen, so daß schließlich die Bezeichnung »Christ« eine Art Gegenbegriff zur Bezeichnung »Jude« wurde.

Es spricht für die Toleranz jüdischer Gelehrter, wenn sie angesichts dieser Entwicklung ein durchaus positives Urteil über den Apostel abgeben. Einer der angesehensten unter ihnen – *Franz Rosenzweig* – schreibt:

»Es war Paulus, der die hebräische Bibel bis auf die fernsten Inseln gebracht hat, ganz im Sinne des Propheten Jesaja.«[36]

Ein Spitzel in römischen Diensten – so lautet die These im Bestseller »Verschlußsache Jesus« – war Paulus jedenfalls nicht.

Zeugen und Theorien über die Auferstehung

Jesu Christi Auferstehung von den Toten ist von Anfang an die zentrale Botschaft des Christentums.

»Wenn es keine Auferstehung der Toten gibt, ist auch Christus nicht auferstanden. Ist aber Christus nicht auferstanden, so ist unsere Predigt vergeblich, so ist auch euer Glaube vergeblich. Wir werden dann auch als falsche Zeugen Gottes entlarvt, weil wir wider Gott gezeugt hätten, er hätte Christum auferweckt, den er nicht auferweckt hätte, wenn doch die Toten nicht auferstehen. Denn so die Toten nicht auferstehen, so ist Christus auch nicht auferstanden. Ist Christus aber nicht auferstanden, so ist euer Glaube eitel, so seid ihr noch in euren Sünden. So sind auch die, so in Christo entschlafen sind, verloren. Hoffen wir allein in diesem Leben auf Christum, so sind wir die elendesten unter allen Menschen.« (1.Kor.15.14-19)

Paulus allerdings stellt seinen Glauben an die Auferstehung Jesu Christi in einen Kontext zum Glauben an die Auferstehung *aller* Toten. Jesus Christus ist lediglich der *Erste* der Auferstandenen:

»Nun aber ist Christus von den Toten auferweckt worden als der Erste der Entschlafenen. Da nämlich durch *einen* Menschen der Tod gekommen ist, kommt durch *einen* Menschen auch die Auferstehung der Toten. Denn wie in Adam alle sterben, so werden in Christus alle lebendig gemacht werden.« (1.Kor.15.20-22)

Worin aber, so lautet die Anschlußfrage, unterscheidet sich dann, wenn Jesus Christus lediglich der *Erste* der Auferstandenen ist, essentiell seine Auferstehung von der Auferstehung aller anderen Toten?

Das Dilemma ist: Es gibt keinen einzigen neutestamentlichen Zeugen, der geschrieben hätte, die Auferstehung Jesu als solche gesehen zu haben. Und selbst wenn es einen Zeugen gäbe, bliebe die Frage nach seiner Glaubwürdigkeit bzw. Zuverlässigkeit. Immerhin gab es Zeugen, die (sogar unter Eid) der Kaiserwitwe Livia bestätigt haben, sie hätten gesehen, wie der verstorbene Augustus gen Himmel gefahren sei.[37] Nicht einmal den Kaiser Barbarossa mochte man unter den Toten wähnen. Als dieser vom Kreuzzug nicht zurückgekehrt war, versetzte ihn der Glaube, zum Zwecke künftiger Auferstehung, in den Kyffhäuser.

Zeugen werden in den Evangelien dafür angeführt, daß diese am Sonntagmorgen ein leeres Grab vorgefunden hätten. Es sollen als erste Frauen gewesen sein. Maria Magdalena wird von allen vier Evangelisten genannt. Johannes (Joh.20.1) zufolge ist Maria Magdalena am Sonntagmorgen noch in der Dunkelheit allein zum Grab gegangen und stellte fest, daß es leer war. Bei Matthäus (Mt.28.1) – bei ihm übrigens fand der Besuch schon am Samstagabend statt – wird Maria Magdalena noch von einer »anderen Maria« begleitet. Bei Markus (Mk.16.1f.) ist diese andere Maria »die Maria des Jakobus« (gemeint sein dürfte die Mutter Jakobus des Kleinen), und noch eine dritte Jüngerin ist dabei: Salome. Bei Lukas hingegen sind es mindestens fünf Jüngerinnen: Außer Maria Magdalena wieder die Maria des Jakobus, eine Johanna und »die übrigen« – möglicherweise also eine ganze Schar von Jüngerinnen, die Lukas auch schon als Jesu Begleiterinnen in Galiläa genannt hatte (Lk.8.1-3). Lukas und Johannes zufolge hat sich anschließend auch Petrus davon überzeugt, daß das Grab leer war, bei Johannes befand sich noch ein anderer (namentlich nicht genannter) Jünger in der Begleitung des Petrus.

Der Bericht vom leeren Grab gehört mit Sicherheit ins Reich der Legende; es ist eine Geschichte, die irgendwann später in die Evangelien aufgenommen worden ist, wohl deswegen, um damit ein Bindeglied zur Auferstehung zu schaffen.

Uta Ranke-Heinemann, S. 165:

»Die Auferstehung Christi haben die Christen ziemlich von
Anfang an mißverstanden. Sie haben seine Auferstehung und
sein legendäres leeres Grab gleichgesetzt bzw. miteinander
verwechselt.«

Wäre die Geschichte vom leeren Grab schon in der Jerusalemer
Urgemeinde erzählt worden, dann wäre sie auch Paulus zu Ohren
gekommen, und mit Sicherheit hätte sie gerade Paulus, für den das
ganze Christentum von der Wahrheit der Auferstehung Christi
abhängt, in seine Verkündigung aufgenommen, zumal er es sich
besonders angelegen sein läßt (siehe 1.Kor.15.8), alle ihm überlieferten Zeugnisse für Jesu Auferstehung zu sammeln und anzuführen. Für Paulus aber ist ein leeres Grab für die Wahrheit der Auferstehung ohne Bedeutung.
Ein Problem besonderer Art war von Anfang an die Frage, wo
denn wohl Jesus geblieben sei, nachdem er auferstanden war.
Weder Paulus noch Markus, Matthäus und Johannes beantworten
diese Frage. Einzig und allein Lukas gibt eine – freilich allzu sim-
ple – Antwort: Sowohl in seinem Evangelium (Lk.24.50 f.) als auch
in seiner Apostelgeschichte (Apg.1.9-11) erzählt er die erbauliche
Geschichte von einer sichtbaren Himmelfahrt.[38] Die Himmelfahrt mochten die Frager glauben oder nicht, auf jeden Fall hatten
sie eine Antwort.
Der Bericht des Lukas schien den frühen christlichen Gemeinden
in ihrer Mehrheit aber offenbar doch zu blaß und nebensächlich,
als daß sie bereit gewesen wären, ihn in ihre Glaubensvorstellungen einzubeziehen. Der Glaube an Christi Himmelfahrt setzte
sich erst im 4. Jahrhundert durch, dann allerdings mit solcher
Macht, daß er sogar Bestandteil des »apostolischen«[39] Glaubensbekenntnisses wurde. (Klammerbemerkung: Der kirchliche Feiertag Himmelfahrt ist auf 40 Tage nach Ostersonntag festgesetzt.
Nach einer alten Tradition schauten die Gläubigen während des
Gottesdienstes auf eine durch das »Heilig-Geist-Loch« der Kir-

che hochgezogene Christusfigur. Man meinte, daß aus der Blickrichtung der Puppe die Gewitter kommen würden. Himmelfahrt ist immer ein *Donnerstag.*)

Zu Jesu Lebzeiten hatte niemand einen Gedanken darauf verwendet, daß, wenn der Meister sterben würde, er noch vor Anbruch der Endzeit von den Toten wieder auferstehen werde. Andernfalls hätte Maria Magdalena, Maria, die Mutter des Jakobus, und Salome kein »Zittern und Entsetzen« ergreifen können angesichts des leeren Grabes (Mk.16.8), und die Jünger wären dem Bericht der Maria Magdalena vom leeren Grab wohl weniger skeptisch begegnet. Deutlich und unverblümt den Predigtcharakter der Auferstehung hervorhebend, sagt es der Johannes-Evangelist:

>»Denn sie verstanden das Schriftwort noch nicht, daß er von den Toten auferstehen mußte. Da gingen die Jünger wieder heim.« (Joh.20.9-10)

Bezeichnend für eine so schwer faßbare Frage wie die von der Auferstehung Jesu von den Toten sind die vielen Hypothesen, die in dem Zusammenhang aufgestellt worden sind. Die Meinung, Jesus sei nicht am römischen Kreuz gestorben, sondern habe in Wirklichkeit in Indien gelebt und gewirkt, wo er dann als alter Mann gestorben sei, erfreut sich gegenwärtig einer gewissen Resonanz.[40] Älter ist eine Theorie, derzufolge Jesus, als er vom Kreuz abgenommen wurde, noch nicht tot gewesen sei, was der römische Hauptmann übersehen habe. Joseph von Arimathia und seine Gehilfen hätten ihn, von der römischen Wache unbemerkt, fortgetragen und gesundgepflegt, und so sei es zu der irrtümlichen Annahme gekommen, er sei von den Toten auferstanden. Ähnlichen Unsinn erfindet der katholische Journalist *Franz Alt*, wofür er freilich nicht mehr als eineinhalb Seiten (S. 56 f.) seines zum Bestseller gewordenen Buches »Jesus – der erste neue Mann« aufwendet.

Willibald Bösen spottet (Anm. 176 auf S. 402):

»Man kann nur hoffen, daß er (Franz Alt) in seiner journalistischen Arbeit sauberer recherchiert und argumentiert.«

Mitte des vorigen Jahrhunderts glaubte, wie bei *Marcello Craveri* (S. 411) nachzulesen ist, der Heidelberger Exeget *H. E. G. Paulus*, die Dinge, wie folgt, rekonstruieren zu können: Jesus hatte das furchtbare Geschehen überlebt. Er legte ein Gewand an, das ihm der Gärtner geliehen hatte. Die Schwäche zwang ihn aber noch, vorläufig in der Nähe des Gartens zu bleiben. Als Maria Magdalena ihn erblickte, verbot er ihr, ihn zu berühren, da sein Körper noch zu schmerzempfindlich war. Bis zum Nachmittag sei er dann wieder so weit bei Kräften gewesen, daß er bis nach Emmaus habe gehen können. Später habe er sogar gewagt, bis nach Galiläa zu reisen. Allerdings habe ihm das alles nicht viel eingebracht: er sei kurz danach an einer Tetanusinfektion gestorben.

Eine Geschichte besonderer Art hatte sich der Bischofssohn *Marcion* (Egon Friedell bezeichnet Marcion als den bedeutendsten Theologen des 2. Jahrhunderts) einfallen lassen: Jesus habe »als Gott« überhaupt nicht leiden und sterben können. In Wirklichkeit sei es so gewesen, daß Simon von Kyrene das Kreuz Jesu nicht nur getragen habe, sondern es sei ihm auf wundersame Weise untergeschoben worden, so daß er an Jesu Stelle und in Jesu Gestalt gekreuzigt worden sei, während der wahre Jesus, der sich unter der Menge verloren hatte, lachte, als er der Hinrichtung seines Doppelgängers beiwohnte.[41]

Einige Jahrhunderte später war dem Propheten Mohammed diese spekulative Geschichte zu Ohren gekommen. Sie erschien ihm so interessant, daß er sie in den Koran aufnahm, wo es in Sure 4.158 heißt, die Juden hätten Jesus in Wirklichkeit nicht getötet und auch nicht gekreuzigt. Vielmehr sei ihnen ein anderer ähnlich erschienen, so daß sie diesen mit Jesus verwechselten und töteten. Lange noch hatte sich der Marcionismus am Leben erhalten. Neben anderen Gelehrten hat das die amerikanische Religionswissenschaftlerin Elaine Pagels nachgewiesen. Sie führt einen gnostischen Text an, der aus dem in den Jahren 1945/46 gemachten berühmten *Nag Hammadi-Fund* in der oberägyptischen Wüste stammt.

Pagels (S. 122):

»Ein anderer ... war jener, der die Galle und den Essig trank; nicht ich war es, der mit dem Rohr geschlagen wurde, ein anderer war es, der das Kreuz auf seiner Schulter trug, nämlich Simon. Ein anderer war es, dem die Dornenkrone aufs Haupt gesetzt wurde; ich aber ergötzte mich in der Höhe an ... ihrem Irrtum ... und ich lachte über ihren Nichtverstand.«

Erst Jahrhunderte später spielte der Marcionismus im Bewußtsein der Gläubigen keinerlei Rolle mehr. Die – paulinische – Lehre von der Auferstehung Jesu hatte sich auf den Konzilien des vierten und fünften Jahrhunderts endgültig durchgesetzt.
Historisch belegt ist aber nicht die Auferstehung selbst, belegt ist allein die Tatsache, daß schon die ersten Verkünder des Evangeliums an die Auferstehung Jesu geglaubt haben, so wie es Petrus in seiner Pfingstpredigt verkündet:

»Diesen Jesus hat Gott auferweckt, dafür sind wir alle Zeugen.« (Apg. 2.32)

Auch Paulus macht kein Hehl daraus, den geschichtlichen Jesus nicht mit leiblichen Augen, sondern ausschließlich mit geistigem Auge, im Sinne einer Offenbarung Gottes (Gal. 1.16), gesehen zu haben. Er spricht von der Begegnung mit dem Auferstandenen nur in einem ganz und gar übertragenen Sinn: Nachdem Christus auferstanden war »am dritten Tage nach der Schrift«, sei er wie folgt erschienen:

»Er erschien dem Kephas, dann den Zwölfen. Danach erschien er mehr als fünfhundert Brüdern zugleich; die meisten von ihnen sind noch am Leben, einige sind entschlafen. Danach erschien er dem Jakobus, dann allen Aposteln. Als letztem von allen erschien er auch mir, dem Unerwarteten, der ›Mißgeburt‹.« (1.Kor.15.5-8)

Da fällt zunächst schon einmal auf: Wo bleiben Maria Magdalena und die anderen Frauen, von denen in den Evangelien berichtet wird, daß sie dem auferstandenen Meister als erste begegnet sind? Im übrigen: Nicht dem körperlichen, sondern dem verklärten Leib will Paulus begegnet sein. Nur im übertragenen Sinne kann auch die imperative Aussage im ersten Korintherbrief verstanden werden:

»Bin ich nicht frei? Bin ich nicht ein Apostel? Habe ich nicht Jesus, unseren Herrn, gesehen? Seid ihr nicht mein Werk im Herrn?« (1.Kor.9.1)

Eine Behauptung, der auferstandene Jesus sei ihm leibhaftig, nämlich in seiner irdischen Gestalt, begegnet, stellt Paulus jedenfalls nirgendwo auf. Die einzige Textstelle, an die man in dem Zusammenhang – vielleicht – denken könnte, ist die etwa dreißig Jahre nach Pauli Tod entstandene Apostelgeschichte, und zwar an das dort dreimal in jeweils unterschiedlicher Fassung geschilderte (9.1 ff.; 22.6 ff.; 26.11 ff.) mystische Erlebnis bei Damaskus. Saul soll nach Damaskus im Zuge einer von der jüdischen Behörde angeordneten Christenverfolgung gekommen sein, und da habe ihn Jesus vom Himmel herab gefragt, warum er ihn verfolge; daraufhin habe Saul sich bekehrt und den Wunsch geäußert, in Jerusalem mit den Jesusanhängern zusammenzutreffen:

»Saulus aber wütete weiter mit Drohen und Morden gegen die Jünger des Herrn. Er ging zum Hohenpriester und bat ihn um Briefe an die Synagogen in Damaskus, um Anhänger der neuen Lehre, Männer und Frauen, wenn er sie dort fände, gebunden nach Jerusalem führen zu können. Als er aber auf dem Weg war und in die Nähe von Damaskus kam, umleuchtete ihn plötzlich ein Licht vom Himmel; und er fiel auf die Erde und hörte eine Stimme, die sagte zu ihm: Saul, Saul, was verfolgst du mich? Er aber fragte: Herr, wer bist du? Der Herr antwortete: Ich bin Jesus, den du verfolgst.« (Apg.9.1-5)

Abgesehen davon, daß hier lediglich von einer »Stimme« die Rede ist, die Saul gehört haben soll (die Stimme habe in aramäischer Sprache – Apg.26.14 – zu ihm gesprochen), nicht aber davon, daß er den Auferstandenen gesehen habe, hält der Bericht über eine Begegnung mit dem auferstandenen Jesus bei Damaskus auch einer historischen Prüfung aus anderen Gründen nicht stand.

Zum einen ist es ausgeschlossen, daß Paulus im Auftrag des Synedriums nach Damaskus kam, um dort organisierte Jesusanhänger zu verfolgen, die er allesamt gefesselt vor das Jerusalemer Tribunal schleppen sollte. Organisierte Jesusanhänger gab es – jedenfalls in Form residierender Gemeinden – in jenen Jahren nur in Jerusalem, vielleicht noch in ein paar umliegenden Orten, allenfalls auch schon in Galiläa, bestimmt aber nicht im fernen Damaskus. (In Damaskus hat es allerdings eine essenische Gemeinde gegeben. Gelegentlich wird die Vermutung geäußert, Paulus sei gegen die Essener zu Felde gezogen.) Es war ja gerade Paulus, der für die Gemeindegründungen außerhalb Palästinas »zuständig« war. Zum anderen erscheint es äußerst fraglich, ob die Jurisdiktion der Jerusalemer Behörden bis nach Damaskus reichte – wobei noch hinzukommt, daß das Synedrium nur in Einzelfällen einschritt, bei denen sich der (jüdische) Täter durch besondere Agitation hervorgetan hatte, und dann in der Regel auch nicht die Todesstrafe, sondern die Auspeitschung verhängte.

Insbesondere aber wäre ganz ungewöhnlich, daß, wenn Paulus ein solches Erlebnis gehabt hätte, ein Erlebnis, das an Dramatik nicht zu überbieten wäre, er nicht selbst in einem seiner vielen Briefe davon berichtet hätte, zumal er eine ausgesprochene Neigung hatte, seine persönlichen Erlebnisse den Gemeinden mitzuteilen. Er berichtet zwar (Gal.1.17), daß er in der fraglichen Zeit nach Damaskus gereist sei. Er erwähnt aber weder etwas von Christenverfolgungen noch von jenem Erlebnis, welches als sogenanntes »Damaskus-Erlebnis« zu einem bekannten Begriff geworden ist. (Eine ganz andere Frage ist natürlich, ob Paulus, der viel durch Wüstengegenden gereist ist, dort nicht eine Halluzination gehabt hat. So wie einsame Wanderer in der Wüste häufig eine Fata Morgana erleben, hören sie sich mitunter auch von einer Stimme angerufen. Paulus mag von einer solchen Vision erzählt haben, und der fromme Chronist hat sie dann zum Heilserlebnis hochstilisiert. Und eine noch einfachere Erklärung wäre die, daß Paulus einen schweren Hitzschlag erlitt und dann, wie in der Apostelgeschichte berichtet wird – Apg.9.12 –, von einem gewissen Ananias gesundgepflegt wurde. Ananias war ein in Damaskus lebender Jesus-Anhänger. Ihm verdankte Paulus seine Rettung vor dem Tode; in dem Zusammenhang mag Ananias ihn für den neuen Glauben gewonnen haben.) Eine Datierung, wonach Paulus den auferstandenen Jesus auf seinem zum Zwecke der Christenverfolgung unternommenen Ritt bei Damaskus gesehen habe, würde im übrigen dem Kontext der neutestamentlichen Berichterstattung zuwiderlaufen. Markus und Lukas berichten nämlich, Jesus habe sich nur an einem einzigen Tage (Ostersonntag) als Auferstandener gezeigt. Matthäus dehnt die Erscheinung auf die Dauer der Reise des Auferstandenen von Jerusalem nach Galiläa aus; Johannes gibt keine Dauer an. Der Apostelgeschichte zufolge sollen die Erscheinungen 40 Tage angedauert haben.[42] Der Ritt des Paulus nach Damaskus aber fand erst Jahre später statt.

Wie alle gläubigen Juden bis auf den heutigen Tag betete Paulus den Lobpreis des Achtzehn-Bitten-Gebetes:

»Gepriesen bist du, Jahwe, der die Toten lebendig macht.«

Paulus beschreibt die Auferstehung als »ein Geheimnis«, als Verwandlung der physischen in die geistige Existenz:

> »Damit will ich sagen, Brüder: Fleisch und Blut können das Reich Gottes nicht erben; das Verwesliche wird nicht erben die Unverweslichkeit.« (1.Kor.15.50)

Nach paulinischem Verständnis ist die Auferstehung etwas anderes als das Wiederlebendigwerden eines Toten, sie ist nicht ein Bestandteil des persönlichen Schicksals Jesu; schon gar nicht bedarf es für die Auferstehung eines leeren Grabes. Für Paulus bedeutet die Auferstehung, daß der Geist des Herrn den Menschen befähigt, das Böse zu überwinden und damit dem Tode zu trotzen:

> »Der Herr aber ist der Geist, und wo der Geist des Herrn wirkt, da ist Freiheit.« (2. Kor.3.17)

Der paulinische Auferstehungsglaube wiederum ist identisch mit der Auferstehungsvision der Jünger, wie Paulus selbst bezeugt (1.Kor.15.5-8). Hier wie dort handelt es sich um eine geistige, nicht um eine dem leiblichen Auge zugängliche Vision.

Nur im – apokryphen – Petrus-Evangelium, von dem Fragmente Ende des vorigen Jahrhunderts gefunden wurden, wird der Vorgang der Auferstehung als solcher beschrieben. Die Formel von der »Auferstehung des Fleisches« geht auf eine Definition zurück, die im Ausgang des zweiten Jahrhunderts der Kirchenlehrer *Tertullian* geprägt hat. Er spreche nicht, so sagt er, von der Unsterblichkeit der Seele; denn diese werde auch von den Häretikern nicht geleugnet. Was in der Tat erweckt worden sei,

> »das ist dies Fleisch, blutüberströmt, mit seinem Knochengerüst, durchzogen von Nerven, umschlungen von Adern«.[43]

Und berühmt ist sein Satz:

»Sepultus resurexit; certum est, quia impossibile est.«
»Begraben ist er auferstanden; das ist ganz sicher, weil es
unmöglich ist.«[44]

Der Bericht über ein Ereignis ist nicht gleichzusetzen mit dem
Ereignis selbst. Der Bericht wird geprägt von der subjektiven Einstellung des Verfassers, insbesondere von der bestimmten Absicht,
die er mit dem Bericht verbindet.

Günter Bornkamm (Jesus, S. 165):

»Das Ereignis der Auferstehung Jesu Christi von den
Toten, ... (ist) der Geschichtswissenschaft entzogen.«

Zentraler Punkt der Predigt war von Anfang an der Glaube an die
Auferstehung, nicht aber der Versuch einer Beweisführung.

»Für den Glauben wichtig ist nicht, daß Jesus leibhaftig auferstanden ist, also das factum historicum als solches, sondern
daß er für mich der Auferstandene ist.«[45]

Hans Küng (Christ sein, S. 339):

»Es ist nicht nichts geschehen. Aber was geschehen ist,
sprengt und übersteigt die Grenzen der Historie. Es geht um
ein transzendentes Geschehen aus dem menschlichen Tod in
die umgreifende Dimension Gottes hinein.«

Noch direkter und sozusagen »auf den Punkt« bringt es in seinem
aufsehenerregenden 1994 erschienenen Buch »Die Auferstehung
Jesu« der Göttinger evangelische Neutestamentler *Gerd Lüdemann* in Form einer Notiz, die er aus einem Gespräch mit Hans
Conzelmann festgehalten hat, wo dieser ihm sagte:

»Völlig sinnlos ist die Frage, ob die Auferstehung eine geschichtliche Tatsache, ob sie ein Vorgang in Raum und Zeit ist. Sachlich bedeutsam ist nur das eine, daß der Gekreuzigte nicht vernichtet ist, daß er da ist, und zwar so, wie es am Schluß des Matthäus-Evangeliums ausgelegt ist: ›Ich bin bei euch alle Tage bis an der Welt Ende‹.«[46]

3. Kapitel
Geschichtlichkeit Jesu

Die Chronisten schweigen

Es gibt keine zeitgenössischen nichtchristlichen (neutralen, tendenzfreien) Quellen, die über einen Jesus von Nazareth berichten. Die Historiker des 1. Jahrhunderts begnügen sich mit ein paar belanglosen Zeilen über die Christen. Dies ist um so erstaunlicher, als eine ganze Reihe von Schriftstellern über die damalige Situation in Palästina ausführlich geschrieben hat.
Nachfolgend aufgeführt werden vierzehn Quellen, die insoweit in Betracht gezogen werden können:

- Plinius der Ältere;
- Philon von Alexandrien;
- Plinius der Jüngere;
- Justus von Tiberias;
- Die Schriftrollen vom Toten Meer;
- Tacitus;
- Sueton;
- Privatbrief des Mara bar Sarapion;
- Celsus;
- Flavius Josephus;
- Nikodemus;
- Gamaliel;
- Paulus;
- Pontius Pilatus.

Plinius der Ältere, ein römischer Historiker, der von 23 bis 79 gelebt hat (er wurde beim Ausbruch des Vesuvs getötet, weil er sich in seiner wissenschaftlichen Neugier zu nahe an den Krater herangewagt hat[1]) und ausführlich über die Ereignisse jener Zeit berichtet, erwähnt Jesus nicht.

Unerwähnt bleibt der Nazarener auch bei dem jüdischen Schriftsteller und Philosophen *Philon von Alexandrien* (etwa 20 vor bis 50 nach Chr.). Speziell Philon hat sich als Mittler zwischen jüdischer Tradition und griechischer Bildung sowie durch sein mutiges Auftreten vor Kaiser Caligula große Verdienste erworben. Mit den spannungsgeladenen Verhältnissen, in deren Mittelpunkt Jesu Wirken gestanden haben soll, war Philon gewissermaßen laufend in Berührung. Aber nirgendwo in seinen Schriften taucht der Nazarener auf. Er prangert ungerechtfertigte Hinrichtungen durch Pilatus an, erwähnt aber nicht die Hinrichtung Jesu.

Von *Plinius dem Jüngeren* ist zu erwähnen daß er im Jahre 111 in seiner Eigenschaft als Prokonsul in Bithynien einen Brief an Kaiser Trajan geschrieben hat, in welchem er auf das starke Anwachsen des neuen Glaubens hinweist. Jesus bleibt bei ihm ungenannt.

Auch in den – allerdings nur fragmentarisch erhaltenen – Schriften des Geschichtsschreibers *Justus von Tiberias* kommt Jesus nicht vor. Justus war ein Zeitgenosse Jesu und außerdem in derselben Gegend zu Hause wie dieser.

Ähnliches gilt für die im Jahre 1947 entdeckten *Schriften der Essener*, einer Sekte, die ein bedeutendes Kloster in der judäischen Wüste unterhielt: Qumran, ein paar Kilometer entfernt vom Nordwestende des Toten Meeres. Auch in den *Qumranschriften*, die u. a. in einer Zeit entstanden, in der Jesus gewirkt haben soll, und die obendrein in unmittelbarer örtlicher Nähe dieses Wirkens verfaßt wurden, wird ein Jesus von Nazareth nicht erwähnt. Die Texte, die man in Qumran fand, enthalten Stellen, die inhaltlich, ja teilweise sogar wörtlich, mit Passagen übereinstimmen, die im Neuen Testament als Worte Jesu zu lesen sind. Der Bezug zur Bergpredigt tritt deutlich hervor. Brüderlichkeit galt den Essenern als religiöse Pflicht, Nächstenliebe als moralisches Gebot. Zu schwören war ihnen untersagt; statt dessen sollten sie nur »ja, ja« oder »nein, nein« sagen. Armut, Demut und Askese waren ihre Ideale, die »Ausgießung des Heiligen Geistes« wird in einem ihrer Bücher (Hymnenrolle) erwähnt. Die Essener glaubten an die Unsterblichkeit der Seele. Ihr ritueller Mittelpunkt war das Taufbad, vorgesehen zur Reinigung von den Sünden. Im essenischen Sektenkanon ist das Gebot der Feindesliebe verankert:

»Keinem will ich vergelten das Böse, mit Gutem will ich den Menschen verfolgen, denn bei Gott ist das Gericht über alles, was lebt.«

Andererseits war den Essenern – Söhne des Lichts, wie sie sich nannten – zur Pflicht gemacht, die Söhne der Finsternis, womit die sogenannten Frevelpriester in Jerusalem und deren Parteigänger gemeint sind, zu hassen.

»Die Mitglieder der Gemeinde sind verpflichtet, alle Söhne des Lichts zu lieben ... und alle Söhne der Finsternis zu hassen, entsprechend dem Racheplan Gottes.«

(Klammerbemerkung: Die Feindesliebe ist ein Postulat, das, ganz im Gegensatz zur landläufigen Meinung, auch mehrfach im Alten Testament erscheint.[2] Historisch unredlich jedenfalls wäre die Behauptung, allein die Christen hätten das Gebot der Feindesliebe konzipiert. Ein irgendwie gearteter Aufruf zum Feindeshaß findet sich – im Gegensatz zu den Essenischen Schriften – nirgendwo im Alten Testament. Es ist eine insgesamt falsche Deutung, Jesus habe an die Stelle des alttestamentlichen Satzes »Auge um Auge, Zahn um Zahn« das Gebot »Liebet eure Feinde« gesetzt.[3] Ähnlich verhält es sich mit der Behauptung, der Gott des Alten Testaments sei der Gott der Strenge und Rache, der Christengott aber der Gott der Liebe. Zwischen dem Gott des Alten Testaments und dem Gott des Neuen Testaments gibt es selbstverständlich keinen Unterschied, Jesus wollte keinen neuen Gottesbegriff schaffen. Daß sich dieser Gott dem unbefangenen Leser in den Schriften nicht gerade als »lieber« Gott darstellt, sondern in seiner Eifersucht und seinem Vernichtungswillen furchterregend wirken kann, bedarf sicherlich exegetischer und theologischer Interpretation, um es abzumildern, etwa – wie z. B. Lapide es tut – mit der Feststellung, daß Gottes Rache im Alten Testament vielleicht fünfmal vorkommt, von Gottes Gnade aber mehr als fünfzigmal die Rede ist.)

Es gibt, etwas überspitzt ausgedrückt, kaum einen »christlichen« Lehrsatz, den man nicht auch schon bei den Essenern finden könnte. Der Jerusalemer Tempel verkörperte für sie den »Alten Bund«. Einen »Neuen Bund« wollten sie mit Gott schließen, damit dieser sich mit dem Volk Israel wieder versöhne und es aus der Knechtschaft befreie. Es ist der Neue Bund, den nach der Überlieferung der Evangelien Jesus geschlossen hat: »Das Neue Testament«, wie Martin Luther (in Anlehnung an Hieronymus) übersetzt.

Bei so zahlreichen und überraschenden Parallelen ist eine Verbindung Jesu zum Essenertum (eventuell über Johannes den Täufer?) ein an sich naheliegender Gedanke. Der in Göttingen lehrende evangelische Theologe *Hartmut Stegemann* allerdings räumt mit dieser These so gründlich und überzeugend auf (S. 306 ff.; S. 356 ff.), daß die Ansicht vom Essenertum Jesu heute nicht mehr vertretbar erscheint. Auch die von dem katholischen Neutestamentler Willibald Bösen (S. 80 ff.) angeführten Argumente, die gegen eine Verbindung Jesu zum Essenertum sprechen, überzeugen.

Bösen greift beispielhaft drei Gesichtspunkte heraus:

– Rigoros, geradezu unmenschlich zeigt sich die essenische Sabbatpraxis. Josephus (Jüdischer Krieg, II. 8.9) schreibt über die Essener, diese würden es peinlicher als alle übrigen Juden vermeiden, am Sabbat zu arbeiten. Sie wagen am Ruhetag nicht einmal, ein Gefäß von der Stelle zu rücken oder ihre Notdurft zu verrichten. Direkt verboten ist es den Essenern, am Sabbat Geburtshilfe bei einem Menschen oder Tier zu leisten oder einem Menschen, der in eine Grube gefallen ist, herauszuhelfen. In den Augen der Essener wäre Jesus, wenn er gesagt haben sollte:»Der Sabbat ist für den Menschen da, nicht der Mensch für den Sabbat«, ein verachtenswerter Mann.

– Die Essener waren in »sektenhafter Enge und separatistischem Gruppendünkel« verhaftet. Speise und Trank von Außenstehenden anzunehmen war ihnen verboten, selbst die Unterhaltung mit den »Männern des Verderbens« war ihnen nicht erlaubt. Völlig anders dagegen Jesus, der sich gern zum Essen und Trinken einladen ließ, insbesondere auch mit diversen Frauen Kontakte unterhielt – ein Verhalten, das den Essenern als Greuel erscheinen mußte.

– Die Worte, die Jesus in der letzten Antithese der Bergpredigt zugeschrieben werden:»Ihr habt gehört, daß gesagt worden ist: du sollst deinen Nächsten lieben und deinen Feind hassen, ich aber sage euch: liebet eure Feinde und betet für die, die euch verfolgen« (Mt. 5.43-44) – diese Worte werden so gedeutet, daß Jesus mit dem »ihr habt gehört, daß gesagt worden ist« die Essener meinte und seine Antithese sich gegen Qumran gerichtet habe.

Daß andererseits die Qumran-Sekte einen gewissen Einfluß auf die Jesus-Sekte ausgeübt hat, ist anzunehmen. Jesus, bzw. sein Redaktor Matthäus, bezieht sich in der Bergpredigt ja gerade auf Qumran und stellt seine eigenen Thesen denen der Essener entgegen. Und da, wo Jesus zum Haß aufruft oder betont aggressive Worte gebraucht, könnte es durchaus Gedankengut von Qumran sein, das ihm in den Mund gelegt wird.[4]

So etwa der befremdliche Ausspruch Lk.14.26:

»So jemand zu mir kommt und haßt nicht seinen Vater, Mutter, Weib, Kinder, Brüder, Schwestern, auch dazu sein eigen Leben, der kann nicht mein Jünger sein.«

Oder die Matthäus-Stelle 10.34:

»Ihr sollt nicht wähnen, daß ich gekommen sei, Frieden zu senden auf die Erde. Ich bin nicht gekommen, Frieden zu senden, sondern das Schwert.«

Die aggressive Sektenmentalität der Essener dürfte es gewesen sein, die entscheidend zum Ausbruch des Jüdischen Krieges beigetragen hat. In der essenischen »Kriegsrolle« wird dieser Krieg sogar schon in seiner technischen Durchführung vorherbeschrieben. Die Essener waren die Kriegstreiber, sie haben auch aktiv am Aufstand der Zeloten gegen die Römer teilgenommen und tragen offenbar Verantwortung für die Zerstörung Jerusalems und des Tempels und den Untergang des Staates im Jahre 70.

Ganz anders dagegen haben sich die Jesus-Anhänger der Urgemeinde verhalten. Diese waren durch und durch pazifistisch eingestellt. Am Jüdischen Krieg haben sie sich nicht beteiligt, sie haben sich unter ihrem Bischof Jakobus, Jesu Bruder, ins Ostjordanland zurückgezogen. Auch Jesus selbst hatte niemals dazu aufgefordert, die Römer etwa mit Waffengewalt zu vertreiben. Paulus hat sich in vorauseilendem Gehorsam gegenüber der römischen Staatsgewalt geradezu überschlagen.[5]

Daß Jesus in den Schriften der Essener keinerlei Erwähnung findet, läßt sich zum einen aus der allgemeinen Unbekanntheit des Nazareners zu seinen Lebzeiten und bis hin zum Ende des ersten Jahrhunderts erklären, zum anderen daraus, daß Jesu Auftreten (ebenso wie das Johannes des Täufers) für die Essener absolut belanglos war; die Botschaft der beiden vom unmittelbaren Bevorstehen der Endzeit widersprach der von den Essenern aus der Daniel-Exegese errechneten Endzeit, die auf das Jahr 70 festgelegt war.[6]

Nachdenklich aber stimmt es, daß umgekehrt die bedeutungsvolle religiöse Gruppe der Essener, von der das zeitgenössische Schrifttum so ausführlich berichtet, im neuen Testament nirgendwo erwähnt wird.[7] Nur ein sehr kleiner Teil von ihnen lebte in mönchischer Abgeschiedenheit in Qumran. Die Mehrzahl lebte über das Land verstreut, führte ein normales Familienleben, pflegte aber keinen Umgang mit den übrigen Bewohnern der betreffenden Gemeinde. Man schätzt die Zahl der Essener zu Jesu Zeit auf etwa vier- bis fünftausend (so steht es auch bei Josephus), ebenso wie die Zahl der Pharisäer. Nicht von der Hand zu weisen ist der Verdacht, daß die kirchliche Zensur die Essener aus Gründen, über die sich nur spekulieren läßt, die wir letztlich aber nicht kennen, aus den Texten entfernt hat. Eine spekulative Erklärung könnte die sein, daß das frühe Christentum in der Essener-Sekte eine Konkurrenz-Sekte erblickt hat, u. a. in dem Punkt, daß die Essener ebenso wie die Christen für sich in Anspruch nahmen, Verheißungen des Alten Testaments zu erfüllen und somit das wahre Israel zu verkörpern.

Die Funde von Qumran, von denen man sich auch Aufschluß über die Persönlichkeit Jesu erhofft hatte, haben insoweit leider nichts gebracht. Diese Feststellung ändert freilich nichts an der grandiosen eigenständigen Bedeutung der Schriftrollen für die Wissenschaft. Neben vielen anderen Erkenntnissen haben sie auch die Erkenntnis gebracht, daß es nichts anderes als ein haltloses Gerede inkompetenter Leute war, die versucht hatten, die Essener-Sekte als eine christliche Sekte in vorchristlicher Zeit hinzustellen. In dem Zusammenhang gilt zu erwähnen: Nicht nur absolut unseriös, sondern ganz und gar absurd sind die Thesen, die das Autorengespann *Michael Baigent* und *Richard Leigh* in ihrem 1990 auf dem deutschen Büchermarkt erschienenen Buch »Verschlußsache

Jesus, die Qumran-Rollen und die Wahrheit über das frühe Christentum« aufstellt.

Bösen, S. 371, Anm. 301:

>»Obwohl die Fachwissenschaft unmittelbar reagierte und zu einem vernichtenden Urteil über dieses Buch kam, wurde es in Deutschland ein Bestseller, der monatelang die Hitlisten anführte. Ein für die Religionssoziologen aufschlußreiches Phänomen!«

Abgesehen davon, daß der Inhalt dieses Buches mit Jesus kaum etwas zu tun hat, wird darin die völlig haltlose These aufgestellt, der Vatikan gebe die Veröffentlichung der Schriftrollen nur mit denkbar größter Verzögerung frei, weil er befürchte, daß mit der vollständigen Veröffentlichung die katholische Kirche in Bedrängnis geriete.

Stegemann (S. 25, 31):

>»Wer den Vatikan in solcher Weise anprangert, kann stets mit besonderem Interesse rechnen ... Das Leserpublikum aber ist solchen Dilettanten schutzlos ausgeliefert. Wie soll man wissen, daß das Gegenteil dessen richtig ist, was hier behauptet worden ist? Vermutlich haben die beiden Autoren es selbst nicht gewußt, ... sondern sind Opfer ihrer eigenen Inkompetenz geworden, die freilich durch nichts zu entschuldigen ist. Der Sache nach ist dieses Machwerk jedenfalls ein faustdicker Betrug.«

Das katholische Lehramt steht den Fragen nach dem historischen Jesus ohnehin gleichgültig gegenüber. Es genügt, daß Jesus gelebt hat und vor allem gekreuzigt wurde. Der Rest ist Interpretation, und die besorgt der Vatikan.[8]

Kehrt man zurück zu der Frage, ob Jesus nicht wenigstens indirekt doch einmal in neutralen Quellen erwähnt wird, dann kommt man zu dem Ergebnis, daß diese Zeugnisse zum einen deswegen nicht brauchbar sind, weil sie fast hundert Jahre nach Jesu Tod verfaßt sind, also in einer Zeit, in der das Christentum schon zu einer Massenbewegung geworden war, so daß es nichts Besonderes oder gar Sensationelles ist, wenn darauf hingewiesen wird, die Christen sähen ihren Religionsstifter als Messias an und dieser sei vom Prokurator Pontius Pilatus gekreuzigt worden. Zum anderen geben diese relativ späten Erwähnungen deswegen nichts her, weil sie so blaß sind, daß man wegen dieser Blässe gerade umgekehrt auf eine allgemeine Unbekanntheit Jesu zur Zeit seines Wirkens und in den Jahrzehnten danach schließen muß.

Encyclopaedia Judaica:

>»Apparently, the beginnings of Christianity attracted no greater attention than did the many other sects that sprang up toward the close of the Temple period, and it is certain that the incidents connected with its founder were not at the center of events of the time, as the Gospels would lead one to believe.«

Tacitus zum Beispiel berichtet in seinen um das Jahr 116 geschriebenen »Annales« über eine Christenverfolgung, die ca. fünfzig Jahre zuvor unter Nero in Rom stattgefunden habe.

>»Um das schlimme Gerücht aus der Welt zu schaffen, der Brand sei auf seinen Befehl gelegt worden, schob Nero die Schuld auf andere und verhängte über die, die durch ihr schändliches Gebaren verhaßt waren und im Volksmund ›Christianer‹ hießen, die ausgesuchtesten Strafen. Dieser Name leitet sich von Christus ab, der unter der Regierung des Tiberius durch den Prokurator Pontius Pilatus hingerichtet worden war. Der für den Augenblick unterdrückte verhängnisvolle Aberglaube griff von neuem um sich, nicht

in Judäa, wo dieses Übel entstanden war, sondern auch in Rom, wo alle Scheußlichkeiten und Abscheulichkeiten aus der ganzen Welt zusammenströmen und freudigen Anklang finden.« (XV.44)

Mehr weiß dieser größte Geschichtsschreiber Roms über Jesus ca. 85 Jahre nach dessen Tod nicht zu berichten. Wie wenig Bedeutung im übrigen Tacitus der Erwähnung des angenommenen Gründers der Christensekte beimißt, geht aus der Tatsache hervor, daß er nicht von »Jesus« spricht, sondern von »Christus«, von dem die Christen ihren Namen ableiten. Der »bürgerliche« Name Jesus war ihm offenbar nicht bekannt.

Zahlenmäßig dürfte es sich um eine noch sehr kleine christliche Gemeinde gehandelt haben, die zur Zeit Neros in Rom existierte. Daß der Kaiser sie überhaupt zur Kenntnis genommen hätte, wäre überraschend, noch überraschender aber der Umstand, daß er sie als eine vom Judentum schon losgelöste Gruppe angesehen habe. Juden aber wurden von Nero nicht verfolgt; Neros (einflußreiche) Ehefrau Poppaea Sabina war sogar zum Judentum konvertiert. Es wird daher vielfach die Vermutung geäußert, die betreffende Stelle in den »Annales« stamme gar nicht von Tacitus, sondern sei ein späterer Einschub. Die christliche Geschichtsschreibung ist bestrebt, die Zahl der Märtyrer möglichst hoch anzusetzen, um die These zu bekräftigen, der christliche Glaube sei durch das Blut seiner Märtyrer zur Staatsreligion geworden. Kein Geringerer als Origenes relativiert diese Heldensage, indem er die Zahl der christlichen Blutzeugen als »klein und leicht zu zählen« bezeichnet.[9] Vor Tacitus jedenfalls hat kein Schriftsteller behauptet, daß es unter Nero eine Christenverfolgung gegeben habe. Sollte Nero wirklich Christen verfolgt haben, dann mit Sicherheit nicht ihres Glaubens wegen, sondern deswegen, weil er sie als Verantwortliche für den Brand in Rom hinstellte.[10]

Der römische Historiker *Sueton* erwähnt im Jahre 120 in seinem Buch »Vita Claudii« als Urheber von Tumulten in Rom unter Kaiser Claudius (Regierungszeit 41–54) einen »Chrestos«. Diese Erwähnung kann aber kaum mit Jesus in Verbindung gebracht werden. Denn erstens gab es während der Regierungszeit des Claudius noch keine Christen in Rom. Die christliche Gemeinde in Rom wurde später als die von Antiochia und Alexandria gegründet, frühestens Ende der fünfziger Jahre (wobei unbekannt ist, auf welchen Wegen das Evangelium nach Rom gelangt war und wie die junge Gemeinde sich zusammensetzte[11]). Zweitens waren die sich etablierenden christlichen Gemeinden sehr darauf bedacht, Tumulte zu vermeiden. Paulus hatte sie ausdrücklich dazu ermahnt (z. B. Röm.13.1 ff.). Drittens geht Sueton davon aus, daß jener Urheber der Tumulte unter Claudius noch am Leben war und sich in Rom aufhielt. Viertens geht es im Bericht auch gar nicht um aufsässige Christen, sondern um aufsässige Juden.

Als weitere mögliche Quelle zu erwähnen wäre noch ein Privatbrief, den der Syrer *Mara bar Sarapion* an seinen in Edessa studierenden Sohn geschickt hat. Dort heißt es (Zitat nach *Johann Baptist Aufhauser*, weiland Theologieprofessor an den Universitäten München und Würzburg, S. 9):

»Was hatten die Athener einen Nutzen davon, daß sie Sokrates töteten? ... Oder die Samier von der Verbrennung des Pythagoras? ... Oder die Juden von der Hinrichtung ihres weisen Königs, da ihnen von jener Zeit an das Reich weggenommen war? Denn gerechterweise nahm Gott Rache für jene drei Weisen.«

Die Datierung des Briefes ist äußerst schwierig. Die Spanne bewegt sich zwischen dem Jahr 73 und dem dritten Jahrhundert. Daß der Briefschreiber mit dem »weisen König« Jesus gemeint hat, ist zwar naheliegend, offenbar aber hat er dessen Namen nicht gekannt. Namentlich bekannt sind ihm nur Sokrates und Pythagoras. Einen für die Person Jesu historischen Wert kann man dem Brief auch deshalb nicht beimessen, weil mit keinem Wort Pilatus und die Römer erwähnt werden – ganz abgesehen davon, daß man nichts darüber weiß, ob der Brief einer christlichen oder nichtchristlichen Quelle entstammt.

Genannt wird der Name Jesus in einer Schrift des berühmten römischen Philosophen und Politikers *Celsus* (Kelsos), etwa Mitte des 2. Jahrhunderts. Was Celsus schreibt, ist aber alles andere als neutral, es fußt ganz offenbar auf talmudischen Schmähschriften, die seit dem Ende des 1. Jahrhunderts gegen die Christen verfaßt wurden. Celsus behauptet, Maria sei von ihrem Mann wegen Ehebruchs verstoßen worden, habe heimlich Jesus geboren, und dieser habe sich aus Armut in Ägypten als Tagelöhner verdungen und dort die Zauberei erlernt. Dann sei er zurückgekehrt und habe sich kraft dieser Fähigkeit öffentlich zum Gott erklärt.[12]
Ob man aus diesen Erwähnungen wenigstens den Schluß ziehen kann, daß Ende des 1. Jahrhunderts die historische Existenz Jesu auch im Talmud nicht angezweifelt wurde, bleibt eine offene Frage. Die Schmähungen könnten sich durchaus auch auf eine fiktive Gestalt beziehen.

Salcia Landmann (S. 53 u. 312):

>»Auch Debatten mit ›Ketzern‹ gingen ja ungekürzt in den Talmud ein ... Tatsache ist, daß Jesus mit keiner Silbe erwähnt ist, obgleich dieses Schrifttum über ganz unbedeutende Persönlichkeiten und Episoden ausführlich berichtet.«

Ganz und gar ohne Aussagewert ist das, was der Bielefelder *Rechtshistoriker Gerhard Otte* glaubt, als Beweis für die historische Erwähnung Jesu im Talmud anführen zu können, indem er folgende Sätze aus der Mischna zitiert (S. 1020):

>»Aber es wird doch überliefert: Am Freitag und Vorabend des Passah hängte man Jeschu, und der Ausrufer ging 40 Tage vor ihm aus (mit dem Ruf): ›Er geht hinaus, um gesteinigt zu wer-

den, weil er gezaubert hat und Israel verleitet und verführt hat. Jeder, der etwas zu seiner Entlastung weiß, komme und bringe es für ihn vor.< Aber sie fanden für ihn keine Entlastung und hängten ihn am Freitag und Vorabend des Passah. Es sagte Ulla: >Meinst Du denn, er wäre einer gewesen, für den man eine Entlastung hätte erwarten können? Er war doch ein Verleiter zum Götzendienst, und der Barmherzige sagt: Du sollst kein Erbarmen haben und seine Schuld nicht bedecken!< Mit Jeschu war es anders, da er der Herrschaft nahestand.«

Da also ist von einem Mann namens Jeschu die Rede, der wegen Verleitung zum Götzendienst *gesteinigt* werden sollte. Was dieser Jeschu mit unserem gekreuzigten Jesus von Nazareth zu tun hat, bleibt nun wirklich das Geheimnis von Otte. Insbesondere übersieht Otte die Häufigkeit des Namens Jeschu im alten Judentum. Aber selbst wenn mit jenem zur Steinigung vorgesehenen Jeschu eine Anspielung auf Jesus von Nazareth verbunden gewesen sein sollte, käme man noch immer nicht um die Tatsache herum, daß es sich um eine Mischna-Aufzeichnung vom Ende des 2. Jahrhunderts handelt, also etwa achtzig Jahre nach Tacitus. Allein bedeutsam ist die Feststellung, daß jedenfalls zu Jesu Lebzeiten im jüdischen Schrifttum nicht von ihm berichtet wird, insbesondere seine angeblichen Auseinandersetzungen mit den Pharisäern nirgendwo erwähnt werden.

Als herausragender zeitgenössischer Schriftsteller ist *Flavius Josephus* (37–95) zu nennen. Allerdings ist gegen die Geschichtsschreibung des Josephus auch massive Kritik angebracht worden.

Bösen (S. 356, Anm. 4):

»Kritiker monieren u. a., daß er seine Quellen nicht angibt, Zahlenangaben auf das lächerlichste übertreibt, die Wahrheit umbiegt, sobald es um die eigene Person oder das jüdische Volk geht.«

Dennoch ist Josephus als der bedeutendste Chronist des ersten Jahrhunderts anzusehen. In seinen Geschichtswerken »*Geschichte des jüdischen Krieges*«(ca. 75/79) und »*Jüdische Altertümer*« (ca. 93/94) hat er sehr ausführlich die Situation und Geschehnisse in Palästina gerade auch zu Jesu Zeit behandelt. (Originale Handschriften – Autographa – sind allerdings von keinem antiken Schriftsteller erhalten, also auch von Josephus nicht. Die ältesten Abschriften des Josephus-Werks stammen aus dem 10. Jahrhundert.) Speziell die gewaltsamen Übergriffe des Prokurators Pilatus gegenüber der jüdischen Bevölkerung werden von Josephus im einzelnen aufgezählt und dargestellt.[13] Alle Einflüsse und geistigen Strömungen jener Zeit werden detailliert beschrieben. Josephus erwähnt aber weder etwas von relevanten christlichen Gemeinden, noch berichtet er von Jesus von Nazareth als einer historischen Persönlichkeit.

Die erste christliche Gemeinde außerhalb Palästinas war die von Antiochia, einer römischen Stadt in Kleinasien, die einen starken jüdischen Bevölkerungsanteil hatte. Paulus hatte die Gemeinde etwa Mitte der vierziger Jahre gegründet. Die »Brüder«, die sich dort vereinsartig zusammengeschlossen hatten, wurden »Christianoi« genannt. Hier taucht die Bezeichnung zum erstenmal auf (Apg.11.26), wohingegen der hebräische Flügel in Jerusalem »Nazaräersekte« (Apg.24.5) genannt wurde. Etwa ein Jahrzehnt nach der Gemeinde von Antiochia entstand die Gemeinde von Alexandria und einige Jahre später die von Rom.

Offenbar maß man Jesus und der Sekte der Jesusanhänger in den ersten vierzig Jahren, zwischen Jesu Tod und dem Ende des jüdischen Krieges, keinerlei Bedeutung bei. Josephus hatte ja keinen Grund, Jesus (dasselbe gilt für Paulus, der ebenfalls nicht erwähnt wird) etwa absichtlich zu ignorieren. Im Gesamtwerk dieses Chronisten kommen etwa zwanzig verschiedene Personen vor, die den Namen Jesus tragen, ungefähr die Hälfte von ihnen waren Zeitgenossen unseres Jesus. Josephus berichtet u. a. von einem Propheten Jesus, »des Ananos Sohn«. Dieser Jesus habe den Untergang des Tempels prophezeit, er sei deswegen von den Juden festgenommen und den Römern übergeben worden. Die Römer hätten ihn bis auf die Knochen ausgepeitscht und dann laufenlassen, weil sie davon ausgingen, daß er wahnsinnig sei.[14] Der Name »Jesus« ist die lateinische Form des griechischen »Iesous«. Der Ursprung des Namens aber ist hebräisch: »Yehoshua« oder »Yeshua«, was so viel heißt wie »Gott hilft« oder »Gott wird erlösen«. In der Umgangssprache werden die Träger dieses Namens – so vermutlich auch unser Jesus – Yeshua oder kurz Yeshu genannt worden sein. Es war ein damals so gebräuchlicher Name wie zu anderer Zeit und an anderem Ort Wilhelm oder Walter (Pendant auf weiblicher Seite sind Salome und Mirjam). Später wurde der Name Jesus seltener. Den Juden war der Name wohl zu verhaßt, als daß sie ihn ihren Kindern weiterhin geben wollten. Und in den jungen christlichen Gemeinden hat man sich gescheut, den Namen Jesus anderen Personen zu geben. Der Heilsname sollte in Einmaligkeit strahlen. Und wenn man nicht umhin konnte, einen anderen Träger dieses Namens zu erwähnen, dann wurde sein Name umbenannt. So erwähnt Paulus im Brief an die Kolosser (4.11) einen seiner Gehilfen, der ebenfalls Jesus heißt, mit den Worten: »Jesus, der da heißt Justus«.

Tatsächlich taucht nun auch einmal der Nazarener Jesus in einem Werk des Josephus auf, und zwar in dem um das Jahr 90 fertiggestellten Buch »Jüdische Altertümer«. Es wird dort vom Hohenpriester Ananos[15] berichtet, der von König Agrippa II. abgesetzt worden war, weil er in einem Willkürverfahren Jesu Bruder Jakobus zum Tode verurteilt und hatte hinrichten lassen:

»Er versammelte den Hohen Rat zum Gericht und stellte vor dasselbe den Bruder des Jesus, der Messias genannt wurde, mit Namen Jakobus, sowie noch einige andere, die er der Gesetzesübertretung anklagte und zur Steinigung führen ließ.«

Gerade der an die Nennung des Namens »Jesus« angefügte Relativsatz: »… der Messias genannt wurde«, ist ein Zeichen dafür, daß dieser Name häufig war. Im übrigen wird in der exegetischen Wissenschaft überwiegend angenommen, daß der im Josephustext zu lesende Relativsatz in dieser Form nicht vom Autor stammt, sondern ein späterer Einschub ist: Nur Christen konnten ein Interesse daran haben, die Messianität Jesu hervorzuheben.[16] Dies wiederum macht auch die Namensnennung als solche, die ja notwendigerweise dem Relativsatz vorangehen muß, historisch fragwürdig.

Im Gegensatz zum Nazarener Jesus ist der Täufer Johannes eine historisch einwandfrei belegte, bekannte und mit großer Verehrung beschriebene Persönlichkeit. Flavius Josephus berichtet:

»Manche Juden waren übrigens der Ansicht, der Untergang der Streitmacht des Herodes sei nur dem Zorne Gottes zuzuschreiben, der für die Tötung Johannes des Täufers die gerechte Strafe gefordert habe. Den letzteren nämlich hatte Herodes hinrichten lassen, obwohl er ein edler Mann war, der die Juden anhielt, nach Vollkommenheit zu streben, indem er sie ermahnte, Gerechtigkeit gegeneinander und Frömmigkeit gegen Gott zu üben und so zur Taufe zu kommen ... Da nun infolge der wunderbaren Anziehungskraft solcher Reden eine gewaltige Menschenmenge zu Johannes strömte, fürchtete Herodes, das Ansehen des Mannes, dessen Rat allgemein befolgt zu werden schien, möchte das Volk zum Aufruhr treiben, und hielt es daher für besser, ihn rechtzeitig aus dem Wege zu räumen, als beim Eintritt einer Wendung der Dinge in Gefahr zu geraten, und dann, wenn es zu spät sei, Reue empfinden zu müssen. Auf diesen Verdacht hin ließ also Herodes den Johannes in Ketten legen, nach der Festung Machaerus bringen, die ich oben erwähnte, und dort hinrichten.« (Jüdische Altertümer XVIII.5.2)

Was möchte man darum geben, wenn – ohne daß an der Echtheit gezweifelt werden müßte – auch über Jesus wenigstens ein einziger Satz solcher Art bei Josephus oder sonst irgendwo im zeitgenössischen Schrifttum zu finden wäre!

Solange die junge christliche Kirche sich noch nicht staatlich abgesichert hatte, sondern um ihre Durchsetzung und Anerkennung, ja bisweilen ums schlichte Überleben kämpfen mußte, hatte man sich weiter keine Gedanken darüber gemacht, daß ihr Stifter eine unbekannte historische Persönlichkeit war. Es gab Wichtigeres zu tun, als sich darüber den Kopf zu zerbrechen. Im 4. Jahrhundert aber, als dem Bischof und Kirchenvater *Eusebius* der Schachzug gelang, sich mit Kaiser *Konstantin* zu verbinden – es war übrigens ein Schachzug auf Gegenseitigkeit –, drang das historische Defizit, das der Zentralfigur des christlichen Glaubens anhaftete, offenbar ins Bewußtsein der sich etablierenden jungen Staatskirche. Eusebius, der inzwischen auch zum Hoftheologen Konstantins avanciert war – der große Schweizer Historiker *Jacob Burckhardt* (S. 276) nennt den Bischof den »ersten durch und durch unredlichen Geschichtsschreiber des Altertums« – verfaßte ungefähr im Jahre 320 für Kaiser Konstantin eine Kirchengeschichte, in welche er einen »Auszug« aus den »Jüdischen Altertümern« des Josephus hineinschrieb. Konstantin konnte nun folgende Sätze zur Kenntnis nehmen, die – ihrem vermeintlichen Ursprung nach – aus der Feder des im Kaiserreich nach wie vor sehr angesehenen Josephus stammen sollten:

»Um diese Zeit lebte Jesus, ein weiser Mensch, wenn man ihn überhaupt einen Menschen nennen darf. Er war nämlich der Vollbringer ganz unglaublicher Taten und der Lehrer aller Menschen, die mit Freuden die Wahrheit aufnahmen. So zog er viele Juden und auch viele Heiden an sich. Er war der Christus. Und obgleich ihn Pilatus auf Betreiben der Vornehmsten unseres Volkes zum Kreuzestod verurteilte, wurden doch seine früheren Anhänger ihm nicht untreu. Denn er erschien ihnen am dritten Tage wieder lebend, wie gottgesandte Propheten dies und tausend andere wunderbare Dinge von ihm vorher verkündet hatten. Und noch bis auf den heutigen Tag besteht das Volk der Christen, die sich nach ihm nennen, fort.« (XVIII.3.3)

Daß es sich bei diesen Sätzen (dem sogenannten »Testimonium Flavianum«) um eine – obendrein recht plumpe – Fälschung handelt, wird heute, soweit ich sehe, von keinem ernstzunehmenden Forscher mehr bezweifelt: Josephus hätte selbst Christ gewesen sein müssen, wenn er solche Sätze geschrieben hätte. Josephus war aber kein Christ, er ist – in römischen Diensten stehend – seinem jüdischen Glauben treu geblieben und hat nicht an die Messianität Jesu geglaubt.[17] Es gibt allerdings eine Minderheit von Autoren (z. B. *Klausner*), die es für denkbar hält, daß die Erwähnung Jesu als solche doch von Josephus stammt, möglicherweise sogar die positive Erwähnung, Jesus sei ein »weiser Mensch« gewesen, den Pilatus »auf Betreiben der Vornehmsten unseres Volkes zum Kreuzestod verurteilte«. Folgt man dieser Minderheitsmeinung, dann bliebe gleichwohl festzuhalten, daß Ende des 1. Jahrhunderts, als das Christentum schon eine in vielen Gegenden verbreitete Sekte geworden war, der historische Stellenwert des Jesus von Nazareth gerade erst ausreichte, um in einer großen Chronik überhaupt nur namentlich erfaßt zu werden.

Flavius Josephus entstammte einer Jerusalemer Aristokratenfamilie. Sein Vater war Priester (und folglich doch wohl Mitglied des Hohen Rates), als gegen Jesus der Prozeß stattgefunden haben soll. Josephus selbst war zunächst Pharisäer. Bei Kriegsausbruch im Jahre 66 war er jüdischer Oberbefehlshaber in Galiläa. Nach der Eroberung der Festung Jotapata durch die Römer geriet er in Gefangenschaft und wurde seinem römischen Gegenspieler, dem alten Haudegen[18] Vespasian, vorgeführt. Josephus verstand es, sich die Gunst des Siegers zu erwerben, und erhielt – *Vespasian* war inzwischen Kaiser geworden – bald darauf das römische Bürgerrecht. Dadurch bekam er Vespasians Vornamen und Gentilnamen »*Titus Flavius*«; als Cognomen wählte er seinen jüdischen Namen und versah ihn mit einer lateinischen Endung. Als römischer Bürger hieß er also *Titus Flavius Josephus*, während sein jüdischer Name Joseph ben Matitjahu ha-Kohen war.

Davon, daß in Jerusalem in der Zeit der letzten Regierungsjahre des Kaisers *Tiberius* eine bekannte Persönlichkeit in einem aufsehenerregenden und beispiellosen Doppelprozeß vor dem jüdischen Synedrium und dem römischen Statthaltergericht zum Tode verurteilt und hingerichtet worden sein soll, hätte gerade Josephus durch die Erzählungen seines Vaters und durch Berichte von Verwandten und Freunden seiner Eltern etwas gehört haben müssen. Wenn sogar ein Mann wie Josephus, der über jede kleine Ruhestörung, jeden Aufstand, jedes gerechte oder ungerechte Todesurteil, sofern es nur irgendeine politische Bedeutung hat, in seinen Schriften ausführlich berichtet, nichts von dem dramatischen Prozeß gegen einen Jesus von Nazareth erwähnt, dann kann man daraus nur den einen Schluß ziehen: Diesen dramatischen Prozeß hat es schlicht und einfach nicht gegeben.

Auch das Ratsmitglied *Nikodemus*, von dem mehrere Äußerungen historisch überliefert sind, verliert kein einziges Wort über einen Prozeß, bei dem er angeblich eng mit dem Hingerichteten verbunden war: Er soll, zusammen mit dem Ratsherrn Joseph von Arimathia, für Jesu würdige Beisetzung gesorgt haben (Joh.19.39). Von Nikodemus ist sogar eine kleine Familienchronik bekannt. Er war ehedem einer der reichsten Patrizier in Jerusalem. Im jüdisch-römischen Krieg haben ihm aufständische Eiferer seine Getreidespeicher verbrannt, er selbst kam im Krieg ums Leben. Sein Sohn Gorion war am Anfang des Aufstandes als jüdischer Beamter an den Verhandlungen beteiligt, die zur Kapitulation der römischen Besatzung in Jerusalem geführt haben. Nikodemus' Tochter lebte nach dem Kriege in tiefster Armut.[19]

Des weiteren schweigt ein anderes bekanntes Ratsmitglied: *Gamaliel der Weise*, der Lehrer des Paulus, von dem ebenfalls mehrere schriftliche Äußerungen vorliegen. Gamaliel wie auch Nikodemus sollen, den Synoptikern zufolge, für das Todesurteil gegen Jesus gestimmt haben. Beide waren Mitglieder des Hohen Rates, und alle Ratsherren sollen – außer Joseph von Arimathia, dessen Stimmenthaltung allerdings nur von Lukas (23.51) berichtet wird – dem Todesbeschluß zugestimmt haben.

Und schließlich schweigt auch *Paulus* selbst. (Lediglich in seinem ältesten Brief – 1.Thess.2.15 – macht er eine Bemerkung über Jesu gewaltsamen Tod: In polemischer Weise bezichtigt er die Juden, sie hätten Jesus getötet. Er will den Eindruck erwecken, daß sogar die Exekution von den Juden besorgt wurde.) Jedenfalls schreibt Paulus nichts über den Prozeß, obwohl er gerade im Zeitpunkt des vermeintlichen Geschehens Theologie- und Jurastudent in Jerusalem war und Vorlesungen eines Mitgliedes des Kollegialgerichts (Gamaliel) besuchte, das Jesus angeblich zum Tode verurteilt hat.

Daß sich in den kaiserlichen Archiven kein Bericht des *Pilatus* befand, hat die Kirche, nachdem sie Staatskirche geworden war, als korrekturbedürftige Lücke empfunden. Die Lücke sollte geschlossen werden: Ähnlich wie man in bezug auf Jesu Leben und Wirken ein Zitat des Josephus erfunden und als echt hingestellt hatte, erfand man in bezug auf Jesu Sterben und Auferstehung die sogenannte »Acta Pilati«, eine eindeutige Fälschung.[20] Sogar der katholische Rechtsaußen *Josef Blinzler* räumt die Fälschung ein, er spricht von einem »plumpen Machwerk« (S. 40).

Für Pilatus gab es schlichtweg nichts Außergewöhnliches nach Rom zu berichten, was einen Mann namens Jesus von Nazareth betraf. Mit dieser Tatsache hat man sich im Grunde auch theologischerseits längst abgefunden. Ich habe keinen Zweifel, daß Theologen wie Dibelius, Rahner oder Küng die Bedeutungslosigkeit des Prozesses aus der Sicht des Prokurators Pilatus ohne weiteres bejahen würden. Die meisten Theologen aber bleiben doch weiterhin bemüht, diese Tatsache zu verschweigen oder zu verschleiern.

Anatole France berichtet in seiner Novelle »Der Statthalter von Judäa« von einer Begegnung des alten *Pontius Pilatus* mit seinem Freund *Lamia*. In den Bädern von Baiae plaudern sie von vergangenen Zeiten. Lamia, der gealterte Playboy, erzählt von einer Geliebten, die ihn verlassen hat:

»Ein paar Monate später erfuhr ich zufällig, daß sie sich einer kleinen Zahl von Männern und Frauen angeschlossen hatte, die einem jungen Galiläer folgten, der umherzog und Wunder tat. Er war aus Nazareth und hieß Jesus. Später wurde er wegen irgendeines Verbrechens gekreuzigt. Ich weiß nicht mehr, was es war. Erinnerst du dich noch an diesen Mann, Pilatus? Pontius Pilatus runzelte die Brauen, er fährt mit der Hand über die Stirn, als ob er sich auf etwas zu besinnen sucht. Dann, nach einer kurzen Pause, murmelt er: Jesus? Jesus? Aus Nazareth? Nein, ich erinnere mich nicht mehr.«[21]

Es hat viele römische Militärgouverneure gegeben, in Palästina, Syrien, Gallien und Germanien. Wohl alle sind sie historisch belegt. Aber nur Fachleute kennen ihre Namen. So wäre es auch Pontius Pilatus ergangen, einer grauen Maus unter grauen Mäusen, wenn ihm nicht von der kleinen Schar der Verkünder des Evangeliums ein so herausragender Platz zugewiesen worden wäre.

Der evangelische Theologe *Maurice Goguel* – er war in den dreißiger Jahren Professor an der Sorbonne Paris – meint (S. 353):

»Pilatus hätte man sicher sehr damit überrascht, wenn man ihm angekündigt hätte, daß sein Name wegen des nichtssagenden kleinen Juden, der vor ihm erschienen war, unsterblich gemacht würde.«

Und der katholische Theologe *Adolf Kolping* (S. 550) sieht in der Hinrichtung Jesu

»eine unscheinbare Episode in der offiziellen Geschichte des Römischen Imperiums, die vergessen worden wäre, wäre sie nicht die erstaunliche Grundlage für das Christus-Bekenntnis der nachösterlichen Kirche geworden«.

Dem Bericht der Evangelien zufolge sollen sich, als die Hinrichtung vollzogen war, einmalige Dinge ereignet haben:

>Und von der sechsten Stunde an ward eine Finsternis über das ganze Land bis zu der neunten Stunde ...Und siehe da, der Vorhang im Tempel zerriß in zwei Stücke von obenan bis untenaus. Und die Erde erbebte, und die Felsen zerrissen, und die Gräber taten sich auf, und standen auf viele Leiber der Heiligen, die da schliefen, und gingen aus den Gräbern und kamen in die heilige Stadt und erschienen vielen.« (Mt.27.45, 51-53)

Das ist natürlich kein historischer Bericht, sondern eine legendäre Botschaft, die Bedrohung und Unheil künden will. Die Sonnenfinsternis, die geherrscht haben soll, hat es schon deswegen nicht gegeben, weil bei Vollmond der Mond nicht zwischen Sonne und Erde stehen kann.

Kolping (S. 661):

>Solche Naturereignisse gehören zum Tod großer Männer.«[22]

Im übrigen haben wir es hier offenbar mit einer Erfüllungslegende gemäß dem Propheten Amos zu tun:

>An jenem Tag – Spruch Gottes des Herrn – lasse ich am Mittag die Sonne untergehen und breite am hellichten Tag über die Erde Finsternis aus.« (Am.8.9)

Der Riß im Vorhang des Tempels soll bedeuten, daß Gott fort an nicht mehr im *Tempel* wohnt, die Juden somit zu einem gottverlassenen Volk werden. Die gängige christliche Ideologie folgert daraus: Die Juden haben Jesus abgelehnt, und deswegen wohnt Gott nicht mehr im Tempel von Jerusalem. Er ist zu den

Christen übergewechselt und wohnt in den christlichen Kirchen. Hätten sich eine außergewöhnliche Sonnenfinsternis und sonstige Wunderdinge der beschriebenen Art so plötzlich und überraschend ereignet, dann wäre darüber mit Sicherheit auch außerhalb der Evangelien berichtet worden. Aber auch dann, wenn es diese Dinge nicht gegeben hat, hätten ja wohl Mitglieder des Richterkollegiums wie Nikodemus oder Gamaliel, ein Jerusalemer Student wie Paulus und ein engagierter Historiker wie Josephus über einen Prozeß gegen Jesus von Nazareth berichtet, sofern dieser Prozeß eine bemerkenswerte Angelegenheit gewesen wäre und es sich nicht um eines der damals üblichen militärischen Schnellverfahren gehandelt hätte.

Ernst Benz, weiland Theologieprofessor an der Universität Marburg, schreibt (S. 24):

»Die jüdische Geschichte hatte in der Periode der messianischen Erhebungen die Kreuze wälderweise sich erheben sehen – die drei Kreuze auf Golgatha galten ihr als eine unerhebliche Episode, die sie nicht in ihren Annalen verzeichnete, so wenig sie Tacitus einer Aufzeichnung in seiner römischen Geschichte würdigte. Auf einen gekreuzigten Juden mehr oder weniger kam es weder den Statthaltern und Kaisern noch ihren Geschichtsschreibern an.«

Was immer man nun von den spärlichen Erwähnungen bzw. Nichterwähnungen Jesu halten mag – eines steht fest: Soweit er zu seinen Lebzeiten überhaupt eine aus dem provinziellen Rahmen herausragende Persönlichkeit war, hat wohl kaum jemand von den Zeitgenossen sich vorstellen können, daß das Auftreten dieses Mannes aus Galiläa zu einem die Welt verändernden Ereignis werden könnte.

Die historische Jesus-Forschung

Leute wie *Friedrich der Große*, *Napoleon* und *Goethe* haben – allerdings mehr einer intellektuellen Modeerscheinung ihrer Zeit folgend – Zweifel an der *Geschichtlichkeit* Jesu geäußert. Die Tatsache, daß über Jesus im zeitgenössischen Schrifttum nichts berichtet wird, und die unabweisbare Einsicht, daß es eine tendenzfreie Überlieferung nicht gibt und die Quellen, die zur Verfügung stehen, obendrein widersprüchlich sind, stellen auch alle Forscher und Gelehrten, die sich mit den Fragen nach dem historischen Jesus befassen, vor eine letzten Endes kaum zu lösende Detektivaufgabe.

Bedacht werden muß auch, daß eine wahrhaft wissenschaftliche Forschung in diesem Bereich überhaupt erst im Zeitalter der Aufklärung möglich wurde. Forschungen wären vorher, da das Neue Testament als ein vom Heiligen Geist inspiriertes Buch galt, strafrechtlich verfolgt worden. Nur ein naiver Glaube war als wahrer Glaube gefordert. Und diese Forderung war so sehr ausgeprägt, daß sie bis in unsere Zeit hinein noch nachwirkt. Gerade in bezug auf den irdischen Jesus scheint es ein besonders dornenvoller Weg zu sein, fest verankerte Meinungen ein wenig aufzulockern. Inzwischen ist die Situation häufig so, daß sogar Theologen es als schmerzlich empfinden, wenn sie sehen, wie groß das Mißtrauen im christlichen Kirchenvolk auch gegenüber anerkannten und gut fundierten Ergebnissen historischer Kritik ist.[23] (Höhepunkt solcher »verstockter Gläubigkeit«[24] ist der Glaube an die personale Existenz des Teufels.[25])

Gegenwärtig sind es insbesondere – um drei bekannte Namen zu nennen – die Theologen *Hans Küng*, *Eugen Drewermann* und *Uta Ranke-Heinemann*, die sich in ihren Vorträgen und Schriften gegen die verbreitete Naivität in Glaubensdingen aussprechen und versuchen, den Glauben an Jesus und das historische Wissen über Jesus miteinander zu verbinden.

Hans Küng (S. 157):

»Naivität ist nicht schlecht, aber zumindest in Glaubensdingen gefährlich. Naiver Glaube kann am wahren Jesus vorbeiglauben und bei bester Absicht falsche Konsequenzen in Theorie und Praxis zur Folge haben. Naiver Glaube kann den einzelnen oder eine Gemeinschaft blind, autoritär, selbstgerecht, abergläubisch werden lassen …. Umgekehrt kann historisches Wissen dem christlich Glaubenden neue Weiten aufschließen, ihn einsichtig und damit bescheiden machen, ihn vielfältig inspirieren. Aufklärung kann – die Geschichte beweist es – dem religiösen Fanatismus und der Intoleranz wehren. Nur Glaube und Wissen zusammen, glaubendes Wissen und wissender Glaube, vermögen heute den wahren Christus in seiner Weite und in seiner Tiefe zu erfassen.«

Knapper sagt es *Uta Ranke-Heinemann* (S. 10):

»Der Verstand kann dem Glauben nicht schaden, viel mehr und viel öfter hat der Glaube dem Verstand geschadet.«

Gegen das dogmatische Christusbild der Kirche hatte sich die Leben-Jesu-Forschung in ihrer ersten Phase, der sogenannten »literaturkritischen Phase«, gewandt. *Goethe* leistete im *Westöstlichen Diwan* einen kleinen poetischen Beitrag:

»Jesus fühlte rein und dachte
Nur den *einen* Gott im stillen;
Wer ihn selbst zum Gotte machte,
kränkte seinen heil'gen Willen.«

Zu wissenschaftlicher Relevanz gelangten die von Lessing ab 1774 herausgegebenen »Fragmente des H. S. Reimarus« – bekannt auch unter dem Namen »Wolfenbüttelsche Fragmente« (1778).

Jene literaturkritische Phase war gekennzeichnet von dem Bemühen, den historischen Jesus zu finden, um ihn dann, wie er ist, als Lehrer oder Heiland in die Gegenwart hineinzustellen.

Später resümierte *Albert Schweitzer* das Scheitern dieser Bemühung:

>»Sie löste die Bande, mit denen er (Jesus) seit Jahrhunderten an den Felsen der Kirche gefesselt war, und freute sich, als wieder Leben und Bewegung in die Gestalt kam und sie den historischen Menschen auf sich zukommen sah. Aber er blieb nicht stehen,sondern ging an unserer Zeit vorüber und kehrte in die seinige zurück.«[26]

Die herrschende These der Leben-Jesu-Forschung zum Schluß des 19. und zu Beginn des 20. Jahrhunderts lautete: Jesus von Nazareth ist niemals auf der Welt gewesen. Seine Gestalt ist eine Erfindung. Sie beruht auf einer Fehlinterpretation derer, die als erste den christlichen Glauben verkündet haben. Nicht eine historische Person ist durch den Glauben vergöttlicht worden, sondern ein anfänglicher Mythos hat durch den Glauben eine historische Person hervorgebracht.

Küng (Christ sein, S. 146):

>»Karl Barth und mit ihm dann auch Bultmann und Tillich zeigten aufgrund der Ergebnisse der frühen liberalen Leben-Jesu-Forschung historische Skepsis und vertraten im Anschluß an Kierkegaards Glaubensverständnis einen historisch ungesicherten Glauben als den wahren Glauben.«

Sowohl deutsche als auch englische, französische und amerikanische Wissenschaftler vertraten die These von der Unhistorizität. Zu nennen sind Arthur Drews, Bruno Bauer, David Friedrich Strauß, John M. Robertson, Emile Burnouf, William Benjamin

Smith. Nach Ansicht dieser Gelehrten konzentrierten sich in der Person, in der Geschichte und in den Gleichnissen Jesu alte Symbolvorstellungen.

Arthur Drews, der wohl bedeutendste Vertreter der Leben-Jesu-Forschung zu Beginn des 20. Jahrhunderts, schreibt im Vorwort seines damals aufsehenerregenden Buches »Die Christusmythe« (Vorwort S. XII):

»Die Leugnung eines historischen Jesus kann sich schon heute bei der fortgeschrittenen religiös-geschichtlichen Einsicht unserer Zeit auf so gute Gründe stützen, daß sie zum mindesten den gleichen Grad von Wahrscheinlichkeit für sich in Anspruch nehmen darf wie die Art, in welcher die Anfänge des Christentums von theologischer Seite dargestellt zu werden pflegen.«

Der überzeugte und engagierte Christ *Albert Schweitzer* schreibt dazu (S. 513):

»Das moderne Christentum muß von vornherein und immer mit der Möglichkeit einer eventuellen Preisgabe der Geschichtlichkeit Jesu rechnen.«

Und er spricht sich auch gegen eine Lösung aus, die zwar zwischen dem historischen und dem gepredigten Jesus unterscheidet, diesen aber in einem Gewand präsentiert, das für seine Historizität genausowenig paßt wie das alte Klischee (S. 566):

»Der Jesus von Nazareth, der als Messias auftrat, die Sittlichkeit des Gottesreiches verkündete, das Himmelreich auf Erden gründete und starb, um seinem Werk die Weihe zu geben, hat nie existiert. Er ist eine Gestalt, die vom Rationalismus entworfen, vom Liberalismus belebt und von der modernen Theologie in ein geschichtliches Gewand gekleidet wurde.«

Schweitzer geht letzten Endes zwar von der Historizität Jesu aus, aber doch mit einer eher resignierenden Begründung: Es sei, wenn man alle Ergebnisse der Forschung kritisch analysiert, wahrscheinlicher, daß Jesus gelebt habe, als daß er nicht gelebt habe. Allerdings meint Schweitzer, die Frage, ob Jesus tatsächlich gelebt hat, sei für den Glauben von untergeordneter Bedeutung. Es mag auch ein Stück Resignation mit hineingespielt haben, daß dieser bedeutende Gelehrte sich in seinen späteren Lebensjahren von der Theologie zurückgezogen und sich ganz seinem humanitären Werk im afrikanischen Urwald gewidmet hat.

Gesicherter Indizienbeweis

Heute gibt es, soweit ich sehe, überhaupt keinen Wissenschaftler von Rang mehr, der an der Geschichtlichkeit Jesu zweifelt. Es waren vor allem amerikanische, englische, französische und skandinavische Gelehrte, die – auf der Grundlage der verdienstvollen Forschungen der literaturkritischen Phase der Leben-Jesu-Forschung – versuchten, bei der Frage nach der Historizität Jesu die Resignation zu überwinden und neue Wege zu beschreiten. Ihre Überlegungen gingen davon aus, daß die Schriften zu ausdrucksvoll auf eine zentrale Persönlichkeit hin angelegt sind, als daß ihnen eine nur erdichtete Figur zugrunde liegen könnte. Obendrein handelt es sich hier um eine Persönlichkeit, deren Leben und Sterben fast zeitlich mit den ersten Verkündern der christlichen Botschaft zusammenfällt. Zum Beispiel enthalten die Petruspredigten in der Apostelgeschichte sicher sehr altes Überlieferungsgut, in denen nicht vom »Herrn« bzw. »Auferstandenen« die Rede ist, sondern schlicht von »Jesus« bzw. »Jesus von Nazareth«.

Wäre der personale Bezug zu einem Jesus von Nazareth nicht wirklich vorhanden, dann wäre es nicht gut denkbar, daß etwa von Paulus die Autorität des Jakobus als »des Herrn Bruder« anerkannt worden wäre, zumal Paulus sich als denjenigen empfindet, dem das größte Verdienst in der Verkündigung des Glaubens zukommt (1.Kor.15.10). Warum also einen »Bruder des Herrn« akzeptieren, wenn es den Herrn selbst in seiner personalen Erscheinung gar nicht gegeben hätte? Schließlich: In den Evangelien wäre die Schilderung von Ereignissen, in deren Mittelpunkt eine nur erdichtete Figur steht, sicherlich anders ausgefallen. Die Verherrlichung wäre dann in einer noch weit größeren und durchgreifenderen Art erfolgt. Schwachstellen in bezug auf die Person, die zu loben und preisen das Anliegen der Verfasser ist, wären vermieden worden. Gestorben wäre nicht ein Mensch in Einsamkeit und Qual, sondern ein Held von beispielloser Todesverachtung, unerschüttert im Glauben an den Sieg über die Feinde. Das Neue Testament würde insgesamt als ein auf Hochglanz poliertes Werk dastehen. Genau das aber ist nicht der Fall.

Ernst Bloch:

»Der Stall, der Zimmermannssohn, der Schwärmer unter kleinen Leuten, der Galgen am Ende, das ist aus geschichtlichem Stoff, nicht aus dem goldenen, den die Sage liebt.«[27]

Die sogenannte »historisch-kritische« Methode (auch »*formgeschichtliche*« und »*redaktionsgeschichtliche*« genannt) der vom Bultmann-Schüler *Ernst Käsemann* begründeten und heute so gut wie ausnahmslos anerkannten neuen historischen Jesus-Forschung ist eine »indirekte« Methode mit zwei bedeutsamen, einerseits verschiedenen, andererseits einander bedingenden Ausgangspositionen.
Bei der ersten Ausgangsposition (Prinzip der »Cross-Sections«) verfährt man folgendermaßen: Man nimmt die zeitgenössische, nichtchristliche Geschichtsschreibung über die Verhältnisse, Ereignisse und Gestalten, die irgendeine Rolle gespielt haben in speziell der Zeit, die als Lebens- bzw. Wirkungszeit Jesu in Betracht kommt. Dann nimmt man die Evangelien, und zwar die

Stellen, in denen sie – wenn vielleicht auch nur ganz kurz und stichwortartig – diese von den nichtchristlichen Autoren beschriebenen Verhältnisse ebenfalls erwähnen. So ergibt sich die Möglichkeit, die im Neuen Testament enthaltenen »Nachrichten« zu kontrollieren.

Wenn man also die von nichtchristlichen Autoren stammenden gesicherten historischen Erkenntnisse wie ein Gitternetz über die Evangelien legt, kann man ziemlich genau feststellen, welche Beschreibung in dem Evangelienbericht auf historischer Wahrheit beruht und welche als legendär oder als Zweckbehauptung gelten muß. Hat der Evangelist einen konkreten und belegten historischen Vorgang wahrheitsgemäß beschrieben, dann besteht Grund zu der Annahme, daß die Erwähnung und Beschreibung Jesu in einer solchen konkreten Situation ebenfalls auf Wahrheit beruht. Denn wäre Jesus ein Phantom, dann hätte der Evangelist von ihm abstrakt und ohne Bezug auf eine konkrete Umwelt oder ein konkretes historisches Ereignis berichtet. Das Ganze wird um so glaubwürdiger, wenn das Ereignis einen ganz *neutralen* Charakter hat, also nicht als Plattform dafür verwendet werden kann, das Ansehen oder die Verehrungswürdigkeit Jesu zu vergrößern.

Ein weiteres Kriterium innerhalb dieser ersten Ausgangsposition ist die Frage, ob es in den Evangelien Aussagen über Jesus gibt, die weder Bestandteile eines allgemeinjüdischen Gedankengutes sind, noch der Glaubensvorstellung im Urchristentum entsprechen. Kann eine solche Feststellung im Einzelfall getroffen werden, so erlaubt dies den Rückschluß auf eine einigermaßen gesicherte Historizität.[28] Jesu Vorliebe für gutes Essen und Trinken, seine Gesellschaft mit Dirnen und Sündern, ja allein schon die Tatsache, daß er Umgang mit Frauen hatte, sind Beispiele hierfür.

Ebenso überzeugend und bei weitem ergiebiger ist – als Ergänzung und Weiterführung der ersten – die zweite Ausgangsposition, die von folgenden Prämissen ausgeht: Es gilt als gesichert, daß die Evangelisten (genauer gesagt: die Evangelisten und diejenigen kirchlichen Stellen, welche nachträglich redaktionelle Bewertungen in Form von Korrekturen und Ergänzungen vorgenommen haben) in ihren Werken zwei kardinale Zielsetzungen hatten:

Erstens soll Jesus als der von Gott gesandte, mit göttlicher Vollmacht und göttlicher Kraft zur Befähigung von Wundertaten ausgestattete Christus vorgestellt werden:

»Dieses aber ist geschrieben, daß ihr glaubet, Jesus sei Christus, der Sohn Gottes.« (Joh.20.31)

Zweitens soll bewiesen werden, daß sich durch Jesu Erscheinen genau das erfüllt hat, was von den Propheten verheißen war. Immer wieder heißt es bei Matthäus:

»Das aber ist alles geschehen, auf daß erfüllet werde, was der Herr durch den Propheten gesagt hat.«

Als drittes Anliegen kommt hinzu, Jesus in ständiger Auseinandersetzung mit dem jüdischen Pharisäertum zu schildern, insbesondere die Schuld an seinem Tode den Juden anzulasten und den Tatbeitrag der Römer abzuschwächen.

Alles nun, was in den Texten entweder von der vorausgesetzten göttlichen Vollmacht und göttlichen Kraft Jesu oder von der These abweicht, daß durch sein Erscheinen die prophetischen Verheißungen in Erfüllung gehen, gewinnt gerade dadurch an historischem Wahrscheinlichkeitsgehalt. Und ebenfalls indiziert wird die Historizität dort, wo in den Berichten auf einen Antagonismus zwischen Jesus und dem Judentum verzichtet wird oder gar ein klares Bekenntnis Jesu zum Judentum, womöglich noch verbunden mit einer romkritischen oder gar romfeindlichen Haltung, hervortritt. Oder – noch einen Schritt weiter – Jesu Hinrichtung am römischen Kreuz als ein von der jüdischen Bevölkerung beklagtes Ereignis erscheint. Dazu drei Beispiele:

1. Die Evangelien berichten übereinstimmend, daß Jesus von Johannes dem Täufer im Jordan getauft worden ist – ein Ereignis,

das historisch fast als ebenso gesichert angesehen werden kann wie das Faktum der Kreuzigung unter Pontius Pilatus in Jerusalem. Es handelt sich um eine sogenannte Bußtaufe, bei welcher diejenigen, die ihre Sünden bekennen, im Wasser untertauchen (für einen Moment symbolisch aus dem Leben scheiden), um durch diesen rituellen Akt die Sünden abzuwaschen, Umkehr zu geloben und fortan ein nur an der Gottesfurcht orientiertes Leben zu führen. Wenn Jesus nun aber der mit göttlicher Vollmacht ausgestattete Christus, ja sogar Gottes eingeborener Sohn war, dann hätte er einer Taufe nicht bedurft. Das Faktum, von Johannes getauft worden zu sein und sich diesem als Jünger angeschlossen zu haben, setzt logischerweise ein *Sündenbewußtsein* von seiten Jesu voraus. Das aber ist nicht geeignet, ihn in seiner Göttlichkeit zu demonstrieren. Offenbar konnte man diese Begebenheit nicht verbergen oder die Dinge gar so hinstellen, daß nicht Jesus von Johannes Vergebung der Sünden begehrt hätte, sondern umgekehrt Johannes von Jesus. Eine solche Darstellung dürfte deswegen nicht möglich gewesen sein, weil in der ersten Hälfte des nachchristlichen Jahrhunderts die Täufersekten sehr stark vertreten waren und sich in einer polemischen Auseinandersetzung mit den Jesusanhängern befanden[29], so daß ein Verschweigen der Taufe Jesu durch Johannes oder gar eine Umdrehung der Fakten leicht als eine Täuschung hätte entlarvt werden können. (Keinem Zweifel unterliegt es, daß die dem Täufer in Mt.3.11 und Joh.1.29-30 in den Mund gelegten Worte, wonach er nur der Vorläufer eines später kommenden Größeren sei, in ihrer Auslegung ausschließlich *Predigtcharakter* haben, offenbar auch aus der Notwendigkeit resultierend, aus der vertrackten Situation herauszukommen. Für Johannes den Täufer konnte derjenige, dessen Kommen angekündigt wird, selbstverständlich nur Gott selbst sein, nicht aber Jesus.) Nur schwer hat sich die Bußtaufe Jesu verarbeiten lassen, denn sie ist alles andere als geeignet, Jesus in seiner Göttlichkeit zu demonstrieren. Der Kirchenvater *Ignatius* verfiel daher auf die Idee, der Herr habe mit seiner Taufe das *Wasser heiligen* wollen – ein Argument, dem sich tausend Jahre später noch *Thomas von Aquin* anschloß.

2. In den Evangelien wird beschrieben, daß Jesu Leben und Wirken alles andere als erbaulich verlief. Nachdem er kaum begonnen hatte, sein Werk zu entfalten, ereilte ihn schon der Tod. Der Erfolg war mäßig. Von Ruhm konnte keine Rede sein. In seiner engeren Heimat wurde er verlacht, verstoßen und sogar für verrückt erklärt (Mk.3.21; Lk.4.28-29). Der gelegentlichen Zustimmung, die er erhielt, standen ständige Zweifel seiner Mitmenschen, Hader und Streit mit der Umwelt, Auseinandersetzungen mit den Jüngern gegenüber (Joh.6.60-66; 7.7). Resignation und Verlassenheit begleiten den gesamten Bericht.

Nicht nur der Verherrlichung Jesu laufen die vorgenannten beiden Beispiele strikt zuwider, sondern es gibt auch *keine Prophezeiung* im Alten Testament, derzufolge der Messias sich erst einmal einer Bußtaufe unterziehen und im übrigen ein glanzloses irdisches Leben führen werde.

3. Als drittes Beispiel sei der Umstand genannt, daß die Verkünder des Evangeliums freimütig den Tod Jesu am Kreuz schildern. Dies wird als der überzeugendste Beweis für die Historizität angesehen.

In den Augen und in der Beurteilung der Verkünder nämlich war der Tod am Kreuz nicht etwa ein ehrenvoller Märtyrertod. Im Gegenteil, ein solcher Tod mußte als ein *Skandalon ersten Ranges* empfunden werden, als das Schändlichste, was dem Messias widerfahren konnte. Wäre Jesus gesteinigt worden wie die anderen Märtyrer oder enthauptet wie Johannes der Täufer, dann wäre alles viel leichter zu ertragen gewesen. Die Kreuzigung aber ist aus der zeitgenössischen Betrachtung heraus eine in höchstem Maße ehrenrührige Todesstrafe.

»Verflucht ist, wer am Holze hängt!« (Dtn.21.23)

Moses hat dabei natürlich nicht an eine Kreuzigung durch Römer oder andere Besatzungstruppen (etwa Perser oder Griechen), die diese spezielle Hinrichtungsart anwandten, gedacht. Der Fluch bezog sich ursprünglich auf gesteinigte Gotteslästerer oder erdrosselte Verbrecher sonstiger Art, deren Leichen man zur allgemeinen Abschreckung an einem Balken aufhängte. In ihrer unerschütterlichen Treue zum geschriebenen Wort und einer daraus resultierenden Denkungsart übertrugen die Juden Fluch und zusätzliche Demütigung auf solche Menschen, die zwecks Hinrichtung ans Kreuz gebunden oder genagelt wurden. Die Schändung des Delinquenten wurde noch durch die häufig mit der Kreuzigung einhergehende Grabverweigerung verschärft, so daß die Gekreuzigten den streunenden Hunden, Hyänen oder Bären und Raubvögeln zum Fraß dienten.

Für die ganze antike Welt war die Kreuzesstrafe eine anstößige Sache. Sie blieb – aus römischer Sicht – die Hinrichtungsart der Barbaren, ungeachtet der Tatsache, daß gerade die Römer sie in großem Umfang anwandten. Mit der eigentlichen Henkersarbeit wurden Sklaven und Söldner betraut.

Auch die Opfer dieser »barbarischen« Hinrichtungsart waren zumeist Sklaven oder die Angehörigen der unteren Bevölkerungsschichten unterworfener Völker. Eine sensationelle Ausnahme war es, wenn die Römer jemanden kreuzigten, der selbst römischer Bürger war.

Der römische Historiker *Sueton* berichtet über seinen solchen Fall:[30] Der Statthalter von Spanien, Galba, hatte einen ungetreuen Vormund zum Kreuzestode verurteilt, weil dieser aus Habgier seinem Mündel Gift gegeben hatte. Der Verurteilte berief sich auf sein römisches Bürgerrecht, woraufhin ihn Galba an ein besonders hohes und weiß bemaltes Kreuz heften ließ. (Notabene: Man wird sich die Kreuze nicht so hoch vorstellen dürfen, wie sie auf Bildern der Golgatha-Szene meistens dargestellt werden. Die Kreuze waren etwa mannshoch, die Füße der Gekreuzigten waren nur wenige Zentimeter vom Erdboden entfernt.) Ein anderes Beispiel ist das des Statthalters von Sizilien, Gaius Verres, der einen römischen Bürger an der sizilianischen Küste mit dem Blick aufs italische Festland kreuzigen ließ, um ihm die Nutzlosigkeit seines römischen Bürgerrechts drastisch vor Augen zu führen.[31] In den

Provinzen hatte der jeweilige Statthalter die freie Verfügungsgewalt, gegen Räuber und Aufrührer mit der Kreuzesstrafe vorzugehen.

Der Heidelberger evangelische Neutestamentler *Martin Hengel* schreibt (S. 155f., 163):

»Der Strafvollzug gegen Aufrührer und Gewalttäter hatte ausgesprochen militärischen Charakter ... Ein angeblicher Gottessohn, der sich in höchster Todesnot nicht selbst helfen konnte (Mk.15.31), der vielmehr die Nachfolge im Kreuztragen verlangte, war für die unteren Schichten schwerlich eine Attraktion.«

Am meisten betroffen aber sind die Jünger gewesen. Aus Schock, Panik oder Furcht heraus hatten sie bei der Verhaftung ihres Meisters *alle* die Flucht ergriffen. Und dann erreicht sie die Kunde, daß derjenige, von dem sie noch vor wenigen Tagen gehofft hatten, er würde Israel erlösen, das Kreuz bestiegen hatte.

Willibald Bösen (S. 54):

»Das Loch, in das die Kreuzigung die Jünger stürzt, ist bodenlos ... Wie kann der Gekreuzigte der Messias sein? Seit wann stirbt der davidische Retter am römischen Schandpfahl?«

Paulus ist es dann gewesen, der mit seiner Theologie gewissermaßen aus der Not eine Tugend machte. Es ist natürlich nicht anzunehmen, daß ein so überaus gebildeter und die Zusammenhänge erkennender jüdischer Theologe wie Paulus nicht erkannt haben sollte, daß Jesus von Nazareth als *Unschuldiger* am Kreuz hingerichtet worden war. Eher ist ein theologischer Schachzug zu vermuten. Da man das Christentum im römisch-hellenistischen Raum verkündet, also in Bevölkerungskreisen, in deren Augen ein Gekreuzigter nun wirklich nichts anderes ist als ein gemeiner Verbrecher, stimmt man einer solchen Betrachtung – scheinbar – zu. Man beruft sich sogar auf Moses, demzufolge ein Gekreuzigter ein »vor Gott Verfluchter« ist, um dann um so wirkungsvoller im Sinne *der eigenen Theologie* zu argumentieren: Jesus hat durch den »schändlichen« Kreuzigungstod das auf Gottes Willen zurückzuführende, letztlich aber freiwillig dargebrachte Sühneopfer, den Fluch der ganzen Welt auf sich genommen und ist damit auch zum Erlöser der Heiden geworden, also derjenigen, an die Paulus und seine Nachfolger ihre Botschaft in erster Linie richteten. Mit anderen Worten: Auch Paulus (Gal.5.11) geht zwar von dem Fluch des Kreuzes, dem Schandmal des Galgens aus – bekanntester Ausspruch:

»Den Juden ein Ärgernis, den Heiden eine Torheit.« (1.Kor. 1.23)

Dieser Fluch aber, den Jesus auf sich nahm, so argumentiert Paulus, ist es, der die Menschen – jedenfalls soweit sie seiner Theologie folgen! – vom Fluch Gottes befreit hat, so daß gerade ganz speziell durch den erlittenen Kreuzigungstod Christus als Erlöser erscheint:

»Christus hat uns vom Fluch des Gesetzes freigekauft, indem er für uns zum Fluch geworden ist; denn es steht in der Schrift: Verflucht ist jeder, der am Pfahl hängt. Jesus Christus hat uns frei gemacht, damit den Heiden durch ihn der Segen Abrahams zuteil wird und wir so aufgrund des Glaubens den verheißenen Geist empfangen.« (Gal.3.13-14)

Demselben Gedankengang folgt der Johannes-Evangelist. Auch für ihn ist die »Stunde der Kreuzigung« zugleich die der »Erhöhung« und »Verherrlichung« (Joh.3.14; 8.28; 13.31f; 17.1, 5). Und im Hebräerbrief (12.2) heißt es, Jesus habe »angesichts der vor ihm liegenden Freude das Kreuz auf sich genommen, ohne auf die Schande zu achten«.

»Credo quia absurdum.«
»Ich glaube – *gerade deshalb* –, weil es widersinnig ist.«)

Tertullian formulierte es so:

»crucifixus est dei filius; non pudet, quia pudendum est.«[32]
(»Gekreuzigt wurde der Gottessohn; das ist keine Schande,
weil es eine ist.«)

Die »*Theologie des Kreuzes*«(theologia crucis) faßt *Uta Ranke-Heinemann* mit folgenden Worten zusammen (S. 328, 335):

»Die Menschheit insgesamt wird gemäß der christlichen
Vorstellung durch Blut erlöst, denn auch Gott steht auf Blut.
Es ist Gottes eigener Sohn, der sterben muß, in diesem Fall
stellvertretend sühnend für die Sünder, damit diese von allem
Bösen erlöst werden ... Evangelische und katholische Christen, in vielem uneins, sind in der Bedeutung des Blutes für
die Erlösung in unerbittlicher Blutsbrüderschaft verbündet.
Auf diese Hinrichtung legen sie Wert, auf sie wollen sie nicht
verzichten. Erlösung der Menschheit ohne Blut ist nach
ihnen nicht möglich.«[33]

Wenn man einmal darüber nachdenkt, ist es eine im Grunde doch
recht befremdliche Sache, ausgerechnet einen *Galgen* zu verherr-
lichen. Wir haben uns eben daran gewöhnt, denken nicht weiter
darüber nach. Für die christliche Urkirche war es zunächst aber
noch undenkbar, das Kreuz als ein Symbol des neuen Glaubens
aufzunehmen.

Selbst der erzkonservative Jesuit *Josef Blinzler* schreibt in seinem
Standardwerk »*Der Prozeß Jesu*« (S. 405 f.):

»Was die Gemeinde wirklich beunruhigte, war die Tatsache, daß der von ihnen als Messias und Gottessohn Verehrte den Fluchtod am Verbrechergalgen gefunden hatte.«

Das Symbol der jungen Christengemeinde war der Fisch – ein Hinweis auf den Anfang: die Fischer und der See Genezareth. Daneben hatte der Fisch die Bedeutung eines Geheimzeichens: Wenn man nämlich die Anfangsbuchstaben der griechischen Version der Wörter »Jesus Christus Gottes Sohn Retter« zu einem Wort zusammenfaßt, dann entsteht das griechische Wort für »Fisch«. Vom 2. Jahrhundert an dominierte das Lamm – im Sinne des Opferlamms – als Symbol. Nur zaghaft fand das Kreuz Eingang in die Liturgie, und zwar erst, nachdem durch Kaiser Konstantin die Kreuzigung als Exekutionsart längst abgeschafft war. Ab dem 5. Jahrhundert erfolgten Darstellungen Jesu am Kreuz, aber man scheute sich noch immer, ihn als den »Gekreuzigten« wiederzugeben. Vielmehr stand er auf einem kleinen Podest am Kreuz, die Augen offen, die Arme gleichsam segnend ausgebreitet, das Haupt von der Sonnenscheibe umgeben – ein mystisches Zeichen für die Erlösernatur. Einen toten Jesus am Kreuz gibt es in der christlichen Kunst erst seit dem 8. Jahrhundert.

Im Kreuz manifestiert sich für die historische Jesus-Forschung ein dreifacher Indizienbeweis. Erstens: Das Schandmal war nicht geeignet, der Verherrlichung zu dienen. Zweitens: Es gibt keine Prophezeiung, wonach der Messias gekreuzigt werden wird.[34] Drittens: Das Kreuz beweist, daß Jesus nicht von den Juden getötet wurde, sondern als *Patriot* am römischen Marterpfahl starb.

Von weiterem aufschlußreichen Indizwert für die Historizität Jesu sind die kleinen Denkfehler, die den Verkündern unterlaufen sind, die Nachlässigkeiten und Versehen, die Ungenauigkeiten und Ungereimtheiten bei der redaktionellen Bearbeitung. Wenn zum Beispiel Jesus als der Messias vorgestellt wird, so ist dabei die Tatsache übersehen worden, daß der Messias nur für Israel Bedeutung haben kann, daß dieser eine nationale Figur des Judentums ist, die zu dem christologischen Bestreben, Jesus von den »Fesseln des Judentums« zu befreien und ihn als Erlöser der ganzen Menschheit darzustellen, in unüberbrückbarem Widerspruch steht.[35] Noch gravierender ist ein anderes Beispiel: Für Jesus stand unverbrüchlich fest, daß die Endzeit gekommen war und daß er, die Jünger und das ganze Volk Israel den Anbruch der Gottesherrschaft – die *Parusie* – erleben würden. In diesem Punkt hat Jesus sich aber zweifellos geirrt, und humorvolle Theologen sprechen gelegentlich von der »Parusie-Verzögerung«. Es überrascht, daß die kirchliche Zensur diesen kardinalen Irrtum Jesu, der noch dazu auf einem Eckpfeiler seiner Lehre beruht, nicht kaschiert hat. Einige dogmatische Theologen sind nicht bereit, diesen Irrtum Jesu einzuräumen. Sie greifen zurück auf die Vertröstung, die der 2. Petrus-Brief (3.8-13) gibt, der seinerseits Bezug nimmt auf den bekannten Psalm 90.4, wonach beim Herrn ein Tag wie tausend Jahre und tausend Jahre wie ein Tag sind.

Hingegen schreibt *Küng* (S. 208):

»Irren ist menschlich, und wenn Jesus wahrhaft Mensch war, konnte er auch irren.«

Glücklicherweise haben also Paulus und nach ihm eine umfassende kirchliche Zensur den historischen Untergrund nicht komplett zudecken können, obwohl beide sich zum Ziel gesetzt hatten, alle Konturen zu verwischen, die der Verherrlichung des Auferstandenen im Wege stehen könnten. So ist hinter der Übermalung doch immerhin ein kleiner Rest biographischen Materials erhalten geblieben, durch das die Person Jesu in einigen Umrissen sichtbar wird.

4. Kapitel
Wie, wann und wo geboren

Geboren von einer Jungfrau?

Eine Erzählung über Jesu Abstammung und die Umstände seiner Geburt gibt es nur bei Matthäus und Lukas. An exponierter Stelle, jeweils am Anfang dieser beiden Evangelien (Mt.1.18 ff.; Lk.1.26 ff.), wird von der Zeugung durch den Heiligen Geist berichtet und Maria als Jungfrau vorgestellt. Dagegen wissen die Evangelisten Markus und Johannes sowie der Apostel Paulus nichts von einer Jungfrauengeburt. Wahrscheinlich war der Bericht von der Jungfraucngeburt auch bei Matthäus und Lukas nicht von Anfang an enthalten, sondern ist ein späterer Nachtrag. Bemerkenswert ist immerhin, daß in der bekannten Weihnachtsgeschichte des Lukas-Evangeliums mit keinem Wort von der Jungfräulichkeit Marias die Rede ist:

»… auf daß er sich schätzen ließe mit Maria, seinem vertrauten Weibe, die war schwanger.« (Lk.2.5)

(Notabene: In der 1980 bei Herder erschienenen Einheitsübersetzung der Bibel ist nicht von »seinem vertrauten Weibe«, sondern von »seiner Verlobten« die Rede. Beide Übersetzungen sind aufgrund der Textvarianten möglich. Ranke-Heinemann, S. 47: »Zwar nicht praktisch, aber rechtlich galt eine Verlobung als Ehe. Die Verlobte war bereits die Frau des Mannes. Starb der Mann vor der Heimführung, war sie bereits seine Witwe.«)
An zahlreichen anderen Stellen des Lukas-Evangeliums wird ein

ganz natürliches Eltern-Kind-Verhältnis vor Augen geführt. Es waren »seine Eltern«, die das Kind Jesus in den Tempel brachten (Lk.2.27) und jedes Jahr zum Passahfest nach Jerusalem zogen (Lk.2.41). »Sein Vater und seine Mutter« staunten über die Worte, die über Jesus gesagt wurden (Lk.2.33). Nur Matthäus (1.23) geht ein Quentchen näher auf die Jungfräulichkeit ein. Er glaubt, darin einen Schriftbeweis zu erblicken, nämlich daß sich eine Prophezeiung Jesajas erfüllt habe:

»Siehe, eine ›Jungfrau‹ wird schwanger sein und einen Sohn gebären.« (Jes.7.14)

Das Jesaja-Wort läßt sich mit der Geburt Jesu indes nicht in Einklang bringen. Denn hier prophezeit Jesaja dem König Ahas, daß seine Gemahlin ihm einen Thronerben (den späteren König Hiskia) gebären werde – ein Ereignis, das zum Zeitpunkt der Geburt Jesu etwa siebenhundert Jahre zurücklag. Jesaja spricht auch nicht von einer »Jungfrau« (was die Ehefrau des Ahas ohnehin nicht mehr war), sondern von einer »jungen Frau«, womit er eben die jungvermählte Königin meint.

Matthäus lagen die Schriften der Propheten in griechischer Übersetzung vor; der hebräische Urtext wurde bei der allgemeinen Lektüre nicht mehr benutzt. Im hebräischen Text aber war von einer »alma« die Rede, was »junge Frau« bedeutet. Durch die bei Qumran gefundenen Schriftrollen, unter denen sich eine vollständige Ausgabe des hebräischen Jesaja-Textes befindet, ist dies nochmals in aller Eindeutigkeit bestätigt worden. Durch einen Übersetzungsfehler wurde in der Septuaginta[1] das Wort »parthenos« gewählt, und das ist (so wie dann auch der lateinische Ausdruck »virgo«) das Wort für »Jungfrau«. Hätte der Prophet eine Jungfrau gemeint, dann wäre das hebräische Wort dafür nicht »alma«, sondern »betulla«. Möglicherweise ist Matthäus einem schlichten Irrtum erlegen; wahrscheinlicher ist, daß ihm der Übersetzungsfehler in der Septuaginta gelegen kam und er ihn bewußt übernommen hat.

Den Aposteln der Urgemeinde war die Geschichte von der Jungfrau noch unbekannt. Paulus, der historisch älteste Autor im Neuen Testament, verliert deshalb kein Wort über eine wundersame, übernatürliche Geburt; statt dessen schreibt er lapidar:

»Geboren von einem Weibe«. (Gal.4.4)

Auch Markus, der älteste Evangelist, erwähnt bemerkenswerterweise nichts von einer Jungfrauengeburt. Er geht vielmehr als ganz selbstverständlich von einer natürlichen Geburt aus. So fragen die Leute, als Jesus erstmals in der heimatlichen Synagoge den Gottesdienst leitet:

»Ist das nicht der Zimmermann, Marias Sohn?« (Mk.6.3)

Überraschenderweise ist dieser Markus-Text sogar von Johannes übernommen worden, also von dem Evangelisten, der sonst so sehr darauf bedacht ist, Jesus nicht als Menschen, sondern als gottähnliches Wesen darzustellen:

»Und sie sagten: Ist das nicht Jesus, der Sohn Josephs, dessen Vater und Mutter wir kennen? … Jesus sagte zu ihnen: Murrt nicht!« (Joh.6.42-43)

Wenn nun also eine sensationelle und einmalige Begebenheit wie die Geburt durch eine Jungfrau sogar von der Mehrzahl der Verkünder des Evangeliums nicht erwähnt bzw. sogar in Abrede gestellt wird, wenn ferner, um dies gleich anzufügen, Jesus selbst nicht ein einziges Mal von sich behauptet hat, er sei der Sohn einer Jungfrau, dann läßt dies nur eine einzige Schlußfolgerung zu: Die Jungfrauengeburt ist *Legende*. Dies ist jetzt auch die herrschende Meinung jedenfalls unter denjenigen Theologen, die sich nicht als blind vor wissenschaftlichen Erkenntnissen zeigen.
Besonders interessant ist, worauf *Uta Ranke-Heinemann* (S. 46) hinweist: daß möglicherweise sogar der Vorsitzende der katholi-

schen Glaubenskongregation, Kardinal *Joseph Ratzinger*, Zweifel an der Historizität der Jungfrauengeburt hat. Für den katholischen Glauben jedenfalls ist auch Ratzinger zufolge die Jungfrauengeburt unerheblich. Da steht dieser Theologe, den man gemeinhin als katholischen Hardliner einstuft, durchaus im Verbund mit *Hans Küng*, der die nicht enden wollende Diskussion in folgende Worte faßt:

»Die Gottessohnschaft Jesu beruht nach katholischem Glauben nicht darauf, daß Jesus keinen menschlichen Vater hatte; die Lehre vom Gottsein Jesu würde nicht angetastet, wenn Jesus aus einer normalen menschlichen Ehe hervorgegangen wäre. Denn die Gottessohnschaft, von der der Glaube spricht, ist kein biologisches, sondern ein ontologisches Faktum; kein Vorgang in der Zeit, sondern in Gottes Ewigkeit.«[2]

Küng wiederholt hier mit etwas breiter ausgelegten Worten das, was er in seinem Buch »Christ sein« kurz und bündig auf die Formel gebracht hat (S. 466):

»Jesu Gottessohnschaft hängt nicht an der Jungfrauengeburt ... Geburt aus Gott und menschliche Erzeugung machen sich keine Konkurrenz.«

Wann der Glaube an die Jungfräulichkeit erstmals aufgekommen ist, läßt sich heute nicht mehr genau festlegen. In der Apostelgeschichte (Apg.1.14) wird von Maria lediglich berichtet, daß sie sich den Jesusanhängern angeschlossen habe; sie hat in der Gemeinde eine nur unbedeutende Rolle gespielt. Die These von ihrer Jungfräulichkeit wäre Männern wie etwa Jakobus oder Petrus als ein schlechter Witz erschienen.

Andererseits hatte der Glaube an die Jungfrauengeburt aber offenbar doch schon eine gewisse Bedeutung, bevor später der eigentliche Marienkult einsetzte. Für eine solche Annahme spricht der Umstand, daß es – Israel allerdings gerade ausgenommen[3] –

durchaus dem damaligen Zeitgeist entsprach, derartige Thesen aufzustellen. Die Geburt eines mit göttlichen Eigenschaften ausgestatteten Menschen mit einer Jungfrau in Verbindung zu bringen, war ein in der ganzen Antike verbreiteter Brauch; göttliche Abstammungen wurden großzügig verteilt. In der ägyptischen Mythologie wird der Pharao wunderbar gezeugt, und in der griechischen Mythologie gehen die Götter mit Menschentöchtern »heilige Ehen« ein, aus denen dann Göttersöhne wie Perseus und Herakles hervorgehen. Herakles war der Sohn einer sterblichen Frau und des Gottes Jupiter, der sie in Gestalt ihres Gatten Amphitryon schwängerte.

Hans Schwabe (S. 37) weist darauf hin, daß sich in der indischen Mythologie eine Geburtslegende um den Erlöser »Krishna« findet, die mit der des christlichen Jesus fast übereinstimmt. Auch dort erfolgte eine Verkündung an die Jungfrau Yasoda bei der Inkarnation des Gottes Vischnu. Auch dort ist die Anbetung durch die Hirten beschrieben und auch die Verfolgung der Neugeborenen durch den Radscha, der alle in dieser Nacht geborenen Knaben töten ließ.

Auf die frappierendste Parallele macht *Pinchas Lapide* aufmerksam (Flüchtlingskind S. 69 f.):

> »Es kann wohl kaum ein blinder Zufall sein, daß z. B. Mithras, der ›Heiland‹ und Sonnengott der Römer, nach dem der erste Tag der christlichen Woche noch immer Sonntag heißt, von einer Jungfrau in einer Krippe ausgerechnet am 25. Dezember geboren und von Hirten gehuldigt wurde, der Welt den Frieden versprach, nur um später gekreuzigt zu werden, zu Ostern aufzuerstehen und letztlich in den Himmel zu fahren, um nur die auffallendsten Ähnlichkeiten mit dem Christus der griechischen Evangelien zu erwähnen.«

Der Jungfrauenglaube ist also nichts spezifisch Christliches.[4] Schließlich hatte es auch über Alexander den Großen geheißen, er sei in Wirklichkeit nicht der leibliche Sohn des Makedonierkönigs Philipp II. gewesen, sondern von Zeus durch einen Blitzstrahl gezeugt worden. Warum also nicht für Jesus etwas Ähnliches proklamieren, um seine außerordentliche Stellung und Legitimation zu untermauern?

Der Marienkult selbst kam unter dem Kirchenlehrer *Eusebius* und Kaiser *Konstantin* auf, als sich das Christentum in Rom zur Staatsreligion hin entwickelte und sich auf Staatsebene das Bedürfnis ergab, dem im hellenistisch-römischen Raum vorherrschenden heidnischen Isis-Kult etwas Gleichartiges entgegenzusetzen. Natürlich konnte man nicht gut nur die Witwe eines Zimmermannes präsentieren. Vielmehr: An die Stelle der Mutter-Göttin Isis trat die Mutter-Göttin Maria. Die Isis-Tempel wurden umgewandelt in Marienkirchen. Aber auch Tempel der Ceres, Minerva und Venus wurden Maria geweiht, nachdem dieser auch Eigenschaften jener Göttinnen zugeschrieben worden waren.

Von einer in der Apostelgeschichte nur ganz untergeordnet erwähnten Frau unter den Jesusanhängern der urchristlichen Gemeinde, von dem schlichten »Weib, das Jesus gebar«, wie Paulus sie nennt,[5] über »Jesu Mutter«, wie der Johannes-Evangelist sie distanziert bezeichnet, wurde Maria im Laufe der Kirchengeschichte ab dem 4. Jahrhundert (nochmals verstärkt im Zuge der Gegenreformation) von einem menschlichen Wesen in ein *Himmelswesen* umgewandelt, das man anbeten konnte wie eine antike Göttin.

1854 verkündete *Pius IX.* das Dogma von der *»Unbefleckten Empfängnis«*, demzufolge Maria nun sogar ihrerseits als »unbefleckt« empfangen galt. Marias Eltern sollen Joachim und Anna geheißen haben; das aber steht nur in einem apokryphen Evangelium, nämlich dem Protevangelium des Jakobus, welches von der katholischen Kirche aber durchaus wohlgelitten ist. Ausführungen darüber, auf welche Weise Maria »unbefleckt« empfangen wurde, gibt es nicht. Bekannt ist nur die Folge einer solchen Empfängnis: Der Betroffene bleibt von derjenigen Sünde bewahrt, welcher wir sonstigen Menschenkinder, die wir »befleckt« empfangen wurden, verfallen sind, nämlich von der »Erbsünde«. Folge der Erbsünde wiederum ist unsere menschliche Sterblichkeit. Maria ist kraft des Dogmas von der unbefleckten Empfängnis also kein sterbliches Wesen. Im Jahre 1964 konnte *Kardinal Wyszynski* bei Paul VI. durchsetzen, daß der Papst (übrigens gegen den Willen des Konzils!) Maria zur »*Mater Ecclesiae*« erklärte. Maria, die »Mutter Gottes« und »Himmelskönigin«, wurde damit formell an die Spitze der Kirche gestellt – ein Wandel »*vom Christentum zum Marientum*«, wie man überspitzt formulieren könnte. Viele Katholiken haben zu Maria ein weit innigeres Verhältnis als zum auferstandenen Christus. Maria ist für sie die große katholische Göttin.

Soweit schon vor Beginn des Marienkults die vermeintliche Jungfräulichkeit glaubensmäßig überhaupt eine Rolle spielte – im Anschluß an Matthäus und Lukas war es der Kirchenvater *Ignatius von Antiochia*, der erstmals wieder die Jungfrauengeburt erwähnte – wurde natürlich nur im matthäisch-lukanischem Sinne geglaubt: Allein bedeutsam war die Empfängnis des Sohnes Jesus, des künftigen Messias (*virginitas ante partum*). Hierauf beschränkt sich in Mt.1.20 die Aussage des Engels. Und auch in den folgenden Versen (Mt.1.24-25), in welchen berichtet wird, daß Joseph den Auftrag des Engels erfüllt, indem er Maria nicht verstößt, sondern als seine Frau zu sich nimmt, ist die Rede davon, daß Joseph von geschlechtsintimen Beziehungen zu Maria nur während der Schwangerschaft Abstand nimmt: »*Er ›erkannte‹ sie aber nicht*«, wie Luther schamhaft übersetzt, »*bis sie ihren ersten Sohn gebar.*« Danach hat er sie also offenbar doch »erkannt«, mit der Folge, daß aus dieser Ehe noch weitere Kinder hervorgingen, wovon Markus (Mk.6.3) und Matthäus (Mt.13.55-56) berichten. Und auch in der Weihnachtsgeschichte des Lukas-Evangeliums (Lk.2.7) heißt es: »*Sie gebar ihren ersten Sohn*« – was doch wohl logischerweise impliziert, daß es nach dem ersten Sohn noch weitere Kinder gab.[6]

Joseph erscheint auf früheren Abbildungen jung und frisch und ohne Bart. Erst der Marienkult brachte es mit sich, daß Joseph gänzlich auf die Seite geschoben und ihm die demütigende Rolle eines

»Nährvaters« (»*pater putativus*«, wie er in der lateinischen Kirchensprache heißt) auferlegt wurde. Auf den Bildern erscheint er nun mit Bart, als gütiger, alter und offenbar zeugungsunfähiger Mann, der die sprichwörtliche »*Josefsehe*« führt. Eine echte Schande für einen Mann in der damaligen Zeit, in der die männliche Zeugungsfähigkeit einen überaus hohen Stellenwert hatte, man ein Kind nur als das Produkt des väterlichen Samens ansah, während die Mutter in diesem Sinn nur der Acker war, auf dem der Samen aufging.[7]

Der ehemalige Dominikanermönch *Hans Conrad Zander* spottet derb (S. 91):

»So groß wie die Verehrung ›aller Geschlechter‹ für Maria, so groß ist das Gelächter aller Völker über den heiligen Joseph. Unter sämtlichen Vaterfiguren der Kulturgeschichte ist er der schwächste. So schwach, daß ihm kein Mensch seine Vaterschaft glaubt.«

Bei Markus wird Jesus schlicht als »Marias Sohn« vorgestellt, was damals eine feststehende Formel für eine nichteheliche Geburt war. Vom Vater Joseph ist nirgendwo die Rede. Markus führt, von der fehlenden Figur des Vaters abgesehen, eine recht normale Familiensituation vor: Jesus hat noch vier Brüder und mehrere Schwestern. Als er in der heimatlichen Synagoge predigt, mokieren sich die Leute:

»Ist er nicht der Zimmermann, Marias Sohn, und der Bruder des Jakobus und Joses und Judas und Simon? Sind nicht auch seine Schwestern allhier bei uns?« (Mk.6.3)

Lapide (Flüchtlingskind, S. 22):

»Auf Anhieb fällt hier auf, daß alle fünf gute jüdische Bibelnamen sind, ohne den geringsten hellenistischen Einfluß, wie er etwa bei Philippus, Andreas oder Nikodemus zu finden ist.«

Einer der Brüder heißt also Judas. Schwer vorstellbar, daß man Jesu Bruder ausgerechnet unter dem Namen Judas vorstellt, wenn dieser Bruder nicht tatsächlich existiert hätte. In Anbetracht des klaren Berichts über Jesu Geschwister darf angenommen werden, daß Jesu Mutter in ihren ersten Ehejahren viele Kinder gebar, womit sie durch ihre Fruchtbarkeit dem Gebot von Gen.1.28 Rechnung trug.

Jedenfalls ist rational nicht nachvollziehbar, wenn von mancher Seite noch immer behauptet wird, Maria habe nur dieses *eine* Kind Jesus gehabt. Solche Behauptungen sind Auswüchse des Kults um Maria, die man als so geschlechtslos wie nur möglich hinstellen möchte. Die Brüder und Schwestern, die Jesus gehabt hat, werden in Cousins und Cousinen oder sonstige Familienangehörige im weiteren Sinne verwandelt.[8] Es wird darauf verwiesen, in der hebräischen Sprache würde nicht zwischen Brüdern, Vettern und Halbgeschwistern unterschieden. Das ist falsch. Cousin heißt auf hebräisch »ach«, Bruder heißt »dod«. Die Evangelisten haben aber nicht hebräisch, sondern griechisch geschrieben. In dieser Sprache wird ebenfalls zwischen Bruder (»adelphós«) und Cousin (»anepsiós«) unterschieden. Das von den Evangelisten verwendete Wort »adelphós« kann jedenfalls nur den leiblichen Bruder bezeichnen.

Rudolf Pesch (Markus-Evangelium, S. 324):

> »Unvoreingenommene Exegese erlaubt nur die Feststellung, daß in Mk.6.3 die Namen von vier leiblichen Brüdern Jesu und die Existenz von leiblichen Schwestern historisch bezeugt sind.«

Es sind viele Erklärungsversuche unternommen worden, warum Markus den Vater Jesu mit keinem Wort erwähnt – ein Umstand, der in Anbetracht der starken Stellung des Vaters in der jüdischen Familie in der Tat auffallend ist. Sowohl der katholische Theologe *Adolf Kolping* (S. 316) als auch der evangelische Theologe *Ethelbert Stauffer* (S. 23) halten es für denkbar, daß die Formulierung in

Mk.6.3 »diffamierend« gemeint sei. Stauffer vermutet, daß »allerlei Klatschgeschichten über Maria« von der Jerusalemer Täufersekte, also den Anhängern Johannes des Täufers, stammen, die darauf hinausliefen, Jesus stamme aus einer »unzüchtigen Verbindung«. In der Tat wird von manchen Autoren aus der Textstelle Mk.6.3 ein sehr weitreichender Schluß gezogen: Zu einer dauerhaften Verbindung zwischen Maria und Joseph sei es nie gekommen. Vielmehr habe Joseph seine Verlobte verstoßen, nachdem er gemerkt hatte, daß sie schwanger war, und Maria ihm keine plausible Erklärung für ihre Schwangerschaft gegeben hatte. Jesus sei also unehelich geboren.

>»Wir sind nicht unehelich geboren!« (Joh.8.41)

halten Jesu Gesprächspartner ihm im Johannes-Evangelium anzüglich entgegen. Auch im Matthäus-Evangelium findet die These von der unehelichen Geburt eine gewisse Stütze:

>»Als Maria, seine Mutter, dem Joseph vertraut war, fand sich's, ehe er sie heimholte, daß sie schwanger war von dem Heiligen Geist. Joseph aber, ihr Mann, war fromm und wollte sie nicht in Schande bringen, gedachte aber, sie heimlich zu verlassen.« (Mt.1.18-19)

Noch quälender wird Josephs Situation in zwei apokryphen Evangelien, dem Protevangelium des Jakobus und dem sogenannten Pseudo-Matthäus-Evangelium, geschildert. Joseph möchte sterben, als er erfährt, daß Maria ohne sein Zutun schwanger ist. Ihren Beteuerungen

>»Rein bin ich und weiß von einem Manne nichts«

kann er keinen Glauben schenken. Freundinnen der Maria, die bei der Szene zufällig anwesend sind, greifen vermittelnd ein und bestätigen, daß es nicht Untreue war, sondern daß Gott durch den

Engel gewirkt habe. Der arme Joseph aber mag solchen hergeholten Erklärungen nicht glauben:

>Warum verspottet ihr mich und wollt mich glauben machen, daß ein Engel des Herrn sie geschwängert habe? Aber es kann sein, daß sich jemand für den Engel des Herrn ausgegeben und sie betrogen hat.«[9]

Nach ihrer Verstoßung, so wird gefolgert, habe Maria dann später einen anderen Mann geheiratet, von dem sie die übrigen Kinder bekommen habe.

Dies alles sind natürlich Spekulationen. Ebensogut könnte die Nichterwähnung des Vaters anläßlich der ersten Predigt Jesu auch darauf zurückzuführen sein, daß Joseph zu diesem Zeitpunkt schon lange verstorben war und die Leute keine Erinnerung mehr an ihn hatten. Daß es aber überhaupt zu Spekulationen dieser Art gekommen ist, beruht letztlich auf der ins Matthäus- und Lukas-Evangelium hineingeschriebenen, von den Kirchenvätern verbreiteten und schließlich zum Dogma erhobenen Annahme, Jesus sei nicht auf natürliche Weise, sondern durch eine Jungfrauengeburt zur Welt gekommen.

Die ganze Verkrampfung um das hier in Rede stehende Thema rührt daher, daß die katholischen Bischöfe, an ihrer Spitze Papst Johannes Paul II., aber auch weite Teile des sogenannten gläubigen Kirchenvolks, es noch immer eisern als eine für den Glauben unverzichtbare Maxime halten, daß – entgegen allen wissenschaftlichen Erkenntnissen – Jesus von einer Jungfrau geboren worden ist. Dort herrscht, wie *Ranke-Heinemann* (S. 53) es formuliert, eine *»gynäkologische Klapperstorchtheologie«*.

Im aktuellen katholischen »Kirchenlexikon« von *Wetzer* und *Welte* kann man folgende Sätze lesen:

>Der ganze Schwerpunkt des Christenglaubens ruht auf der Tatsache, daß Maria als Jungfrau empfangen und geboren

hat, durch Einwirkung des heiligen Geistes befruchtet. Alles, was weiter von der Entsündigung und Befreiung unseres Geschlechtes durch das Blut Jesu Christi ›als des unbefleckten Lammes‹ gelehrt und geglaubt wird, stützt sich auf dieses Faktum.«[10]

Für einen denkenden Menschen sind solche Sätze eine wahre Zumutung! Überdies soll man allen Ernstes glauben, Maria habe sich angesichts ihrer Schwangerschaft ihrem Verlobten gegenüber in Schweigen gehüllt, obwohl sie diesen damit schier zur Verzweiflung gebracht hat.

Hans Schwabe, Arzt und somit »Laie«, hat in seinem 1989 erschienenen Jesus-Büchlein »Was ist Wahrheit?« die treffenden Worte parat (S. 42 f.):

»Erst jetzt greift endlich klärend ein ›Engel‹ ein. Er erscheint dem Joseph aber nur im Traum und ermahnt ihn, keine Zweifel an Maria zu haben, die Schwangerschaft sei wirklich göttlichen Ursprungs … Hier muß man sich natürlich sofort die Frage stellen, woher denn Matthäus das überhaupt gewußt haben kann? Wer vermittelte ihm fast 70 Jahre später die Erzählung eines Traumes? Selbst wenn Joseph darüber zu anderen gesprochen haben sollte, was sehr unwahrscheinlich ist, so lebte doch zu der Zeit, da die Evangelisten ihre Berichte niederschrieben, niemand mehr aus jenen Jahren, da die Verkündigung an Maria erfolgte.«

Ihre mariologische Überbetonung hat der christlichen Lehre von Anfang an Schmähungen eingebracht. Im Talmud, einer Kommentar- und Protokollsammlung zu den verschiedenen Lehrmeinungen, wird über eine rabbinische Diskussion berichtet, die etwa im Jahre 95 stattgefunden hat. Jesus wird darin als »Narr« bezeichnet; seine Mutter »Miriam, die Frauenhaarflechterin«[11], war ihrem Manne untreu, ihr Buhle hieß *Pandera*.

Der italienische Historiker und Jesus-Forscher *Marcello Craveri* schreibt dazu (S. 27 f.):

»Man hat sich die Mühe gemacht, den möglichen Wahrheitsgehalt dieser Talmud-Überlieferung zu prüfen. In Bingerbrück (Deutschland) wurde angeblich der Grabstein eines aus dem phönizischen Sidon stammenden Soldaten des römischen Heeres namens Tiberius Julius Panther gefunden, der zu einer Kohorte gehörte, die bis zum Jahre 9 n. Chr. in Palästina in Garnison gelegen hat. Immerhin war die Autorität des Talmud so beträchtlich, daß selbst die Kirchenväter lange Zeit hindurch das Gefühl verspürten, die Beziehung dieses unbequemen Individuums zu Jesus irgendwie zu klären ... Anstatt ganz einfach anzuerkennen, daß die gesamte Überlieferung über die Geburt Jesu Legende ist und daß nie ein Schatten ehelicher Untreue den Lebensbund zwischen Joseph und Maria getrübt hat, gehen diese Kritiker von dem Ehebruch des Mädchens aus und mühen sich ab, nicht selten unter Zuhilfenahme von gemeinen, tendenziösen Unterstellungen, Beleidigungen und törichten Schmähungen, den hierfür Verantwortlichen ausfindig zu machen.«[12]

Von dem in der Antike verbreiteten Aberglauben, die Geburt bestimmter Menschen mit einer Jungfrau in Verbindung zu bringen, machte gerade Israel eine Ausnahme.[13] Auch der erwartete Messias wird auf ganz natürliche Weise geboren werden. Die Jüdin Maria konnte da nicht anders denken. Deswegen erhob Maria ja auch gegen die Verkündigung des Engels, sie werde einen Sohn gebären, den Einwand, daß sie mit keinem Mann Geschlechtsverkehr gehabt habe:

»Wie soll das zugehen, sintemal ich von keinem Manne weiß?« (Lk.1.34)

Gut katholisch ist es eigentlich nicht, was Maria da zum Engel gesagt haben soll, nämlich daß nach ihrer Auffassung Empfängnis und intimer Verkehr mit einem Mann unabdingbar zusammengehören – unbeschadet der Tatsache, daß das aus diesem Umgang entstehende Kind göttlichen Ursprungs sein kann. Und noch etwas verwundert: Wieso spricht Maria, die Verlobte des Joseph, nicht davon, daß sie mit ihrem *Verlobten* und *künftigen Ehemann* keinen Geschlechtsverkehr gehabt hat, was doch wohl in der Situation nicht nur ein naheliegender, sondern nach herrschender Moralauffassung der einzig in Frage kommende Hinweis gewesen wäre? Ihre Bemerkung, sie habe »mit keinem Manne« Geschlechtsverkehr gehabt, suggeriert, daß für sie außer ihrem Joseph durchaus auch andere Männer in Betracht gezogen werden könnten.[14] Für eine harte Reaktion des Joseph könnte man bei einer solchen Einstellung wohl Verständnis haben, jedenfalls dann, wenn er es seinerseits mit der Treue genau genommen haben sollte.

Natürlich hat es den im Evangelium geschilderten Dialog zwischen Engel und Maria in Wirklichkeit nicht gegeben; vielmehr handelt es sich hier um die literarische Ausgestaltung gleich mehrerer dem Alten Testament entnommener Geschichten (vgl. Gen. 17.19; Ri. 13.3 ff.). Auch dort sind es Prophezeiungen, denen zufolge Frauen schwanger werden, die an eine Schwangerschaft nicht geglaubt haben. Auch bei jenen alttestamentlichen Frauen kommt die Schwangerschaft nur durch die Mitwirkung des heiligen Geistes zustande – von einer Jungfrauengeburt freilich ist, da ein solches Denken im Judentum nicht existiert, nirgendwo die Rede.

Dreihundert Jahre lang hatte sich die Kirche desinteressiert gezeigt, wie sich das Geschlechtsleben Marias im weiteren Verlauf ihrer Ehe gestaltet hatte.[15] Erst im Zuge der sich abzeichnenden Marienverehrung und des aufkommenden Marienkults kam die eigentliche Diskussion um die Frage der Jungfräulichkeit auf. Kirchenlehrer wie *Tertullian* oder *Ambrosius* hatten über Begriffe wie »*vulva reservata*« und »*uterus clausus*« ernsthaft gestritten.[16] Bei »vulva reservata« war immer noch die Annahme möglich, daß Maria zu einem späteren Zeitpunkt geschlechtsintime Beziehungen aufgenommen und weitere Kinder zur Welt gebracht hat.

Dann aber dringt die mariologische Betrachtungsweise vom »uterus clausus« durch. Jetzt konstatierte man, daß Maria ihre Jungfräulichkeit niemals eingebüßt habe, sie ist die »immerwährende Jungfrau« (»*semper virgo*«). Beschlossen und verkündet, zum Dogma erklärt auf dem Laterankonzil im Jahre 649: Es hat niemals geschlechtliche Beziehungen bei Maria gegeben, folglich auch keine weiteren Kinder. Schon die Kirchenväter mochten nicht glauben, was sie denken, sondern sie dachten, was sie glauben mochten. (Etwa achthundert Jahre später nannte dann die Heilige Inquisition einen ihrer Folterapparate »Eiserne Jungfrau« oder »Schmerzensreiche Gottesmutter«. Es handelte sich um eine in Frauenform gegossene hohe Gestalt aus Eisen, in die der Ketzerei verdächtige Personen hineinsteigen mußten und von spitzen eisernen Dornen gestochen oder zu Tode gepreßt wurden.)

Die Diskussion der Kirchenväter und das auf dem Laterankonzil verkündete Dogma stellen einen nicht zu überbietenden Kontrast dar zum Sittenverständnis der Zeit, in welcher Maria gelebt hat. Für eine orientalische Jüdin waren Heirat und Verlust der Jungfräulichkeit ein ebenso erstrebenswertes Ziel wie die Fruchtbarkeit. Geschlechtliche Enthaltsamkeit ist eine Erfindung der Kirche, und diese Erfindung entsprach der Interessenlage des römischen Kaisertums im 4. Jahrhundert: Menschen mögen sich paaren, eine Göttin tut so etwas nicht.

Geburtstag und -jahr

Der Tag von Jesu Geburt ist unbekannt. Wir haben den 25. Dezember (bzw. die Nacht zum 25. Dezember) als Geburtstag im kirchlichen Kalender. Daß die Festlegung auf diesen Tag willkürlich ist, wird von niemandem in Abrede gestellt. Der Geburtstag Jesu wird überhaupt erst seit dem 4. Jahrhundert gefeiert, seither gibt es »Weihnachten«. Dreihundert Jahre lang wurde das Evangelium ohne diesen Feiertag verkündet. Jahrhundertelang war danach der 25. Dezember auch der Jahresbeginn; aus praktischen

Gründen wählte man später den ersten Tag des folgenden Monats. Mit Daten allerdings ging man bis hin ins 16. Jahrhundert sowieso nicht sonderlich sorgfältig um. Häufig ging man davon aus, daß das Jahr Ostern beginnt, und so einigte man sich auf den 25. März als den ersten Tag des Jahres. Für Ereignisse, die in die Monate Januar, Februar und März fallen, läßt sich das Jahr daher oft nicht bestimmen. Mitunter wurde der Jahresbeginn auch ab der Thronbesteigung des regierenden Monarchen oder des Papstes bestimmt. Für zusätzliche Verwirrung sorgte der religiöse Kalender, demzufolge ein bestimmtes Ereignis nicht nach dem Monatsdatum, sondern beispielsweise mit »drei Tage vor der Geburt der Jungfrau« oder mit »dem dritten Sonntag der Fastenzeit« bestimmt wurde.

Der 25. Dezember hat ironischerweise keine christliche, sondern eine heidnische Vorgeschichte. Dieses Datum war als Tag des »unbesiegten Sonnengottes« festgelegt und – zur Wiederbelebung der erschlaffenden Gott-Kaiser-Idee[17] – im 3. Jahrhundert als Reichsfeiertag eingeführt worden. Kaiser Konstantin machte, nachdem er sich mit dem Christentum verbunden hatte, diesen heidnischen Feiertag zum Feiertag der Christen, zum Geburtstag des Erlösers: Weihnachten.

(Klammerbemerkung: Auch der »Sonntag« verrät in der deutschen und englischen Sprache seine Abkunft vom Sonnengott. Freilich gab es bei den Römern nicht einen bestimmten Wochentag, der als Ruhetag eingerichtet und respektiert war. Der eine Tag in der Woche, an dem jede Arbeit ruhen sollte, ist ausschließlich jüdischen Ursprungs, entnommen der Schöpfungsgeschichte der hebräischen Bibel. Christen und Mohammedaner haben ihn übernommen. Während der Kreuzzüge z. B. hat es – bei aller Barbarei namentlich in den Ritterheeren – Phasen gegeben, in denen der Krieg jeweils nur von Montag bis Donnerstag geführt wurde. Man achtete den Feiertag des Gegners: den moslemischen Freitag, den jüdischen Samstag und den christlichen Sonntag.)

Die Ostkirche führte ebenfalls den Geburtstag Jesu als Festtag ein. Dort wird Weihnachten freilich am 6. Januar gefeiert. Auf dieses

Geburtstagsdatum kam die Ostkirche auf eigenartige Weise. In Anlehnung an Lk.3.23, wo es heißt, Jesus sei »ungefähr« dreißig Jahre alt gewesen, als er zu wirken begann, ging man davon aus, daß Jesus *genau* dreißig Jahre alt war, als er starb, und zwar gerechnet vom Tage der Empfängnis. Als Todestag nahm man den 6. April an. Indem man neun Monate Schwangerschaft hinzurechnete, kam man auf den 6. Januar.

Als Quirinius Statthalter in Syrien war

Was nun das *Jahr* der Geburt anbetrifft, stehen wir vor der etwas bedauerlichen Tatsache, daß es reiner Zufall wäre, wenn Jesus in dem Jahr geboren wäre, welches – nachdem im 6. Jahrhundert der römische Mönch *Dionysius* die Zeit nach den Jahren ab Christi Geburt gerechnet hatte – kalendermäßig als das Geburtsjahr Jesu erscheint. Er könnte ein paar Jahre nach der Zeitrechnung geboren sein, wahrscheinlicher noch ist, daß er ein paar Jahre davor geboren wurde. (Im Streit der Gelehrten, unter Einschluß derjenigen, die eine extreme Position einnehmen, gibt es allerdings eine Zeitspanne von 21 Jahren, und zwar zwischen 12 v. Chr. und 9 n. Chr.[18]) Bei Lukas 1.5 ist die Rede von »der Zeit des Herodes, des Königs in Judäa«, in welcher Jesus geboren sein soll. Dieser *König Herodes* ist nachgewiesenermaßen im Jahre 4 vor der Zeitrechnung gestorben. Andererseits soll wiederum dem Lukas-Evangelium zufolge Jesus in dem Jahre geboren worden sein, als Kaiser Augustus eine Volkszählung in Palästina angeordnet hatte. Dies soll gewesen sein, als *Quirinius* Statthalter (Provinzgouverneur) in Syrien war.

»Es begab sich aber zu der Zeit, daß ein Gebot von dem Kaiser Augustus ausging, daß alle Welt geschätzt würde. Und diese Schätzung war die allererste und geschah zu der Zeit, da Cyrenius Landpfleger in Syrien war. Und jedermann ging, daß er sich schätzen ließ, ein jeglicher in seine Stadt. Da machte sich auch auf Joseph aus Galiläa, aus der Stadt Nazareth, in das jüdische Land zur Stadt Davids, die da heißt Bethlehem, darum daß er von dem Hause und Geschlechte Davids war, auf daß er sich schätzen ließe mit Maria, seinem vertrauten Weibe, die war schwanger.« (Lk.2.1-4)

Cyrenius ist identisch mit dem in mehreren historischen Quellen belegten Quirinius, Nachfolger des *Quintilius Varus*, welcher im Jahre 9 n. Chr. (vermutlich im Teutoburger Wald) eine vernichtende Niederlage durch *Armin den Cherusker* erlitt.

Exkurs: Bis zum Tode des Königs Herodes des Großen (4 v. Chr.) war ganz Palästina von diesem regiert worden. Gemeint ist das Land, welches im Alten Testament mit »Kanaan« bezeichnet wird. Dieses Land »Palästina« zu nennen, hat sich zur Kennzeichnung im allgemeinen Sprachgebrauch eingebürgert. Offiziell heißt das Land erst seit Kaiser Hadrian Palästina, nachdem der Bar-Kochba-Aufstand niedergeschlagen war und nun auch sprachlich jede Beziehung zu Israel ausgelöscht werden sollte. Jerusalem wurde in Aelia Capitolina umbenannt und hieß so bis Kaiser Konstantin. Sprachlich leitet sich »Palästina« von »Philisterland« her. Die griechischen Seefahrer übertrugen in ihren Sprachgebrauch den Namen des von den Philistern bewohnten Küstenstreifens auf das ganze Land. In israelitischer Zeit sprach man vorwiegend vom »Land Juda«, so benannt nach der Südprovinz Judäa. Seltener war die Bezeichnung »Israel« oder »Heiliges Land«.

Herodes war ein römischer Vasall, doch genoß das Land unter ihm volle Selbstverwaltung. Nach dem Tode des Herodes wurde das Land unter einigen seiner Söhne aufgeteilt, die den Titel »Tetrarchen« (»Vierfürsten« = Herrscher über den vierten Teil eines Landes) erhielten. Den Nordosten, also das Quellgebiet des Jordan, das Gebiet der Golan-Höhen mit dem überragenden Berg Hermon, bekam Philippus. Galiläa, Perea und ein Stück ostjordanischen Gebietes einschließlich des Toten Meeres und der Stadt Jericho erhielt Herodes Antipas. Samaria und Judäa einschließlich der Hauptstadt Jerusalem erbte Archelaos. Während Archelaos als grausam, Herodes Antipas als verschlagen beurteilt wurde, galt Philippus als gütiger und gerechter Herrscher. Im Jahre 6 wurde Archelaos von den Römern abgesetzt, sein Gebiet wurde der römischen Provinz Syrien zugeschlagen.

Der römische Provinzgouverneur entstammte dem senatorischen Stand. Er trug den Titel *»Legatus Augusti«* und residierte in Damaskus. Er war der unmittelbare Vorgesetzte des Prokurators von Judäa, mit dem Sitz in *Caesarea Maritima.* Während der Provinzgouverneur über reguläre Legionstruppen verfügte, mit denen er nach eigenem Ermessen jederzeit eingreifen konnte, wenn die politische Lage es erforderte, standen dem Prokurator nur Auxiliartruppen zur Verfügung, bestehend aus einer halben Legion (dreitausend Mann). Davon waren vier Kohorten (eine Kohorte zählt sechshundert Mann, den zehnten Teil einer Legion) in Caesarea Maritima stationiert, und eine Kohorte bildete die Besatzung der Burg Antonia in Jerusalem. An der Spitze einer jeden Kohorte steht ein Tribun (*Chiliarchos*); die Unterführer haben die Bezeichnung *»Centurio«.*

Judäa hatte einen Status besonderer Art, sozusagen den eines eigenen Regierungsbezirks, was schon rein äußerlich dadurch zum Ausdruck kam, daß der oberste römische Verwaltungsbeamte, der Prokurator, dem Ritterstand entstammen mußte und somit einem Prokonsul vergleichbar war. Der erste, im Jahre 6 vom Gouverneur Quirinius eingesetzte Prokurator war *Coponius.* Der Prokurator *Pilatus* wurde im Jahre 26 eingesetzt. Er unterstand dem Gouverneur *Vitellius.* Dieser hat im Jahre 36 die Abberufung des Pilatus durch Kaiser *Tiberius* veranlaßt.

Wahrscheinlich kam der Titel *»Procurator Augusti«* erst unter Kaiser *Claudius* auf. Im Jahre 1961 wurde in Caesarea eine Steinplatte gefunden, auf welcher Pontius Pilatus als *»Praefectus Judaeae«* bezeichnet wird. Im Jahre 41, nach der Ermordung Caligulas, wurde Claudius Kaiser. Dieser war ein Schulkamerad von *Agrippa I.,* eines Enkels Herodes des Großen. Agrippa gelang es, bei Claudius die Aufhebung der Prokuratur durchzusetzen, so daß ganz Palästina unter seiner Führung wieder den Status eines

(Vasallen-)Königreichs erhielt. Doch schon im Jahre 44, nach Agrippas Tod, führte Claudius die Prokuratur in Judäa wieder ein.

Zurück zur Volkszählung unter Cyrenius/Quirinius. Dieser hatte tatsächlich eine Volkszählung durchführen lassen – aber nicht in Galiläa, dem Gebiet des Tetrarchen Herodes Antipas, sondern in dem Rom unmittelbar unterstellten Judäa. Darüber gibt es bei Flavius Josephus mehrere eindeutige historische Belege. Es war die einzige Volkszählung, die in jener Zeit durchgeführt wurde. Lukas berichtet, »diese Schätzung war die allererste«. Sie fand im Jahre 6 und 7 n. Chr. statt. Sinn und Zweck einer solchen Volkszählung konnten nur darin bestehen, daß die Bewohner von den römischen Behörden erfaßt und registriert wurden, um entsprechende Steuern erheben zu können. Man wollte die Einwohnerschaft der Ortschaften und die Einkommensverhältnisse ihrer Bewohner erfassen. Natürlich sollte sich niemand auf den Weg irgendwohin machen, im Gegenteil, man sollte zu Hause bleiben, um sich dort registrieren zu lassen. Und daß Joseph aus Galiläa, somit als von der angeordneten Volkszählung »Nichtbetroffener«, sich unter Mitnahme seines Esels und seiner hochschwangeren (unmittelbar vor der Entbindung stehenden) Frau von Nazareth auf steinigen, im Winter (Regenzeit) sogar teilweise unpassierbaren, im übrigen von Räuberbanden umlauerten Wegen in etwa einwöchigem Marsch nach Bethlehem begeben habe (Höhenunterschied des letzten Stückes zwischen Jericho und Zielort Bethlehem etwa eintausend Meter), um sich dort, wo er keinerlei Besitz hatte, schätzen zu lassen, ist eine Geschichte, die an Absurdität ihresgleichen sucht. Im übrigen hätte Joseph, wäre die Erzählung wahr, als ein besonders rücksichtsloser, gegenüber dem Leben von Frau und Kind total verantwortungsloser Familienvater in die Geschichtschronik eingehen müssen.

Die lukanische Erzählung rankt sich um eine Begebenheit, die in ihrem tatsächlichen Geschehen ganz anders aussah: In derselben Zeit, in der auf kaiserliche Anordnung in Judäa eine Volkszählung durchgeführt wurde, gingen die römischen Behörden unter *Copo-*

nius in Galiläa besonders rücksichtslos gegen die Bevölkerung vor, um Steuern einzutreiben (»*Großer Zensus*«). Hierbei bedienten sie sich vorwiegend jüdischer Hilfskräfte, der sogenannten »*Zöllner*«. Unter der Führung des *Judas von Gamala* kam es dabei zu einem zelotischen Aufstand. Dieser Aufstand wurde von den Truppen des römischen Befehlshabers in Syrien niedergeschlagen. Eine große Anzahl galiläischer Ortschaften wurde zerstört, zweitausend Anhänger des Judas von Gamala – er selbst konnte fliehen[19] – endeten am Kreuz. Gehörte womöglich Jesu Vater Joseph zu den frommen Freischärlern, die den Legionären bei ihrer Verfolgungsjagd in die Hände fielen und dann gekreuzigt wurden? Lapide (Ein Flüchtlingskind, S. 21) hält das für nicht unwahrscheinlich, könnte es doch der Grund dafür sein, warum Joseph im Evangelium noch während Jesu Kindheit spurlos verschwindet: Sein Schicksal mußte um jeden Preis totgeschwiegen werden, um nicht Jesus wegen seiner nächsten Verwandtschaft in das Umfeld zelotischer Aufstände zu bringen.

Nun wird zwar im allgemeinen nicht angenommen, daß Jesus im Jahre 6 oder 7 nach der Zeitrechnung geboren sei, denn das würde bedeuten, daß er erst etwa 24 Jahre alt gewesen wäre, als er gekreuzigt wurde. Aber man wird in der besagten Schilderung dennoch einen Bezug zur Person des historischen Jesus erkennen: Als Lukas sein Evangelium schrieb, lag die Geburt Jesu schon beinahe hundert Jahre zurück, und er wird die von Quirinius durchgeführte Volkszählung, in dessen Verlauf es zu einem großen zelotischen Aufstand gekommen war, nur als einen vagen Anhaltspunkt genommen haben, um darzulegen, wann ungefähr Jesus geboren worden war – so wie er andererseits die gleichzeitige Schwangerschaft der Mutter Jesu und der Mutter Johannes des Täufers in die Regierungszeit Herodes des Großen legt (Lk.1.1-25), nicht bedenkend, daß zwischen dem Tod des Herodes und der Volkszählung unter Quirinius eine Zeitspanne von immerhin zehn Jahren liegt.

Der Kindermord des Königs Herodes

Als weiterer Anhaltspunkt für das Geburtsjahr könnte der im Matthäus-Evangelium beschriebene *Kindermord des Herodes* dienen. Dies würde voraussetzen, daß Jesus spätestens im Jahre 4 v. Chr. – dem Todesjahr von Herodes – geboren wurde.

»Als Jesus zur Zeit des Königs Herodes in Bethlehem in Judäa geboren worden war, kamen Sterndeuter aus dem Osten nach Jerusalem und fragten: Wo ist der neugeborene König der Juden? Wir haben seinen Stern aufgehen sehen und sind gekommen, um ihm zu huldigen. Als König Herodes das hörte, erschrak er und mit ihm ganz Jerusalem.« (Mt.2.1-3)

Es wird berichtet, daß Herodes daraufhin alle Knäblein in Bethlehem (vorsorglich bis zum Alter von zwei Jahren) niedermetzeln ließ und daß die Heilige Familie sich den Häschern nur durch eine Flucht nach Ägypten hatte entziehen können. Ermöglicht wurde diese Flucht dadurch, daß derselbe Engel des Herrn, der knapp ein Jahr zuvor Maria im Traum erschienen war, um sie von ihrer Schwangerschaft zu unterrichten, nunmehr Joseph im Traum erschien und ihn vor dem geplanten Mordanschlag des Königs Herodes warnte, woraufhin sich Joseph entschloß, mit der Familie zu fliehen. (Leider ohne die Eltern anderer Bethlehemer Kleinkinder über sein Wissen zu informieren, damit möglichst viele Kinder hätten in Sicherheit gebracht werden können.)
Die Geschichte von der Flucht nach Ägypten muß ins Reich der Legende verwiesen werden. Als eindeutige Vorlage für die geschilderte Kinder-Verfolgung durch Herodes dient dem Evangelisten die ihm bekannte Verfolgung israelitischer Kinder durch den ägyptischen Pharao, in dessen Verlauf Moses (Ex.1.22; 2.5 ff.) auf wundersame Weise gerettet worden sein soll.
Im Rückgriff auf die Schriften des Alten Testaments soll der Kindermord von Bethlehem Erfüllung des Propheten Jeremia sein:

»So spricht der Herr: Man hört Klagegeschrei und bitteres
Weinen in Rama: Rahel weint über ihre Kinder und will sich
nicht trösten lassen über ihre Kinder; denn es ist aus mit
ihnen.« (Jer.31.15)

Aber was, so fragt man sich, hat Rama mit Bethlehem zu tun, und
welchen Bezug hat das Schicksal von Rahels Kindern zu dem
angeblich von Herodes veranstalteten Massenmord an kleinen
Jungen in Bethlehem?
Von einem Massenmord an Kindern, den Herodes in Bethlehem
veranstaltet haben soll, ist historisch nichts bekannt. Ein solches
Ereignis aber wäre mit Sicherheit von der damaligen Geschichts-
schreibung festgehalten worden, insbesondere von Flavius Josephus, welcher sehr detailliert über Herodes und seine Untaten
berichtet. Auch fällt auf, daß von einem derartig sensationellen
Ereignis, bei dem Jesus nur durch ein Wunder dem Tode entron-
nen wäre, außer Matthäus kein anderer Evangelist berichtet, auch
Lukas nicht, der einzige, der noch etwas Wert darauf legt, von den
Kindheits- und Jugendjahren Jesu zu berichten.
Allerdings wäre Herodes, der – obwohl mit außergewöhnlichen
Fähigkeiten ausgestattet – als skrupelloser Bösewicht in die Geschichte eingegangen ist, eine Mordaktion wie der beschriebene
Bethlehemer Kindermord durchaus zuzutrauen. Herodes hat zwei
seiner Ehefrauen und drei seiner Kinder hinrichten lassen. Von Kai-
ser Augustus ist der Satz überliefert, er möchte »lieber Schwein als
Kind im Hause des Herodes« sein – was freilich gleichzeitig eine
Anspielung darauf sein dürfte, daß die Juden aus religiösen Gründen kein Schweinefleisch essen, so daß Herodes also mehr Skrupel
hätte, ein Schwein zu schlachten als einen Menschen.
Seine Söhne Alexander und Aristobulos ließ Herodes im Jahr 7 v.
Chr. erdrosseln, nachdem er einen von diesen inszenierten Aufstand rechtzeitig aufgedeckt hatte. Es wäre denkbar, daß speziell
diese Tat als »Kindermord« in die Erinnerung des Volkes eingegangen war und daß die Legende später von einem »Massenmord« an Kindern sprach, nachdem Herodes im Zusammenhang

mit der Hinrichtung seiner Söhne auch noch dreihundert ihrer (meist jugendlichen) Anhänger durch den Pöbel in Jericho hatte lynchen lassen. Wenn Herodes also eine Rolle in bezug auf das Geburtsjahr Jesu zukommt, dann bietet das Jahr 7 v. Chr. einen gewissen Anhaltspunkt. Im Hinblick auf das Todesjahr von Herodes könnte Jesus dann aber nicht später als vier Jahre vor der Zeitrechnung geboren sein.

Der Stern von Bethlehem

Auch der bei Matthäus erwähnte »*Stern von Bethlehem*« wird bei der Ermittlung des Geburtsjahres zu Rate gezogen. Tatsächlich hat es in jener Zeit eine sehr auffallende Sternkonstellation gegeben. Dieses Phänomen ist schon von dem Astronomen *Johannes Kepler* (1571–1635) untersucht worden: Etwa alle 800 Jahre tritt eine Konstellation auf, in welcher im Sternbild der Fische die Planeten Jupiter und Saturn in demselben Längengrad erscheinen (»*Conjunctio Magna*«) und sich dadurch dem Beobachter wie ein einziger großer und leuchtender Stern darstellen. Eine solche Konjunktion hat Kepler für das Jahr 7 vor der Zeitrechnung bestimmt, die Richtigkeit wurde von der modernen Wissenschaft bestätigt.

Der Stern hat natürlich nicht über Bethlehem gestanden oder gar über einem bestimmten Gebäude, etwa einem Stall. Man kann aber davon ausgehen, daß diese Sternkonjunktion gerade im Mittelmeerraum und im Vorderen Orient besonders gut sichtbar war und die Menschen dort sehr beeindruckt hat. Der Matthäus-Evangelist, der die Geburt Jesu mit der Sternkonjunktion zusammenfallen läßt, ist offenbar mit Leuten zusammengetroffen, die, obwohl sie selbst keine Augenzeugen mehr sein konnten, von dem Ereignis noch immer berichteten.

Sollte nun das Geburtsjahr Jesu in das Jahr jener Sternkonjunktion fallen, dann wäre Jesus im Jahre 7 vor der Zeitrechnung geboren. Insoweit ergäbe sich eine Übereinstimmung mit dem Datum des sogenannten Kindermordes. Das würde bedeuten, daß Jesus etwa 37 Jahre alt geworden ist.

Datierung nach Lukas 3.23

Eine weitere Zeitangabe, die einen Anhaltspunkt für das Geburtsjahr Jesu geben könnte, ist ein Hinweis bei Lukas

>Jesus war, als er zu wirken anfing, ungefähr dreißig Jahre alt.« (Lk.3.23)

Angefangen zu wirken hat Jesus, nachdem er von Johannes dem Täufer getauft worden war. Dem Bericht des Lukas-Evangelisten zufolge (Lk.3.1) hat Johannes im fünfzehnten Jahr der Regierungszeit des Kaisers Tiberius getauft, das wäre im Jahre 28/29. Wenn Jesus da dreißig Jahre alt war, dann wäre er im Jahre 2 oder 1 vor der Zeitrechnung geboren.

Nun sagt allerdings Lukas, Jesus sei »ungefähr« dreißig Jahre alt gewesen, als er anfing, öffentlich aufzutreten. Eine präzise Berechnung ist daher nicht möglich, zumal Lukas und die anderen synoptischen Evangelien übereinstimmend berichten, daß Jesus seine Mission nicht sofort nach der Taufe begonnen habe, sondern erst nach der Gefangennahme des Täufers durch Herodes Antipas, die im Jahre 29 erfolgte. Auch weiß man nicht, wie Lukas zu seiner Datierung gekommen ist.

Geburtsort

Der Geburtsort ist ebenso unsicher wie das Geburtsjahr. Von den Kanzeln wird verkündet, namentlich an Weihnachten, Jesus sei in *Bethlehem* geboren, einer kleinen, aber bekannten Ortschaft in Judäa. Vorherrschend allerdings ist die Meinung, er sei in *Nazareth* geboren – allein schon deswegen, weil er »*Jesus von Nazareth*«

heißt und damit ja nicht etwa eine adlige Abstammung gemeint ist. Paulus und Markus, die beiden ältesten Autoren im Neuen Testament, haben von Bethlehem als Geburtsort Jesu nichts gehört. Nur Matthäus und Lukas nehmen – wenn auch mit ganz unterschiedlicher und nicht miteinander in Einklang zu bringender Schilderung der Umstände der Geburt – Bethlehem als Geburtsort an. Johannes hat zwar von Bethlehem als Geburtsort wahrscheinlich etwas gehört, denn als sein Evangelium entstand, lagen die Berichte von Matthäus und Lukas vor; er hat Bethlehem aber nicht übernommen.[20] Der im Neuen Testament überwiegenden Nichterwähnung von Bethlehem kommt insofern besondere Bedeutung zu, als das judäische Bethlehem natürlich eine bei weitem bessere Adresse für die Verkündigung des auferstandenen Christus wäre als eine Ortschaft in Galiläa. Der Prophet Jesaja (8.23) spricht voller Verachtung von dem »*Galiläa der Heiden*«[21], und Nazareth wäre obendrein sozusagen der letzte Winkel in Galiläa. Ein galiläischer Fischer, der als Jünger geworben werden soll, fragt unverblümt:

»Was kann von Nazareth Gutes kommen?« (Joh.1.46)

Und als auf dem Laubhüttenfest in Jerusalem einige Leute behaupten, Jesus sei der Messias, rufen andere empört:

»Soll der Christus aus Galiläa kommen? Sagt nicht die Schrift: aus dem Geschlecht Davids und aus dem Ort Bethlehem, wo David war, soll der Christus kommen?« (Joh.7.41-43)

Für Paulus, Markus und Johannes ist es ganz selbstverständlich, daß Jesus nicht aus der zentralen Provinz Judäa, sondern aus der Nordostprovinz Galiläa stammt (z. B. Mk.1.9; Joh.1.45): Er war von der Abstammung her Galiläer, er ist in Galiläa zur Welt gekommen, und er hat – abgesehen von der Taufe, die er im heutigen Westjordanien empfangen hat, und abgesehen von seinem Einzug in Jerusalem, wo er dann verhaftet und hingerichtet wurde – ausschließlich in Galiläa gewirkt. Auch seine Gefolgsleute waren Galiläer.

Der Grund, warum Matthäus (dasselbe gilt für Lukas) Bethlehem, die Stadt Davids, als Geburtsort angibt, liegt klar auf der Hand: Bethlehem ist die von den Propheten vorgegebene Stadt, in welcher der Messias dereinst geboren wird. Der »Herzog« (Messias), der in Bethlehem geboren wird, mußte ein Abkömmling des Königshauses David sein.

Kolping (S. 314):

»Die Verschiedenheit der einzelnen Geburtsumstände bei Matthäus und Lukas scheint darauf hinzuweisen, daß dort Bethlehem nicht aus historischem Wissen, sondern aus dogmatischen Gründen steht.«

Matthäus bezieht sich auf den Propheten Micha und gibt damit ganz unverhüllt den Grund an, warum er Jesus in Bethlehem zur Welt kommen läßt:

»Denn also steht geschrieben durch den Propheten: Und du Bethlehem im jüdischen Lande bist mitnichten die kleinste unter den Fürsten Juda's; denn aus dir soll mir kommen der Herzog, der über mein Volk Israel ein Herr sei.« (Mt.2.6)

Ein kleiner Schönheitsfehler allerdings bleibt: Der Prophet Micha erwähnt nicht das wohlbekannte Bethlehem, 15 Kilometer südwestlich von Jerusalem, sondern spricht von »Bethlehem-Ephrata«, einer kleinen Ortschaft in der Nähe von Rama, nordwestlich von Jerusalem gelegen:

»Aber du, Bethlehem-Ephrata, so klein unter den Gauen Judas, aus dir wird mir einer hervorgehen, der über Israel herrschen soll.« (Mich.5.1)

Matthäus geht davon aus, daß Jesu Eltern schon immer in Bethlehem gewohnt haben. Folgerichtig wird Jesus auch nicht in einem Stall, sondern in einem Haus geboren (Mt.2.11). Er kommt also in seinem *Elternhaus* zur Welt. Über die ersten Kindheitswochen schreibt Matthäus nichts, nur daß man in Bethlehem wegen der geplanten Mordaktion des Herodes nicht wohnen bleiben kann, weshalb die Flucht nach Ägypten angetreten wird.

Obgleich nach der Schilderung im Matthäus-Evangelium sich dies alles unmittelbar nach der Geburt Jesu und im Zusammenhang mit der Anbetung des neugeborenen Kindes durch die Weisen aus dem Morgenland (welche Herodes – ungewollt – auf die Fährte des Kindes gebracht haben sollen, weil sie dem Stern gefolgt seien, der über Bethlehem geleuchtet habe) abgespielt hat, setzen manche Theologen, in Anlehnung an ein apokryphes Evangelium (»*Pseudo-Matthäus*«), den Besuch der Weisen aus dem Morgenland und damit auch die Mordaktion des Herodes zwei Jahre später an, weil sie eine Übereinstimmung mit der Behauptung des Matthäus-Evangelisten herbeiführen wollen, wonach Herodes alle kleinen Jungen töten ließ,

»bis zum Alter von zwei Jahren, genau der Zeit entsprechend, die er von den Weisen erfahren hatte«. (Mt.2.16)

Dies würde also bedeuten, daß Jesus die ersten beiden Lebensjahre in Bethlehem verbracht hätte. Die kirchlichen Bilddarstellungen, wonach die Heiligen Drei Könige das noch in der Krippe liegende Jesuskind anbeten, geben also keinen Reim. Kein gesundes Kleinkind liegt zwei Jahre lang in einer *Krippe*, und kein verantwortungsbewußter Familienvater mutet seiner Familie einen zweijährigen Stallaufenthalt zu. Der eigentliche Fehler liegt allerdings darin, daß diese Bilddarstellungen die (nicht miteinander zu vereinbarenden) Berichte von Lukas und Matthäus miteinander vermengen: Bei Matthäus gibt es die Weisen aus dem Morgenland, aber keinen Stall; bei Lukas gibt es einen Stall, aber keine Weisen aus dem Morgenland.

Jedenfalls: Laut Matthäus-Evangelium flieht die Familie nach Ägypten, und wenn man von dort eines Tages nach Israel zurückkehrt, dann haben sich gleich zwei Prophezeiungen auf einmal erfüllt – genauer gesagt: vermeintlich erfüllt:

»Du hast einen Weinstock aus Ägypten geholt und hast vertrieben die Heiden und denselben gepflanzt.« (Ps.80.9)

»Aus Ägypten habe ich meinen Sohn gerufen.« (Hos.11.1)

Tatsächlich kehrt Matthäus zufolge die Heilige Familie von Ägypten nach Judäa zurück, nachdem bekanntgeworden ist, daß Herodes gestorben sei. Dort angekommen, erfahren sie aber, daß Archelaos, ein Sohn des Herodes, inzwischen Nachfolger seines Vaters geworden ist. Vor dem fürchten sie sich ebenfalls, und deswegen ziehen sie nach Galiläa. Da herrscht inzwischen zwar auch ein Sohn des Herodes, nämlich Herodes Antipas, aber in ihm sehen sie offenbar keine Gefahr für die Familie. Jedenfalls wohnen sie fortan »in der Stadt, die da heißt Nazareth«. Nach Matthäus also waren Jesus und seine Eltern keine Galiläer, sondern dorthin »*Zugereiste*«.

Ganz anders lautet der Lukas-Bericht: Damit die Prophezeiung in Erfüllung geht, daß der Messias in Bethlehem geboren wird, wird die Geschichte erzählt, daß Vater Joseph aus profanem Anlaß (Volkszählung) nach Bethlehem mußte. Bedeutsam wird die Sache dadurch, daß Maria in der Zeit gerade hochschwanger war und ihren Mann auf der Reise begleitete. Durch diesen doppelten Zufall wurde Jesus in Bethlehem, der Stadt Davids, geboren. Anschließend wollte man so schnell wie möglich wieder nach Hause. Acht Tage lang mußte Maria freilich das Wochenbett hüten, dann wurde der Knabe beschnitten und ihm der Name Jesus gegeben. Da man nun aber sowieso in der Nähe der Heiligen Stadt war, ließ man sich die Gelegenheit zum Tempelbesuch nicht entgehen, um die nach dem Gesetz Moses vorgeschriebenen rituellen Handlungen zu vollziehen.

In Lev.12.1-8 sind die gesetzlichen Fristen beschrieben: Insgesamt vierzig Tage durfte die Frau nach der Geburt eines Sohnes (doppelt so lange nach der Geburt einer Tochter) nichts Heiliges berühren oder gar den Tempel betreten. (Entsprechend ist in der katholischen Kirche das offizielle Ende der Weihnachtszeit auf den 2. Februar festgesetzt: »*Maria Lichtmeß*«.) Dann mußte sie ein Tieropfer bringen. Das Tieropfer war in der Regel ein einjähriges Lamm. Die von Lukas beschriebene Opferung von lediglich zwei Tauben soll auf die besondere Armut der Heiligen Familie hinweisen. (Klammerbemerkung: Eigentlich hätte gemäß Ex.13.1-2 das Kind selbst – als Erstgeborenes – dem Herrn gehören und ihm geweiht werden müssen. Zur Zeit der Geburt Jesu gab es aber schon längst die Gepflogenheit, daß man statt dessen ein Tieropfer brachte oder eine angemessene Geldsumme zahlte.) Somit also wäre Jesus knapp sechs Wochen alt gewesen, als sich seine Eltern mit ihm auf die Rückreise nach Galiläa machten.

Ergibt sich schon aus der beschriebenen Reise von Nazareth nach Bethlehem, der Geburt in der Krippe und der Rückkehr nach Nazareth, daß es sich hier um nichts weiter als um eine Legende handelt, so hält, wie im Zusammenhang mit der Frage nach dem Geburtsdatum dargelegt, auch der politische Hintergrund der lukanischen Weihnachtsgeschichte einer historischen Nachprüfung nicht stand, und zwar unabhängig davon, daß die von Kaiser Augustus angeordnete Volkszählung sich gar nicht auf Galiläa, sondern auf Samaria und Judäa bezog und obendrein Joseph nicht den geringsten Anlaß hatte, sich nach Bethlehem zu begeben, wo er keinerlei Grundbesitz oder sonstiges Vermögen hatte.

Wenn feststeht, daß Bethlehem nicht der Geburtsort Jesu ist, wenn ferner davon auszugehen ist, daß Jesus aus Galiläa kommt und alle Evangelien und die Apostelgeschichte Jesus mit dem galiläischen Ort Nazareth in Verbindung bringen (nur Paulus schweigt sich darüber gänzlich aus), dann liegt es nahe, Nazareth als Geburtsort anzusehen.

Viele Gelehrte behaupten allerdings, einen Ort mit Namen Nazareth bzw. einen Ort, den man mit Nazareth hätte verwechseln können, habe es zur Zeit Jesu noch gar nicht gegeben. Wieder ist es Flavius Josephus, der hier als Zeuge herangezogen wird. Er nämlich hat Galiläa gewissermaßen kartographiert und 63 Orte in Galiläa genannt – aber Nazareth ist nicht darunter. Dies zwingt zu der Feststellung, daß Josephus Nazareth bei der geographischen Erfassung entweder übersehen hat, vielleicht deswegen, weil es allzu unbedeutend war, oder aber daß Nazareth als Ortsname erst nachträglich in die Evangelien hineingekommen ist, zu einer Zeit, in welcher er dann tatsächlich existierte.

Es käme dann noch Kapernaum in Betracht. Für Kapernaum sprechen einige Gründe, die nicht von der Hand zu weisen sind: Kapernaum ist, im Gegensatz zu Nazareth, eine historisch genau belegte Stadt in Galiläa. Es hatte auch eine Synagoge, in welcher Jesus zu Beginn seines Wirkens gesprochen haben mag (Mk.1.21). Nach Markus (2.1) lebte Jesus in Kapernaum, dort war er »zu Hause«. Dort waren die »Seinigen« (Mk.3.21), also seine Mutter und seine Geschwister. Nach Matthäus (9.1) fuhr Jesus mit dem Schiff zu »seiner« Stadt, und auch damit ist Kapernaum gemeint. Allerdings behauptet Matthäus (4.13), Jesus sei von Nazareth nach Kapernaum umgezogen.

Der Nasiräer und die Nezer-Prophezeiung

Der Beiname »*Nazarener*« könne, so wird argumentiert, auch etwas ganz anderes sein als die Bezeichnung eines Mannes aus Nazareth. Ursprünglich, also im griechischen Urtext, war die Rede von »*Jesus der Nazoräer*«, daraus sei »*Nazarener*« geworden und daraus wiederum »*Jesus von Nazareth*«. In Wirklichkeit aber sei »*Nazoräer*« eine durch Dialekt bedingte Abwandlung von »*Nasiräer*«.

Albert Schweitzer schreibt dazu (S. 470):

»In der Zeit nach Paulus kam nämlich unter den Christen der Streit für oder gegen die asketische Lebensweise auf. Die Anhänger der Enthaltsamkeit wurden nach den altjüdischen Naziräern ... benannt ... In keinem Fall haben die ... Ausdrücke ursprünglich irgend etwas mit einem Ort Nazareth zu tun, da sonst die Bezeichnung ›Nazarethäer‹ oder ähnlich gelautet hätte. Da die asketische Richtung Jesum selbstverständlich zum Naziräer machte, wurde er dementsprechend benannt. Dieses Stadium ist in der Apostelgeschichte fixiert. Sie redet von den Christen als von den Nazoräern und bezeichnet auch Jesum als Nazoräer. Später bemühten sich die ›antiasketischen Gruppen‹, den Naziräismus innerhalb des Christentums ›lahmzulegen‹. Zu diesem Behufe schufen sie für den Ausdruck eine ›neue, quasi-historische Grundlage‹ und ließen Jesum aus einem Ort Nazareth stammen.«

Im Alten Testament ist es der *starke Simson*, der als Nasiräer vorgestellt wird (Ri.13.5-7). Das waren »*Geweihte Gottes*«, Asketen, die in Essen und Trinken besondere Zurückhaltung übten, insbesondere keinen Wein tranken und sich auch das Haar nicht scheren ließen. Diese Beschreibung würde allerdings weniger auf Jesus zutreffen, sie würde weit eher zu Johannes dem Täufer passen, welcher in der Wüste ein Asketendasein führte und Zucht und Buße predigte.

Auch auf Jesu Bruder *Jakobus* könnte die Bezeichnung »Nasiräer« zutreffen. Jakobus war der führende Kopf in der Jerusalemer Urgemeinde.

Hans Joachim Schoeps (S. 37):

»Als das Oberhaupt der Gemeinde erscheint nicht Petrus, sondern der Herrenbruder Jacobus, der zum Bischof von Jerusalem bestellt worden war. Petrus hatte dem Jakobus

schriftliche Jahresberichte über seine Reden und Taten ein-
zureichen.«

Jakobus hatte sich in Jerusalem den dort versammelten Jüngern
angeschlossen (Gal.2.9), die auf die Wiederkehr ihres hingerichteten Rabbi warteten (Apg.3.20).

Eusebius beschreibt Jakobus folgendermaßen:

»Er war schon vom Mutterleib an heilig. Er trank weder
Wein noch ein sonstiges geistiges Getränk, noch aß er etwas
aus dem Tierreich; ein Schermesser kam nie auf seinen Kopf.
Er salbte sich weder mit Öl, noch nahm er ein Bad. Ihm allein
war es verstattet, in das Heilige einzugehen, denn er trug kein
wollenes, sondern ein leinenes Gewand. Er ging immer allein
in den Tempel, wo man ihn finden konnte, wie er auf den
Knien lag und Gott für das Volk um Vergebung bat, so waren
die Knie verhärtet wie die eines Kamels.«[22]

Die Bezeichnung Jesu als Nasiräer kann möglicherweise auch auf
verwandtschaftlichen Rücksichten beruhen und als Ausdruck der
Verehrung für Jakobus gemeint sein, den man auch späterhin von
jeglicher persönlichen Verunglimpfung ausgenommen hatte, nachdem seine Sekte der Ebioniten längst als häretisch verdammt war.[23]
Denkbar wäre auch, daß man Jesus den Beinamen Nasiräer deswegen gegeben hatte, weil er zunächst ein Jünger des Täufers
gewesen, gewissermaßen aus dessen »Schule« hervorgegangen
war und dann dessen Nachfolge angetreten hatte.

Rudolf Bultmann (S.21):

»In der Literatur der später auftauchenden gnostischen Sekte
der Mandäer sind manche Fragmente einer Tradition bewahrt
worden, die auf die Taufsekten zurückgeht, in deren Rahmen
auch Johannes der Täufer seinen historischen Ort hat. Merk-

würdig ist es, daß die Mandäer sich Nazoräer nennen; so wird ja auch Jesus in der urchristlichen Überlieferung mehrfach bezeichnet. Da sich nun diese Benennung nicht von dem Namen seines Heimatdorfes Nazareth ableiten läßt und da die urchristliche Überlieferung die Erinnerung daran bewahrt hat, daß Jesus sich von Johannes taufen ließ, so wird man schließen dürfen, daß Jesus ursprünglich zu der Sekte des Täufers gehörte.«

Hartmut Stegemann (S. 303) greift diesen Gedanken auf, indem er darauf verweist, daß Johannes und seine Anhänger wegen der Bedeutsamkeit ihres Taufens und Getauftwerdens von den zeitgenössischen Juden etwas spöttisch »*Bewahrer*« genannt wurden, was in griechischer Wiedergabe »*nazarenoi*« lautete. Zur besseren Unterscheidung von vielen Gleichnamigen wurde deshalb Jesus »der Nazoräer« bzw. »der Nazarener« genannt.

Noch eine weitere Erklärung gibt es für den Beinamen »Nazoräer«. Sowohl der Johannes-Evangelist (1.45) als auch der Matthäus-Evangelist (2.23) behaupten, die Propheten hätten angekündigt, der Messias werde aus Nazareth kommen. Das macht stutzig, denn von Nazareth ist bei den Propheten nirgendwo die Rede. Bei Matthäus verwundert diese Behauptung zusätzlich deswegen, weil er sich im 1. Kapitel seines Evangeliums auf Bethlehem durch Zitierung des Propheten Micha ganz besonders festgelegt hatte. Also wird man annehmen dürfen, daß Matthäus im Zusammenhang mit der im 2. Kapitel erwähnten Prophezeiung gar nicht die Stadt Nazareth gemeint hat. Dasselbe muß auch für den Verfasser des Johannes-Evangeliums gelten. Die Exegeten haben die Prophezeiungen mit Blick auf diese Merkwürdigkeit untersucht, um herauszufinden, welche Propheten Matthäus und Johannes wohl im Sinne hatten, als sie in dem Zusammenhang den Namen Nazareth erwähnten. Man ist auf eine Stelle bei den Propheten Jesaja und Jeremia gestoßen, auf die die beiden Evangelisten möglicherweise angespielt haben:

»Und es wird eine Rute aufgehen von dem Stamm Isais und ein Zweig aus einer Wurzel Frucht bringen, auf welchem wird ruhen der Geist des Herrn, der Geist der Weisheit und des Verstandes, der Geist des Rates und der Stärke, der Geist der Erkenntnis und der Furcht des Herrn.« (Jes.11.1-2)

Der Stamm *Isais*, von dem Jesaja spricht, ist das Königshaus David, denn Isai ist der Vater des Königs David. Aus diesem Haus soll ein Zweig entstehen, er soll Frucht tragen, und aus dieser Frucht wird der Messias hervorgehen.

Die in Frage kommende Stelle bei Jeremia lautet:

»Siehe, es kommt die Zeit, spricht der Herr, daß ich dem David ein gerechtes Gewächs erwecken will, und soll ein König sein, der wohl regieren wird und Recht und Gerechtigkeit auf Erden anrichten.« (Jer.23.5)

Ben Chorin (Mutter Mirjam, S. 33 f.) weist darauf hin, daß das Gewächs, welches aus der Wurzel hervorgeht, hebräisch »*nezer*« heißt, es sich also um einen Schößling handelt. Auch »Reis«, »Zweig« und »Sproß« bedeutet das Wort »nezer«. Der Prophet Ezechiel (17.3-4) spricht von einem »*Reis*« (gemeint ist der zarte oberste Zweig), das ein großer Adler von einer Zeder im Libanon abbricht, um es nach Jerusalem zu bringen, wo es Wurzeln schlägt. Im Kirchenlied heißt es deshalb:

»Es ist ein ›Ros‹ entsprungen aus einer Wurzel zart.«

So ist also denkbar, daß über diesen noch größeren sprachlichen Umweg der Nazarener seinen Beinamen erhielt.

Wo Jesus nun wirklich geboren ist – in Kapernaum, in Nazareth oder in einem anderen galiläischen Ort –, läßt sich letzten Endes ebensowenig bestimmen wie Tag und Jahr der Geburt.

Küng (Christ sein, S. 442):

»Als Verkündigungs- und Bekenntnisgeschichten wollen die Geburtstagsgeschichten nicht primär historische Wahrheit, sondern Heilswahrheit kundtun.«

Jesus ist jedenfalls nicht in Bethlehem geboren. So ist ja auch noch nie jemand auf die Idee gekommen, statt »Jesus von Nazareth« etwa »Jesus von Bethlehem« zu sagen. Und er ist auch nicht – es sei denn, der Zufall will es – im Jahre des Beginns unserer Zeitrechnung geboren, sondern wohl frühestens sieben Jahre davor, spätestens sechs Jahre danach. Eine genauere Bestimmung ist nicht möglich.

5. Kapitel
Vorfahren und Familie

Die Namen der Eltern Jesu sind allgemein bekannt. Man geht davon aus, daß die Eltern Maria und Joseph geheißen haben. Aber namentlich genannt werden *beide* Elternteile nur im Matthäus- und Lukas-Evangelium. Paulus erwähnt mit Namen weder Mutter noch Vater. Markus nennt Maria, Joseph aber nicht. Johannes spricht von Joseph und der »Mutter Jesu«, nicht aber von Maria. Das Wenige wiederum, das wir von Joseph wissen, »besteht vor allem in seinem außerordentlich regen Traumleben; alle entscheidenden Impulse empfängt er durch Träume.«[1]

Die Stammbäume im Matthäus- und Lukas-Evangelium

Matthäus und Lukas legen Wert auf eine Abstammung Jesu aus dem Hause David. Markus hingegen bemüht sich nicht, diese Abstammung darzulegen. Nur an zwei Stellen des Markus-Evangeliums (Mk.10.48 u. 11.10) wird die davidische Abstammung Jesu – indirekt – zum Ausdruck gebracht. Johannes zeigt sich an der Abstammung Jesu aus dem Königshaus David gänzlich uninteressiert; für Johannes ist nur der göttliche Status Jesu von Interesse:

»... daß ihr glaubet, Jesus ist Christus, der Sohn Gottes.« (Joh.20.31)

Die bei Matthäus und Lukas angelegten Stammbäume (Mt.1.1-17;

Lk.3.23-38) sollen darlegen, daß Joseph – und damit sein Sohn Jesus – ein Abkömmling des Königs David ist. Freilich kommt dabei eine Unlogik in die Schilderung: Wenn die davidische Abstammung über den Vater Joseph hergeleitet werden soll, dann muß Joseph logischerweise der leibliche Vater Jesu sein, und der These von der Schwangerschaft Marias durch den Heiligen Geist, ja der ganzen Jungfrauengeburt wird damit sozusagen die »Geschäftsgrundlage« entzogen.

Die in den beiden Evangelien aufgeführten Stammbäume zeichnen sich allerdings durch eine extreme Realitätsferne aus. Sie sind ein auf eine Unmöglichkeit gerichtetes Unterfangen. Kein Mensch ist in der Lage, solche Stammbäume aufzuzeigen, schon mal gar nicht zu einer Zeit, in der es weder Standesämter noch Geburtsregister noch Computer gab. Schon bei Josephs Vater fängt die Unstimmigkeit an: Bei Matthäus heißt er Jakob, bei Lukas Eli. Im Zeitalter Jesu gab es niemanden, der seine Abstammung von König David herleiten konnte, von einem König, der fast tausend Jahre zuvor gestorben war. Im übrigen: Auch einem gläubigen Christen dürfte es schwerfallen, sich Jesus als einen verkappten Prinzen vorzustellen.

Die Realitätsferne wird noch dadurch gesteigert, daß man die Stammbäume nicht einmal bei König David abschließt, sondern weiter »zurückverfolgt«, der eine (Matthäus) bis zum Erzvater Abraham und der andere (Lukas) gar bis auf Adam. Bei Matthäus hat Joseph 26 Stammväter, um zu David zu gelangen, bei Lukas hat er bis dahin 41.

Vor allem aber: Wo bleibt angesichts dieser Stammbäume die Besonderheit und Einmaligkeit Jesu? Wie reimt sich sein in der christlichen Verkündigung vorherrschender göttlicher Status damit, daß er – wie alle Menschen – von Adam abstammt? Oder von dem Menschen David, was die beiden Evangelisten mit ihrer Genealogie ja schließlich beweisen wollen? Ich habe auf diese Frage einmal eine ganz rabulistische Antwort von einem streitbaren Theologen aus der »konservativen« Ecke erhalten: Von der väterlichen Linie her sei Jesus eben wahrer Mensch, von der mütterlichen (in Folge der Jungfrauengeburt) wahrer Gott. Das Gespräch wurde von meinem Gesprächspartner dann abgebrochen, als ich mir den Hinweis erlaubte, daß Jesus nach katholischem Verständnis doch gar nicht der Sohn Josephs sei, er folglich auch nicht David zum Stammvater haben könne.

Paradox ist auch der Umstand, daß ein guter Christ mit Blick auf die Stammbäume zwar Wert darauf legt, daß der Jude Jesus vom Juden David abstammt; dieser Stammbaum mit seinem prominenten Ahnherrn ist ihm wichtig. Für sich selbst aber betreiben viele gute Christen – Deutschland und Spanien treten da besonders hervor – eine genau entgegengesetzte Ahnenforschung, um darzulegen, daß sie gerade nicht von einem Juden abstammen.[2] Eine nichtjüdische Abstammung und eine antijüdische Haltung wurden (und werden in vielen Kreisen noch heute) als Markenzeichen für einen gut christlichen Glauben ausgegeben.

Angesichts der haarsträubenden Unlogik, wie sie aus den Stammbäumen Jesu hervorgeht, ist das, was sonst noch dazu zu sagen ist, eher nebensächlich. Aber es ist immerhin erheiternd: Bei der Aufzählung der Vorfahren erscheint nämlich so mancher Name, der mit der Sittenstrenge kirchlicher Lehre nicht gut in Einklang zu bringen ist. Eine Rahab und eine Ruth werden genannt, ferner eine Thamar und die Frau des Uria, womit Bathseba gemeint ist. Rahab ist vermerkt als die »Hure von Jericho« (Jos.2.1). Ruth ist, wie im Buch Ruth eindrucksvoll nachgelesen werden kann, berühmt wegen ihrer Verführungskünste, die sie auf einem Heuschober angewandt hat. Thamar hat Blutschande begangen, indem sie ihren Schwiegervater Juda verführte und ihm zwei Söhne gebar, und Bathseba hat mit David Ehebruch begangen.

Lapide, Flüchtlingskind (S. 27):

»Für bibelkundige Ohren muß die Tatsache, daß Maria bereits als ›Verlobte‹ hochschwanger war, keineswegs einer Verleumdung gleichkommen, um so weniger, als die vier Ahnfrauen im Stammbaume Jesu: Tamar, Rahel, Rut und

Batseba, zwar weltberühmt, aber nicht gerade Vorbilder der Keuschheit waren. Heißt es doch bei Japhtach, dem Richter, der Israel aus der Hand der Ammoniter erlöste, er sei ›ein streitbarer Held, aber der Sohn einer Hure‹ gewesen (Ri.11.1), was seinem Befreiungswerk keinen Abbruch tat.«

König *David*, dem prominentesten Vorfahren Jesu, hatte man noch in hohem Alter, als er schwach geworden war und ständig fror, eine junge Dirne besorgt, damit diese ihn im Bett »aufwärmt« (1.Kön.1.1-2). Und König *Salomo* schließlich, ein Sohn Davids und damit ebenfalls ein angeblicher Vorfahr Jesu, war nicht nur berühmt für die Größe seiner Weisheit, sondern auch für die Größe seines Harems.

Theologischerseits wird das »Sündenregister« in Jesu Stammbaum – bald jede Ahnfrau eine femme fatale! – im allgemeinen durchaus und gar nicht einmal ungern eingeräumt. Gerade daraus nämlich wird die besondere Huld Gottes abgeleitet.

So schreibt der bekannte katholische Neutestamentler *Hermann Schelkle:*

»Auswahl und Nennung der vier Frauen kann kein Zufall sein, sondern geschieht absichtsvoll. Das Evangelium weist darauf hin, daß der Stammbaum des Christus, in dem er die Geschichte Israels umschließt, nicht nur dessen Glanz bezeugt, sondern ebenso die Sünde und Unwürdigkeit in dieser Geschichte.«[3]

Es war schon immer ein Anliegen vieler bekannter, vorwiegend katholischer Theologen, die Frauen ob ihrer Trieb- und Sündhaftigkeit heraus- und bloßzustellen. Seit dem Sündenfall im Paradies sollen es die Frauen sein, die eine Gefahr für den rechten Glauben der Männer darstellen. So gibt es bis zum heutigen Tag noch kein offizielles Schuldeingeständnis für den kirchlicherseits initiierten und sanktionierten Hexenwahn, dem hunderttausende unschuldiger Frauen auf grausamste Art zum Opfer fielen.

Familienleben und familiäre Spannungen

Durch Markus erfährt man, daß Jesus Zimmermann war, Handwerker jedenfalls, Tischler, wie man auch sagen könnte. Die Tischler waren übrigens sehr angesehen und galten als kluge Leute. Wenn man sich um die Lösung einer schwierigen Frage bemühte, dann pflegte man in die Runde zu fragen:

»Ist hier ein Tischler, ein Sohn eines Tischlers, der uns die Frage lösen kann?«[4]

Ein »Akademiker« jedenfalls war Jesus nicht, ein Autodidakt wahrscheinlich. Im übrigen aber liegen Jesu Kindheits- und Jugendjahre völlig im dunkeln – wenn man davon absieht, daß an einer einzigen Stelle, bei Lukas (2.52), erwähnt wird, daß er »heranwuchs und im Geiste erstarkte«. Es scheint nichts Auffälliges an seiner Kindheit gewesen zu sein.

Allein bei Lukas steht auch, daß Jesus als zwölfjähriger Knabe mit seinen Eltern nach Jerusalem gepilgert sei, daß die Eltern ihn bei der Rückkehr plötzlich vermißten, besorgt umkehrten, den Knaben im Tempel fanden, wo er mit den Schriftgelehrten diskutierte; daß sie ihm Vorwürfe machten, weil er sie so in Sorge versetzt habe, und daß sie dann von ihrem Sohn ziemlich barsch angefahren wurden (Lk.2.41-50). Märchenhafte Ausschmückungen über Jesu Kindheitsjahre gibt es allerdings in einigen apokryphen Evangelien. Das bekannteste davon ist das sogenannte »*Kindheitsevangelium des Thomas*«. Hier erscheint Jesus als der »*Göttliche Schelm*«. Beschrieben werden z. B. die Schulstreiche des Kindes Jesus, die er mit seinen Lehrern anstellt.[5]

Man wird von Jesus annehmen müssen, daß er bis weit ins Erwachsenenalter hinein innerhalb der Familie gelebt hat. Es handelte sich wohl um eine jener Großfamilien, die bei den orientalischen Juden durchaus üblich waren. Die Tischlerei seines Vaters wird er – der älteste unter den Brüdern (Mk.6.3) – übernommen und auf die Weise wesentlich zum Unterhalt der Familie beigesteuert haben. Daneben, so ist anzunehmen, hat er sich intensiv dem Studium der Hebräischen Bibel hingegeben. Als er dann seinen erlernten Beruf aufgibt, um fortan als Arzt (Psychotherapeut) und Lehrer zu wirken, ist die Familie enttäuscht. Die Angehörigen hätten es viel lieber gesehen, wenn er bei seinem Handwerk geblieben wäre, sie halten nichts von den gescheiten Reden, mit denen der Sohn bzw. Bruder jetzt aufwartet, und ebensowenig halten sie von den Wundertaten, die er vollbringt. Schönredner und Wundertäter gab es genug in Galiläa und anderswo.

Es mag der Familie auch peinlich gewesen sein, daß der Sohn und Bruder in der Heimatstadt verspottet wird, was Jesus dann mit dem bekannten Satz quittiert haben soll:

»Ein Prophet gilt nirgend weniger denn im Vaterland und daheim bei den Seinen.« (Mk.6.4)

Es bleibt aber nicht bei harmlosem Spott, die Sache wird ernst: Herodes Antipas, der gerade erst Johannes den Täufer wegen aufwieglerischer Reden hatte festnehmen lassen, wird auf den Nazarener aufmerksam. Um es nicht zur Verhaftung kommen zu lassen (Mk.3.6), greifen die Angehörigen zu einem verzweifelten Mittel: Sie erklären Jesus für verrückt und versuchen, ihn einzusperren.

»Und da es die Seinen hörten, gingen sie aus und wollten ihn halten; denn sie sprachen: Er ist von Sinnen.« (Mk.3.21)

So kommt er davon – zumal ihm Unzurechnungsfähigkeit auch durch das Rabbinat (also sozusagen durch Gerichtsbeschluß) attestiert wird:

»Sie sagten: Er hat einen unsauberen Geist.« (Mk.3.30)

Jesus will angesichts dieser peinlichen Begebenheit von den Angehörigen ab jetzt nichts mehr wissen – er verläßt sie. Als Mutter und Geschwister sich um eine Versöhnung bemühen, sollen sie nicht einmal empfangen worden sein:

»Und `es kam seine Mutter und seine Brüder und standen draußen, schickten zu ihm und ließen ihn rufen. Und das Volk saß um ihn. Und sie sprachen zu ihm: Siehe, deine Mutter und deine Brüder und deine Schwestern draußen fragen nach dir. Und er antwortete ihnen und sprach: Wer ist meine Mutter und meine Brüder? Und er sah rings um sich auf die Jünger, die um ihn im Kreise saßen, und sprach: Siehe, das ist meine Mutter und meine Brüder.« (Mk.3.31-34)

Im weiteren Verlauf seines Wirkens scheint sich Jesu ablehnende Haltung gegenüber seiner Familie noch verstärkt zu haben. Von seinen Jüngern soll er erwartet haben, daß sie in dieser Beziehung ebenso radikal denken wie er. Das allerdings wird nicht von Markus, aber doch von Matthäus und Lukas überliefert:

»Ihr sollt nicht wähnen, daß ich gekommen sei, Frieden zu bringen auf die Erde. Ich bin nicht gekommen, Frieden zu bringen, sondern das Schwert. Denn ich bin gekommen, den Menschen zu erregen wider seinen Vater und die Tochter wider ihre Mutter und die Schwiegertochter wider ihre Schwiegermutter. Und des Menschen Feinde werden seine eigenen Hausgenossen sein.« (Mt.10.34-36)

Noch krasser steht es bei Lukas:

»So jemand zu mir kommt und haßt nicht seinen Vater, Mutter, Weib, Kinder, Brüder, Schwestern, auch dazu sein eigen Leben, der kann nicht mein Jünger sein.« (Lk.14.26)

Nur die Konflikte in seiner eigenen Familie machen solche Aussprüche und Aufforderungen erklärbar – und doch wieder schwer begreiflich angesichts des vierten Gebots:

»Du sollst deinen Vater und deine Mutter ehren, auf daß du lange lebst in dem Lande, das dir der Herr, dein Gott, gibt.« (Ex.20.12)

Etwas matt jedenfalls (aber irgendwie typisch!) erscheint mir eine in dem Zusammenhang kirchlicherseits mitunter gegebene Erklärung, wonach Jesus nicht innerfamiliäre Zwietracht säen, sondern in erster Linie auf die glaubensmäßige Vereinigung habe hinweisen wollen, die noch fester sein müsse als eine enge verwandtschaftliche Bindung. Theologen sind eben nie verlegen!

Insbesondere kann auch nicht die Tatsache übersehen werden, daß Maria, obwohl sie sich dem predigenden Sohn und dem Jüngerkreis angeschlossen haben soll (Joh.2.12), in den Evangelien überhaupt nur selten erwähnt wird. Es gibt keine Textstelle, die von besonderer Mutterliebe zeugt; es gibt andererseits aber mehrere Stellen, die ein ausgesprochen distanziertes Verhältnis Jesu zu seiner Mutter, bisweilen sogar eine ausgesprochen ablehnende Haltung erkennen lassen, wie die folgenden Beispiele zeigen:

Auf der Hochzeit zu Kana (nur Johannes erwähnt dieses Fest) stellt Jesus die Mutter öffentlich bloß. Dem Evangelienbericht zufolge handelt es sich hier um eine scheinbar belanglose Dorfhochzeit. Wahrscheinlich aber hat es sich um die Hochzeit eines der Brüder oder Schwestern Jesu gehandelt. Jesus, der noch ganz am Anfang seines öffentlichen Wirkens steht, wird zusammen mit seinen Jüngern zu dem Fest ausdrücklich »eingeladen«. Auch die Mutter ist anwesend, eine Tatsache, die als ganz selbstverständlich vorausgesetzt wird. Die Mutter scheint die Gastgeberin und Hausfrau zu sein. Es ist von der Dienerschaft die Rede, der sie Anweisungen erteilt. Ihren Sohn Jesus fordert sie auf, für Wein zu sorgen. In dem Zusammenhang nun kommt es zu einem peinlichen Zusammenstoß zwischen Mutter und Sohn. Nur dem Einlenken der Mutter ist es zu verdanken, daß ein regelrechter Eklat auf der Festgesellschaft vermieden wird.

»Und da es an Wein gebrach, spricht die Mutter Jesu zu ihm: Sie haben nicht Wein. Jesus spricht zu ihr: Weib, was habe ich mit dir zu schaffen? Meine Stunde ist noch nicht gekommen. Seine Mutter spricht zu den Dienern: Was er euch sagt, das tut.« (Joh.2.3-5)

Dazu merkt *Ben-Chorin* (Bruder Jesus, S. 86) an:

»Wenn ein Wort Jesu echt ist, dann allerdings dieses harte und so offenbar unbegründete Scheltwort gegen seine Mutter, die er öffentlich bloßstellt, denn wer sollte ein solches Wort erfunden haben?«

Ähnlich äußert sich *Egon Friedell* (S. 32):

»›Weib, was habe ich mit dir zu schaffen?‹ ... Wir haben hier wie in einem lebenden Bild eine erschütternde Darstellung des ewigen Themas: Das Genie und die ›Familie‹.«

Eine lebensnahe Begebenheit in dem Zusammenhang schildert Salcia Landmann (S. 311):

»Welche ungeheure Bedeutung dem Mutter-Gottes-Kult für die ›Akzeptanz‹ des Christentums vor allem auch im südlichen Mittelmeerraum zukommt, kann man zum Beispiel an der festen Überzeugung des einfachen Volkes in Neapel ablesen, welches befindet, Jesus habe seine Kreuzesstrafe dadurch verdient, daß er sich bei jener Begegnung mit seiner Mutter so abweisend zu ihr verhalten und zu ihr gesagt habe: ›Weib, was habe ich mit dir zu schaffen?‹«

Jesus spricht seine Mutter nie mit einem auch nur respektvollen Wort an. Die einzige Anrede, die er gebraucht, lautet »Gynae«. Für ihn ist sie die »Gebärende«, das »Weib«, wie Luther übersetzt. Selbst am Kreuz läßt der Evangelist den Ton des Sohnes zur Mutter in einer deutlichen Reserviertheit erscheinen:

»Weib, siehe, das ist dein Sohn.« (Joh.19.26)

Salcia Landmann (S. 310):

»Deutlicher kann nicht ausgedrückt werden, wie gering die Bindung Jesu an seine Mutter war und wie wenig der historische Jesus sich zum ›Aufhänger‹ für einen religiösen Mutterkult eignet.«

Und noch einen anderen Schluß wird man in dem Zusammenhang ziehen müssen: Hätte Maria ihren Sohn auf überirdische Weise empfangen, dann wäre das Verhältnis zwischen Mutter und Sohn wohl ein anderes gewesen, als es von den Evangelisten beschrieben wird.

6. Kapitel:
Jesu Fremdheit bleibt

Obwohl man von der gesicherten Tatsache ausgehen kann, daß Jesus wirklich gelebt hat, bleibt andererseits doch das wenig befriedigende Ergebnis, daß über sein Wesen und seinen Charakter so gut wie nichts bekannt ist. Klischeehaft sind die Bilder, die aus der Tradition und einem modernen Jesuskult heraus entstanden: Jesus, ein Gott zum Anfassen. Der holde Knabe im lockigen Haar. Der Sohn einer jungfräulichen Mutter. Der allzeit präsente, einzig wahre Freund. Der erste neue Mann. Die absolute Person. Der gute Hirte, tatkräftig, entschlossen – und doch unendlich mild. My sweet Lord. Jesus Christ Superstar. Die »geistige Atombombe« – eine Wortwahl, zu der Franz Alt sich versteigt.[1] Der österreichische Religionswissenschaftler, ehemalige Franziskanerpater und renommierte Schriftsteller *Adolf Holl* hat Anfang der siebziger Jahre ein Jesusbuch geschrieben, dem er den provozierenden Titel »Jesus in schlechter Gesellschaft« gab. Holl beschreibt darin den Nazarener als gesellschaftlichen Außenseiter, der in anrüchigen Kreisen verkehrt. Er sei bei den Gefangenen und Verurteilten, bei den Unzufriedenen. Die Satten meide er. Jesus sei ein »Skandalmacher« gewesen. Die Kirche habe aus diesem Bürgerschreck einen kreditwürdigen Bourgeois mit Titeln und Würden gemacht. Hans Küng, der an Holls Buch den Titel gut findet, sich vom Inhalt des Buches aber explizit distanziert, schildert Jesus in einer Weise, die der Schilderung Holls andererseits doch wieder recht ähnlich ist.

Küng (Christ sein, S. 184 f.):

»Jesus war alles andere als eine gutbürgerliche Erscheinung ... Seine Lebensführung hatte hippieartige Züge .... Obwohl Sohn eines Zimmermanns und anscheinend selbst Zimmermann, übt er keinen Beruf aus. Vielmehr führt er ein unstetes Wanderleben, predigt und wirkt auf öffentlichen Plätzen, ißt, trinkt, betet und schläft des öfteren im Freien. Ein Mann, der ausgezogen ist aus seiner Heimat, der sich gelöst hat auch von seiner Familie ... Für seinen Lebensunterhalt tut er nichts. Nach den evangelischen Berichten wird er von Freunden unterstützt, und ein Kreis von Frauen sorgt für ihn ... Hatte er nicht etwas Weltflüchtiges, Schwärmerisches, beinahe Närrisches an sich?«

Eine ausgesprochen abwertende Beschreibung der Persönlichkeit Jesu findet sich im Buch »*Ecce Jesus*« des in Köln lebenden Schweizer Schriftstellers *Hans Conrad Zander.* Zander ist ehemaliger Dominikanermönch, sein Austritt aus dem Orden mag die Ursache für seine Radikalität und permanente Suche nach negativen Persönlichkeitsmerkmalen bei Jesus sein. Jedoch: Ohne weiteres abtun läßt sich nicht, was Zander in bezug auf einige typische Wesenszüge Jesu, wie sie uns in den Evangelien begegnen, hervorhebt. Besonders zu erwähnen ist da die ungeheure Unruhe, die Hast, die Zeitnot, in der alles geschieht, was mit dem Meister zusammenhängt. Selbst die beschriebenen Wundertaten werden in atemberaubender Schnelle vollzogen.

Es ist das kleine griechische Wort »*euthys*«, das allein bei Markus zweiundvierzigmal in Verbindung mit Handlungen Jesu oder mit Situationen, die sich auf ihn beziehen, vorkommt. »Euthys« heißt ins Deutsche übersetzt soviel wie »sofort, sogleich, stracks, augenblicklich«. Jesus steigt, um einige bei Zander aufgeführte Beispiele wiederzugeben, nach der Taufe »sofort« aus dem Wasser, und »sofort« treibt ihn der Geist in die Wüste, wo er aber nicht etwa Ruhe zur Meditation findet, sondern hektisch, teilweise angetrieben vom Satan und dessen Versuchungen, umherschweift. »Sofort« muß sich der jeweils angeworbene Jünger zum Mitkommen entschließen. Immerzu »sofort, sogleich, stracks, augenblicklich« eilt er dann ruhelos weiter, bei Tag und bei Nacht, von Galiläa nach Samaria, von Samaria nach Judäa, von Judäa nach Peräa und wieder heim nach Galiläa, von Galiläa hinauf nach Phoenizien, von Phoenizien hinüber in das Land des Philippus, dann wieder nach Galiläa und dort hin und her und her und hin, von einer Stadt in die andere, mal ans linke Seeufer, mal ans rechte. Dabei hat das Auftreten Jesu insgesamt nur maximal zwölf Monate gedauert. Was für ein Marathon in dieser kurzen Zeit, welch sprichwörtliche *jüdische Hast*!

Zander (S. 30):

> »Für diesen überstürzten Ablauf einer göttlichen Sendung suche man nach einem Vergleich. Man wird ihn nicht finden.«

Unruhe, Hektik und Streß gehen zu allen Zeiten mit *Intoleranz* einher – umgekehrt ausgedrückt: *Toleranz* setzt eine Gemütslage von Ruhe und innerer Gelassenheit voraus. Tolerant war Jesus in der Regel nicht. (Die Toleranz gegenüber Außenseitern der Gesellschaft und unkeuschen Frauen sind rühmliche Ausnahmen.) So manche der von ihm erzählten Gleichnisse lassen jegliches Augenmaß und Beachtung des Grundsatzes der Verhältnismäßigkeit vermissen. So findet es Jesus angemessen, daß jemand, der nicht in festlicher Kleidung auf einer Festgesellschaft erscheint, nur wegen seiner Kleidung vom Gastgeber an Händen und Füßen gefesselt und hinausgeworfen wird »in die äußerste Finsternis«, wo er dann »heulen und mit den Zähnen knirschen« wird (Mt. 22.11-14). Wann immer Jesus mit einer Situation konfrontiert ist, die ihm nicht behagt, braust er auf. Petrus konnte ein Lied davon singen; viele seiner Anhänger haben sich wegen der ständigen Zurechtweisungen von ihm abgewandt (vgl. z. B. Joh.6.65 f.). Gab es gelegentlich Meinungsverschiedenheiten mit den Pharisäern,

dann soll er jegliche Contenance verloren und sie mit folgenden
Worten bedacht haben:

»Schlangenbrut, wie könnt ihr Gutes reden, da ihr doch böse
seid!« (Mt.12.34)

»Weh euch, ihr Schriftgelehrten und Pharisäer, ihr Heuchler! Ihr seid wie die Gräber, die außen weiß angestrichen sind
und schön aussehen; innen aber sind sie voll Knochen,
Schmutz und Verwesung.« (Mt. 23.27)

Ausländer sind für Jesus »Hunde« (Mt.15.25-26), Homosexuelle
»Säue« (Mt.7.6). Wer nicht Vater, Mutter, Weib, Kind, Brüder
und Schwestern, ja sein eigen Leben haßt, kann nicht sein Jünger
sein (Lk.14.26). Wer, bevor er sich Jesus als Jünger anschließt,
noch seinen Vater beerdigen möchte, kann gleich zu Hause bleiben (Mt.8.21-22).

Zander (S. 56 f.):

»Die gräßlichste Verwünschung aber schleudert Jesus jedem
ins Gesicht, der es in ferner Zukunft einmal wagen würde, ein
kritisches Büchlein über ihn zu schreiben: ›Und wer einem
einzigen von den Kleinen, die an mich glauben, Ärgernis
gibt, für den wäre es besser, wenn ihm ein Mühlstein um den
Hals gelegt und er ins Meer geworfen würde.‹« (Mk.9.42)

Hier begegnet uns ein in den Evangelien geschilderter Wesenszug
Jesu, den die Kirche offenbar besonders gern übernommen und zur
Durchsetzung ihrer eigenen Ziele in Anspruch genommen hat.

Paul Gerhard Aring beklagt es mit vornehm-zurückhaltenden
Worten (S. 302f):

»Die Historie weist aus, daß es gerade in der Christenheit die

Versuchung gab, Andersdenkende und Andersglaubende zu bekämpfen; ... christliche Heilsgewißheit hat jene Toleranz, die Kirchen und Christen bis heute für sich selbst fordern, selten genug selbst praktizieren können. Diese Tatsache ist und bleibt eines der am meisten beschämenden, deprimierenden und desillusionierenden Kapitel christlicher Kirchengeschichte ... Die Juden haben das am bittersten erfahren müssen.«

Je mehr man sich mit dem Menschen Jesus von Nazareth befaßt, desto mehr entzieht er sich der Beurteilung. Fast immer liegt etwas Rätselhaftes über seiner Erscheinung. Diese Erscheinung wirkt wie eine Statue. Sieht man von der Gethsemane-Szene ab, wo er uns in seiner Angst und Bedrückung menschlich nahe ist, so dominiert seine Reserviertheit. Es fällt allein schon die Vorstellung schwer, Jesus könnte bisweilen auch einmal herzhaft gelacht haben. Konnte er auch ganz belangloses Zeug plaudern, gelegentlich richtig ausgelassen sein, konnte er, um mit *Helmut Thielicke* zu fragen, »auf einer Hochzeitsgesellschaft schunkeln«? Von alledem wissen wir nichts.

Spekulationen über die äußere Gestalt

Über die äußere Erscheinung des Nazareners ist nichts bekannt.[2] Die Evangelien schweigen sich darüber aus. Wird man sagen können, daß, wenn er von auffallender Schönheit gewesen wäre, die Autoren dies – zur Verherrlichung auch des äußeren Erscheinungsbildes – wenigstens an irgendeiner Stelle zum Ausdruck gebracht hätten? Läßt das Schweigen auf Unscheinbarkeit oder gar Häßlichkeit schließen? Wie aber würde sich das mit seinem Erfolg bei Frauen, den Jesus doch offenbar gehabt hat, in Einklang bringen lassen? Möglicherweise hat er sehr viel älter ausgesehen, als er in Wirklichkeit war:

»Du bist noch nicht fünfzig Jahre alt und hast Abraham gesehen?« (Joh.8.57)

Texte aus den Propheten oder den Psalmen werden später auf Jesus bezogen – danach kann er von unansehnlicher Erscheinung oder von überragender Schönheit gewesen sein:

»Siehe meinem Knecht wird's gelingen, er wird erhöht und sehr hoch erhaben sein. Wie sich viele über ihn entsetzen, weil seine Gestalt häßlicher war als die anderer Leute und sein Aussehen als das der Menschenkinder ... Er hatte weder Gestalt noch Schönheit.« (Jes.52.13-14; 53.2)

»Du bist der Schönste unter den Menschenkindern, holdselig sind deine Lippen; darum segnet dich Gott ewiglich.« (Ps.45.3)

Was die Körpergröße anbetrifft, nahm man im Mittelalter das Dreifache des palästinensischen Längenmaßes an, nämlich 1,66 m. Der Codex Laurentianus aus dem vierzehnten Jahrhundert geht von drei florentinischen Ellen aus, das wären 1,75 m (Craveri, S. 164).

Bei den Juden war nicht nur die Abbildung Gottes in aller Strenge verboten, sondern auch die Darstellung von Menschen untersagt. Erst die europäischen Christengemeinden haben Jesus ungeniert bildlich dargestellt. Das früheste – erhaltene – Bild ist ein Fresko-Gemälde in der Domitilla-Katakombe in Rom; es entstand in der ersten Hälfte des 4. Jahrhunderts.

Der Erlanger evangelische Neutestamentler *Ethelbert Stauffer* versucht zu rekonstruieren (S. 50 f.):

»Die Hautfarbe der antiken Palästina-Juden war hellbraun, die Augenfarbe meist braun. Über Jesu Augenfarbe erfahren wir in den Evangelien nichts. Wohl aber hören wir, daß man

ihn anscheinend für einen Vierziger halten konnte
(Joh.8.57). Soll man daraus schließen, daß Jesus ein nicht
sehr jugendliches, damals vielleicht schon ein recht verarbei-
tetes und gramgezeichnetes Gesicht hatte? Dann dürfte man
sich Jesus etwa so vorstellen wie den Christus des Rem-
brandtschen Hundertguldenblattes oder des Emmausbildes
im Louvre. Die antiken Palästina-Juden waren schwarzhaa-
rig. In der Zeit und Heimat Jesu trugen die Männer das Haar
schulterlang, in der Mitte gescheitelt, gekämmt, mit leichtem
und feinem Öl gesalbt. Verwildertes Haar war verpönt. Ein
Bart oder Schnurrbart gehörte dazu.«

Im Gegensatz zu Johannes dem Täufer, der in den Evangelienberichten eher als rauher Naturbursche erscheint – gekleidet mit
einem Zottelgewand aus Kamelhaaren, sich von wildem Honig
und Heuschrecken ernährend (Mt.3.4) –, dürfte Jesus einen gewissen Wert auf sein Äußeres gelegt haben.

Stauffer (S. 50):

»Seine Kleidung war betont unauffällig, nicht üppig, nicht
ärmlich (Lk.7.25; Joh.19.23). Er trug ein ärmelloses Untergewand mit Gürtel (Mk.6.8; Joh.19.23), das übliche Oberge-
wand (Lk.8.44), Sandalen (Mk.1.7; 6.9) und auf seinen Wanderungen einen Stab (Mk.6.8). Die einzige Besonderheit, von
der wir hören, ist die, daß sein Untergewand ungenäht war,
durchgewebt wie der Chiton des Hochpriesters. Vielleicht
trug Jesus ein weißes Tuch auf dem Kopf, wie es schon im
antiken Palästina gern getragen wurde: mit einer Schnur fest-
gebunden und hinten schulterlang herabhängend.«

Das alles ist natürlich Spekulation, vermittelt aber vielleicht einen
Eindruck, der – zumindest in diesem oder jenem Punkt – einen
gewissen Grad an Wahrscheinlichkeit hat.

Vermutlich kein Asket

Die Anhänger des Konsumverzichts und einer puritanischen Lebensführung können sich schwerlich auf Jesus berufen. Wenn Markus (1.12-13), Matthäus (4.1-2) und Lukas (4.1-2) übereinstimmend berichten, Jesus habe in der Wüste vierzig Tage verbracht und gefastet, so darf dies nicht wörtlich genommen werden. Die Zahl vierzig hat symbolischen Charakter. Und Fasten ist eine alte semitische Sitte: Durch Verzicht auf bestimmte Speisen, zum Beispiel Fleisch, legte man sich eine gewisse Selbstbeschränkung auf. Honig und Heuschrecken aber waren erlaubt – wobei letztere, in geröstetem Zustand, eine Delikatesse sein sollen. Wie Heuschrecken zubereitet wurden, steht in einem Bericht, den der Alttestamentler und Palästinaforscher *Gustav Dalmann* Anfang unseres Jahrhunderts geliefert hat:

>»Heuschrecken werden in Salzwasser gekocht, getrocknet und zerstampft und in Säcke gefüllt zu wochenlanger Nahrung von Menschen, Kamelen und Pferden in dürrem pflanzenlosem Gelände.«[3]

Hartmut Stegemann (S. 298) behauptet, in Olivenöl gesotten würden sie ähnlich wie Pommes frites schmecken, sie seien sogar eine »Leckerei«.

Auffallend häufig ist bei Jesus von Essen und Trinken die Rede, ja er selbst berichtet von sich (Mt.11.19; Lk.7.34), daß die Leute ihn einen »Fresser« und »Weinsäufer« nennen. Der Wein war, nebenbei bemerkt, geharzt und stark gesüßt; häufige Kopfschmerzen und Katerstimmung dürften die unausbleibliche Folge gewesen sein. Als ihm einmal die Völlerei, insbesondere auch die seiner Jünger, mit dem Hinweis vorgehalten wird, daß die Jünger von Johannes dem Täufer sowie die Jünger der Pharisäer fasten, weist Jesus dies mit einem Gleichnis zurück:

»Wie können die Hochzeitsleute fasten, dieweil der Bräutigam bei ihnen ist? Solange der Bräutigam bei ihnen ist, können sie nicht fasten.« (Mk.2.19)

(Der Ausdruck »Bräutigam« in der Luther-Übersetzung ist mißverständlich: Hieronymus hatte in seiner lateinischen Übersetzung »filii sponsi«, also »Kinder des Bräutigams« gewählt, was keinen Sinn gibt. Im griechischen Urtext steht »nymphon«, was so viel wie »Brautgemach« bedeutet. Jesus hat also offenbar den Ort, wo es leckere Sachen zu essen gibt, mit einem Brautgemach verglichen.)

Küng (Christ sein, S. 313) kommentiert dies so:

»Wenn für den Täufer die Bußtaufe die charakteristische Zeichenhandlung war, so für Jesus und seine Botschaft das in fröhlicher Stimmung gehaltene Festessen, in welchem man die gemeinsame Zugehörigkeit zum kommenden Reich feierte.«

Kurzum: Jesus hatte Freude an gutem Essen und Trinken. Hier begegnen uns nicht Hast und Zeitnot wie bei seinem sonstigen Tun. Bei Tische in lustiger Runde – man kann es sich leisten und liegt daher bequem ausgestreckt zu Tisch – wurde gelacht und gescherzt, naheliegend, daß gelegentlich ein jüdischer Witz erzählt wurde oder man sich über die Heiden lustig machte. *Salcia Landmann*[4] stellt die rhetorische Frage, ob Jesus und seine Jünger sich »nie zu ekstatischem Rundtanz« zusammengefunden hätten. Frau Landmann fände es »verwunderlich, wenn Jesus und seine Freunde sich davon ausgeschlossen hätten«.

Willibald Bösen bringt es auf den Punkt (S. 107):

»Nichts ist unhistorischer als ein todernster Jesus, der sich nicht freuen kann, dem der Weltschmerz das Leben im Halse erstickt.«

Auch in bezug auf Frauen scheint Jesus nicht abstinent gewesen zu sein. Selbst seine Vorstellung vom Himmelreich hat für ihn durchaus auch eine sexuelle Komponente. Gemeint ist das Gleichnis von den klugen und den törichten Jungfrauen. Da wähnt er sich in seiner Phantasie (schließlich ist er Orientale!) als der Bräutigam, zu dem sich zehn Jungfrauen gleichzeitig drängen. Aber nur fünf will er einlassen, und er entscheidet sich für die, die rechtzeitig ihre Öllämpchen angezündet haben, weil er bei diesen (den klugen) eine größere Bereitschaft vermutet als bei denen (den törichten), die vergessen hatten, sich mit Öl zu versorgen:

>Während sie noch unterwegs waren, um das Öl zu kaufen, kam der Bräutigam; die Jungfrauen, die bereit waren, gingen mit ihm hinein zur Hochzeit, und die Tür ward verschlossen. Später kamen auch die anderen Jungfrauen und riefen: Herr, Herr, mach uns auf! Er aber antwortete ihnen: Amen, ich sage euch: Ich kenne euch nicht.« (Mt.25.10-12)

Theologisch wird das zwar ganz anders gedeutet; aber ob die Exegese der (christlichen, nichtjüdischen) Theologen auf dem Boden der kirchlich geprägten Sexualfeindlichkeit richtig ist, steht auf einem anderen Blatt. Der Jurist jedenfalls wird eher geneigt sein, sich am sogenannten »objektiven Erklärungswert« einer Äußerung zu orientieren. Und der objektive Erklärungswert ist hier ziemlich eindeutig.[5]
Einen pikanten Zug weist auch die Schilderung bei Lukas (7.37 f.) auf, wo Jesus sich von einer Frau – Lukas nennt sie eine »Sünderin« – im Hause des Pharisäers Simon bedienen läßt und ihre Annäherung, die selbst dem toleranten Gastgeber zu weit geht, gutheißt:

>Und er wandte sich zu dem Weibe und sprach zu Simon: Siehst du dies Weib? Ich bin gekommen in dein Haus; du hast mir nicht Wasser gegeben zu meinen Füßen; diese aber hat meine Füße mit Tränen benetzt und mit den Haaren ihres Hauptes getrocknet.« (Lk.7.44)

Die »*schöne Sünderin*« wird – freilich ohne daß man sich auf Lukas berufen könnte – meistens mit *Maria Magdalena* identifiziert. Die Kirchenväter haben diese Behauptung aufgestellt, und bei dieser Version ist es in der katholischen Kirche bis auf den heutigen Tag geblieben. Im Römischen Meßbuch fand sie unter dem 22. Juli als »*heilige Sünderin*« und »*sündige Heilige*« ihren Platz, und unter ihrem Namen wurden dann auch eine Reihe von Ordensgenossenschaften gegründet »zur Besserung gefallener Mädchen«.[6] Die lukanische Szene mit ihrem erotischen Hauch ist auf vielen großartigen Gemälden zu sehen. Mit der Schilderung dieses jesuanischen Wesenszuges will Lukas offenbar ganz bewußt den engherzigen Moralisten, die es zu allen Zeiten gegeben hat, eine Abfuhr erteilen. Die leibfeindliche kirchliche Lehre jedoch vermag in der Begebenheit nicht etwa eine fröhliche Huldigung der Erotik zu sehen, sondern versucht, sie als Beispiel »*reuiger Sünde*« hinzustellen – ungeachtet der Tatsache, daß diese Frau, von der Jesus sich salben und gar die Füße küssen läßt, bei Markus und Matthäus keine Sünderin und bei Johannes nicht die Maria aus Magdala, sondern die angesehene *Maria von Bethanien* ist, die Schwester des Lazarus, den Jesus von den Toten auferweckt haben soll.[7]

Eine sonst bei ihm vermißte Toleranz kommt auch in dem Gespräch Jesu mit der samaritanischen Frau am Jakobsbrunnen zum Ausdruck (Joh.4.17 f.), die immerhin fünf Männer gehabt hat und nun mit einem zusammenlebt, der nicht ihr legitimer Ehemann ist.

Es ist insgesamt zu beobachten, wie die Kirche von Anfang an weit mehr geneigt war, sich an dem *paulinischen Keuschheitsideal* zu orientieren, als sich auf den Boden *jesuanischen Freidenkens* zu stellen. Das wird am Beispiel deutlich, wie Jesus mit der Ehebrecherin verfuhr, die zum Tode verurteilt worden war und gesteinigt werden sollte:

> »Wer von euch ohne Sünde ist, der werfe den ersten Stein auf sie ... Ich verurteile dich nicht. Geh und sündige von jetzt an nicht mehr!« (Joh.8.7 u. 11)

Schon *Augustinus* (ausgerechnet Augustinus, der seinerseits ein ausschweifendes Leben geführt hat!) hielt es für angezeigt, Jesus hier wegen seiner *»übertriebenen Milde«* zu tadeln.[8] Niemals ist seitens der Kirche eine Ehebrecherin mit so milder Ermahnung davongekommen wie bei Jesus. (Leider steht nichts im Evangelium darüber, ob die Frau die Ermahnung befolgt hat.) Allerdings werden auch Zweifel an der Echtheit dieses jesuanischen Ausspruchs geäußert. Daß die Hinrichtung der Frau auf Grund eines bloßen Machtworts des Nazareners unterblieb, ist unwahrscheinlich. Auch die Begründung, die Jesus für sein Dazwischentreten gibt, erscheint fragwürdig.

Ernst Haenchen (S. 373):

»Wenn die irdische Gerechtigkeit nur von Menschen ohne Sünde ausgeübt werden darf, dann kann es überhaupt keine Rechtspflege mehr geben.«

Ungeachtet der Tatsache, daß die kirchliche Tradition eine Sexualität Jesu zum Tabu erklärt, ihn zur *»männlichen Jungfrau«* (Wolff, S. 53) stilisiert, ist die Frage nach den Beziehungen Jesu zum anderen Geschlecht keineswegs ein Thema, das ausnahmslos zu allen Zeiten als unziemlich oder »unchristlich« galt. Selbst dort, wo man die Göttlichkeit Christi in heiligen Schriften pries, hielt man es bisweilen für angemessen, Jesus als einen Mann zu beschreiben, der sich in der Sexualität von anderen Männern nicht unterschied.

Im *Philippus-Evangelium* heißt es:

»Die Frauen wandelten mit dem Herrn allezeit: Maria, seine Mutter, deren Schwester und Magdalena, die seine Paargenossin genannt wird ... Maria Magdalena liebte der Soter mehr als alle Jünger, und er küßte sie oftmals auf ihren Mund. Die übrigen Jünger kamen zu ihr und machten ihr Vorwürfe. Zu ihm sagten sie: Weshalb liebst du sie mehr als alle?«[9]

Ben-Chorin (Bruder Jesus, S. 127 ff.) ist davon überzeugt, daß Jesus *verheiratet* war. Allein die Tatsache, daß er in seinen Gleichnissen gern den »*Bräutigam*« als handelnde Figur wählt – er selbst ist dabei der Bräutigam (z. B. Mt.9.15; Lk.5.34) –, lasse darauf schließen, daß er auch selbst eine »bräutliche Stunde« erlebt hat:

»Jesus wurde von seinen Jüngern und der großen Gemeinde seiner Nachfolger als Rabbi angeredet. Ein unverheirateter Rabbi ist kaum denkbar ... Wir müssen uns fragen: Wenn Jesus unverheiratet gewesen wäre, hätten dann nicht seine Jünger ihn nach diesem Mangel gefragt, hätten aber vor allem nicht seine Gegner ins Treffen gegen ihn geführt, daß er die erste Pflicht: ›Seid fruchtbar und mehret euch‹ des rabbinischen Pflichtenkatalogs in seinem Leben unerfüllt gelassen hat? ... Wir müssen uns vor allem von der Vorstellung frei machen, daß ein verheirateter Jesus für seine Umwelt in irgendeiner Weise anstößig gewesen wäre. Gerade das Gegenteil trifft zu.«

Diese Hinweise erscheinen mir nicht zuletzt auch deswegen überzeugend, weil Jesus, wäre er unverheiratet geblieben, sich wohl kaum so positiv über die Ehe geäußert hätte:

»Habt ihr nicht gelesen, daß der Schöpfer die Menschen am Anfang als Mann und Frau geschaffen hat und daß er gesagt hat: Darum wird der Mann Vater und Mutter verlassen und sich an seine Frau binden, und die zwei werden ein Fleisch sein?« (Mt.19.4-5)

Auch von den Frauen und Kindern der Jünger Jesu ist in den Evangelien nicht die Rede.[10] Nur die Schwiegermutter von Petrus wird erwähnt – genauer gesagt: sie wird als etwas ganz Selbstverständliches vorausgesetzt (Mt.8.14-15). Es wäre ein seltsames Gefolge gewesen, wenn es sich bei den Jüngern vorwiegend um zölibatäre Männer gehandelt hätte. Sie wären mit Bauern verglichen worden, die es in sündiger Weise unterlassen, ihre Äcker zu bestellen.

Oder in späteren Schmähungen hätte man ihnen gar Abartigkeit im Sinne homosexueller Neigungen nachgesagt. Der Gedanke an »Gay People« ist in den Augen von *Willibald Bösen* »die größte Geschmacklosigkeit« (S. 154).

Der Umstand, daß in den Evangelien jeder Hinweis auf eine Eheschließung Jesu fehlt, ist kein Indiz *gegen*, sondern gerade *für* den Verheiratetenstatus. Denn nicht das, was als selbstverständlich vorausgesetzt werden kann, bedarf der Erwähnung, sondern das Außergewöhnliche. (So wird man beispielsweise bei einem Nachruf auf einen verstorbenen katholischen Priester nicht den Hinweis finden, daß dieser ledig war.) Ein freiwilliges Zölibat jedenfalls, das ein junger Mann auf sich genommen hätte, wäre in der jüdischen Welt jener Zeit ein Umstand, der diesen jungen Mann gesellschaftlich weitgehend isoliert hätte. Den Ehrentitel »Rabbi« hätte er sich dann nicht erwerben können. Ein »lediger Rabbi« ist so etwas wie eine »*contradictio in adjecto*«.

Ben-Chorin stellt sich die Situation so vor, daß Jesu junge Ehefrau in der kurzen Zeit des öffentlichen Auftretens ihres Mannes mit den Kindern zu Hause geblieben war, während ihre verwitwete Schwiegermutter sich dem Jüngerzug angeschlossen hatte. Martin Luther hingegen, der ebenfalls davon ausgeht, daß Jesus verheiratet war, »um der menschlichen Natur völlig teilhaftig zu werden«[11], neigt zu der Annahme, daß es sich bei der Ehefrau um *Maria Magdalena* gehandelt hat. Undenkbar wäre es, daß in jesuanischer Zeit eine ledige Frau unbegleitet in Palästina umherreiste oder gar zum Gefolge eines Rabbi gehörte. Maria aus Magdala war also verheiratet, und unter Abwägung aller Umstände spricht vieles dafür, daß ihr Ehemann Jesus von Nazareth war. Für diese Auffassung könnte vor allem der Umstand sprechen, daß Maria Magdalena in allen vier Evangelien eine ganz herausragende Rolle spielt. Unbestreitbar ist das hohe Ansehen, das diese Frau – immerhin war es *Augustinus*, der sie »*apostola apostolorum*«[12] nannte – am Ende von Jesu öffentlichem Wirken genoß. In keinem der Evangelien wird sie etwa – entgegen einer (von Papst *Gregor dem Großen* in Szene gesetzten) nunmehr landläufigen Meinung – als

Dirne bezeichnet. Von allen Frauen wird ihr Name stets an erster Stelle genannt.

Bösen (S. 316):

»Der Magdalenerin kommt unter den Frauen eine herausragende Rolle zu. Was Petrus im Zwölferkolleg, ist sie innerhalb der Frauengruppe.«

Während alle Jünger bei der Verhaftung Jesu geflohen waren, soll Maria Magdalena ihn auf seinem Gang nach Golgatha begleitet und, dem Johannes-Evangelium zufolge, sogar unter dem Kreuz gestanden haben. Maria Magdalena war es, die das (angeblich) leere Grab entdeckte (Mt.28.1; Joh.20.1), und nach Markus und Johannes ist ihr der Auferstandene als erster begegnet (Mk.16.9; Joh.20.11-18).
Bei einer derartigen Herausstellung dieser Frau wäre es in höchstem Maße unwahrscheinlich, wenn Maria Magdalena mit einem anderen Mann als Jesus verheiratet gewesen wäre. Die eigene Ehefrau wäre es dann gewesen, die, dem Philippus-Evangelium zufolge, Jesus oftmals auf den Mund geküßt hat. Und völlig gleichgültig ist es doch, welchen Lebenswandel diese Maria vor ihrer Begegnung mit Jesus geführt hat. Mag sie eine »*Sünderin*« gewesen sein!

Verfechter sozialer Gerechtigkeit?

Jesu Predigt war in erster Linie eine Bußpredigt im Zusammenhang mit der Verkündigung des nahe bevorstehenden Gottesreiches. In Anlehnung an Johannes den Täufer forderte er aber offenbar nicht nur Buße, sondern er stellte gleichrangig daneben das *Gebot der Liebe.* Ich möchte *Karlheinz Deschner* gern zustimmen, der ein Jesusbild zeichnet, das auch meiner Auffassung entsprechen könnte (S.135):

»Eine Tendenz zu äußerster Radikalität scheint ihn beherrscht zu haben: Kampf gegen Kult und zur Schau getragene Frömmigkeit, gegen die Selbstgerechten und Richtenden, gegen die Unterdrückung der Schwachen, die Ausbeutung der Armen, gegen Gewalt, Wiedervergeltung und Mord.«

Aber ist das alles wirklich so gewesen? Wissen wir genug von der Person Jesu, um eine solche Zeichnung uneingeschränkt stehenlassen zu können? Geht es uns hier nicht so wie immer, daß, wenn wir meinten, Jesus »erkannt« zu haben, er sich der Beurteilung dann letzten Endes doch wieder entzogen hat?

Eine gewisse Konsequenz im Verhalten Jesu geben die Gleichnisse und Begebenheiten zu erkennen, in denen er Gottes bedingungslose Gnade predigt, ohne Ansehen der Person und unabhängig davon, ob der Betroffene ein sündhaftes Leben geführt hat oder nicht. Jesus ist also gewiß kein Konformist:

»Ich bin gekommen, um die Sünder zu rufen, nicht die Gerechten.« (Mk.2.17)

»Ich sage euch: Ebenso wird auch im Himmel mehr Freude herrschen über einen einzigen Sünder, der umkehrt, als über neunundneunzig Gerechte, die es nicht nötig haben, umzukehren.« (Lk.15.7)

Jesus soll sich in der Gesellschaft deklassierter Personen wohlgefühlt haben. Schon die Tatsache, daß er den Frauen insgesamt Sympathie entgegenbringt, ist nach den damals geltenden gesellschaftlichen Regeln eine unschickliche Sache.

Bösen (S. 314):

»Rund 20 ›Frauengeschichten‹ ... lassen erkennen, daß Jesus eine vorurteilsfreie und ... erstaunliche Unbefangenheit im Umgang mit Frauen praktiziert.«

Jesus soll aber noch einen entscheidenden Schritt weiter gegangen sein: Konkubinen und Ehebrecherinnen nimmt er in Schutz. Ihnen verspricht er mehr Vergebung als den Keuschen im Lande:

>Ihr sind viele Sünden vergeben, denn sie hat viel geliebt; welchem aber wenig vergeben wird, der liebt wenig.« (Lk.7.47)

Daß er allerdings auch mit den im Volk als Gauner und Betrüger verachteten und verhaßten Zöllnern Freundschaft gepflegt habe (Lk.5.27-32), bezweifle ich. Damit hätte er sich von vornherein alle Sympathien in der Bevölkerung verbaut. Auch würde es nicht zu seiner Haltung als stolzer Israelit passen, Freundschaften ausgerechnet mit den Kollaborateuren der Besatzungsmacht zu schließen. Schon eher wäre es denkbar, daß Jesus einen einzelnen Zöllner abgeworben, ihn bekehrt und zu seinem Jünger gemacht hat (Lk.19.1-10). Der Hinweis auf die freundschaftliche Verbundenheit Jesu mit den Zöllnern dürfte von dem Bestreben der Evangelisten diktiert sein, bei Jesus eine eher römerfreundliche Gesinnung hervorzuheben.

Die Zöllner waren Hilfspersonen der römischen Militärverwaltung, sie waren private Unternehmer, die, allein oder in Form von Gesellschaften, gegen einen festen Betrag einen Zollbezirk pachteten, in welchem sie die – in ihre Taschen fließenden! – Steuern erhoben. Sie konnten mehr oder weniger willkürlich schalten und walten. Bei guten Steuereinnahmen hatten sie den entsprechenden Profit, bei schlechten Einnahmen trugen sie das Risiko des Verlustgeschäfts.

Eine bestimmte Gruppe von Gleichnissen könnte eine *Grundeinstellung* Jesu deutlich werden lassen: Die Kritik am Streben nach irdischen Gütern und die Verdammnis des Reichtums:

>Es ist leichter, daß ein Kamel durch ein Nadelöhr gehe, denn daß ein Reicher ins Reich Gottes komme.« (Mt.19.24)

»Hütet euch vor dem Geiz; denn niemand lebt davon, daß er viele Güter hat ... Gott sprach zu ihm: Du Narr! Noch diese Nacht wird man dein Leben von dir zurückfordern. Wem wird dann all das gehören, was du angehäuft hast? So geht es jedem, der sich Schätze sammelt und ist nicht reich in Gott.« (Lk.12.15, 20-21)

Ist es nach alledem erlaubt, Jesus als einen Verfechter des sozialen Gleichheitsgrundsatzes einzuordnen? Vielleicht sogar als Vordenker des Marxismus? Hat er sich zum Sprecher der Schlechterverdienenden gemacht? War er etwa ein antiker Grüner? Das große Vorbild von Robin Hood? Alle diese Fragen müssen verneint werden. Nicht der Reichtum als solcher ist es, gegen den Jesus sich wendet. Kritisiert wird die »Torheit des Kornbauern«, der sich auf seinen Reichtum verläßt. Denn wenn das Reich Gottes kommt, werden die Armen nicht mehr arm und die Reichen nicht mehr reich sein *(Wolff,* S. 121). Auch im Hinblick auf den ihm von Paulus in den Mund gelegten Ausspruch

»Geben ist seliger als nehmen« (Apg.20.35)

wird in den Evangelien leider kein einziges Beispiel dafür angeführt, daß Jesus jemals nach dieser Maxime (vergleichbar dem heiligen Martin, der seinen Mantel mit dem Bettler geteilt hat) gehandelt habe.
Auch der allein auf Gewinnmaximierung ausgerichtete Kapitalist, ja sogar jemand, der sich erkühnt, die Forderung nach sozialer Gerechtigkeit explizit abzulehnen, könnte sich durchaus auf Jesus berufen:

»Wenn einer von euch einen Knecht hat, der pflügt oder das Vieh hütet, wird er etwa zu ihm, wenn er vom Feld kommt, sagen: Nimm gleich Platz zum Essen? Wird er nicht vielmehr zu ihm sagen: Mach mir etwas zu essen, gürte dich, und bediene mich; wenn ich gegessen und getrunken habe, kannst auch du essen und trinken. Bedankt er sich etwa bei dem Knecht, weil er getan hat, was ihm befohlen wurde?« (Lk.17.7-9)

Noch gesteigert erscheint diese Ungerechtigkeit im Gleichnis von den *Arbeitern im Weinberg* (Mt.20.1-16), dessen Besitzer alle Tagelöhner gleich entlohnt, gleichgültig, ob sie schon seit dem frühen Morgen gearbeitet haben oder erst am Nachmittag auf der Arbeitsstelle erschienen sind.

In einem anderen Gleichnis wiederum (Gleichnis von den *anvertrauten Pfunden*) präsentiert sich Jesus nun wirklich als reiner Kapitalist:

»Ich ernte, wo ich nicht gesät, und sammle, wo ich nicht ausgestreut habe.« (Mt.25.26)

Mit »ei, du frommer Knecht!« wird derjenige gelobt, der das Geld vermehrt, indem er es zinsbringend angelegt hat. »Du Schalk!« wird derjenige gescholten, der sich als nicht geschäftüchtig erwiesen hat. Die tüchtigen Geschäftsleute werden mit Reichtümern überhäuft, die untüchtigen sollen arm bleiben:

»Warum hast du dann mein Geld nicht auf die Bank gebracht? Dann hätte ich es bei der Rückkehr mit Zinsen abheben können. Und zu den anderen, die dabeistanden, sagte er: Nehmt ihm das Geld weg, und gebt es dem, der die zehn Minen hat. Sie sagten zu ihm: Herr, er hat doch schon zehn. Da erwiderte er: Ich sage euch aber: Wer da hat, dem wird gegeben werden; von dem aber, der nicht hat, wird auch das genommen werden, was er hat.« (Lk.19.23-26)[13]

Andererseits: Die Historizität des Gleichnisses von den anvertrauten Pfunden wird von mehreren Gelehrten bestritten.

Anton Mayer (S. 255):

»Sich Gott als stillen Teilhaber an ausbeuterischen Geschäften vorzustellen, grenzt in meinen Augen an Blasphemie. Mit Jesus begegnet man Gott eher in den Slums als in den reichen Bankvierteln. Jedenfalls braucht man, um seinem Wort zu folgen: >Wer von dir borgen will, den weise nicht ab!< keine Bank.«

Anders wiederum sieht es der in Heidelberg und Osnabrück lehrende Professor für Systematische Theologie *Horst Georg Pöhlmann* (S. 70):

»Das Verhalten Jesu gegenüber den Reichen war keineswegs eindeutig. So hatte er nichts dagegen, daß ihn begüterte Frauen aus seinem Jüngerkreis unterstützten (Lk.8.2-3) und daß sein Jünger Petrus ein Haus besaß (Mt.8.14). Derselbe Jesus, der seine Jünger ermahnte, ihren Besitz den Armen zu geben, läßt sich von einer Frau mit kostbarem Nardenöl im Werte von mehreren hundert Mark das Haupt salben (Mk.14.3-9). Derselbe Jesus, der vom reichen Jüngling fordert, daß er alles verkauft, verlangt das vom korrupten Oberzöllner Zachäus, bei dem so eine Forderung viel angebrachter gewesen wäre, keineswegs (Lk.19.8-10).«

Bei so viel Gegensätzlichkeit wissen wir nicht einmal in Ansätzen, wie Jesus sich etwa zu den brennenden Problemen unserer Zeit verhalten hätte. Keine politische Partei, keine außerparlamentarische Opposition, keine alternative Gruppierung kann ihn für sich vereinnahmen. Vielleicht war er ein Fundamentalist, aber jeglicher Vergleich mit fundamentalistischen Strömungen der Gegenwart (etwa der Intifada) und ihren Führern scheidet in Anbetracht der friedfertigen Grundhaltung Jesu von vornherein aus.
Die in der Diskussion von Gegenwartsproblemen oft herangezogene Bergpredigt ist für eine Antwort gänzlich ungeeignet. Hei-

terkeit und Beifall löste *Bodo Volkmann*, Mathematikprofessor an der Universität Stuttgart, auf dem Stuttgarter Evangelischen Gemeindetag am 6. Juni 1985 aus, als er in seinem Referat folgendes ausführte:

>»Wer aber die Bergpredigt politisch verstehen wollte, der müßte konsequenterweise die Gerichtsbarkeit (›Richtet nicht!‹) und die Polizei (›Widerstehet nicht dem Bösen!‹) ebenso abschaffen wie die Rentenversicherung (›Sorgt nicht für die Zukunft!‹), die Banken (›Sammelt euch keine Schätze auf Erden!‹) und die Gewerkschaften (›Wenn dich jemand anstellt, vierzig Stunden pro Woche für ihn zu arbeiten, so arbeite freiwillig für den gleichen Lohn achtzig Stunden!‹). Nicht nur die Bundeswehr müßte er abschaffen, sondern alle staatlichen Einrichtungen zum Schutz des Bürgers vor dem Bösen.«

Ein soziales oder politisches Reformprogramm läßt sich aus der Bergpredigt nicht herleiten. Zu idyllisch wäre der Traum, daß bei genügend Gottvertrauen die Probleme eines jeden sich von selbst lösen und Gott für die Bedürfnisse sorgt, so wie er für die Blumen auf dem Feld und die Vögel unter dem Himmel sorgt. Die Situation der Sklaven, der »Mühseligen und Beladenen« hat Jesus nicht als Ungerechtigkeit angeprangert. Dies aber wäre, wenn wir die Bergpredigt in unsere Zeit transponieren wollten, wohl die erste Voraussetzung für die Einleitung eines sozialen Programms gewesen. Jesus hat den Betroffenen zugerufen, sich mit ihrem Los abzufinden: Sie werden seliggepriesen, nicht aber aufgefordert, sich gegen ihre Peiniger aufzulehnen.

Die Seligpreisungen, Verwünschungen und Drohungen der Bergpredigt sind nichts weiter als Widerspiegelung der Sehnsüchte der unterdrückten und ärmsten Bevölkerungsgruppen, in deren Welt sich Jesus hineinzufühlen vermochte (*Craveri*, S. 171). Keine Rede aber kann davon sein, daß er die bestehenden Herrschaftsverhältnisse auch nur in Ansätzen in Frage gestellt hätte. Die Männer stehen – jedenfalls nach der Interpretation der Evangelisten – allemal über den Frauen. Bei der wundersamen Brotvermehrung sind es laut Markus (6.44) »fünftausend *Männer*, die von den Broten gegessen hatten«, laut Matthäus (14.21) sind es »bei fünftausend *Mann*, abgesehen von Weibern und Kindern«. An der Tatsache, daß die Gesellschaft eingeteilt ist in Herren und Sklaven, hat Jesus so wenig etwas Anstößiges gefunden wie irgend jemand seiner Zeitgenossen. In vielen Gleichnissen (z. B. Lk.12.42-46) wird die Beziehung des Sklaven zu seinem Herrn sogar als Modell verwendet für die Beziehung des Menschen zu Gott – so wie die Sklaverei von Paulus dezidiert gutgeheißen wird (z. B. Eph.6.5.; 1.Kor.7.20-22).

II. TEIL
Zur Sache

7. Kapitel
Zum Passionsbericht

Die Passionsgeschichte ist der zentrale Punkt der Evangelien. Dieser letzte Abschnitt im Leben Jesu ist in allen vier Evangelien jeweils in einer in sich geschlossenen Erzählung zusammengefaßt. Ganz gezielt wird Jesus hier aus der Sicht des Osterglaubens, der Auferstehung und Erlösung, geschildert. Die Erzählung ist stark von christologischen Motiven durchwirkt, besonders ausgeprägt in den Geschichten, die vom Einzug in Jerusalem, vom Abendmahl und vom Verhör vor dem Hohen Rat handeln.[1]

Es stimmen aber alle Forscher darin überein, daß jedenfalls der Grundtatbestand der Passion *historisch* ist. Er ist der älteste Teil der synoptischen Tradition. Alle anderen Berichte über Jesu Leben und Handeln sind rückwärtige Verlängerungen des Passionsberichts. Anders ausgedrückt: Die synoptischen Evangelien sind die Passionsgeschichte mit ausführlicher Einleitung.

Zielort Jerusalem

Der Überlieferung zufolge hat Jesus vorwiegend in Galiläa gelehrt, speziell am See Genezareth und in dessen Nähe. Der Hauptwohnsitz war Kapernaum. Von dort aus machte er Tageswanderungen oder Bootsfahrten ans andere Seeufer, kehrte aber immer nach kurzer Zeit zurück. Jesu Jünger und Zuhörer waren Galiläer. Dort in der Provinz hatte er keine sonderliche Breitenwirkung mit seiner Botschaft vom Herannahen des Gottesreiches erzielen können. Allzusehr stand er offenbar im Schatten des populären Täufers und Wüstenpredigers Johannes. Der Beifall des Volkes war mäßig. So jedenfalls berichtet es der Johannes-Evangelist. Zustimmung und Ablehnung wechselten einander ab. Hader und Streit mit der Umwelt mischten sich ein:

»Die Welt kann euch nicht hassen. Mich aber haßte sie, denn ich bezeuge, daß ihre Werke böse sind.« (Joh.7.7)

Resignation und Verlassenheit begleiten den gesamten Bericht. Sogar seine engeren Anhänger sollen ihm bald kein Vertrauen mehr entgegengebracht haben:

»Viele seiner Jünger, die ihm zuhörten, sagten: Was er sagt, ist unerträglich. Wer kann das anhören?« (Joh.6.60)

Markus zufolge soll Jesus mit gleicher Münze heimgezahlt haben, indem er sich mit den Worten an die Jünger wendet:

»Wie lange muß ich euch noch ertragen?« (Mk.9.19)

Scharenweise haben sich die einstigen Vertrauten von ihm abgewandt und sind ihm davongelaufen:[2]

»Daraufhin zogen sich viele Jünger zurück und wanderten nicht mehr mit ihm umher.« (Joh.6.66)

Jesus wird betrübt und mutlos, er muß befürchten, daß sogar die zwölf engsten Jünger sich von ihm abwenden werden:

»Da fragte Jesus die Zwölf: Wollt auch ihr weggehen?« (Joh.6.67)

Einen »*galiläischen Frühling*« vor der Jerusalemer Katastrophe hat es jedenfalls nicht gegeben. Es ist ganz wertneutral festzustellen, daß Jesus offenbar weniger Erfolg gehabt hat als sein populärer Vorgänger Johannes der Täufer[3] – was Jesus laut Matthäus-Evangelium auch durchaus einräumt:

>»Amen, das sage ich euch: Unter allen Menschen hat es keinen größeren gegeben als Johannes den Täufer; doch der Kleinste im Himmelreich ist größer als er.« (Mt.11.11)

Der Mißerfolg in der Heimat ist möglicherweise einer der Gründe dafür gewesen, daß Jesus sich entschloß, das idyllische Land am See zu verlassen. Er muß innerlich zutiefst verletzt gewesen sein. Nur so läßt sich erklären, daß er – ein erschreckender Kontrast zu den Worten der Bergpredigt – so schaurige Verwünschungen über harmlose galiläische Ortschaften ausgesprochen haben soll, obwohl ihm dort kein Mensch ein persönliches Leid zugefügt hat. Einziger Grund seines Zorns soll gewesen sein, daß man seine Wundertaten dort nicht so ernst genommen hat, wie er es sich vorgestellt hatte.[4]

>»Dann begann er, den Städten, in denen er die meisten Wunder getan hatte, Vorwürfe zu machen, weil sie sich nicht bekehrt hatten: Weh dir, Chorazin! Weh dir, Betsaida! Wenn einst in Tyrus und Sidon die Wunder geschehen wären, die bei euch geschehen sind – man hätte dort in Sack und Asche Buße getan. Ja, das sage ich euch: Tyrus und Sidon wird es am Tag des Gerichts nicht so schlimm ergehen wie euch. Und du, Kapernaum, meinst du etwa, du wirst bis zum Himmel erhoben? Nein, in die Unterwelt wirst du hinabgeworfen. Wenn in Sodom die Wunder geschehen wären, die bei dir geschehen sind, dann stünde es heute noch. Ja, das sage ich euch: Dem Gebiet von Sodom wird es am Tag des Gerichts nicht so schlimm ergehen wie dir.« (Mt.11.20-24; Lk.10.12-15)

Andererseits aber darf bezweifelt werden, ob derartige Verwünschungen tatsächlich ausgesprochen worden sind. Wegen einer persönlichen Enttäuschung ganzen Städten und ihren Bewohnern Verderben und Untergang zu wünschen, das liegt nun doch außerhalb jeder Verhältnismäßigkeit. Auch ein zorniger Jesus wird so weit nicht gegangen sein. Wahrscheinlicher ist, daß die Evangelisten, als sie ihm diese Worte in den Mund legten, ihre eigenen Probleme im Zusammenhang mit der Verkündigung des neuen Glaubens kurzerhand in Jesus projiziert haben. Die Verwünschungen könnten auch schlicht so gedeutet werden, daß die beiden Evangelisten auf Jesu Enttäuschung zwar hinweisen wollen, die Flüche als solche aber nur Symbolcharakter haben. Und im übrigen darf natürlich nicht übersehen werden, daß es für den Orient typisch ist, sich mit starken und übertriebenen Worten die Meinung zu sagen.

Wichtiger für den Entschluß, Galiläa zu verlassen und nach Jerusalem zu ziehen, dürfte ein anderer Grund gewesen sein: Wenn Jesus einen größeren und gewichtigeren Hörerkreis erreichen wollte, wenn, mit anderen Worten, seine Botschaft einen wirklichen Durchbruch erzielen sollte, dann mußte er sie ins jüdische Kernland hineintragen, und das hieß: *Jerusalem.* Allein über Jerusalem mit seinem Heiligtum, dem *Tempel,* konnte er das ganze Volk erreichen und zur Entscheidung auffordern. Möglicherweise haben auch die Jünger ihren Meister gedrängt, nach Jerusalem zu gehen und die Botschaft dort zu verkünden. Nach ihrer Meinung – so Lk.19.11 – würde eine Proklamation in Jerusalem automatisch den Anbruch der Gottesherrschaft auslösen.

Jesus ist sicher nicht nach Jerusalem gegangen, um dort ein messianisches Martyrium zu erleiden.

Kolping (S.620):

»Messiasambitionen hat er dabei sicher nicht gehabt.«

Jedoch wird er realistisch genug gewesen sein, seinen Entschluß als ein Wagnis ersten Ranges einzustufen – freilich weniger wegen der römischen Besatzungsmacht und der Gefahr einer Kreuzigung, als vielmehr mit Blick auf die jüdischen Behörden und die Gefahr einer Enthauptung oder Steinigung.

Schillebeeckx (S. 265):

> »Man müßte Jesus für naiv erklären, wenn man behaupten wollte, daß er aus Galiläa arglos nach Jerusalem hinaufgezogen sei, ohne sich des lebensgefährlichen Widerstandes bewußt zu sein, auf den er stoßen sollte.«

Schon auf seiner Wanderschaft durch Galiläa soll er mit einigen besonders orthodoxen Pharisäern zusammengestoßen sein, die sein Verhalten für ein todeswürdiges Verbrechen hielten (Mk.3.6). Ihre Bedrohungen waren aber nur sehr allgemein gehalten. Im übrigen wird man sich die Pharisäer nicht als eine homogene Kaste vorzustellen haben. Es gab auch Pharisäer, die Jesus Sympathie entgegenbrachten und zu seinen Freunden zählten. Die Zeit Jesu ist durch zwei pharisäische Geistesrichtungen gekennzeichnet: durch eine streng konservative, an deren Spitze Rabbi Schammai stand, und durch eine wesentlich liberalere, geleitet von Rabbi Hillel. Dazwischen gab es viele Schattierungen.

Kennzeichnend ist folgende talmudische Überlieferung:

> Ein Heide verlangt von Schammai die Bekehrung zum Judentum unter der Bedingung, daß die Belehrung über die Thora geschieht, »während ich auf einem Fuße stehe«. Schammai jagt ihn weg. Als er sein Anliegen bei Hillel wiederholt, meint der: »Was dir verhaßt ist, tue auch deinem Nächsten nicht an! Das ist die ganze Thora. Alles weitere ist Kommentar dazu. Gehe hin und lerne ihn.«[5]

Es stand von vornherein fest, daß Jesu Einzug in Jerusalem zu einer echten Herausforderung des priesterlichen »Establishments« werden konnte. Dort in der Hauptstadt hatte er es nicht

mehr nur mit den im Grunde harmlosen Pharisäern und Schriftgelehrten zu tun, also mit Gesprächspartnern, denen er sich in
freier Diskussion – wiewohl selbst ohne theologische oder juristische Ausbildung (Mk.6.2; Joh.7.15) – oft als der Überlegene hatte
zeigen können. In Jerusalem, im Zentrum der Macht, mußten die
Auseinandersetzungen in erster Linie mit den Sadduzäern ausgetragen werden, den Angehörigen der Tempelpartei, die allein
schon durch ihre Machtbefugnisse die Möglichkeit besaßen, sich
einer unliebsamen Person sehr rasch zu entledigen.

Kolping (S. 620):

»Was sich historisch für die Gedankenwelt Jesu aus seinem
Zug nach Jerusalem ergibt, ist die Tatsache, daß Jesus, der
bislang nur mit kleinen Leuten zu tun hatte, jetzt eine Konfrontation mit den Führern seines Volkes einkalkulieren
mußte.«

Johannes der Täufer war sogar in der *Provinz* als ein politisches
Sicherheitsrisiko angesehen und kurze Zeit zuvor von *Herodes
Antipas* in der Festung Machärus durch Erdrosselung oder Enthauptung hingerichtet worden.[6] Eindeutig aber lagen der Tötung
politische Motive zugrunde. Legende ist der Bericht im Markus-
Evangelium (6.17–29), der so viele Dichter und Komponisten –
mitunter sogar erotisch – beflügelt hat. Dem Markusbericht zufolge hat Herodes Antipas den Täufer aus einer persönlichen Krän-
kung heraus verhaften lassen, weil dieser angeprangert habe, daß
Herodes Antipas die Ehefrau seines Bruders Philippus – sie hieß
Herodias – geheiratet und damit ein blutschänderisches Verhältnis begründet habe. Die verwitwete und jetzt neu vermählte Herodias habe sich dann gerächt und, im Zusammenwirken mit ihrer
Tochter Salome, Herodes Antipas veranlaßt, den Täufer enthaupten zu lassen.
Das Schicksal seines Lehrers Johannes muß Jesus um so mehr als
Warnung vor Augen gestanden haben, als ihm nicht verborgen

geblieben sein dürfte, daß man hinter seinem Rücken munkelte, er sei ein »*Johannes redivivus*« (Mk.6.14; Mt.14.2). Im Jerusalemer Machtzentrum waren die »Herodianer« mit einer starken Fraktion vertreten. Die Herausforderung würde um so größer sein, je mehr es Jesus gelingen sollte, in der Bevölkerung Anklang zu finden und die breite Masse für sich und seine Botschaft einzunehmen. Aus einer solchen Strömung Gesetzesverletzungen zu konstruieren, haben die Machthaber bekanntlich von jeher und zu allen Zeiten verstanden. Entschlossenheit und persönlicher Mut sowie ein alle Bedenken zerstreuendes *Sendungsbewußtsein* müssen ausschlaggebend dafür gewesen sein, daß er bereit war, das Wagnis einzugehen.

Mit letzter Sicherheit läßt sich allerdings nicht sagen, ob das alles wirklich so gewesen ist. Ich habe mir lediglich die herrschende Meinung zu eigen gemacht und gehe auch in der weiteren Darstellung davon aus, daß der Zug nach Jerusalem aus einem Sendungsbewußtsein heraus erfolgte. Es ist aber nicht auszuschließen, daß Jesus sein Schicksal in Jerusalem anläßlich einer schlichten *Pilgerfahrt* ereilt hat.

Einzug in die Stadt

Es lag nahe, als Zeitpunkt für den Einzug in Jerusalem einen der hohen jüdischen Festtage zu wählen, an welchem sich große Pilgermassen in der Stadt befanden. Welches der jüdischen Feste sich Jesus ausgewählt hatte, ist umstritten. Wahrscheinlich ist, daß, wie im Johannes-Evangelium berichtet wird, Jesus schon mehrmals als Pilger in Jerusalem gewesen war. Moses (Dtn.16.16) hat alle jüdischen Männer verpflichtet, dreimal im Jahr nach Jerusalem zu pilgern, und zwar zum Passahfest im Frühling, welches dem Gedenken an den Auszug aus Ägypten gilt, zum sieben Wochen später liegenden sogenannten Wochenfest (Schawuoth), welches der Erinnerung an den Empfang des Gesetzes geweiht ist, und zum Laubhüttenfest (Sukkoth) im Frühherbst nach der Obst- und

Weinernte, dem Erntedankfest, wie wir sagen würden. Das Gebot zum jährlich dreimaligen Pilgern wird in der Praxis nicht so streng gehandhabt worden sein, aber es dürfte doch zum Leben eines frommen Juden wie Jesus gehört haben, zumindest in bestimmten Abständen die Heilige Stadt aufzusuchen, um im Tempel zu beten und Opfergaben zu bringen. Lukas (Lk.2.41) berichtet, daß die Familie Jesu regelmäßig zu Passah nach Jerusalem gepilgert sei.

Den synoptischen Evangelien zufolge steht der Einzug in unmittelbarem zeitlichen Zusammenhang mit dem Passahfest, an dem sich Jesu Todesschicksal erfüllte. Die Kirche lehrt, Jesus sei fünf Tage vor Passah, am sogenannten *Palmsonntag*, in Jerusalem eingezogen. Von »Palmen« in Verbindung mit Jesu Einzug ist allerdings nur bei Johannes (Joh.12.13) die Rede. Markus und Matthäus sprechen von »Zweigen«, die die Menschenmenge auf den Feldern (Mk.11.8) bzw. von den Bäumen (Mt.21.8) abgehauen und zur Begrüßung auf den Weg gelegt hatte. Das von Markus und Matthäus übereinstimmend verwendete griechische Wort ist »stibas«. Das bedeutet soviel wie »Streu«. In der bei Herder 1980 erschienenen ökumenischen Einheitsübersetzung heißt es:

»Und viele breiteten ihre Kleider auf der Straße aus; andere rissen auf den Feldern Zweige (von den Büschen) ab und streuten sie auf den Weg. Die Leute, die vor ihm hergingen und die ihm folgten, riefen: Hosianna! Gesegnet sei er, der kommt im Namen des Herrn! Gesegnet sei das Reich unseres Vaters David, das nun kommt. Hosianna in der Höhe!« (Mk.11.8-10)

Diese Textstelle – der Matthäus-Text stimmt fast wörtlich damit überein, während bei Lukas (Lk.19.37-40) nur ganz allgemein von der guten und fröhlichen Stimmung der Jünger die Rede ist – hat einige Autoren (z. B. *Ben-Chorin* und *Craveri*) vermuten lassen, daß Jesus nicht vor dem verhängnisvollen Passahfest, sondern schon zum Laubhüttenfest im vorangegangenen Herbst in Jerusalem eingezogen sei. Denn die Beschreibung in den beiden Evangelien erinnert an die Gebote und Riten, die anläßlich des Laub-hüttenfestes eingehalten werden:

»Am ersten Tag nehmt schöne Baumfrüchte, Palmwedel, Zweige von dichtbelaubten Bäumen und von Bachweiden, und seid sieben Tage lang vor dem Herrn, eurem Gott, fröh-lich.« (Lev.23.40)

Bis auf den heutigen Tag werden die erwähnten Zweige beim Laubhüttenfest zu einem Feststrauß vereint, der beim Umzug um den Altar geschlungen wird.
Dazu wird aus dem 118. Psalm rezitiert:

»Herr, hilf doch! O Herr, laß wohl gelingen!«

Dieses »hilf doch!« heißt hebräisch »hoschia'na!«, was in der grä-zisierten Form dann zu »hosianna« wurde.
Die Begrüßungsworte, die Jesus entgegengebracht worden sein sollen, waren nicht ihm allein zugedacht. Es handelt sich um eine Begrüßungsformel, mit der jeder in Jerusalem ankommende Pil-ger bedacht wurde. Eine speziell auf Jesus gemünzte Akklamation kommt nicht in Betracht, weil der Nazarener zumindest in Jeru-salem eine bis dahin unbekannte Persönlichkeit war. Die Begrü-ßungsworte sind nichts anderes als eine Psalmen-Rezitation:

»Gesegnet sei, der da kommt im Namen des Herrn!« (Ps.118.26)

Die Annahme, Jesus sei bereits zum Laubhüttenfest im Jahr vor seinem Tode nach Jerusalem gegangen, findet eine direkte Stütze im Johannes-Evangelium:

»Das Laubhüttenfest der Juden war nahe ... Als aber seine Brüder zum Fest hinaufgegangen waren, zog auch er hinauf, jedoch nicht öffentlich, sondern heimlich.« (Joh.7.2 u. 10)

Der Johannes-Evangelist geht davon aus, daß Jesus mehrere Monate in Jerusalem gewirkt habe, in deren Verlauf er sich die Feindschaft der herrschenden jüdischen Kreise und am Schluß die Feindschaft der Juden insgesamt zugezogen hätte. Am Tempelweihfest, im Winter, geht Jesus in der Tempelhalle Salomos auf und ab, diskutiert mit den Leuten und wäre von der erregten Menge beinahe gesteinigt worden (Joh.10.22-31). Zwischendurch unternimmt er einige kürzere Reisen, ohne jedoch den Kontakt zu Jerusalem zu verlieren. Einige Tage vor dem Passahfest kehrt er in die Heilige Stadt zurück, ohne nochmals eine öffentliche Tätigkeit zu entfalten. Die Vorstellung im Johannes-Evangelium ist, daß Jesus anläßlich des Passahfestes nur deshalb nach Jerusalem zurückgekehrt sei, um dort zu sterben.

Noch aus einem ganz anderen Grunde könnte man geneigt sein, den Herbst als »Einzugsdatum« anzunehmen: Markus (11.12-14) und Matthäus (21.18-19) berichten übereinstimmend eine Episode, die zwar eher nebensächlich erscheint, aber vielleicht gerade deswegen besonders aufschlußreich ist: Jesus kam an einem Feigenbaum vorbei. Da er Hunger hatte, wollte er ein paar Feigen pflücken. Der Baum trug aber keine Früchte. Jesus war darüber so zornig, daß er den Baum verfluchte.

Sarkastisch merkt *Hans Conrad Zander* dazu an (S. 55):

>»Da wird so gerne, als Exempel für christliche Seelenruhe, das Lutherwort zitiert, wenn morgen die Welt unterginge, würde er heute noch rasch ein Bäumlein pflanzen. Und niemand denkt daran, daß gerade diese christliche Seelenruhe Jesus Christus selbst gefehlt hat. Am Tag, bevor seine Welt unterging, hat Jesus in seiner aggressiven Überreizung noch rasch einem Bäumlein den Tod gewünscht.«

Der Sarkasmus Zanders mag auf sich beruhen. Abgesehen davon, daß es sich bei dieser Textstelle von Markus und Matthäus um einen späteren christlichen Einschub mit symbolhaftem Charakter handeln dürfte, bleibt für unsere Betrachtung folgendes bedeutsam: Die Episode mit der Verfluchung des Feigenbaums gibt nur dann einen Sinn, wenn Jesus hätte erwarten können, daß der Baum Früchte trägt. Das aber ist nur im *Herbst* möglich; im Frühling tragen die Feigenbäume in Israel bekanntlich keine Früchte. (Um die Episode dennoch in die Zeit um Ostern zu legen, ist gelegentlich die unsinnige Behauptung aufgestellt worden, die Juden hätten die Gewohnheit gehabt, Feigenknospen zu essen.)

Ben-Chorin (Bruder Jesus, S. 143) zieht den Schluß, daß der Einzug Jesu in Jerusalem im Herbst erfolgte, die entscheidenden Ereignisse dann aber im Frühling stattfanden. Den Synoptikern sei der innere Zusammenhang von Einzug und Entscheidung wesentlicher gewesen als der zeitliche Abstand zwischen den beiden Vorgängen. Und auch die Textstellen in Mt.23.37 und Lk.13.34 deuten (wenn man daraus nicht auf ein mehrmaliges Auftreten Jesu in Jerusalem schließen will) auf einen längeren Aufenthalt hin.

Wie so vieles im Ablauf der Geschehnisse um Jesus, so muß auch hier die Frage offenbleiben, ob es nur die von den Synoptikern dargetane und von der kirchlichen Lehre als eindeutig angenommene einzige Woche in Jerusalem zwischen Einzug und Kreuzigung gegeben hat oder ob – dem Johannes-Evangelium und vielen Indizien zufolge – Jesus mehrere Monate in Jerusalem wirkte, sein Einzug in die Heilige Stadt also an jenem Laubhüttenfest erfolgte, das dem Todespassah (unterstellt, Jesu Tod habe mit Passah überhaupt etwas zu tun) vorausging.

Erfüllte Prophezeiungen?

Der bedeutende Heidelberger Neutestamentler *Günther Bornkamm* (Jesus, S. 137) weist darauf hin, daß der ausführliche Bericht in den Evangelien über die Passion Jesu nicht in erster Linie darauf zurückzuführen sei, daß den Verfassern besseres Quellenmaterial zur Verfügung stand, sondern daß hinter dem Geschehen die

Hand Gottes sichtbar werden und Jesus als der erscheinen sollte, der Gottes Ratschlüsse verwirklicht und ihre Erfüllung erleidet. In der Tat: Es hagelt »*Erfüllungslegenden*«. Der Schock der Jesus-Anhänger über das unrühmliche Ende ihres Meisters sollte dadurch ein wenig abgemildert werden.

Der britische Neutestamentler *James P. Mackey* drückt es mit folgenden Worten aus (S. 71):

»Der größte Stein des Anstoßes, um Paulus' Ausdruck zu benutzen, ... war die Hinrichtung des angeblichen Messias als gewöhnlicher Verbrecher. Deshalb verweisen und stützen sich ja auch die Leidensgeschichten mehr auf das Alte Testament als jeder andere Text der Evangelien.«

– Der Einzug in Jerusalem (Mt.21.5) ist Erfüllung von Sach.9.9:

»Frohlocke laut, Tochter Zion! Jauchze, Tochter Jerusalem! Siehe, dein König kommt zu dir, gerecht und siegreich ist er. Demütig ist er und reitet auf einem Esel, auf dem Füllen einer Eselin.«[7]

– Jesu Worte beim Abendmahl (Mk.14.18):

»Einer unter euch, der mit mir isset, wird mich verraten«

entsprechen Ps.41.10:

»Auch mein Freund, dem ich vertraute, der mein Brot aß, tritt mich mit Füßen.«

– Das (angeblich) schnöde Motiv des Judas (Geldgier) in Mt.26.15 ist Reminiszenz an Sach.11.12-13:

»Und sie wogen mir meinen Lohn ab, dreißig Silberlinge ...

Und ich nahm die dreißig Silberlinge und warf sie ins Haus des Herrn, daß es dem Töpfer gegeben würde.«

– Die Tempelreinigung erfüllt das Wort Jes.56.7:

»Mein Haus soll ein Bethaus heißen für alle Völker.«

– Wer den Bericht vom Todesbeschluß des Hohen Rats liest, soll sich an Ps.31.14 erinnern:

»Da sie sich wider mich versammelten, beschlossen sie, nach meinem Leben zu greifen.«

– Wenn der Markus-Evangelist (14.61-62) Jesus auf die Frage des Hohenpriesters, ob er Christus, der Sohn Gottes sei, antworten läßt:

»Ich bin's, und ihr werdet sehen des Menschen Sohn sitzen zur rechten Hand der Kraft und kommen mit des Himmels Wolken«,

so ist diese Antwort eine Vermischung von Dan.7.13 und Ps.110.1:

»Er kam mit den Wolken des Himmels wie eines Menschen Sohn ... Der Herr sprach: Setze dich zu meiner Rechten.«

– Jesu Schweigen vor dem Synedrium und vor Pontius Pilatus ist das Motiv von Jes.53.7:

»Wie ein Lamm, das zur Schlachtbank geführt wird, öffnet der Knecht Gottes seinen Mund nicht zu Klage und Verteidigung.«

– Daß das aufgehetzte Volk schrie:

»Kreuzige ihn!«,

hat Bezug zu Ps.31.14:

»Ich hörte die Zischelreden der Menge, rings um mich war ein Grauen, sie scharten sich zusammen und wollten mich töten.«

– Bei Jesu Geißelung soll die Parallele zu Jes.50.6 gezogen werden:

»Meinen Rücken bot ich den Geißeln, meine Wange den Schlägern; mein Angesicht verbarg ich nicht vor Schmähungen und Anspeien.«

– In Ps.69.22 heißt es (entsprechend Mt.27.34 u. 48):

»Und sie gaben mir Galle zu essen und Essig zu trinken in meinem großen Durst.«

– Das Händewaschen des Pilatus (Mt.27.24) entspricht Ps.26.6:

»Ich wasche meine Hände in Unschuld und schreite um deinen Altar.«

– Die Finsternis, die von der sechsten bis zur neunten Stunde im ganzen Land geherrscht haben soll, entspricht Am.8.9:

»Zur selben Zeit, spricht der Herr, will ich die Sonne am Mittag untergehen lassen und das Land am hellen Tage lassen finster werden.«

– Der Gebetsruf in Ps.22.2:

»Mein Gott, mein Gott, warum hast du mich verlassen?«

ist nach Markus (15.34) und Matthäus (27.46) der letzte Satz Jesu am Kreuz.

– Und Lukas, der Jesus diesen Verzweiflungsruf nicht in den Mund legt, läßt ihn Ps.31.6 zitieren (Lk.23.46):

»In deine Hände befehle ich meinen Geist.«

Noch viele weitere Beispiele ließen sich anfügen. Will man nicht so weit in der Annahme gehen, Jesus habe sich in einer Art Parallelomanie ab seinem Einzug in Jerusalem ganz zielstrebig verhalten, um die Aussagen des Alten Testaments in seiner Person und seinem Schicksal in Erfüllung gehen zu lassen (es gibt Autoren wie z. B. den britischen Historiker und Qumran-Forscher *Hugh J. Schonfield*, die sogar das behaupten), dann muß man auch hier wieder, wie bei den anderen Lebensabschnitten Jesu, zu der Einsicht kommen, daß den Evangelisten biographisches Material so gut wie überhaupt nicht zur Verfügung stand. Vielmehr wird deutlich, daß es ihnen gezielt darauf ankommt, die Aussagen des Alten Testaments auch für Jesu letzten Lebensabschnitt in Erfüllung gehen zu lassen. Bemerkenswerte Ausnahme: Die beiden Prozesse als solche, nämlich der Prozeß vor dem jüdischen Hohen Rat und der vor dem römischen Prokurator, haben keine alttestamentliche Prophezeiung als Vorlage.

Ungewisses Todesdatum

Über Todesstunde und Todesdatum sind die Evangelisten uneins. Die Synoptiker sind mit Johannes nicht in Übereinstimmung zu bringen. Einigkeit herrscht in den Evangelien nur darüber, daß Jesus an einem Freitag hingerichtet (Mk.15.42; Joh.19.31) und daß er am Abend zuvor verhaftet worden sei. Ob das einer historischen Nachprüfung standhält, ist wiederum eine ganz andere Frage, auf die ich noch zu sprechen kommen werde.

Nach dem jüdischen Mondkalender besteht das Jahr aus 360 Tagen; es ist in zwölf Monate eingeteilt. Der erste Monat heißt Nisan, ein Frühlingsmonat, der mit unserem April zusammenfällt. Beendet wird das Jahr mit dem Monat Adar. Im Rhythmus von einigen Jahren wird – auf jeweiligen Beschluß des Synedriums – ein weiterer Monat (er folgt auf den Monat Adar und heißt daher »zweiter Adar«) eingefügt, um so eine Angleichung an den Sonnenkalender und die Jahreszeiten zu erreichen. Die Einschaltung des Zusatzmonats erfolgte auf rein empirischer Grundlage. *Rabbi Gamaliel* schrieb dazu an einen Freund um 50 n. Chr.:

»Wir möchten Dir mitteilen, daß die Tauben noch zart und die Lämmer noch jung sind und daß das Getreide noch nicht reif ist. Ich habe darüber nachgedacht und es ratsam gefunden, noch dreißig Tage dem Jahr hinzuzufügen.«[8]

Das – sieben Tage dauernde – Passahfest beginnt am 14. Nisan, einem Datum, das jeweils auf den ersten Vollmond dieses Frühlingsmonats fällt.

»Im ersten Monat, am vierzehnten Tag des Monats, zur Abenddämmerung, ist das Passahfest zur Ehre des Herrn. Am fünfzehnten Tag dieses Monats ist das Fest der ungesäuerten Brote zur Ehre des Herrn.« (Lev.23.5-6)

(Klammerbemerkung: Das christliche Osterfest folgt in etwa dieser Kalendertradition: Ostern fällt immer auf den Sonntag, der dem ersten Vollmond nach Frühlingsanfang folgt.)
Die Nacht des vierzehnten Nisan wird gefeiert (Seder-Nacht), man gedenkt des glücklichen Auszugs der Kinder Israels aus dem ägyptischen Exil unter der Führung Moses. Nach Abschluß der rituellen Lesungen wird das Passahmahl zelebriert. Es werden die Lämmer verzehrt, die etwa acht Stunden zuvor (um die Mittagszeit) geschlachtet wurden. Dazu wird ungesäuertes Brot (Mazen)

gereicht, und in ritueller Abfolge werden vier Becher Wein getrunken.

Ein solches Passahmahl, das Jesus mit seinen Jüngern eingenommen hat, wird in den synoptischen Evangelien beschrieben. Einige Autoren bezweifeln allerdings, daß die Synoptiker wirklich ein Passahmahl gemeint haben. *Bornkamm* (Jesus, S. 142) macht darauf aufmerksam, daß Jesus mit keinem Wort die beim Mahl dem Hausvater obliegende Deutung des Passahfestes als Erinnerung an die einstige Rettung des Volkes aus Ägypten gibt. Andere begründen ihre Zweifel damit, daß Jesus das Mahl nur im engsten Jüngerkreis gefeiert hat, nicht aber – wie bei einem Passahmahl üblich – mit den zu seinen Anhängern gehörenden Frauen.

Bedenken am Passah-Charakter des »Letzten Mahls« Jesu äußert auch *Kolping* S. 596:

»Daß der Zweifel am Passah-Charakter aufkommen kann, zeigt schon, daß der positive Beweis nicht so einfach zu führen ist ... Der synoptischen Darstellung geht es darum, das urchristliche Gemeindemahl möglichst in dem Passah-Mahl Jesu gründen zu lassen.«

Im Hinblick auf das bei allen Synoptikern erwähnte Passahlamm (Mk.14.12; Mt.26.17 u. 19; Lk.22.7) und die Erwähnung des »ersten Tages der ungesäuerten Brote« meine ich, daß die Synoptiker Jesu Abendmahl als Passahmahl verstanden wissen wollen. Auch der äußere Ablauf entsprach durchaus dem Ritual, das sich bis auf den heutigen Tag in der jüdischen Feier des Seder-Mahls erhalten hat.

Dem synoptischen Bericht zufolge können zwischen dem Mahl und Jesu Verhaftung nur einige Stunden gelegen haben. Es wird beschrieben, daß man nach dem Essen die übliche Passahhymne gesungen und sodann beschlossen habe, noch einen ausgedehnten Spaziergang zu machen. Die Gruppe wanderte in Richtung Ölberg und machte Rast im sogenannten *Garten Gethsemane*. Es mag sich hier um ein Landgut oder eine Art Ölmühle gehandelt haben, jedenfalls noch innerhalb der Bannmeile Jerusalems gelegen. Dort erregten die Jünger Jesu Unwillen, weil sie – offenbar müde vom üppigen Mahl, dem schweren Wein und dem nächtlichen Fußmarsch – sogleich eingeschlafen waren, statt seiner Aufforderung gemäß mit ihm zu wachen und zu beten. Noch während Jesus die Jünger zurechtweist, erscheinen die Häscher und verhaften ihn:

»Und als sie den Lobgesang gesungen hatten, gingen sie hinaus zum Ölberg … Und sie kamen zu einem Stück Land, das Gethsemane hieß. Und er sprach zu seinen Jüngern: Setzet euch hier, bis ich hingehe und bete … Und kam zurück und fand sie schlafend … Ihre Augenlider waren schwer, und sie wußten nicht, was sie ihm antworten sollten. Und er kam zum dritten Mal und sprach zu ihnen: Ach, wollt ihr nun schlafen und ruhen? Es ist genug; die Stunde ist gekommen. Siehe, des Menschen Sohn wird überantwortet in der Sünder Hände. Stehet auf, laßt uns gehen! Siehe, der mich verrät, ist schon da.« (Mk.14.26, 32, 37, 40-42)

Dies würde bedeuten, daß Jesus in der Nacht des 14. Nisan verhaftet, verhört und am darauffolgenden Vormittag (wegen der jüdischen Zeitrechnung also immer noch am 14. Nisan) hingerichtet wurde.

Demgegenüber ist nach dem Bericht des Johannes-Evangeliums der Hinrichtungstag nicht der 14., sondern der 13. Nisan. In der wissenschaftlichen Literatur allerdings ist selten vom 13. Nisan die Rede. Vielmehr wird unterschieden zwischen dem 15. Nisan als dem vermeintlichen synoptischen Todesdatum und dem 14. Nisan als dem vermeintlich johanneischen. Das beruht auf einem Irrtum, weil nicht bedacht wird, daß nach dem jüdischen Kalender der neue Tag nicht um Mitternacht, sondern schon am Abend nach Sonnenuntergang beginnt. Ist aber Jesus nicht am Passah, sondern am Rüsttag zu Passah hingerichtet worden (worauf der Johannes-Evangelist Wert legt), dann muß dies der 13. Nisan gewesen sein. Ausdrücklich heißt es, daß das Passahfest, welches durch das Passahmahl eingeleitet wird, noch bevorstand, als man Jesus zu Pilatus führte:

»Von Kaiphas führten sie Jesus in das Prätorium; es war früh am Morgen. Doch sie gingen nicht hinein, damit sie nicht unrein würden, sondern das Passahmahl essen könnten.« (Joh.18.28)

An anderer Stelle (19.31) vermerkt Johannes, im Todesjahr Jesu sei der 14. Nisan auf einen Sabbat (»großer Sabbat«, wie Luther übersetzt) gefallen, so daß, nachdem von allen Evangelien übereinstimmend Freitag als Hinrichtungstag angenommen wird, Jesu Todestag der 13. Nisan war. Dies war der sogenannte Rüsttag zum Passahfest.

Die Kirche hat sich von Anfang an dem von Johannes vorgegebenen Datum angeschlossen. Heilsgeschichtliche Begründung ist, daß der Tod Jesu genau auf den Zeitpunkt fällt, zu welchem in Jerusalem die Opferlämmer für das Passahfest geschlachtet werden (*Uta Ranke-Heinemann*, S. 141: »*Schlächtertheologie*«). Auch Paulus (1. Kor. 5.7) beschreibt den geglaubten Christus in der Allegorie des Passahlammes.

Abgesehen davon, daß die ganze Diskussion um das Todesdatum *nachösterlich* gedeutet und historisch spekulativ ist, sprechen allerdings auch mehrere *sachliche* Gründe ganz eindeutig für das johanneische Todesdatum:

– Es ist undenkbar, daß, wenn jüdische Behörden an der Beseitigung Jesu überhaupt mitgewirkt haben, diese irgendeine Tätigkeit an einem hohen religiösen Feiertag ausgeübt hätten. Was schon an einem gewöhnlichen Sabbat strikt verboten wäre, wäre an Passah erst recht verboten.

– In den Evangelien ist nirgendwo die Rede davon, daß der Feiertag durch die mit der Verurteilung und Hinrichtung notwendigerweise einhergehenden Aktivitäten entweiht worden wäre.

– In Mk.14.2 (entsprechend Mt.26.5) heißt es – bezogen auf eine erwogene Verhaftung – sogar ausdrücklich: »Ja nicht am Fest, damit es im Volk keinen Aufruhr gibt.«

– Im Widerspruch zu ihrer eigenen Angabe, die Verhaftung Jesu sei in der Seder-Nacht erfolgt (mit der zwingenden Folge, daß der Prozeß dann am Passahfesttag stattgefunden hätte), sprechen jedenfalls Markus (15.42) und Lukas (23.54) an späterer Stelle davon, daß immer noch »Rüsttag« war, als Jesu Leichnam vom Kreuz abgenommen und begraben wurde.

– Übereinstimmend erwähnen die Synoptiker einen Bauern, Simon von Kyrene (einen Mann aus der afrikanischen Cyrenaica), der gerade von der Feldarbeit kam und von den römischen Legionären gezwungen wurde, Jesus beim Tragen des Kreuzes (genauer gesagt: des Querbalkens, denn die Pfähle steckten immer fest im Boden der Hinrichtungsstätte) zu helfen. An einem Sabbat, geschweige denn an einem Feiertag wie Passah, wäre kein jüdischer Bauer zur Feldarbeit gegangen. Für die Historizität speziell dieser Textstelle spricht der Umstand, daß bei Markus (15.21) sogar die Söhne des Simon namentlich genannt werden – Alexander und Rufus – eine Belanglosigkeit, die bei den übrigen Evangelisten nicht mehr erscheint, die aber die Vermutung hat aufkommen lassen, daß Simon alsbald Christ wurde, jedenfalls der Urgemeinde näher bekannt war. Möglicherweise handelt es sich bei dem auf der Grußliste des Römerbriefes (Röm. 16.13) erscheinenden Rufus um den bei Markus genannten Sohn des Simon von Kyrene.

Es sind viele Versuche unternommen worden, die Widersprüche

im Hinblick auf Jesu Todesdatum zu überbrücken. Am leichtesten wäre noch die Erklärung, daß es sich nur scheinbar um ein Passahmahl gehandelt habe, das bei Markus, Matthäus und Lukas erwähnt wird, wohingegen es in Wirklichkeit nur ein Abschiedsmahl angesichts der Vorahnung des Todes gewesen sei. Deswegen, so könnte man den Harmonisierungsversuch fortsetzen, habe Johannes ein rituelles Mahl auch überhaupt nicht erwähnt, sondern in Kapitel 13 von einem unbestimmten Abend vor Passah gesprochen, an welchem Jesus beim Abendessen und bei einer Fußwaschung mit seinen Jüngern das erörtert habe, was von den Synoptikern in die Seder-Nacht verlegt wird.

Eine ebenfalls vertretene Meinung lautet, daß es zwar ein Passahmahl war, daß Jesus das Passahmahl aber schon vor dem 14. Nisan eingenommen hat, was auf seine Verbindung zu den Essenern zurückzuführen sei.[9] Die Essener benutzten nicht den damals offiziellen Mondkalender, sondern das solare Kalendersystem, demzufolge der 14. Nisan und damit das Passahfest schon einen oder gar mehrere Tage vor dem gemäß dem Mondkalender sich ergebenden Tage lag.[10]

Insgesamt wird man sich damit abzufinden haben, daß der Todestag Jesu letzten Endes nicht festzustellen ist. Nur der katholische Neutestamentler *Rudolf Pesch* kennt ihn wirklich ganz genau:

»Am Freitag, dem 7. April 30 n. Chr. wurde Jesus von Nazareth gekreuzigt.«[11]

Astronomische Berechnungen – sofern man ihnen uneingeschränkt folgen darf – haben ergeben, daß es innerhalb der Amtszeit von Pontius Pilatus (26–36) zwei Daten gibt, an denen in der Nacht von Donnerstag auf Freitag Passah-Vollmond war (synoptisches Datum), nämlich der 11.4.27 und der 23.4.34, wohingegen es nur ein Datum gibt, an dem in der Nacht von Freitag auf Sonnabend Passah-Vollmond war, Freitag tagsüber somit Rüsttag vor Passah (johanneisches Datum): der 7.4.30.[12]

Wie alt ist Jesus geworden? Folgt man dem lukanischen Geburtsjahr in der Weihnachtsgeschichte (6 oder 7 n. Chr.) und geht man von dem nach den Synoptikern frühesten Todes-Passah aus (11. April 27), dann wäre Jesus schon mit zwanzig Jahren gestorben. Nimmt man als Geburtsjahr das Jahr 7 vor der Zeitrechnung an (»Kindermord des Herodes« und »Stern von Bethlehem«) und den nach den Synoptikern spätesten Todes-Passah (23. April 34), dann wäre Jesus einundvierzig Jahre alt geworden. Folgt man hinsichtlich des Geburtsjahres und des Todesjahres den Annahmen, die meines Erachtens jeweils die größte Wahrscheinlichkeit beanspruchen dürfen – das Jahr 7 vor und das Jahr 30 nach der Zeitrechnung –, dann hätte Jesu irdisches Leben siebenunddreißig Jahre gewährt. Jedoch: Sind letzten Endes nicht alle Versuche, das Todesdatum zu bestimmen, pure Spekulation? Kann überhaupt als gesichert davon ausgegangen werden, daß Jesu Tod mit dem Passahfest etwas zu tun hat? Oder erschien das Passahfest, das in der Volkstradition von jeher tief verankert war, nur als besonders geeignet, um als Anknüpfungspunkt für den neuen Glauben zu dienen, wobei die Synoptiker einerseits, Johannes andererseits ihre jeweils eigene Theologie daran knüpften?

Willibald Bösen gehört zu den wenigen, die diesen »Schwachpunkt« erkannt haben. Aber als Theologe ist er um eine Erklärung nicht verlegen, indem er auf S. 84 schreibt:

»Hier gilt es klar zu sehen, daß Johannes ein ihm *vorgegebenes* Datum deutet und nicht umgekehrt ein Datum *erfindet*, um es deuten zu können. Primär ist die Zeitangabe, sekundär die Deutung.«

Bei den Synoptikern ist das Abendmahl ein Passahmahl, das Jesus unmittelbar vor seinem Tod mit seinen Jüngern gefeiert und dabei die Eucharistie eingesetzt hat. Der Ablauf wird in kirchlicher Interpretation so dargestellt, als habe Jesus sich selbst geopfert, um die Menschheit zu erlösen, er habe seinen eigenen Tod im Gehorsam gegen seinen Vater gewollt. Als »Lamm Gottes«

nimmt Jesus die Schuld aller Menschen auf sich, läßt sich in Anlehnung an Jes.53.7 schlachten wie ein Lamm (und zwar »willig«, was man von einem Lamm freilich nicht sagen kann) und ermöglicht so die Rechtfertigung vor dem Jüngsten Gericht. Aber wie, um Gottes willen, kann es historisch sein, daß es Gottes Willen entsprach, ein so schauerliches Blutopfer zu fordern? In verschlungenen Deutungen gibt Jesus sich selbst, sein Fleisch und sein Blut, als Mahl, woraus abgeleitet wird, daß er seinen bevorstehenden Tod als Heilstod verstanden wissen wollte und daß man mit seiner Wiederkunft rechnen könne:

> »Und indem sie aßen, nahm Jesus das Brot, dankte und brach's und gab's ihnen und sprach: Nehmet, esset; das ist mein Leib. Und nahm den Kelch und dankte und gab ihnen den; und sie tranken alle daraus. Und er sprach zu ihnen: Das ist mein Blut des Neuen Testaments, das für viele vergossen wird.« (Mk.14.22-24)

Diese Abendmahlsworte wurden Jesus nachträglich in den Mund gelegt. Nie und nimmer hat der Jude Jesus dazu aufgefordert, sein Fleisch zu essen und sein Blut zu trinken. Derartiges hat es im Judentum nie gegeben!

Uta Ranke-Heinemann (S. 141):

> »Man nennt einen solchen Vorgang religionsgeschichtlich eine Kultuslegende. Sie dient der Erklärung einer in der Gemeinde üblichen Kulthandlung. Das heißt also konkret: Zuerst war das christliche Gedächtnismahl, nachträglich kamen diese Stifterworte hinzu. Die Abendmahlsworte Jesu wurden dann in der Folgezeit immer massiver und bedeutungsschwerer verstanden, bis sich die Christen bei der Frage, ob das Brot wirklich das Fleisch Christi ›ist‹ oder nur ›bedeutet‹ und ob der Wein wirklich das Blut Christi ›ist‹ oder nur ›bedeutet‹, blutig schlugen. Auf diese Weise haben

die Christen das Gedächtnis des Todes Christi jedenfalls eindrücklich bewahrt.«

Im Gegensatz zu den Synoptikern feiert Jesus dem Johannes-Evangelisten zufolge kein Passahmahl vor seinem Tod. Nach Johannes ist Jesus selbst das geschlachtete Opferlamm, zum Zeitpunkt der Mahlfeier ist er also schon tot. Folglich gibt es bei Johannes auch keine eucharistischen Einsetzungsworte. Wenn die Verfasser der Evangelien Jesu Tod mit dem Passahfest in Verbindung bringen, dann ist das Bestandteil ihres speziellen *heilsgeschichtlichen Anliegens*. Bei den Synoptikern geschieht es unter dem Blickpunkt der Eucharistie, bei Johannes unter dem Blickpunkt des Opferlamms.

Historisch gibt es keinen Anhaltspunkt dafür, daß Jesu Tod mit dem Passahfest in Verbindung steht, es sei denn den, daß man die Hinrichtungen bevorzugt dann vornahm, wenn sich große Pilgermassen in der Stadt aufhielten, um auf diese Weise den Abschreckungseffekt zu erhöhen. Entfällt aber das Passahfest als historischer Bezugspunkt für Jesu Hinrichtung, dann werden damit auch alle angestellten Berechnungen für den in Frage kommenden Todestag gegenstandslos. Man kann dann nur noch sagen, daß die Römer irgendwann Ende der zwanziger oder Anfang der dreißiger Jahre Jesus ergriffen und gekreuzigt haben.

Fehlende Augen- und Ohrenzeugen

Außer dem Faktum der Kreuzigung durch die Römer ist nichts bekannt, was in Jerusalem mit Jesus geschehen ist. Es können immer nur Vermutungen geäußert werden. Die fehlende Zeugenschaft wurde, wenn ich es richtig sehe, erstmals von dem Berliner Kirchengeschichtler *Hans Lietzmann* hervorgehoben, als er 1931 in den Sitzungsberichten der Preußischen Akademie der Wissenschaften eine Studie zum Prozeß Jesu veröffentlichte, die im In- und Ausland großes Aufsehen erregte. Bei kritischen Theologen wie Bornkamm, Dibelius oder Ernst Haenchen hat dieser Hinweis breiten Anklang gefunden.

Niemand kann berichten, wie der Prozeß vor dem jüdischen Hohen Rat abgelaufen ist – unterstellt, es hätte dort überhaupt einen Prozeß oder auch nur ein Verhör gegeben. Dasselbe gilt für das Verfahren vor dem römischen Statthaltergericht – auch hier unterstellt, es habe ein Verfahren stattgefunden, wie es in den Evangelien geschildert wird. Alle Jünger, die als Zeugen in Betracht kommen für eine wenigstens mündliche Überlieferung des Geschehens, das dann einige Jahrzehnte später in den Evangelien niedergeschrieben wurde, waren bei der Verhaftung Jesu geflohen. Um nicht dasselbe oder ein ähnliches Schicksal zu erleiden wie ihr Meister, kehrten sie – das wäre der früheste Zeitpunkt – nach Jerusalem erst zurück, als das schreckliche Geschehen von Golgatha hinter ihnen lag und sich der Alltag in der Stadt wieder eingestellt hatte: Das Passahfest war vorüber, die Pilger waren abgereist, die Römer hatten sich in ihre Burg Antonia zurückgezogen.

Wenn es heißt, »alle« Jünger waren geflohen, so ist damit offenbar der engere Kreis der Vertrauten gemeint, also noch elf Getreue, wenn Judas die Fronten gewechselt haben sollte. Über das Schicksal der vielen anderen Jünger und Jüngerinnen ist nichts bekannt; einige von ihnen (»galiläische Frauen«) tauchen erst wieder in der Beschreibung der Kreuzigungsszene auf, allerdings liegen zwischen Verhaftung und Kreuzigung auch nur wenige Stunden. Wohin die Angehörigen des engeren Jüngerkreises (das gilt auch für Petrus, der seinem Meister nach der Verhaftung zunächst noch heimlich gefolgt sein soll) geflohen sind, wird nicht gesagt. Möglicherweise haben sie sich in der Nähe Jerusalems versteckt, schon nach wenigen Kilometern hinter der Stadt beginnt die judäische Wüste mit vielen Unterschlupfmöglichkeiten. Vielleicht sind sie aber auch in ihre galiläische Heimat geflohen, was bedeuten würde, daß sie von dort erst nach Wochen oder Monaten oder gar nach noch längerer Zeit nach Jerusalem zurückgekehrt wären. [13]

Bei der Flucht der Jünger in Gethsemane – Markus zufolge (14.52) soll einer sogar nackt geflohen sein – dürfte es sich um ein wahres Ereignis handeln. Denn was hier von Markus und Matthäus ausdrücklich berichtet wird und sich bei Lukas aus dem Kontext ergibt, ist eine Begebenheit, die wegen ihres peinlichen Gehalts wohl kaum überliefert worden wäre, wenn sie nicht auf Wahrheit beruhte. Auch dem Johannes-Evangelium kann man unschwer entnehmen, daß die Jünger den Meister verlassen haben. Nur – typisch für den Johannes-Evangelisten – werden die Dinge dort in anderen Farben dargestellt: Die Jünger fliehen nicht, sondern begeben sich gewissermaßen auf einen geordneten Rückzug, und zwar aufgrund eines hoheitlichen Befehls, den Jesus seinen Häschern erteilt.

»Wenn ihr mich sucht, dann laßt diese gehen.« (Joh.18.8)

Die Jünger also kommen als Zeugen für das weitere Geschehen nicht in Betracht. Allenfalls wäre noch möglich, daß Joseph von Arimathia über das Prozeßgeschehen berichtet hat. Er soll ein »angesehener Ratsherr«, also ein Mitglied des Synedriums gewesen sein, und er wird bei Johannes als »heimlicher Jünger« Jesu bezeichnet. Joseph von Arimathia wird aber nur im Zusammenhang mit der Grablegung Jesu erwähnt; als Prozeßberichterstatter (was einer Schlüsselrolle gleichgekommen wäre) erscheint er nirgendwo, er spielt in den Evangelien insgesamt keine nennenswerte Rolle, ist offenbar auch nicht Mitglied der Urgemeinde geworden.
(Welche Blüten naiver Glaube treiben kann, habe ich noch deutlich aus einem Diskussionsbeitrag in Erinnerung. Als ich vor einigen Jahren über das Thema auf Einladung eines evangelischen Pfarrers im Gemeindesaal seiner Pfarrei referierte und dabei auf die fehlenden Zeugen zu sprechen kam, hielt mir ein – übrigens noch relativ junger – Zuhörer folgendes entgegen: Der von den Toten auferstandene Jesus Christus habe schließlich als Angeklagter alles gehört, er habe nach der Auferstehung seinen Anhängern von den Vorgängen berichtet, damit sie es nieder-

schreiben können. Die meisten Zuhörer zollten dem Diskussionsredner Beifall.)

Auch bei der Kreuzigung war nach den Synoptikern außer Maria Magdalena niemand von denen anwesend, die Jesus besonders nahegestanden hatten. Im Johannes-Evangelium allerdings erscheint dann der Hinweis, daß auch Jesu Mutter zugegen war. Der fortschreitende Marienkult bezieht sich auch auf diese Johannes-Stelle: Durch ihre angebliche Anwesenheit am Kreuz wird Maria eine Rolle im öffentlichen Leben Jesu übertragen. *Papst Johannes Paul II.* ließ gar in seinem 1993 erschienenen »*Weltkatechismus*« unter Ziffer 964 »*zur sicheren Lehre*« erklären, daß Maria sich unter dem Kreuz mit ihrem Sohn Jesus »in mütterlichem Geist verband, indem sie der Darbringung des Schlachtopfers, das sie geboren hatte, liebevoll zustimmte«.[14] Eine höchst seltsame Art von Mutterliebe, der Schlachtung ihres Kindes gern zuzusehen und den grauenvollen Vorgang auch noch explizit gutzuheißen. Laut Papst *Pius X.* stand Maria »nicht schmerzverloren, sondern freudig« am Kreuz ihres Sohnes.[15] Berühmte Maler, welche die Kreuzigungsszene mit einer schmerzüberwältigten Maria darstellen, sind von der Kurie durchweg getadelt worden. Nicht gerade wohlgelitten ist der mittelalterliche Hymnus aus dem Jahr 1306 »Stabat mater dolorosa«, in deutscher Übersetzung von 1847:

> »Christi Mutter stand mit Schmerzen
> bei dem Kreuz und weint von Herzen.«[16]

Spitzenreiter in der Geschmacklosigkeit ist bis jetzt noch immer der Erzbischof *Antonius von Florenz* (gest. 1459), welcher meinte:

> »Maria hätte, wenn niemand bereit gewesen wäre, die Kreuzigung zu vollziehen, durch die die Welt erlöst werden sollte, ihren Sohn selbst ans Kreuz genagelt.«[17]

Natürlich war die Mutter Maria bei der Kreuzigung nicht anwesend. Eine solche bedeutsame Tatsache wäre zweifellos nicht nur von Johannes, sondern auch von den anderen Evangelisten, insbesondere vom »Marienfreund« Lukas, hervorgehoben worden, wenn sie auf historischer Wahrheit beruhte. Wie auch hätte die in Nazareth lebende Maria (inzwischen eine alte Frau nach damaligen Verhältnissen in Palästina) von der Verhaftung ihres Sohnes Kenntnis erlangen können, um dann noch rechtzeitig in Jerusalem ankommen zu können? Ferner: Wenn die Mutter auf Golgatha anwesend war, dann wäre doch wohl auch zu erwarten gewesen, daß sich ihre Anwesenheit nicht im mehr oder weniger genießerischen Zusehen des Todeskampfes ihres Sohnes am Kreuz erschöpft, sondern daß sie auch einen Gang zu dessen Grab gemacht hätte.

Mit Recht fragt hier der katholische Religionsphilosoph *Willibald Bösen* (S. 320):

>»Ist die Liebe Marias von Magdala erfinderischer und sehnsüchtiger als die der leiblichen Mutter? Wie kommt es, daß gerade Johannes von der Begegnung des Auferstandenen mit der Magdalenerin am Grabe weiß (Joh.20.11-18), nichts dagegen von einer Erscheinung vor der Mutter?«

Johannes erwähnt als unter dem Kreuz anwesend auch noch *Maria Magdalena* und »*eine andere Maria*«. Diese andere Maria wird als Jesu Tante vorgestellt, als die Schwester seiner Mutter (Joh.19.25). Es hätten also drei Frauen, alle mit dem Namen Maria, unter dem Kreuz gestanden, darunter zwei Schwestern mit demselben Vornamen.

Wie wenig zuverlässig der Johannes-Evangelist bei der Schilderung konkreter Begebenheiten (im Gegensatz zur relativen Genauigkeit bei der Erfassung historischer Sinnzusammenhänge) ist, beweist auch der Umstand, daß er sogar *sich selbst* als Augenzeugen aller in seinem Evangelium beschriebenen Geschehnisse benennt (Joh.21.24); dadurch ist es dann zu der fälschlichen Identifizierung zwischen ihm und dem sogenannten Lieblingsjünger Johannes gekommen. Auf vielen Kreuzigungsszenen wird neben den drei Marien der Lieblingsjünger Johannes unter dem Kreuz dargestellt – ein Beispiel rührender Jüngertreue im Kontrast zum »schändlichen Verrat« des Jüngers Judas und zur »feigen Verleugnung« des Jüngers Petrus.

Nach dem Zeugnis der *Synoptiker* waren nur *einige galiläische Frauen* anwesend. Abgesehen von Maria Magdalena – ihre Anwesenheit wird nur von Lukas nicht direkt bezeugt[18] – handelt es sich bei jenen Galiläerinnen um ganz unbekannte und für Jesu Leben und Botschaft belanglose Frauen. Der Umstand, daß gerade diese Frauen bei Markus (15.40) und Matthäus (27.56) namentlich genannt werden, spricht für die Historizität des Berichts. Aber auch die erwähnten Frauen haben natürlich nicht unmittelbar unter dem Kreuz gestanden; sie sahen, wie Markus und Matthäus berichten, »von ferne« zu. Die Hinrichtungsstätten wurden von den römischen Wachen abgeschirmt, allein schon um Sabotageakte zu verhindern.

Legende ist daher auch, wenn die Evangelisten schreiben, daß die Hohenpriester und Schriftgelehrten am Kreuz vorbeidefiliert seien und den Gekreuzigten mit Schmähungen überhäuft hätten:

»Die Leute, die vorbeikamen, verhöhnten ihn, schüttelten den Kopf und riefen: Ach, du willst den Tempel niederreißen und in drei Tagen wieder aufbauen? Hilf dir doch selbst, und steig herab vom Kreuz! Auch die Hohenpriester und die Schriftgelehrten verhöhnten ihn und sagten zueinander: Anderen hat er geholfen, sich selbst kann er nicht helfen.« (Mk.15.29-31)

Auch hier soll eine Prophezeiung in Erfüllung gehen:

»Alle, die mich sehen, spotten mein, sperren das Maul auf und schütteln den Kopf. Er klage es dem Herrn; der helfe ihm heraus und errette ihn, wenn er an ihm Gefallen hat.« (Ps.22.8-9)

Gnilka ist zu widersprechen, wenn er meint, die Kreuzigung Jesu habe bei der Bevölkerung so eine Art Sensationskitzel ausgelöst (S. 312):

>»Der Verlierer bekommt den Spott der Menge zu hören, die – bis in Mittelalter und Neuzeit hinein – stets bereit gewesen ist, an von der Obrigkeit inszenierten Hinrichtungen teilzunehmen und sich auf diese fragwürdige Weise unterhalten zu lassen.«

Wenn es, wie in Jesu Zeit, im besetzten Palästina an der Tagesordnung ist, daß Partisanen und Volksfeinde (oder solche, die dafür gehalten werden) reihenweise exekutiert werden, sind die Menschen abgestumpft beim Anblick der Gehenkten. Deutsche Landser haben in Rußland oder Jugoslawien diese schreckliche Abgestumpftheit erlebt. Und während der Französischen Revolution blickten die um die Guillotine herumsitzenden Frauen kaum noch von ihrer Strickarbeit auf, wenn ein Kopf in den Korb fiel.

Die Verleugnung des Petrus

Petrus soll seinem verhafteten Meister auf den Spuren geblieben und ihm heimlich in den Palast des Hohenpriesters gefolgt sein. Aber es wird nicht behauptet, daß er das Verhör belauscht habe, denn dem Bericht zufolge wartete er unten im Hof beim Dienstpersonal und wärmte sich an einem Feuer (Mk.14.66 f). Die Geschichte aber von der Verleugnung Petri dürfte *historisch* sein. Man nimmt an, daß Petrus selbst es war, der sein Versagen der späteren Gemeinde gegenüber eingestanden hat. Dafür freilich, daß Petrus seinen Meister dreimal hintereinander verleugnet hat, gibt es keinen Anhaltspunkt. Die Zahl drei wird wegen ihres symbolischen Gehalts ins Spiel gebracht. Legende dürfte auch sein, daß bei der Verleugnung ein Hahn krähte; damit soll die Prophezeiung Jesu in Erfüllung gehen:

»Amen, ich sage dir: In dieser Nacht, noch ehe der Hahn
kräht, wirst du mich dreimal verleugnen.« (Mt.26.34)

Bei der Verleugnung hat Petrus sich nicht etwa selbst verflucht,
wie Luther falsch übersetzt (»Er aber fing an, sich selbst zu verflu-
chen«), sondern schlechthin fluchend – noch genauer gesagt: seinen Rabbi Jesus verfluchend[19] – hat er sich aus der Affäre gezogen:

»Da fing er an zu fluchen und schwor: Ich kenne diesen Menschen nicht, von dem ihr redet.« (Mk.14.71)

Hier wird von den Evangelisten ein besonders krasser Fall
menschlicher Feigheit und Untreue geschildert, begangen von
einem Jünger, der noch kurz davor (Mk.14.31) in pathetischen
Worten Treue bis in den Tod gelobt hatte und nun »nicht vor der
maßgeblichen Instanz einer Behörde, sondern dem sehr unmaß-
geblichen Forum einiger Knechte und Mägde zu Fall kam« (*Bornkamm*, Jesus, S. 145). Im Gegensatz zu Judas, der dem Evangelienbericht zufolge wegen seines Verrats Selbstmord begeht,
beschränkt Petrus sich darauf, in Reue bitterlich zu weinen, um
dann bald darauf in der Jerusalemer Jesus-Gemeinde eine führende Position zu übernehmen.
Die Frage, ob die Geschichte von der Verleugnung Petri auf historischer Wahrheit beruht, ist jedoch umstritten. *Goguel* (S. 332) ist
der Auffassung, daß Petrus in der Gemeinde nicht eine führende
Rolle hätte übernehmen können, wenn die Verleugnung historisch wäre. Die Szene sei von den Evangelisten deswegen geschildert worden, weil die harte Zurechtweisung, die Jesus an Petrus
geübt hatte, und Jesu Vermutung, Petrus könne ihn im Stich lassen, sich im nachhinein als gerechtfertigt erweisen sollten. Für
Conzelmann ist die Verleugnungsgeschichte in geradezu typischer
Weise szenisch gestaltete *christologische Lehre*, ebenso wie die Stelle vom Bekenntnis des Petrus.[20]
Geht man von der Unhistorizität der Verleugnung durch Petrus
aus, dann führt dies zu der Feststellung, daß Petrus sich bei der

Verhaftung Jesu ebenso verhalten hat wie die anderen Jünger: Er ist geflohen und erst zu einem späteren Zeitpunkt nach Jerusalem zurückgekehrt.

8. Kapitel
Die Römer, nicht die Juden

Als unleugbare Tatsache kann man zugrunde legen, daß Jesus nicht von den Juden, sondern von den Römern umgebracht wurde. Trotz aller sich durch zwei Jahrtausende hinziehenden Bemühungen, in erster Linie die Juden für den Tod Jesu verantwortlich zu machen und den römischen Prokurator in der Rolle eines »*absichtslosen Werkzeugs*« erscheinen zu lassen, geht aus den biblischen Berichten letzten Endes doch eindeutig hervor, daß *Pontius Pilatus* es war, der das Todesurteil gefällt hat, welches dann von seinen Legionären (es dürfte sich um Syrer gehandelt haben, die in römischem Sold standen) vollstreckt wurde.[1]

Entscheidend bleibt, wie es *Wolfgang Reinbold* mit einem treffenden Satz ausdrückt (S. 197):

> »Für eine Kreuzigung in Palästina im ersten nachchristlichen Jahrhundert zeichnete per definitionem der dortige Repräsentant der imperialen römischen Macht verantwortlich.«

Die Todesstrafe der Kreuzigung

Das jüdische Recht kannte vier Arten der Todesstrafe: *Steinigung*, *Verbrennung* (d. h. Ersticken mit einer brennenden Fackel, die dem Delinquenten in den Mund gesteckt wurde), *Enthauptung* und *Erdrosselung*. Die Kreuzigung ist eine *römische* und *keine jüdische*

Hinrichtungsart. Jedenfalls gilt dies für die hier in Rede stehende Zeit. In hellenistisch-hasmonäischer Zeit soll die Kreuzesstrafe allerdings auch eine jüdische Exekutionsart gewesen sein.[2] Es soll auf König *Herodes* zurückzuführen sein, daß die von den Juden gelegentlich praktizierte Todesstrafe der Kreuzigung bzw. das »Hängen ans Holz« bei lebendigem Leibe abgeschafft wurde.[3] Auch die Geißelung des zum Kreuzestod Verurteilten, die an Jesus vollzogen wurde, entsprach dem nach römischem Recht vorgeschriebenen Procedere. Als Werkzeuge für die Geißelung dienten Lederpeitschen (horribile flagellum), in deren Riemen spitze Knochen oder Metallstückchen eingearbeitet waren. Im Unterschied zur jüdischen Praxis, bei der das Höchstmaß auf neununddreißig (Symbolzahl vierzig minus eins) Schläge festgesetzt ist (dreizehn Schläge auf die Brust, dreizehn auf die linke, dreizehn auf die rechte Schulter), lag die Zahl der Schläge bei den Römern im Belieben der Henker. Die durch die Geißelung verursachten Wunden waren so ausgeprägt, daß das Opfer nicht selten noch während der Tortur starb. Von der anschließenden Kreuzigung hat es dann nichts mehr gespürt – so wenig wie die Opfer der Heiligen Inquisition, die nach vorausgegangener Folter vom Feuertod oft nichts mehr gespürt haben.
Die Urteilsformel in einem Verfahren, in welchem die Kreuzesstrafe ausgesprochen wurde, lautete:

»Condemno. Ibis in crucem.
Lictor, conliga manus.
Verberetur.«

»Ich verurteile dich: Du wirst zum Kreuze gehen.
Lictor, binde ihm die Hände.
Er möge gegeißelt werden!«[4]

Eine andere Frage freilich bleibt, ob auch in einem militärischen Schnellverfahren ein so förmlicher Urteilstenor verwendet worden ist. Wahrscheinlicher dürfte sein, daß nur ein barscher Exekutionsbefehl – Geißelung war als Selbstverständlichkeit inbegriffen – erteilt wurde.

>>Abi in crucem!<<

>>Ab ans Kreuz!<<

Ausnahmslos wurden die Gekreuzigten aller Kleidungsstücke beraubt, sie hingen nackt am Kreuz. Nach altem Gewohnheitsrecht durften die Henker das, was die Opfer am Leibe getragen hatten, unter sich aufteilen. Der Johannes-Evangelist gibt es insoweit richtig wieder:

>>Nachdem die Soldaten Jesus ans Kreuz geschlagen hatten, nahmen sie seine Kleider und machten vier Teile daraus, für jeden Soldaten einen.<< (Joh.19.23)

Der einfache Soldat wurde äußerst kärglich bezahlt. Sein Jahressold, der in drei Raten ausbezahlt wurde, betrug 225 Denare. Im Vergleich dazu: Für einen palästinensischen Tagelöhner war der tägliche Lohn 1 Denar (*Bätz/Mack*, S. 27). Wenn die vier Soldaten, die mit der Kreuzigung eines Mannes beauftragt waren, sich dessen Kleidung (mag sie auch noch so schäbig gewesen sein) teilen durften, war das ein zusätzlicher kleiner Naturallohn. (Ob diese Perikope Joh.19.23 historisch richtig ist, muß gleichwohl bezweifelt werden. Größer ist die Wahrscheinlichkeit, daß es sich hierum eine Erfüllungslegende gemäß Ps.22.19 handelt: >>Sie teilten unter sich meine Kleider.<<)

Der Vollzug der Kreuzigung war unterschiedlich. In der Regel wurden die Verurteilten mit Stricken ans Kreuz gehängt. Es sind Fälle überliefert, in denen solchermaßen Gekreuzigte bis zu fünf Tage hängend dahinstarben. Bei der Methode, die möglicherweise bei Jesus angewandt wurde – das Annageln der Verurteilten ans Kreuz war bei den Römern in der fraglichen Zeit häufig[5] –, trat der Tod schneller ein, günstigstenfalls durch Herzkollaps.

Kennzeichnend und beabsichtigt für jede Kreuzigung ist das *langsame* Sterben. Bösen beschreibt es so (S. 279 f.):

»Nackt und mit zerschlagenem Körper muß der Angeklagte sich mit den Armen auf dem Querholz (patibulum) ausstrecken, damit die Henker ihn anbinden oder annageln können … Um den Tod hinauszuzögern und damit die Qualen zu verlängern, gibt man dem Hingerichteten in der Mitte des Kreuzesbalkens einen Sitzpflock als Stütze (lat. sedile) … Der Gekreuzigte stirbt einen langsamen qualvollen Erstickungstod.«

Ist die Kreuzigung erst einmal vollzogen, so kommen anschließende Rettungsversuche durch Kreuzesabnahme meistens zu spät. *Flavius Josephus* berichtet davon, wie er auf dem Weg nach Tekoa (16 km südlich von Jerusalem) drei Freunde unter Gekreuzigten entdeckt. Obwohl er sich sofort auf den Weg zu Titus macht und von ihm die Begnadigung erreicht, sterben zwei von ihnen trotz sorgfältiger Behandlung.[6]

In einem 1968 in Jerusalem entdeckten Felsengrab stießen die Archäologen auf die Gebeine eines 1,67 m großen, 24–28jährigen Mannes, der um das Jahr 50 gekreuzigt worden war. Man hat übrigens herausgefunden, daß dessen Knochenreste erst nachträglich in einem Privatgrab beigesetzt wurden (*Kümmel*, S. 411). Bei diesem jungen Mann war die Nagelung angewendet worden: Die rechte Ferse war über die linke gelegt und der ca. 15 cm lange Nagel mitten durch die Knochen getrieben worden. Die Handwurzelknochen zeigten keinerlei Verletzungen, die Eisenstifte waren vermutlich durch Elle und Speiche hindurch in den Querbalken geschlagen worden. Es war das Holz eines Olivenbaumes. Zur Stützung des Körpers war ein Holzpflock angebracht, so daß der Mann in Hockstellung dahinstarb.[7]

Ob Jesus gebunden oder genagelt wurde, ist eine nicht zu beantwortende Frage.

Arthur Drews (S. 74):

»Die Auffassung, Jesus sei ans Kreuz ›genagelt‹ worden, war

in der frühen Christenheit keineswegs die herrschende. Ambrosius z. B. spricht nur von den ›Stricken des Kreuzes‹ und den ›Bändern der Passion‹, er wußte folglich nichts von Nägeln, die hierbei verwendet worden seien.«

So ist bei Lukas nicht von Nägelmalen, sondern nur allgemein von Wundmalen die Rede, die auch ein mit Stricken Gekreuzigter natürlicherweise davonträgt. Für die Annagelung gibt es nur eine einzige Belegstelle, nämlich Joh.20.25 ff., wo der Jünger Thomas so lange nicht glauben mag, daß der vor ihm Stehende der von den Toten auferstandene Jesus ist, bis er »die Male der Nägel an seinen Händen« sieht.

Beschleunigt wurde der Tod generell noch dadurch, daß vor Eintritt der Nacht den Gekreuzigten zwecks Fluchtverhinderung die Beine zerbrochen wurden (sog. »crurifragium«), so daß der Körper, wenn er nicht durch ein »sedile« gestützt war, vollends durchsackte. Bei den beiden mitgekreuzigten Leidensgefährten Jesu hatte man, wie der Evangelist berichtet, die Beine zerschlagen, bei Jesu selbst aber nicht, weil er schon tot gewesen sei. Sein Tod wäre also besonders rasch eingetreten. Dies ist möglicherweise darauf zurückzuführen, daß er durch den bei der Geißelung erlittenen Blutverlust schon stark geschwächt war, wofür zusätzlich der Hinweis spricht, daß auf dem Weg zur Hinrichtungsstätte *Simon von Kyrene* ihm das Kreuz (den Querbalken des Kreuzes) tragen mußte.

Der Johannes-Evangelist – ihm kommt es bei seiner Schilderung (19.36) allerdings in erster Linie darauf an, eine Parallele zum Passahlamm zu ziehen, dessen Gebeine nicht gebrochen werden dürfen (Ex.12.46) – schildert den Ablauf mit schauriger Deutlichkeit:

»Weil es aber Rüsttag war und die Gekreuzigten nicht den Sabbat über hängen bleiben sollten – denn dieser Sabbat war ein hoher Festtag –, baten die Juden Pilatus, daß ihnen die Beine gebrochen und sie vom Kreuz abgenommen würden. Da kamen die Soldaten und zerschlugen dem ersten die

Schenkel und dem anderen auch, der mit Jesus gekreuzigt war. Als sie aber zu Jesus kamen und sahen, daß er schon gestorben war, zerschlugen sie ihm die Schenkel nicht; sondern einer der Soldaten stieß mit dem Speer in seine Seite und sogleich kamen Blut und Wasser heraus.« (Joh.19.31-34)

»Blut und Wasser« – die Sakramente von Abendmahl und Taufe! Und der Speer läßt die Prophezeiung von Sach.12.10 in Erfüllung gehen:

»Und sie werden auf den blicken, den sie durchbohrt haben.« (Joh.19.37)

In der Kreuzesstrafe manifestiert sich die ganze Barbarei, deren der Mensch zu allen Zeiten fähig war. Wer von »*kreuzfidel*« spricht – eine beliebte Vokabel, ja das Lebensmotto eines deutschen Kardinals[8] –, weiß nicht, wovon er redet.

Wer die Kreuzesstrafe »erfunden« hat, ist nicht genau bekannt. Vor den Römern wurde sie schon von den Persern, den Griechen und den Puniern praktiziert. Der römische Feldherr Titus hat, wie Josephus als Augenzeuge berichtet, während der Belagerung Jerusalems täglich mindestens fünfhundert jüdische Flüchtlinge kreuzigen lassen:

»Wurden sie ergriffen, so wehrten sie sich aus Angst vor Strafe; nachdem sie aber einmal Widerstand geleistet hatten, schien es ihnen zu spät, um Gnade zu bitten. Sie wurden zunächst gegeißelt und allen möglichen Foltern unterworfen, schließlich angesichts der Mauer gekreuzigt und getötet ... (Jüdischer Krieg, V.11.1)

Keinesweg nur Herrscher, die als Tyrannen in die Geschichte eingegangen sind, haben diese qualvolle Hinrichtungsart – »die grausamste und fürchterlichste Todesstrafe«, wie Cicero sie nennt – vollziehen lassen. Für Julius Cäsar beispielsweise war sie ebenso eine Selbstverständlichkeit wie einige Jahrhunderte zuvor für Alexander den Großen. (In Griechenland selbst wurde allerdings nie gekreuzigt.) Im 4. Jahrhundert setzte Kaiser Konstantin an die Stelle der Kreuzigung die vergleichsweise humane Todesstrafe durch Erhängen am Galgen.

Die »Vollstreckungs-Legende«

Es kann auch nicht eingewendet werden, die Römer seien gewissermaßen nur durch Zufall die Verkünder und Vollstrecker des Todesurteils gegen Jesus von Nazareth geworden, weil die sogenannte Blutgerichtsbarkeit ausschließlich bei ihnen lag, eine These, die von den meisten Theologen nach wie vor vertreten wird.[9]

Joachim Gnilka (Jesus, S. 295):

> »War es schon in den übrigen Provinzen die Regel, daß die Kapitalgerichtsbarkeit dem Statthalter vorbehalten blieb, so ist das a fortiori für Judäa anzunehmen, eine Provinz, die, an der Grenze des Reiches gelegen, ein Herd der Unsicherheit und des Aufruhrs war.«

Gnilka meint also, daß, wenn der römische Statthalter das Recht hatte, die Todesstrafe zu verhängen, daneben nicht auch der jüdischen Gerichtsbarkeit ein solches Recht zugestanden haben könne. Ebensowenig vermag zu überzeugen, was *Gerhard Otte* (S. 1019 ff.) anführt, nämlich daß in der sog. *Fastenrolle* im Jahre 66 die »Wiedereinführung« der Todesstrafe gefeiert wurde. Otte verkennt hier die Zusammenhänge. Im Jahre 66 hatte der jüdische Aufstand gegen die römische Besatzungsmacht begonnen. Die Anfangserfolge, welche die Juden gegen die Römer erzielt hatten, gaben ihnen den Glauben, das römische Joch schon endgültig abgeschüttelt zu haben. In der Fastenrolle bejubelten sie ihre nunmehr wieder uneingeschränkte Herrschaft über Israel und die Todesstrafenkompetenz, die fortan ausschließlich bei ihnen liegt. Im übrigen: Otte ist es ganz offenbar entgangen, daß er sich in seinem Beitrag in einen Widerspruch ganz delikater Art verheddert hat. Während er auf Seite 1023 versichert, den Beweis dafür zu liefern, daß das Synedrium die Todesstrafenkompetenz im Fall Jesu nicht hatte, führt er auf Seite 1020 als Beweis dafür, daß Jesus im Talmud als historische Person erwähnt wird, an, daß das Synedrium ihn zum Steinigungstod verurteilt habe.[10]

Es gibt allerdings auch Theologen, die davon überzeugt sind, daß das Synedrium in der fraglichen Zeit durchaus befugt war, Todesstrafen zu verhängen. Zu nennen ist der international renommierte niederländische Dominikaner und Neutestamentler *Edward Schillebeeckx.* Er schreibt (S. 165):

»Alle Juden in jenen Tagen wußten darum, daß die Römer das Recht der Kreuzigung hatten, Herodes Antipas das ›ius glaii‹ ... Schließlich hatte der Sanhedrin das Recht zur Steinigung.«

Aber selbst wenn es formal und grundsätzlich zutreffend wäre, daß die Römer die Todesstrafenkompetenz an sich gezogen hätten, weiß man doch, daß die jüdische Obrigkeit in jener Zeit durchaus Todesurteile ausgesprochen und vollstreckt hat. Als prominenteste Opfer sind *Johannes der Täufer* und *Stephanus* zu nennen.

– *Johannes der Täufer* wurde aus politischen Gründen von seinem Landesherrn Herodes Antipas beseitigt, nachdem er zunächst einige Monate in der Festung Machärus inhaftiert gewesen war. Man nimmt (weil es so im Evangelium steht) überwiegend an, daß Antipas seinen Gefangenen dort hat enthaupten lassen; möglicherweise ist er aber erstickt oder erdrosselt worden. Wenn *Otte* (S. 1023) dagegenhält, die Tötung Johannes des Täufers habe mit der Frage der Todesstrafenkompetenz nichts zu tun, weil der Täufer ermordet wurde, dann ist das nur sehr bedingt richtig. Otte legt als Tötungsmotiv offenbar die bibli-

sche Erzählung zugrunde, wonach der Täufer aus einer sponta-
nen, bei einem Festmahl, wahrscheinlich unter Alkoholeinfluß,
entstandenen Tyrannenlaune heraus umgebracht worden ist. In
Wirklichkeit wurde Johannes aber aus *politischen Gründen*
(Gefahr der Unruhestiftung[11]) aus dem Wege geschafft. Selbst
wenn dem – was anzunehmen ist – kein förmliches Gerichtsverfahren vorausging, wurde doch zuvor ein Tötungsbeschluß
durch Antipas und dessen politische Ratgeber gefaßt, und zwar
in Ausübung vorhandener Todesstrafenkompetenz.

– Was *Stephanus* anbelangt, geht aus der Schilderung der Apostelgeschichte hervor, daß er vom Synedrium zum Tode verurteilt
und dann »ordnungsgemäß« hingerichtet wurde, wobei *Saulus-
Paulus* sich bei der Exekution besonders hervorgetan habe
(Apg.7.58 u. 8.1). Die Ursache für die Steinigung des Stephanus liegt allerdings im dunkeln. Die Schilderung ist nicht eindeutig. Die offizielle Anschuldigung lautete auf Häresie. Es
handelte sich aber um eine Häresie, wie sie für die innerjüdische
Auseinandersetzung durchaus typisch war. Paulus hat sie in weit
stärkerem Maße betrieben. Zum Tumult kam es erst, als
Stephanus die Mitglieder des Synedriums als »Halsstarrige«,
»Verräter und Mörder« und »Gesetzesbrecher« beschimpfte.
Nicht auszuschließen ist, daß der aufgebrachte Mob es war, der
hier eine Lynchjustiz veranstaltet hat, obgleich die Anwesenheit
und Beteiligung des Synedralbeamten Paulus dagegen spricht.
Möglicherweise sind es aufgebrachte *Hebräerchristen* gewesen,
die sich von dem »*Hellenisten*« Stephanus brüskiert fühlten, so
daß Stephanus von seinen Mitchristen – Stichwort: *Hebräer contra Hellenisten* – umgebracht worden wäre.

– Auch noch an anderer Stelle in der Apostelgeschichte wird die
Todesstrafen- und Exekutionskompetenz des Synedriums
zumindest indirekt zum Ausdruck gebracht: Als Paulus dreißig
Jahre nach Jesu Tod Gefangener des Prokurators Festus war,
wurde die Frage erörtert, ob er als Jude der Gerichtsbarkeit des

Synedriums oder als römischer Bürger der Gerichtsbarkeit des Kaisers zu überstellen sei. Paulus bestand darauf, vor ein kaiserliches Gericht gestellt zu werden. Sein diesbezügliches Plädoyer impliziert die Feststellung, daß er vom Synedrium im Falle eines Schuldspruchs hätte zum Tode verurteilt und hingerichtet werden können:

»Den Juden habe ich kein Unrecht getan, wie auch du sehr wohl weißt. Wenn ich wirklich ein Unrecht begangen und etwas getan habe, worauf die Todesstrafe steht, weigere ich mich nicht zu sterben. Wenn aber ihre Anklage gegen mich unbegründet ist, kann mich niemand ihnen ausliefern. Ich lege Berufung beim Kaiser ein!« (Apg.25.10-11)

– Ein weiteres Beispiel für die jüdische Hinrichtungskompetenz wäre – die Historizität der Erzählung unterstellt – die im Ehebruch ertappte Jerusalemer Frau, welche nach durchzuführendem Gerichtsverfahren gesteinigt worden wäre, wenn nicht Jesus sie mit seinem berühmten Machtwort vor dem sicheren Tod errettet hätte:

»Wer von euch ohne Sünde ist, der werfe den ersten Stein auf sie.«[12] (Joh.8.7)

– Jesus selbst soll während der Zeit seines Wirkens von jüdischer Seite mit der Exekution bedroht worden sein:

»Die Juden antworteten ihm und sprachen: Um des guten Werks willen steinigen wir dich nicht, sondern der Gotteslästerung willen ...« (Joh.10.33)

– Auch *Flavius Josephus* hebt die Kompetenz des Synedriums, Todesurteile zu fällen und zu vollstrecken, hervor:

»Denn das Gesetz verbietet ausdrücklich, einen wenn auch

noch so verbrecherischen Menschen umbringen zu lassen, ehe er vom Synedrium zum Tode verurteilt ist.« (Jüdische Altertümer, XIV.9.3)

– Sogar über römische Bürger konnten die Juden in bestimmtem Umfang bis hin zur Todesstrafe Gerichtsbarkeit ausüben. Man hat einen Marmorblock[13] mit folgender griechischer Inschrift gefunden:

»Fremden ist das Betreten des Heiligtums untersagt. Zuwiderhandlungen werden mit dem Tode bestraft.«

Dieses »Warnschild« war vor dem Tempel in Jerusalem angebracht. Flavius Josephus zitiert Worte des römischen Feldherrn Titus an die belagerten Juden:

»Haben nicht wir euch gestattet, die Übertreter dieser Vorschrift, selbst wenn es ein Römer war, mit dem Tode zu bestrafen?« (Jüdischer Krieg, VI.2.4)

– Eindeutig historisch überliefert (im Talmud von Rabbi Eleazar ben Zadok als Augenzeugen) ist die Hinrichtung einer Priestertochter um das Jahr 40, die wegen begangener Unzucht vom Synedrium zum Tode verurteilt worden war.

– Und schließlich: Jesu Bruder Jakobus wurde in seiner Eigenschaft als Bischof von Jerusalem durch einen – wenn auch aus formalen Gründen (wegen nicht richtiger Besetzung des Gerichts) rechtswidrigen – Beschluß des Synedriums unter Vorsitz des Hohenpriesters Ananos im Jahre 62 n. Chr. zum Tode verurteilt und gesteinigt.[14] (Achtzehn Jahre zuvor war sein Namensvetter, der Sohn des Zebedäus, durch den jüdischen König *Herodes Agrippa I.* hingerichtet worden – Apg.12.2.)

Der Fülle von Belegstellen über die Kompetenz des Synedriums zur Verhängung und Vollstreckung von Todesurteilen wird theologischerseits überwiegend die Behauptung entgegengestellt, eine solche Kompetenz habe jedenfalls im *Todesjahr Jesu* nicht bestanden. Dies hat einen naheliegenden Grund: Nur so nämlich kann das Faktum der Kreuzigung durch die Römer in Einklang gebracht werden mit der uralten These, die eigentliche Schuld am gewaltsamen Tode Jesu trügen die Juden. Kurz gesagt, das jüdische Synedrium ist es gewesen, welches das Todesurteil über Jesus gefällt hat, nur zur *Vollstreckung* hat jüdischerseits die Kompetenz gefehlt. Wer, wie zum Beispiel *August Strobel*, eine gute Idee hat, die dazu paßt, schiebt sie noch nach (S. 88 u. Fn. 233):

>»Stephanus … unterschied sich als juristischer Fall kaum von Jesus … Da die römische Behörde damals das Urteil des Synedriums über Jesus anerkannt hatte, lag es diesmal nahe, unter Ausschaltung des römischen Prokurators die Hinrichtung selbst vorzunehmen, nun aber unter Anwendung der Steinigungsstrafe ganz im Sinne des alttestamentlichen Gesetzes.«

Wieso es »*diesmal*« (bei Stephanus) nahegelegen haben soll, »die Hinrichtung selbst vorzunehmen«, wohingegen es »*damals*« (bei Jesus) anders gewesen sei, wird von Strobel allerdings nicht erläutert.

Eine neuere, zwar weitgehend isoliert dastehende, aber besonders infame These lautet gar, die Juden hätten Jesus den Römern zwecks Kreuzigung ausgeliefert, damit der Heiland diesen extrem qualvollen und schimpflichen Tod sterbe und nicht den noch relativ ehrenvollen Tod der Steinigung. Vertreten wurde diese These von dem deutschen evangelischen Theologen *Bornhäuser*[15] im Jahre 1947, zwei Jahre nach Auschwitz, als französische und amerikanische Theologen in größter Betroffenheit die Diskussion über den »*christlichen Antisemitismus*« eröffneten.[16]

Der katholische Theologe *Blinzler* argumentiert ganz ähnlich (S. 346):

»Den Juden aber lag viel daran, daß er am Kreuz als ›Fluch Gottes‹ sein Leben aushauchte.«

Franz Mussner, der sich bei der Erörterung des Prozeßberichts gern auf Josef Blinzler beruft (im Gegensatz zu Blinzler und anderen Theologen kann man Mussner, einem Wortführer im christlich-jüdischen Dialog und Inhaber der Buber-Rosenzweig-Medaille, selbstverständlich keinen Antijudaismus nachsagen), hat diese Version offenbar von *Blinzler* übernommen:

»Daß der nicht aufgehängt, sondern gekreuzigt wurde, hing damit zusammen, daß seine jüdischen Prozeßgegner die schimpfliche Hinrichtung am Kreuz ausdrücklich von Pilatus forderten.«[17]

Als (pseudohistorische) Quelle für die Annahme, das Synedrium habe die Blutsgerichtsbarkeit an die Römer abtreten müssen, dient das Johannes-Evangelium:

»Da sagte Pilatus zu ihnen: Nehmt ihr ihn doch und richtet ihn nach eurem Gesetz. Die Juden antworteten ihm: Wir dürfen niemand töten.« (Joh.18.31)

Treuherzig übernimmt der sonst so scharfsinnige und kritische *Bösen*, was *Strobel* dazu gesagt hat (S. 172):

»Das (ist) ohne Zweifel ›eine sachgemäße Auskunft über die damalige historische Rechtssituation‹.«

Als ob ausgerechnet Pilatus eine Belehrung der Juden darüber nötig gehabt hätte, wie im besetzten Judäa die *Kompetenzen* verteilt sind! Folgt man Johannes, so bedeutet dies, daß kein Geringerer als der römische Prokurator bis dahin der irrtümlichen (man müßte hier schon sagen: »dusseligen«) Auffassung war, das Synedrium besitze die Todesstrafenkompetenz.

Goguel (S. 355):

»Die Vorstellung der Juden, Pilatus daran erinnern zu müssen, daß die römische Regierung ihnen das Recht entzogen hat, Kapitalverbrechen abzuurteilen, ist von schreiender Unwahrscheinlichkeit. Sie ist nur dazu da, um zu bestätigen, daß Pilatus sich gegen seinen Willen in die Rechtssache Jesus mischt.«

Wie tendenziös die Berichterstattung des Johannes-Evangeliums ist, geht auch daraus hervor, daß Pilatus den Juden dann sogar noch angetragen haben soll, an Jesus die *römische* Hinrichtungsart der *Kreuzigung* zu praktizieren:

»Pilatus sagte zu ihnen: Nehmt ihr ihn hin, und kreuzigt ihn!« (Joh.19.6)

Oft gebraucht und ebenso verkehrt ist auch die Behauptung, Pontius Pilatus habe ein vom Synedrium gefälltes Todesurteil nur »bestätigen« müssen. Diese von dem Jenaer Theologen und Juristen *Johannes Stelter* 1674 entwickelte Theorie[18] dürfte nur ein weiterer Ableger der These von der Kollektivschuld der Juden gewesen sein. Generell kann zwar nicht ausgeschlossen werden, daß es eine Bestimmung gab, wonach ein vom Synedrium gefälltes Todesurteil durch den Prokurator bestätigt werden mußte, ehe es vollstreckt werden durfte.[19] Die Besatzungsmacht konnte es selbstverständlich nicht hinnehmen, daß das Synedrium etwa Leute hinrichtete, die für Rom nützlich sein konnten oder sich um Rom verdient gemacht hatten. Möglicherweise war das gegen Stephanus ausgesprochene und vollzogene Todesurteil vom Prokurator bestätigt. Bezogen auf den Fall Jesus aber ist die Bestätigungstheorie irrelevant. Denn wenn es um die Bestätigung eines jüdischen Urteils ging, das auf Gotteslästerung lautete, dann wäre Jesus den nach Lev.24.16 vorgeschriebenen jüdischen Steinigungstod gestorben und nicht den römischen Kreuzigungstod.

Zum römischen Grundsatz der *Nichteinmischung* in die inneren Angelegenheiten der besetzten Gebiete gehörte auch die Nichteinmischung in die Zivil- und Strafgerichtsbarkeit. Der Amtssitz des römischen Statthalters war nicht die heilige Stadt Jerusalem, sondern *Cäsarea Maritima*; nur besuchsweise kam der Prokurator nach Jerusalem, um dort für einige Tage oder Wochen zu residieren. Im Vergleich zu den übrigen römischen Provinzen war Palästina mit ganz besonderen Privilegien ausgestattet. Die Juden waren, um zwei Beispiele zu nennen, vom *Militärdienst befreit*, und sie hatten *Dispens vom Kaiserkult*, wie Flavius Josephus berichtet. Im Rahmen dieser »*privilegia iudaica*« nahmen die Römer auch geziemende Rücksicht in religiösen Angelegenheiten – so wie sie sich in religiösen Angelegenheiten insgesamt tolerant verhielten. Niemand wurde nach seinem Glaubensbekenntnis gefragt. Jeder konnte nach seiner religiösen Überzeugung leben. Nur bei unmittelbarer Gefährdung der Staatsreligion wurde gegen den ausländischen Aberglauben (»*superstitio externa*«) polizeilich eingeschritten.[20]

Andererseits unterliegt es freilich keinem Zweifel, daß der Statthalter berechtigt war, nach despotischer Manier jeden zu verfolgen, zu verurteilen und hinrichten zu lassen, den er wollte.

Edward Gibbon, der große britische Historiker, schreibt (S. 57):

»Seine Macht war durch keine Gerichts- oder Prozeßform beschränkt, seinem Urteil folgte sogleich und ohne weitere Berufung die Vollstreckung.«[21]

Es ist aber weder eine Rechtsnorm noch ein Rechtsbrauch oder auch nur ein einziger praktizierter Fall in der Geschichte bekannt, wonach der römische Militärgouverneur in Judäa Todesurteile gegen Juden bestätigt und zur Vollstreckung gebracht hat, die zuvor von einem jüdischen Gericht gefällt worden waren.

Dem jüdischen Synedrium sozusagen aus heiterem Himmel die Todesstrafenkompetenz zu entziehen, ohne daß es dafür den geringsten historischen Anhaltspunkt gibt (keiner der Verfechter dieser verfehlten These vermag einen solchen Anhaltspunkt anzuführen), paßt so wenig in die politische Gesamtsituation, daß jene These geradezu als an den Haaren herbeigezogen erscheint. Die Römer hatten ganz andere Sorgen und Interessen, als sich um das Leben von dogmatischen Abweichlern oder religiösen Spinnern oder schlicht eines Wanderpredigers aus Galiläa zu sorgen, die vor ein jüdisches Gericht gestellt wurden.

Ein vermeintlicher Aufrührer

Die Römer haben gegenüber Rebellen die Strafe der Kreuzigung im besetzten Palästina hauptsächlich deswegen angewandt, weil sie sich von dieser Hinrichtungsart einen besonderen *Abschreckungseffekt* erhofften. Wollte man hingegen von der Annahme ausgehen, daß die *jüdischen* Stellen ein primäres Interesse an Jesu Beseitigung hatten, dann ist überhaupt kein Grund ersichtlich, warum alles in so überstürzter Eile abgewickelt wurde. Warum hat man, als die Zeit wegen des bevorstehenden Passahfestes knapp wurde, Jesus nicht einfach verhaftet und ihn bis nach dem Fest in Gewahrsam gehalten, um ihm dann in Ruhe und ohne Zeitdruck den Prozeß zu machen? Ein verhafteter Jesus hätte schließlich kein größeres Sicherheitsrisiko bedeutet als ein getöteter.

Die *Absurdität* der synoptischen Schilderung über den Ablauf des Prozesses vor einem jüdischen Gericht ist es, die zur Verneinung eines derartigen Prozesses und damit zu dem zwingenden Schluß führt, daß Jesus von den Römern als Aufrührer angesehen und als solcher hingerichtet wurde.

Es ist ein geradezu *grotesker* Wettlauf mit der Zeit, der in den synoptischen Evangelien geschildert wird: Am späten Abend des Gründonnerstags wird Jesus verhaftet. Mitten in der Nacht wird er in das Haus des Hohenpriesters gebracht. Der muß die weiteren siebzig[22] Mitglieder des Hohen Rates (Mk.14.53: »Alle Hohenpriester und Ältesten und Schriftgelehrten«) zusammenrufen, von denen, das nebenbei bemerkt, der größte Teil wegen des beim Seder-Mahl genossenen Weines sich in einem besonders tiefen Schlaf befindet.

Nur wer sich in der Mentalität von Richtern nicht auskennt, kann auf den abenteuerlichen Gedanken kommen, daß sich jedes einzelne Mitglied eines großen Richterkollegiums bereit findet, ohne zwingende Notwendigkeit zu einer nächtlichen Gerichtssitzung zu erscheinen, noch dazu an einem hohen Feiertag und in alkoholisiertem Zustand!

Dann folgt die nächtliche Gerichtsverhandlung vor dem Rat, der besetzt ist mit verschlafenen und zumindest teilweise ihrer Sinne noch nicht wieder mächtigen Richtern. Diverse Zeugen werden vernommen, deren Zeugnis für einen Schuldspruch aber nicht ausreicht. Sodann eingehende Vernehmung des Angeklagten durch den Gerichtspräsidenten. Schließlich Schuldspruch durch Akklamation bei *einer* Gegenstimme (*Joseph von Arimathia*). Anschließend Abschiebung an die Römer, umständliche Verhandlung vor Pontius Pilatus, schreiende Volksmassen, die man hat mobilisieren und erst einmal aus dem Schlaf holen müssen. Sodann Unterbrechung des Verfahrens durch Pontius Pilatus, Abführung des Angeklagten zu dem im nordwestlichen Teil der Oberstadt gelegenen alten Königspalast der Hasmonäer, dortiges Zwischenverfahren vor Herodes Antipas (was allerdings nicht Markus, sondern Lukas berichtet), Rückführung des Gefangenen zum Prätorium, Fortsetzung der Verhandlung vor Pilatus und Vorführung des Barabbas. Anschließend erneute Unterbrechung des Verfahrens: Der Angeklagte wird in den Innenhof des Prätoriums abgeführt. Die Bewachungsmannschaft veranlaßt, daß alle in Jerusalem anwesenden römischen Soldaten (»die ganze Kohorte«) sich um Jesus versammelt: Die Soldateska veranstaltet eine grausame Verhöhnungsszene[23], in deren Verlauf Jesus gegeißelt wird. Danach wird er ins Prätorium zurückgeführt. Pilatus setzt die Verhandlung fort, unternimmt noch weitere Freilassungsversuche und kommt dann schließlich zur Urteilsverkündung. Und doch ist es erst etwa acht Uhr in der Frühe! Man hätte also im Zeitraffer-Tempo, einem Trickfilm vergleichbar, binnen weniger Stunden unter denkbar ungünstigen Beleuchtungsverhältnissen, zwei getrennte Gerichtsverfahren mit noch dazu häufiger Unterbrechung durchgeführt und abgeschlossen.

Nach erfolgter Verurteilung zum Kreuzestode muß man schon vor neun Uhr morgens mitsamt dem Kreuz vor den Toren der Stadt auf Golgatha eingetroffen sein. Die Kreuzigung erfolgt Markus zufolge um neun Uhr, Jesus stirbt um fünfzehn Uhr, bis achtzehn Uhr muß der Leichnam vom Kreuz abgenommen und beigesetzt sein, denn da beginnen die Passahfeierlichkeiten:

»Und es war um die dritte Stunde, da sie ihn kreuzigten ... Und nach der sechsten Stunde ward eine Finsternis über das ganze Land, bis über die neunte Stunde. Um die neunte Stunde rief Jesus laut und sprach: Eli, Eli, lama asabthani? Das ist verdolmetscht: Mein Gott, mein Gott, warum hast du mich verlassen? ... Aber Jesus schrie laut und verschied.« (Mk.15.25,33-34,37)

Und wenn er um die neunte Stunde nicht verstorben wäre – was wäre dann geschehen? Natürlich hätte man ihm noch die Beine brechen können, so daß durch den dann vollends durchhängenden Körper der Todeseintritt beschleunigt worden wäre. Aber eine Garantie für die Rechtzeitigkeit wäre auch das nicht gewesen. Durch einen reinen Zufall also wäre Jesus, wollte man dem Bericht der Evangelien Glauben schenken, so rechtzeitig gestorben, daß er gerade noch in allerletzter Minute vor Anbruch der heiligen Seder-Nacht vom Kreuz abgenommen und beigesetzt werden konnte. [24]

Während Matthäus sich über die Stunde der Hinrichtung ausschweigt, treten bei Lukas Zeitprobleme in Erscheinung, die von denen bei Markus zwar abweichen, aber ebenfalls unlösbar sind. Bei Lukas kommt der jüdische Rat überhaupt erst nach Tagesanbruch zusammen, so daß die Überstellung Jesu an Pilatus frühestens im Laufe des Vormittags erfolgt sein kann (Lk.22.66; 23.1).

Über den Zeitpunkt der Kreuzigung sagt Lukas nichts, doch erwähnt er (ebenso wie die anderen Synoptiker) zwölf Uhr mittags als Stunde der Sonnenfinsternis und Agonie Jesu. Für eine Verhandlung vor Pilatus bleibt also schon aus rein technischen Gründen überhaupt keine Zeit mehr. Dem Lukas-Bericht zufolge aber soll ein besonders langwieriges Verfahren vor dem Statthalter stattgefunden haben, bedingt dadurch, daß ein Zwischenverfahren vor Herodes Antipas in die Erzählung eingeschoben wird (Lk.23.6-11), und der Evangelist ausdrücklich darauf hinweist, daß es »viele Fragen« waren, die der Tetrarch an Jesus stellte. Wiederum ganz anders steht es im Johannes-Evangelium. Wann die Verhandlung vor Pilatus begonnen haben soll, wird dort nicht berichtet. Um zwölf Uhr mittags jedenfalls war die Verhandlung noch in vollem Gange (Joh.19.14). Selbst wenn alsbald darauf der Urteilsspruch erging, sagen wir gegen dreizehn Uhr, mußte Jesus doch noch den Fußweg nach Golgatha antreten, den Querbalken des Kreuzes auf dem Rücken tragend, so daß der Weg dorthin eher ein Sichdahinschleppen als ein normaler Gang zur Hinrichtungsstätte war. Es kommt hinzu, daß Jesus zuvor auch noch hat gegeißelt werden müssen, was ebenfalls eine Prozedur ist, die nicht nach Minuten bemessen werden kann. Die Kreuzigung kann also allerfrühestens um vierzehn Uhr stattgefunden haben. Dann aber wurde die Zeit zum Sterben äußerst knapp.

Bisweilen ist der Versuch unternommen worden, gegen die sogenannte Ein-Tag-Passion eine Drei-Tage-Passion zu setzen, um auf die Weise zu einem glaubwürdigeren Ergebnis zu kommen. Entwickelt und mit beachtlichen Argumenten belegt wurde diese These von der französischen Forscherin *Jaubert*.[25] Nach anfänglicher Zustimmung in Gelehrtenkreisen hat sich inzwischen aber wieder die Ein-Tag-Chronologie durchgesetzt.[26]

Weil es sich schlichtweg so nicht abgespielt haben kann, wie es in den Evangelien berichtet wird, werden die Ereignisse nur bei folgender Überlegung plausibel: Die Römer waren auf Jesus aufmerksam geworden, nachdem dieser mit seinem Einzug in Jerusalem ein gewisses oder gar ein beträchtliches Aufsehen erregt hatte.

Als Eiferer im Glauben, der er war, wurde er auch als potentieller Aufrührer angesehen. In dieser Eigenschaft wurde er von der Militärbehörde verhaftet und in einem Schnellverfahren abgeurteilt.

Goguel (S. 324):

>»Jesus wurde demnach nicht als Gotteslästerer gefangengenommen, sondern als Aufrührer oder als eine Person, die verdächtig war, der Vorwand oder die Gelegenheit für einen Aufruhr zu werden.«

Eine solche Annahme ergibt sich aus dem Johannes-Bericht ohne weiteres. Aber auch in den synoptischen Berichten wird sie – jedenfalls indirekt – bestätigt. Jesus selbst nämlich soll sich gegen seine Festnahme mit dem Hinweis verwahrt haben, daß er schließlich kein »Aufrührer« sei:

>»Ihr seid ausgegangen wie zu einem ›Räuber‹, mit Schwertern und mit Stangen, um mich zu fangen.« (Mk.14.48)

Wie zu einem »Räuber«, das ist die gängige Übersetzung. Die Evangelisten gebrauchen das griechische Wort »lestes«. Dieses Wort wird – auch im profanen Schrifttum jener Zeit – nicht nur auf Straßenräuber angewandt, sondern auf Bandenführer, Freischärler und Aufständische aller Art. Über zelotische Widerstandsgruppen, die im judäischen Gebirge ihre Stützpunkte hatten, schreibt (der in römischen Diensten stehende) Flavius Josephus:

>»So war Judäa eine wahre Räuberhöhle, und wo sich nur immer eine Schar von Aufrührern zusammentat, wählten sie gleich Könige, die dem Staate sehr verderblich wurden. Denn während sie den Römern nur unbedeutenden Schaden zufügten, wüteten sie gegen ihre eigenen Landsleute weit und breit mit Mord und Totschlag.« (Jüdische Altertümer, XVII.10.8)

Auch Barabbas, jener Freischärler, der im Prozeßgeschehen vor Pontius Pilatus eine bestimmte Bedeutung erhält, wird als »lestes« bezeichnet (Joh.18.40). Bei Markus heißt es:

> »Es war aber ein Mann mit Namen Barabbas im Gefängnis zusammen mit ›anderen‹ Aufrührern.« (Mk.15.7)

Die beiden Männer, die zusammen mit Jesus gekreuzigt wurden, werden ebenfalls »lestes« genannt (Mk.15.27; Mt.27.38). Bei diesen beiden Mitgekreuzigten handelt es sich um zelotische Widerstandskämpfer.[27] Niemand vermag zu sagen, ob Jesus sie schon vorher gekannt hatte, ob sie eventuell mit Barabbas in Verbindung zu bringen sind oder ob es sich vielleicht sogar um Anhänger der jesuanischen Bewegung gehandelt hat. Jedenfalls war ihnen dasselbe vorgeworfen worden wie Jesus. Pilatus hat an jenem Freitag also mindestens drei Juden hinrichten lassen, weil er sie des Aufruhrs gegen die Besatzungsmacht und der Feindschaft gegen Rom für schuldig befunden hatte.

> »Es wurden aber auch hingeführt zwei andere, Übeltäter, daß sie mit ihm abgetan würden.« (Lk.23.32)

Es ist eine naheliegende Vermutung, daß diese Personen in ein und demselben militärischen Schnellverfahren abgeurteilt worden sind. Der Grundsatz der sogenannten »*Prozeßökonomie*« hat im Bereich des Militärstrafrechts von jeher eine besondere Rolle gespielt. Jedenfalls ist kein vernünftiger Grund ersichtlich, warum mehrere Parallelverfahren unabhängig voneinander durchgeführt wurden, zumal es sich aus der Sicht des Standgerichts um Straftäter gehandelt hat, die man in unserem heutigen juristischen Sprachgebrauch als »*Mittäter*« bezeichnen würde.

Besonders negativ – sie heißen, je nach Übersetzung, »Mörder«, »Übeltäter«, »Verbrecher«, »Räuber« oder »Schächer« – werden die beiden mitgekreuzigten Schicksalsgefährten Jesu offenbar nur deswegen dargestellt, weil man auf diese Weise eine Prophezeiung (Jes.53.9 u.12) in Erfüllung gehen lassen wollte:

>Da ward die Schrift erfüllt, die da sagt: Er ist unter die Übeltäter gerechnet.« (Mk.15.28)

Lukas zufolge soll einer der beiden Mitgekreuzigten Jesus noch am Kreuze verhöhnt haben und von dem anderen deswegen zurechtgewiesen worden sein[28]:

>Und du fürchtest dich auch nicht vor Gott, der du doch die gleiche Strafe erleidest? Uns trifft sie zwar mit Recht, denn wir empfangen, was unsere Taten wert sind; dieser aber hat nichts Unrechtes getan.« (Lk.23.40-41)

Jener mitgekreuzigte Aufrührer hat sich demnach in sein Schicksal gefügt. Er erfährt das typische Los des Partisanen, der in die Hände des Feindes gefallen ist und nach dessen Standrecht gerichtet wird. Die Mit-Hinrichtung Jesu aber empfindet er als skandalöse Ungerechtigkeit. Er, der Zelot, weiß, daß Jesus weder an revolutionären Gewalttaten beteiligt war noch dazu aufgefordert hatte, sondern das Opfer eines eklatanten »*Justizirrtums*« geworden ist.

(Jesus soll dem einsichtigen Leidensgefährten daraufhin versprochen haben, daß dieser »noch heute« mit ihm im Paradiese sein werde (Lk.23.43). Daß dieser Mann noch am selben Tage mit Jesus im Paradies sein werde, diese »Himmelfahrt vom Kreuz« ist nicht recht nachvollziehbar. Kommen nicht erst einmal Grab und Höllenfahrt und dann erst – am dritten Tag – die Auferstehung?)

Nach dem übereinstimmenden Zeugnis der vier Evangelien lautete die erste Frage, die Pilatus an Jesus richtete:

>Bist du der König der Juden?«

Von vornherein ermittelte der Römer also unter dem Aspekt der politisch-militärischen Sicherheit. Nur Lukas berichtet, daß die jüdischen Behörden bei Pilatus zuvor Anzeige unter der Beschuldigung des *Aufruhrs* erstattet hätten. Markus, Matthäus und Johannes zufolge setzt Pilatus diesen Tatbestand ganz ohne Anzeige voraus. Die an Jesus gerichtete Frage, ob er der König der Juden sei, wäre auch durchaus folgerichtig, wenn Pilatus zu Ohren gekommen sein sollte, daß Jesus sich als Messias ausgegeben habe bzw. als solcher angesehen wurde. Denn das Messiasprädikat impliziert die Königswürde. Außerdem ist, wie Flavius Josephus berichtet, »König« die Bezeichnung für den Anführer einer Schar von Aufständischen; es gab also eine Vielzahl sogenannter »*Judenkönige*«.[29]

Auf der Tafel, die Pilatus über dem Kreuz angebracht haben soll, steht als Grund für die Verurteilung: »König der Juden« – also ein rein politischer Grund. Wenn der Johannes-Evangelist (19.21-22) noch die Nuance bringt, die Hohenpriester hätten Pilatus aufgefordert, nicht »der Juden König« zu schreiben, sondern »er hat gesagt, er sei der Juden König«, Pilatus dieses Ansinnen aber zurückgewiesen habe, so ist das ein weiterer Hinweis dafür, daß der Prokurator sich nicht um die Meinung der jüdischen Behörden gekümmert, sondern sich eine eigene Meinung gebildet hatte, die dann zur Grundlage von Verurteilung und Hinrichtung wurde.

Wäre Jesus wegen Gotteslästerung exekutiert worden, weil er sich als ein himmlisches Wesen (»Sohn Gottes« im Sinne späterer christlicher Verkündigung) ausgegeben hatte, dann müßte auf der Tafel über dem Kreuz nicht »*I. N. R. I*« (Jesus Nazarenus Rex Judaeorum = Jesus von Nazareth, König der Juden), sondern »*I. N. F. D.*« (Jesus Nazarenus Filius Dei = Jesus von Nazareth, Sohn Gottes) stehen. Die Römer haben sich aber nicht um den Gott der Juden gekümmert. Es war ihnen einerlei, ob dieser Gott gelästert wird oder nicht. Dafür bringt sogar die Apostelgeschichte ein Beispiel, indem sie den römischen Prokonsul *Gallio* (Gallio war ein Bruder Senecas) aus dem Jahre 51/52 zitiert:

»Läge hier ein Vergehen oder Verbrechen vor, ihr Juden, so würde ich eure Klage ordnungsgemäß behandeln. Streitet ihr jedoch über Lehre und Namen und euer Gesetz, dann seht selber zu! Darüber will ich nicht Richter sein.« (Apg.18.14-15)

Den Römern ging es immer nur um die Durchsetzung der »*lex Julia maiestatis*«.[30]
Daß Jesus sich gegenüber Pontius Pilatus als »König der Juden« ausgegeben bzw. auf eine entprechende Frage des Prokurators keine eindeutig verneinende Antwort gegeben haben soll, halte ich für mehr als unwahrscheinlich. Nirgendwo sonst in den Evangelien findet sich eine Stelle, wo Jesus sich – etwa im Gespräch mit den Jüngern – einen derartig anspruchsvollen Titel zugelegt hätte. Ebensowenig hat er sich als Messias (was nach jüdischem und römischen Verständnis so viel bedeuten würde wie »Gesalbter aus dem Königshaus David«) bezeichnet. Warum also sollte er sich nun ausgerechnet Pilatus gegenüber gewissermaßen als *Top-Aufrührer* ausgeben, nämlich als *Messias* aus dem Hause David, der zum Kampf gegen die römische Fremdherrschaft angetreten sei? Wenn es über dem Kreuz also eine Tafel mit der Aufschrift »König der Juden« gegeben haben sollte, dann wäre es eine Aufschrift, durch welche schlicht die Aufrührerrolle des Verurteilten herausgestellt werden sollte.

Joseph Klausner (S. 94):

»Der schlaue römische Tyrann ließ sich nicht das Vergnügen nehmen, durch die oberhalb des Kreuzes angebrachte Inschrift das ganze jüdische Volk zu verspotten: Seht, welch schändlichen Tod wir, die Römer, über diesen sogenannten ›König der Juden‹ verhängen!«

Anders beurteilt es *Ernst Haenchen* (S. 514):

>>König der Juden< wäre nur möglich, wenn Pilatus den Juden einen Schabernack spielen wollte.«

Wahrscheinlicher aber ist, daß die Aufschrift »I. N. R. I.« eine Erfindung der Evangelisten ist. Es liegt ihr die Absicht zugrunde, Jesus als den Messias und König zu bezeugen, ihm damit eine Besonderheit beizulegen, die ihn von den Aufrührern und Rebellenführern deutlich unterscheidet: Er ist der *Christus-König* der *nachösterlichen Gemeinde*. Lukas und Johannes zufolge wird es in drei Sprachen: Hebräisch (Aramäisch), Griechisch und Lateinisch verkündet – »eine Belehrung urbi et orbi«.[31]

Es war zwar üblich oder sogar Vorschrift, über dem Kopf (wahrscheinlich in der Mitte des Querholzes) des Gekreuzigten eine Inschrift (»titulus«) anzubringen, aus welcher der Grund der Verurteilung hervorging. Die Inschrift blieb lesbar, weil der Kopf des Gekreuzigten nach vorn oder seitlich herunterhing. Was aber bei Jesus für ein Titulus verwendet wurde, ist nicht bekannt. Am nächsten liegt die Vermutung, daß schlicht das Wort »lestes« (»Aufrührer«, »Räuber«, »Bandit«, wie immer man es übersetzen mag) angebracht war.

Einen aufsehenerregenden Prozeß jedenfalls hat es bei Jesus so wenig gegeben wie bei den Hunderten und Tausenden Leidensgefährten, die unter dem kreuzigungsfreudigen Pontius Pilatus hingerichtet wurden. Konservativer Schätzung zufolge sind es rund sechstausend Juden, die Pilatus in dem Jahrzehnt seiner Amtszeit kreuzigen ließ.[32] Jesus wird genauso behandelt worden sein, wie man Aufrührer (bzw. solche, die dafür gehalten wurden) nun einmal zu behandeln pflegte: Standrechtliches Verfahren und – »ab ans Kreuz!«

Haftbefehl wegen »Tempelreinigung«?

Die Evangelien berichten von einem triumphalen Einzug Jesu in Jerusalem. Mehr oder weniger alle Einwohner und Pilgerscharen hätten ihm zugejubelt und einen messianischen Empfang bereitet. Jesus aber habe erst einmal – zur Genugtuung aller Leute (Mk.11.18) und unter den Beifallsrufen der Jugend (Mt.21.15) – für einen handfesten Tumult gesorgt. Dem Bericht zufolge hatte er Anstoß an dem Anblick genommen, der sich ihm im Bereich des Tempelbezirks darbot: Auf dem Tempelplatz wurden die Opfertiere für das Passahfest gekauft, welche die Pilger auf ihrem langen Anreiseweg nicht hatten mitbringen können. Ferner wurden die römischen und griechischen Münzen in spezielles Tempelgeld, in die alte »tyrische« Währung umgetauscht, weil die Tempelsteuer nicht in heidnischer Währung erbracht werden durfte. *Blinzler* (S. 77) weist unter Berufung auf eine Stelle bei Flavius Josephus darauf hin, daß es vor allem die Angehörigen des Hauses Hannas waren, »die einen schwungvollen Handel mit Opferrequisiten trieben und sich dabei als skrupellose Börsenjobber betätigten«.

Tempelbehörde und Tempelpolizei ignorierend, habe Jesus auf dem Tempelplatz die Tische umgeworfen, mit einer Peitsche um sich geschlagen und Händler, Wechsler und Pilger, die dort im sogenannten »Vorhof der Heiden« ihren althergebrachten Geschäften nachgingen, aus dem Tempelbezirk vertrieben, um auf die Weise zugleich die Prophezeiung aus Jeremia 7.11 zu erfüllen:

> »Er belehrte sie und sagte: Heißt es nicht in der Schrift: Mein Haus soll ein Haus des Gebetes für alle Völker sein? Ihr aber habt daraus eine Räuberhöhle gemacht.« (Mk.11.17)

Besonders spektakulär ist der Johannes-Bericht, allerdings steht er in zeitlicher Versetzung zu den Synoptikern, indem Johannes die Begebenheit nicht an das Ende, sondern an den Beginn des Wirkens Jesu setzt (Joh.2.13-16).

Die Geschichte von der Tempelreinigung ist sicherlich nicht historisch. Bei Lukas übrigens erscheint sie stark eingeschränkt. Hier – Lk.19.45-46 – wird gesagt, daß Jesus lediglich bemüht war, die Händler zum Verlassen des Tempelbezirks zu überreden. *Küng* (Das Judentum, S. 392) spricht von einem »symbolträchtigen Eingreifen«. Der historische Hintergrund der Tempelreinigung kann allein schon deswegen nicht gegeben sein, weil – was Markus, Matthäus und Johannes nicht bedacht haben – »ein einzelner die Reinigung auf dem weiten, unübersichtlichen Platz nicht hat durchführen können« (*Lohse*); immerhin sei das Areal so groß »wie die Altstadt von Chur«.[33]

Kolping (S. 265):

»Man vergißt bei allem, daß der Evangelist (und schon seine Tradition) gar keine protokollarische Schilderung gibt, sondern nur das vorträgt, was ihn theologisch interessiert, unbekümmert um eventuelle Unmöglichkeiten.«

Um so bemerkenswerter ist es, wie geradezu *zäh* auch Theologen unserer Tage daran festhalten, daß es »geboten« sei, die historische *Glaubwürdigkeit* der Tempelreinigung »sicherzustellen«. Sie halten diesen Zwischenfall für die »*herausragende Begebenheit*« innerhalb der Passionsgeschichte *(Gnilka* S. 276). Erklärbar ist diese Zähigkeit nur dadurch, daß man wenigstens einen *einzigen* plausiblen Grund für eine (*jüdische*) Anklageerhebung gegen Jesus »retten« möchte. Daß dieser Zwischenfall nicht einmal gemäß dem Evangelienbericht zur Anklage (geschweige denn zur Verurteilung) geführt hat, wird geflissentlich übergangen. Man begnügt sich mit der Feststellung, daß Jesus mit dieser spektakulären Aktion seine jüdischen Gegner auf den Plan gerufen und deren Einschreiten ausgelöst habe.

Pesch (Markuskommentar, S. 201):

»Die Tempelaktion wirkt ... bis in den Prozeß Jesu nach. Die Bemühungen, Jesus zu vernichten, werden gesteigert.«

Der Göttinger Theologe *Wolfgang Reinbold* setzt dem in seiner »*literarischen Analyse und historischen Kritik der Passionsdarstellungen der Evangelien*« entgegen (S. 118):

»›Die Tempelreinigung‹ weist nicht nur keinen expliziten Bezug zu Passion und Tod Jesu auf, sondern würde auch literarisch im ältesten Passionsbericht völlig isoliert dastehen ... Es muß daher geschlossen werden, daß sie dem ältesten Passionsbericht nicht zugerechnet werden kann.«

Geradezu abenteuerlich mutet die Geschichte von der Tempelreinigung unter dem Aspekt der Aufrechterhaltung von *öffentlicher Sicherheit und Ordnung* an. Die Dinge werden so dargestellt, als habe Jesus sich auf dem Tempelplatz wie ein Berserker aufführen können, ohne daß die Tempelpolizei bzw. die unmittelbar neben dem Tempelplatz in der Burg Antonia kasernierte Besatzungstruppe eingeschritten wäre. In der Apostelgeschichte (21.31 ff.) wird berichtet, wie die Römer bei sich anbahnenden Tumulten sofort zur Stelle waren. Dies galt besonders dann, wenn ein Tumult sich innerhalb der Bannmeile des höchsten israelitischen Heiligtums, des Tempels, ereignete. Immerhin wurde – von den Sadduzäern – im Tempel täglich für die Römer gebetet. *Rudolf Pesch*, der über die damaligen Gegebenheiten immer ein bißchen besser Bescheid weiß als andere, kann auch hier mit einer Besonderheit aufwarten (ohne freilich daraus als Konsequenz die Unhistorizität der »Tempelreinigung« zu ziehen):

»Der Prokurator war gerade während der Pascha-Festtage in Jerusalem persönlich anwesend, um seinem Auftrag als

Schutzherr des Tempels, den Jesus anzugreifen schien, gerecht zu werden.«[34]

Markus (11.19) berichtet, daß Jesus sich am Abend nach einem so turbulenten Tag immer wieder friedlich mit seinen Jüngern vor die Tore der Stadt zurückgezogen habe. Wer ihm hätte folgen wollen, hätte das tun können. Doch das hat man behördlicherseits offenbar nicht für erforderlich gehalten; auf Sanktionen wurde insgesamt verzichtet. Auch läßt der Evangelist die Frage offen, ob die Wechsler und Händler ihre Tische anschließend wieder aufgestellt und ihre Geschäfte fortgeführt haben – wovon man allerdings allein schon aufgrund allgemeiner Lebenserfahrung ausgehen darf.

Jedenfalls hatte man nichts dagegen einzuwenden, Jesus im Anschluß an sein tumultuarisches Auftreten drei Tage lang im Vorhof des Tempels vor einer großen Menschenmenge predigen zu lassen. Die Hohenpriester, Schriftgelehrten und Ältesten gesellten sich zu ihm; man diskutierte miteinander in der typischen Manier gelehrter Streitgespräche (Mk.11.27-33, 12.1-40). Jesus erwies sich dabei als besonders scharfsinniger Disputant. Es ist auch keine Rede davon, daß Jesus selbst die Situation für irgendwie bedrohlich gehalten hätte. Er lobt die Schriftgelehrten, wenn sie sich seiner Meinung anschließen (Mk.12.34), und attackiert sie heftig, wenn sie es nicht tun (Mk.12.38-40). Den Sadduzäern soll er dabei sogar »das Maul gestopft« haben (Mt.22.34). Irgendwelche Sicherheitsvorkehrungen zu treffen, hielten Jesus und sein Anhang offenbar nicht für erforderlich. Jesus überkommt zwar in der Nacht unmittelbar vor seiner Verhaftung Todesangst, die Jünger aber bleiben bis zuletzt absolut sorglos: sie schlafen.

Im weiteren Verlauf muß bei der Tempelbehörde dann ein Sinneswandel eingetreten sein, so jedenfalls wird es berichtet. Plötzlich soll Jesus verhaftet werden. Und nun geraten die Berichte immer wundersamer: Man hat Schwierigkeiten, den Delinquenten ausfindig zu machen. Statt abzuwarten, bis er am nächsten

Tag wiederkommt, wo man ihn – auch ohne Aufsehen zu erregen, wenn man ihn nur entsprechend abgepaßt hätte – unter irgendeinem Vorwand sehr leicht hätte festnehmen können, erläßt die Tempelpolizei einen ganz und gar unsinnigen *Fahndungsbeschluß:*

>»Wenn jemand weiß, wo er ist, so soll er's melden, damit man ihn festnehmen kann.« (Joh.11.57)

Dabei hätten doch praktisch alle Leute, jedenfalls eine Riesenmenschenmenge, vor allem aber die Behörde und ihre Polizei, wissen müssen, wo Jesus sich aufhält. In *Bethanien*, einem Dorf vor der Stadt, soll er gewesen sein. Bethanien als Aufenthaltsort Jesu wird allerdings nur von Johannes (12.1) und Matthäus (21.17) erwähnt. Während sich Markus dazu nicht näher äußert, heißt es bei Lukas (21.37), Jesus habe tagsüber im Tempel gelehrt, die Nächte aber habe er zusammen mit den Jüngern ausschließlich am Ölberg verbracht.[35] Gängigerweise aber wird angenommen, Jesus sei noch einmal nach Bethanien gegangen, dorthin, wo er zuvor seinen Freund Lazarus von den Toten auferweckt habe und von ihm und seinen beiden Schwestern Martha und Maria freundlich aufgenommen worden sei. Anläßlich dieses Besuchs habe er sich von Maria mit kostbarem Nardenöl salben lassen, woran Judas, der dies als Verschwendung ansah, Anstoß genommen hätte. Eine »große Menge Juden« sei dorthin gekommen, um Jesus und Lazarus zu sehen. Aber niemand von ihnen hat den Fahndungsaufruf befolgt und seine Gefangennahme veranlaßt. Auch als Jesus nach Jerusalem zurückkehrt, offenbar nicht ahnend, daß gegen ihn ein Haftbefehl vorliegen könnte, wird nichts gegen ihn unternommen, die behördlichen Stellen scheinen zu resignieren:

>»Die Pharisäer aber sagten zueinander: Ihr seht, daß ihr nichts ausrichtet; alle Welt läuft ihm nach.« (Joh.12.19)

Als Jesus dann am Gründonnerstag schließlich doch verhaftet und,

Johannes zufolge, dem Ex-Großpriester Hannas vorgeführt wird, hat er ein verblüffendes Argument parat:

>Ich habe frei öffentlich geredet vor der Welt; ich habe allezeit gelehrt in der Schule und in dem Tempel, da alle Juden zusammenkommen, und habe nicht im Verborgenen geredet.« (Joh.18.20)

Hier also wird Jesus ein Ausspruch in den Mund gelegt, der (vom Evangelisten unabsichtlich) das in sich widersprüchliche Verhalten der Behörde und damit die ganze Absurdität des johanneischen Berichts über den Geschehensablauf offenbart. Einen irgendwie in Frage kommenden *Haftgrund* kann man den Berichten jedenfalls nicht entnehmen. Jedenfalls kann man eine durchgeführte »*Tempelreinigung*« als Grund für die Verhaftung nicht in Betracht ziehen. Denn eine Tempelreinigung, wie sie von Markus und Matthäus, insbesondere aber von Johannes geschildert wird, kann aus den dargelegten Gründen effektiv nicht stattgefunden haben. Es fällt ja immerhin auch auf, daß im geschilderten Prozeß gegen Jesus von dieser tumultuarischen Begebenheit nirgendwo die Rede ist. Und wenn, wie Lukas es berichtet, die »Tempelreinigung« sich in ermahnenden Worten, die Jesus an die Händler und Wechsler gerichtet habe, erschöpft hätte, dann wäre das kein strafbares Verhalten, schon gar nicht ein solches, das zum Erlaß eines (ohnehin unsinnigen) Haftbefehls führt.

Da auch keine sonstigen Haftgründe vorlagen, muß man davon ausgehen, daß die Festnahme Jesu nicht durch jüdische Amtsträger erfolgte.

Verrat des Judas?

Das Ergebnis einer in den alten Bundesländern (allerdings schon vor längerer Zeit) durchgeführten demoskopischen Umfrage beschreibt *Werner Harenberg*, Redakteur des »Spiegel«, so (S. 89):

»Wer nahezu nichts mehr glaubt, glaubt immer noch, daß Judas Jesus an dessen Feinde verraten habe.«

Die Figur des Judas und allein schon sein Name haben im Bewußtsein der vom Christentum geprägten Gesellschaft eine überproportional negative Bedeutung erhalten. Dabei war Judas zu allen Zeiten ein beliebter jüdischer Vorname. Er geht zurück auf den Stammvater Jakob, dessen vierter Sohn den Namen »J'hudah« erhielt. Da die Griechen kein »h« in ihrem Alphabet hatten und an fremdländische Namen ein »s« anhingen, wurde »J'hudah« zu »Judas«. Die Evangelien berichten, daß auch ein *Bruder* Jesu so geheißen habe: Judas, der Sohn der Maria. Außer *Judas Iskariot*, um den es hier geht, war noch ein zweiter Jünger Träger dieses Namens: *Judas, der Sohn des Jakobus.* Der Beiname »Iskariot« wird häufig so gedeutet, daß es sich um eine aramäische Schreibweise (eine Verballhornung) des lateinischen »*sicarius*« (= *Dolchmann*) handele. Unser Judas hätte also mit Beinamen »Der Dolchmann« geheißen, was bedeutet, daß er ein *zelotischer Freischärler* gewesen wäre. Ob das allerdings wirklich so ist, vermag niemand zu sagen. Durchaus möglich ist auch, daß sich sein Beiname von Isch Kariot herleitet = »*Mann aus Kariot*«. Kariot (Kerijot-Hezron) ist ein kleines Dorf in der Nähe von Hebron. Wenn damit die Heimat des Judas bezeichnet sein sollte, würde dies bedeuten, daß er der einzige Judäer unter den Zwölfen gewesen wäre, alle anderen waren, wie Jesus selbst, Galiläer.

Als »*Judasnatur*« hingestellt zu werden, gilt als besonders schimpflich. Die im Evangelienbericht erwähnte tiefe Reue, von der Judas Iskariot wegen seines angeblichen Verrats an Jesus ergriffen wird und die ihn in den Selbstmord treibt, als er erfährt, daß sein Meister zum Tode verurteilt wurde (eine Entwicklung, die er den Berichten zufolge offenbar nicht gewollt hatte), hilft kein bißchen, um ihn in der allgemeinen Überzeugung in einem milderen Licht erscheinen zu lassen. Im Gegenteil: Der Selbstmord wird ihm als *weitere Sünde* angelastet.

Auch ein anderer – noch bedeutsamerer – Gesichtspunkt ist nicht geeignet, die Abscheu über die vermeintliche Tat zu mildern oder sie sogar, wie es allein folgerichtig wäre, zu akzeptieren: der Gesichtspunkt, daß schließlich Judas Iskariot nur ein *Werkzeug* in Gottes *Heilsplan* gewesen wäre. So wie Gott diesen Jünger zum Verräter bestimmte, hätte dem Bericht von Markus und Matthäus zufolge die Wahl auch auf jeden anderen aus dem Kreis der Zwölf fallen können. Als Jesus den Verrat beim Abendmahl ankündigt, reagieren alle Jünger »betroffen«. Eigentlich hätte ja nur Judas Iskariot sich betroffen zu fühlen brauchen. Aber da es Gottes Fügung gewesen sein soll, daß *einer* von ihnen zum Verräter bestimmt werde, mußte ein jeder der Zwölf damit rechnen, daß das Los auf ihn gefallen sein könnte. Alle fragen den Meister, einer nach dem andern:

> »Bin ich es etwa, Herr? ... Da fragte Judas, der ihn verriet: Bin ich es etwa, Rabbi? Jesus sagte zu ihm: Du sagst es.«
> (Mt.26.22,25)

Daß Jesus beim Abendmahl den Verrat des Judas *ankündigt*, ist weder logisch noch historisch nachvollziehbar. Mit Sicherheit wäre nach einer so dramatischen Offenbarung ein wahrer *Tumult* unter den Jüngern ausgebrochen.

Kolping (S. 566):

> »Die Unhistorizität der Verratsanzeige zeigt sich auch daran, daß niemand aus dem Kreis der Jünger Anstoß an Judas nimmt.«

Undenkbar, daß die Jünger sitzen geblieben wären, sich wieder dem Essen und Trinken zugewandt hätten, um das Mahl nach rituellem Ablauf bis zum Ende zu genießen, sich anschließend – als wäre nichts geschehen – auf einen Fußmarsch begeben, sich sodann in Gethsemane zur Ruhe gelegt hätten und in tiefen, sorglosen Schlaf gefallen wären.
Insgesamt erscheint es überhaupt fraglich, ob der Verrat als sol-

cher historisch ist. Näherliegend ist die Annahme, daß die frommen Chronisten nur eine *Kunstfigur* erfunden haben, um den davidischen Klagepsalm in Erfüllung gehen zu lassen:

>»Auch mein Freund, dem ich vertraute, der mein Brot aß, tritt mich mit Füßen.« (Ps.41.10)

Paulus erwähnt den Verrat durch Judas übrigens nicht, vielmehr berichtet er, am Ostersonntag sei der auferstandene Christus »*den Zwölfen*« erschienen (1.Kor.15.5)[36], womit Judas also eingeschlossen bleibt.

Der evangelische Theologe *Walter Schmithals* (Markus, S. 600 f.) verlegt Judas in die nachösterliche Gemeinde. Als legendär angesehen wird der Verrat des Judas auch von dem katholischen Theologen *Walter Simonis* (S. 59):

>»In Jerusalem befand sich nach Ostern die Gruppe der Zwölf, zu denen u. a. Simon Petrus und Judas gehörten. Diese Zwölf, unter denen ohne Frage Simon Petrus der führende Mann war, bildeten innerhalb einer größeren Schar einen besonderen Kreis. Diesen Kreis hat Judas wieder verlassen. In der von Simon Petrus initiierten Zuwahl wurde ein Ersatzmann durch Losentscheid bestimmt. Der Weggang des Judas wurde als Abfall, ja als Verrat an der gemeinsamen Sache, um derentwillen die Zwölf und ihr Anhang sich in Jerusalem befanden, angesehen. Damit war Judas zu einer ›Negativfigur‹, einer ›Unperson‹ geworden ... Wer einmal als Verräter gebrandmarkt ist, dem ist alles zuzutrauen. Sobald man begann, die Geschichte des Endes Jesu zu erzählen, fand auch der ›Verräter‹ Judas in ihr seinen Platz und ›die ihm gebührende‹ Rolle.«

Uta Ranke-Heinemann (S. 152 f.) führt ins Feld, daß Judas, unterstellt, es hätte tatsächlich einen Verrat gegeben, ein *Alibi* hat. Die Synoptiker nämlich lassen Judas während des ganzen Passahmahls anwesend bleiben, schreiben nichts davon, daß er sich davongemacht habe.[37] Anschließend ging Jesus mit den Jüngern nach Gethsemane.

»Es folgten ihm aber auch die Jünger.« (Lk.22.39)

Davon, daß ihm nur elf folgten, ist nicht die Rede. Und dann soll plötzlich Judas mit einem bewaffneten Haufen aufgetaucht sein und Jesus verraten haben. Bei solchen Ungereimtheiten hat, wie Ranke-Heinemann mit Recht bemerkt, Judas zumindest die »*Unschuldsvermutung*« für sich.

Demgegenüber meint selbst ein so kritischer Autor wie *Schalom Ben-Chorin* (Jesus, S. 193), daß an der Historizität der Gestalt des Judas und seines Verrats an Jesus nicht zu zweifeln sei, denn gerade er sei für die Urgemeinde eine so überaus peinliche Erscheinung gewesen, daß man sie nicht habe erfinden können. Ben-Chorin gibt damit das wieder, was in der Wissenschaft nach wie vor die herrschende Meinung ist und schon vor fünfzig Jahren in ähnlicher Weise formuliert worden war.

Maurice Goguel (S. 337):

»Die Geschichte des Judas war für das frühe Christentum der Skandal der Skandale. Man konnte sie nur erzählen, weil sehr starke Gründe vorlagen, sie für wahr zu halten.«

Auffallend ist folgendes: Im Prozeß vor dem jüdischen Hohen Rat, also in dem Prozeß, der unmittelbar nach Verrat und Verhaftung Jesu erfolgt sein soll, tritt Judas nirgendwo als Zeuge in Erscheinung. Dies überrascht um so mehr, als die Synoptiker von der Beweisnot berichten, in die das Gericht wegen diverser unzuverlässiger Zeugen gekommen war. Judas aber wäre in geradezu klassischem Sinne als »*Zeuge der Anklage*« in Betracht gekommen, wußte er doch über alle Interna, die seinen Rabbi und dessen Meinung betrafen, genauestens Bescheid.

Den Evangelisten kam es möglicherweise sogar ganz zupaß, daß

interner Verrat durch eineProphezeiung abgedeckt war. Zum einen hatten sie damit eine »Dolchstoß-Legende«, die beim notwendigen Eingestehen einer Niederlage zu allen Zeiten ein beliebtes Mittel zur Abmilderung der Niederlage ist (das Verrätermotiv ist sowieso ein besonders gängiges Motiv); zum anderen konnten sie auf die Weise einen Verräter mit dem Namen »*Judas*« einführen, so daß eine besonders schändliche Tat mit dem Namen des Volkes »*Juden*« assoziiert wird. Zu den Stilmerkmalen, deren sich die Künstler bei der Darstellung der Figur des Judas durch die Jahrhunderte hindurch bedienen, gehören u. a. 1. ein ungepflegtes Äußeres (struppige, oft rote Haare, schlampige Kleidung, gelber Mantel bzw. gelbe Kleidung, nicht selten aber auch braun-grüne, d. h. erdfarbene Kleidung); 2. ein ängstlich gehüteter Geldsack; 3. Hakennase und Spitzbart; 4. ein struppiger, räudiger Hund; 5. ein Judenhut statt des Heiligenscheins der Apostel.[38] Judas, der »*Ewige Jude*«, der Prototyp des *verräterischen* Juden! Alle übrigen Apostel gehören zur Kirche, dieser eine aber gehört zur Synagoge.[39]
Solche Darstellung hat Methode: Die Christen gehören in das *Licht des Glaubens*, die Juden in die *Finsternis des Unglaubens*.

Der Erfurter katholische Theologe *Wolfgang Trilling*[40]:

>»Bezeichnenderweise wird Judas von Anfang an auf die Seite der ›Finsternis‹ gestellt, so stark, daß die Aussage gewagt wird, der Satan sei in ihn gefahren.«

Und *Uta Ranke-Heinemann* ergänzt (S. 152):

>»Eine Gestalt des Dunkels neben einer Gestalt des Lichts ist immer faszinierend, das personifizierte Böse neben einer göttlichen Person insbesondere.«

In dieser Beurteilung stehen die katholische und die protestantische Kirche durchaus in derselben Tradition. *Martin Luther* gefiel sich im *Ekel*:

»Ich verfluchter Goi kann nicht verstehen, woher die Juden solche hohe Kunst haben, ohne daß ich muß denken, da Judas Ischariot sich erhenckt hatte, daß ihm die Darme zerrissen, und wie den Erhenckten geschicht, die Blase zerborsten, da haben die Juden ihre Diener mit güldenen Kannen und silbernen Schüsseln dabeigehabt, die Judas' Pisse sampt dem anderen Heiligthumb aufgefangen, darnach untereinander die Merde gefressen und gesoffen, daß sie Glossen in der Schrift sehen, die weder Matthäus noch Isaias noch alle Engel, geschweige wir verfluchten Gojim sehen können.«[41]

Es ist Matthäus, der berichtet (27.4-5), Judas habe sich, von Reue ergriffen, erhängt. Dasselbe Schicksal wird von *Achitophel*, dem Schatzkanzler König Davids berichtet, der seinen König hatte verraten wollen (2.Sam.17.23). Matthäus zufolge wurde durch Judas' Tod »erfüllet, was gesagt ist durch den Propheten Jeremia«.
Matthäus allerdings läßt sich nicht mit der Apostelgeschichte in Einklang bringen. Dieser zufolge (Apg.1.18-20) hat Judas nicht bereut, sondern hat sich von dem Verräterlohn ein kleines Landgut gekauft und ist dann durch einen Unfall ums Leben gekommen.
Besonders ausgeprägt ist der Haß auf die Juden beim Johannes-Evangelisten. Ungeachtet der Tatsache, daß der johanneische Jesus seinen Jünger Judas sogar direkt auffordert, die Tat auszuführen:

»Was du tun willst, das tue bald!« (Joh.13.27),

behauptet der Evangelist andererseits, Judas sei vom Teufel ergriffen. Satan sei in ihn gefahren (Joh.13.27), nachdem Judas einige Kapitel zuvor (Joh.6.70) schon selbst als »Teufel« apostrophiert worden war. Wie der »Satan« in den »Teufel« fahren kann, bleibt dabei das Geheimnis des Evangelisten.
Der Verteufelungsgedanke, eine Johannes-Spezialität, findet auf die Juden in ihrer *Gesamtheit* Anwendung.

»Ihr habt den Teufel zum Vater, und ihr wollt das tun, wonach es eurem Vater verlangt. Er war ein Mörder von Anfang an.« (Joh.8.44)

Für Johannes ist also nicht nur Judas ein Teufel, für ihn sind *alle Juden Teufelskinder*. Wann immer Christen ihren Antisemitismus austobten und dabei Judas als negative Leitfigur ihres Hasses wählten, konnten sie sich insbesondere auf das Johannes-Evangelium beziehen.

Der jüdische Gelehrte *Hermann Levin Goldschmidt* (S. 9):

»Wenn in mittelalterlichen Zeiten, die immer noch keine vergangenen Zeiten sind, Ostern begann, wurden die Häuser der Juden geschlossen und verrammelt. Denn nicht nur Jesus, auch Judas war Jude ... Plötzlich schlug – und schlägt – die Freude an Jesus in Zorn auf Judas um, dazu noch als Zorn auf die Juden und als buchstäblich mörderischer Zorn.«

Im Kontrast, ja im Widerspruch zum abscheulichen Verhalten seines Jüngers Judas steht die unerschütterliche *Liebe Jesu*, die dieser dem »Verräter« bis zum bitteren Ende bewahrt hat. Obwohl Jesus den evangeliaren Berichten zufolge gewußt haben soll, daß er von Judas verraten wird, stellt er diesen im Apostelamt auf genau dieselbe Stufe wie die übrigen Jünger. In der Tischordnung des Abendmahls weist er ihm den *Ehrenplatz* an seiner Seite zu.
Die *Schicksalhaftigkeit* des Verrats durch Judas, den Hinweis, daß dieser Verrat ein Bestandteil des göttlichen *Heilsplans* sein soll, hebt der Lukas-Evangelist (Lk.6.12f) nochmals dadurch hervor, daß Jesus vor der Erwählung der Zwölf die ganze Nacht im Gebet verharrt hatte, mit anderen Worten, daß die Erwählung des Judas ebenso auf *göttlicher Inspiration* beruhte wie die der übrigen Jünger. Noch in Gethsemane kommt die herzliche Verbundenheit Jesu mit diesem Jünger zum Ausdruck:

»Sogleich ging er auf Jesus zu und sagte: Sei gegrüßet, Rabbi! und er küßte ihn. Jesus erwiderte ihm: Mein Freund, dazu bist du gekommen?« (Mt.26.49-50)[42]

Jesus begegnet dem abgefallenen Jünger mit der vergebenden Liebe des Lehrers.

Ben-Chorin[43]:

»Jetzt nennt er den Feind ›mein Freund‹. Nicht mehr nur Jünger, nicht mehr nur das distanzierte Verhältnis von Meister und Schüler: mein Freund! Gerade in dieser Stunde.«[44]

Aber bedurfte es denn überhaupt einer *Vergebung*, und wenn ja, wer hätte dann *wem* zu vergeben?
Dem Evangelienbericht zufolge kommen für die Auslegung des Judasverrats drei Möglichkeiten in Betracht:

– Erstens: Dieser sogenannte Verrat war ein Bestandteil von Gottes Heilsplan. Judas war das *Werkzeug Gottes*, er hatte nicht die Freiheit und nicht das Recht, gegen Gottes Willen zu rebellieren. Folglich kann man ihm keinen Vorwurf machen.

– Zweitens: Judas hat nicht Gottes Willen vollstreckt, sondern hat *aus niederen Beweggründen* gehandelt. Er hat Jesu Vertrauen mißbraucht, war der *Wolf im Schafspelz*, hat gemeinen Verrat begangen. Auch diese Interpretation ist verbreitet. Aber zu welcher Konsequenz führt sie? Jesus hat sich *geirrt*, er war ein irrendes Wesen. Ja, mehr als das: Jesus hatte *keine* besonders gute *Menschenkenntnis*, er ließ sich täuschen, ein schlauer Mann wie Judas konnte ihn hereinlegen, *der Teufel ihn düpieren*.[45] Gott hat ihn davor nicht bewahrt, hat auch seine bei der Wahl der Jünger inständig vorgetragene Bitte um richtige Ratgebung nicht erhört.

– Drittens: Jesus konnte man nicht täuschen; er hatte Judas von Anfang an *durchschaut*, hatte immer gewußt, daß er von diesem in schändlicher Weise verraten werden wird. Er wußte, daß Judas sich schuldig machen und der Satan ihn zu *ewiger Verdammnis* führen werde.

Wer die letztgenannte Auffassung vertritt – eine Auffassung, die an Verbreitung den beiden erstgenannten nicht nachsteht –, muß sich fragen lassen, warum Jesus es wohl nicht *verhindert* hat, daß Judas sich an ihm versündigt. Denn das Ende, das dieser Jünger wegen seiner Handlung erleidet, ist so schrecklich, daß Jesus ein *Zyniker* gewesen sein müßte, wenn er ihn bei der letzten Begegnung *»mein Freund«* genannt (und in Wirklichkeit doch *»Judas verrecke!«* gedacht) hätte. Mit *Billigung* Jesu wäre all das geschehen, was der Lukas-Evangelist in der Apostelgeschichte unter Bezugnahme auf die Prophezeiung im 109. Psalm über Judas schreibt:

»Sein Leib barst auseinander, und alle Eingeweide fielen heraus ... Aus dem Gericht gehe er verurteilt hervor, selbst sein Gebet werde zur Sünde ... Seine Kinder sollen zu Waisen werden und seine Frau zur Witwe. Unstet sollen seine Kinder umherziehen und betteln, aus den Trümmern ihres Hauses vertrieben. Sein Gläubiger reiße all seinen Besitz an sich, Fremde sollen plündern, was er erworben hat. Niemand sei da, der ihm die Gunst bewahrt, keiner, der sich der Waisen erbarmt.« (Apg.1.18 in Verbindung mit Ps.109.7-12)

Das alles hätte Jesus verhindern können. Er hat aber nicht einmal den *Versuch* unternommen, Judas von seinem Vorhaben *abzubringen*, sondern hat ihn geradewegs ins Verderben hineinrennen lassen, ja ihn zur Tatausführung sogar noch gedrängt. Wie, so möchte man fragen, verträgt sich das mit dem Liebesgebot der Bergpredigt, wie verträgt es sich mit dem Gebet, das Jesus seine Jünger lehrte: »...und führe uns nicht in Versuchung ...«? Das, worum er

Gott bittet, es um Gottes willen nicht zu tun, vollzieht er, der Lehrer (jedenfalls indirekt), an einem seiner Schüler. Nicht Jesus hätte Judas zu vergeben, sondern *umgekehrt*. Ein furchtbarer Gedanke! Und es würde nicht besser, wenn man die Interpretation ein wenig dahin abwandelte, daß Judas für seinen freien Willensentschluß immerhin selbst einzustehen habe. In diesem Fall müßte Jesus, der in den Willensentschluß eingeweiht war, der Vorwurf der Komplizenschaft gemacht werden, weil er die Ausführung des Entschlusses nicht verhindert hat.

Walter Jens (S. 60, in fiktiver Argumentation):

»Was schert Jesus die Schlinge, der Hanf, den Judas knüpfen wird? Er hat ja sein Kreuz!«

Erzählt wird von einem deutschen Franziskanerpater, der – mit Genehmigung seines Ordens – im Jahre 1960 über den lateinischen Patriarchen von Jerusalem ein förmliches, sich über Jahre hinziehendes Verfahren in Gang setzte, in dem er den Antrag stellte, Judas *seligzusprechen*, und zwar mit folgender Begründung:

»Ich bitte den Heiligen Stuhl zu erklären, daß dieser Judas in die himmlische Glorie eingegangen ist und öffentliche Verehrung verdient. Denn ihm und keinem anderen sonst ist es zu danken, daß in Erfüllung ging, was im Gesetz und bei den Propheten über den Menschensohn steht ... Ohne Judas kein Kreuz, ohne das Kreuz keine Erfüllung des Heilsplans. Keine Kirche ohne diesen Mann; keine Überlieferung ohne den Überlieferer.«[46]

Über die Motive des »Verrats« ist viel gerätselt und geschrieben worden. Manche meinen, Judas als Zelot habe Jesus zu einer Entscheidung zwingen und so den Aufstand gegen die Römer auslösen wollen. Andere argumentieren, Judas habe nur einen *Scheinverrat* begangen, um Jesus dahin zu bringen, sich als »*Herrn der*

Welt« auszuweisen.[47] Als weiteres Motiv wird auch noch angegeben, daß Judas sich aus Gründen, die uns unbekannt geblieben sind, zu einem nicht mehr bestimmbaren Zeitpunkt, vielleicht schon in Galiläa, vielleicht aber auch erst in Jerusalem, von seinem Meister innerlich abgewandt und gemeinsame Sache mit Jesu Gegnern gemacht habe.[48] Es habe auch schlichte Enttäuschung im Spiel gewesen sein können, weil Judas gespürt habe, daß sich die in Jesus gesetzten messianischen Erwartungen nicht erfüllen würden. Daß Judas aus schnöder Gewinnsucht gehandelt habe – dreißig Silberlinge: der durchschnittliche Kaufpreis für einen jüngeren männlichen Sklaven –, wird kaum noch angenommen. Als Kassenwart, der er war, wäre er da wohl eher mit der Kasse durchgegangen.

Bösen (S. 146):

»Geiz und Habgier sind als spätere Einschwärzungen zu bewerten.«

Im übrigen war der Verrat, wenn man der Schilderung der Synoptiker folgt, absolut überflüssig. Zum einen wäre er gedanklich überhaupt nur dann nachvollziehbar, wenn das Opfer des Verrats – Jesus – nicht offen, sondern aus dem *Untergrund* gewirkt hätte. Zum anderen wird durch die Form, in der die Synoptiker Judas ins Spiel bringen, ausgerechnet Jesus zu einem kleinen und unbedeutenden galiläischen Wanderprediger herabgestuft, zu einem Störenfried, der verhaftet werden soll und bei dem schon die *Identifizierung* Mühe macht.

Festnahme in Gethsemane

Die vielen Ungereimtheiten im Zusammenhang mit dem Erlaß eines Haftbefehls sowie in bezug auf die Rolle, die Judas gespielt haben soll, legen die Vermutung nahe, daß schon die Festnahme

Jesu gar nicht durch die jüdischen Behörden erfolgte, sondern durch die römischen. Als das Verhaftungskommando in Gethsemane eintrifft, wo Jesus mit der kleinen Schar seiner Jünger weilt, sollen die mit der Verhaftung Beauftragten nicht einmal gewußt haben, wie der zu Verhaftende aussieht. Wäre nicht Judas gewesen, der ihnen das gesagt hätte, dann wäre womöglich ein anderer verhaftet worden.

Daß der geschilderte Verrat nicht durch einen Kuß begangen wurde, darüber sind sich wohl alle Exegeten einig. Der Kuß soll offenbar in der Bedeutung des Todeskusses verstanden werden, wie er u. a. in 2. Sam. 20.9 erscheint.[49] Im Volksglauben aber ist der Judaskuß zu einem berüchtigten und widerlichen Negativsymbol stilisiert worden. In der Kunst sind es vor allem italienische Meister – z. B. Giotto –, die den Judaskuß als Ausgangspunkt genommen haben für die Darstellung des schrecklichen Endes, das der Apostelgeschichte zufolge Judas gefunden haben soll.

Pinchas Lapide (Wer war schuld an Jesu Tod, S. 13):

»Seit Judas Jesus bei der Gefangennahme geküßt hatte, war sein Mund geheiligt, so daß seine Lasterseele nicht durch den Mund entweichen konnte. Also mußten die Teufel seine Leiche aufschlitzen, um sich der ihnen verfallenen Seele ›von hinten‹ zu bemächtigen. So ist es auch plastisch dargestellt auf den Bronzetüren des Doms von Benevento aus dem Jahre 1279: Judas hat sich an einer Palme erhängt; der Teufel umarmt und küßt ihn, worauf Judas auseinanderplatzt.«

Nur der Umstand, daß es sich um eine *Militärabteilung der Besatzungsmacht* gehandelt hat, könnte erklärlich machen, warum man bei der Identifizierung Schwierigkeiten hatte. Von einem *römischen Offizier* brauchte man nicht ohne weiteres zu erwarten, daß er wußte, wie Jesus aussieht. Da wäre es einigermaßen plausibel, daß er sich den zu Verhaftenden von jemandem zeigen läßt, der ihn kennt.

Nach Markus und Matthäus waren außer den mit Schwertern bewaffneten römischen Soldaten nur niedere Beamte des Synedriums (abwechselnd als »Diener« und »Knechte« bezeichnet) anwesend. Schwerter durften grundsätzlich nur die römischen Legionäre tragen, die Amtsbüttel des Synedriums mußten sich im allgemeinen mit Knüppeln und Stangen begnügen. (Lukas – in seinem durchgängig erkennbaren Bestreben, die Römer möglichst ganz aus dem Spiel zu lassen – gleitet ab ins Phantastische und läßt den Hohenpriester und die Ratsherren bei der Verhaftung persönlich anwesend sein.)

Die berühmte Geschichte, wonach Jesus durch Judas identifiziert wird, erscheint bei Johannes nicht. Im Johannes-Evangelium wird auch die Verhaftungsszene schon aus der Sicht des erhöhten Christus geschildert: Das Verhaftungskommando veranstaltet eine *Prozession* »mit Fackeln und Laternen« (Joh.18.3), und es fällt zu Boden nieder, als es Jesus leibhaftig vor sich sieht (Joh.18.6). Johannes mag den Makel der Unbekanntheit nicht auf Jesus sitzen lassen. Es würde nicht passen zu seinem Bild von Jesus, dem Sohn Gottes.

Die Annahme, Jesus sei nicht von der jüdischen Tempelpolizei, sondern durch römisches Militär festgenommen worden, findet im Johannes-Evangelium ihre Bestätigung, also sogar in dem Evangelium, das in ganz besonderem Maße bemüht ist, die ganze Last der Schuld den Juden aufzubürden. In Joh.18.3 und 18.12 ist von einer »*Speira*« und von einem »*Chiliarchos*« die Rede, was Luther mit »Schar« (gelegentlich auch »Schar der Kriegsknechte«), die unter Führung eines »Oberhauptmannes« stand, übersetzt. Eine Speira, lateinisch Kohorte (der zehnte Teil einer Legion), bestand aus 600 Mann, das wäre also (wie auch Markus, Matthäus und Lukas[50] es verstehen) die ganze römische Truppe, die in der Burg Antonia stationiert war. »Chiliarchos« ist die Bezeichnung des Kommandeurs dieser Kohorte.[51]

Natürlich muß man fragen, ob der Johannes-Evangelist hinsichtlich des zahlenmäßigen Aufgebots nicht übertrieben hat. (Von einer »Schar« spricht in 14.43 allerdings auch Markus, Matthäus in 26.47 sogar von einer »großen Schar«.) War es nötig, die *ganze Garnison* einzusetzen, um eines *einzigen Mannes* habhaft zu werden, der von elf zumeist unbewaffneten Getreuen umgeben ist? Soweit ich sehe, ist es nur *Ethelbert Stauffer*, der eine solche Notwendigkeit bejaht und das Truppenaufgebot sogar auf »tausend Mann« erhöht – eine wahnwitzige Schilderung (S. 90 f.):

»Es ist ein großes und buntgemischtes Aufgebot, das in dieser Nacht durch das Kidrontal marschiert, um den Ölberg zu besetzen und zu sichern, das Gelände abzusperren und mit Laternen und Fackeln jeden Schlupfwinkel zu durchsuchen ... Da ist zunächst der römische Platzkommandant von Jerusalem und seine Besatzungsmannschaft, eine Kohorte. Die Truppe ist in Gefechtsbereitschaft. Man sieht, die Römer rechnen mit bewaffnetem Widerstand und sind darauf gefaßt, daß es trotz aller Vorsicht zu einem Massentumult kommt ... Das riesenhafte Mannschaftsaufgebot ist auffällig, doch keineswegs unerhört oder unbegreiflich ... Die Jünger Jesu haben zwei Schwerter bei sich, nicht viel gegen ein Truppenaufgebot von tausend Mann, aber genug, um die Hilfe Gottes herbeizurufen zum messianischen Endkampf in dieser apokalyptischen Nacht, in der alle Engel und Teufel in Alarmbereitschaft stehen.«

Die Phantasie Stauffers in Ehren: Entscheidend bleibt die Tatsache, daß das Verhaftungskommando eine Truppe der *Besatzungsmacht* war, die von einem römischen Offizier befehligt wurde.

Der französische Theologe *Maurice Goguel* (S. 315):

»Unmöglich anzunehmen, daß die Kohorte und der Oberst von Johannes in den Bericht eingefügt wurden. Man muß deshalb annehmen, daß er hier einer Quelle folgt, die eine Zusammenarbeit zwischen Juden und Römern erwähnte, oder daß sie nur von den Römern sprach ... Wie dem auch

sei, wenn die Römer bei der Gefangennahme Jesu vorange-
gangen sind oder wenn sie auch nur daran mitgewirkt haben,
so ist die Veranlassung oder die teilweise Veranlassung für die
Verfolgungen ihnen zuzuschreiben.«

Der deutsche Theologe *Hans Conzelmann*:

»Wenn die Römer an der Gefangennahme Jesu teilgenommen oder auch nur mitgewirkt haben, geht die Initiative
gänzlich von ihnen aus.«[52]

Die Johannes-Stelle, derzufolge die Römer von Anfang an ihre
Hand im Spiel hatten, paßt verständlicherweise nicht in das Bild
derer, die das Drama von Golgatha den Juden anlasten wollen. So
kommt z. B. *Blinzler* (S. 92) zu dem Zirkelschluß: Weil die Juden
Jesus den Prozeß gemacht haben und damit die eigentliche Schuld
an seinem gewaltsamen Tod tragen, muß Jesus schon am Anfang
der Passion in jüdischer Gewalt gewesen, folglich kann er nicht
von römischen Soldaten verhaftet worden sein. Johannes wird
kurzerhand umgedeutet: Der Evangelist habe sich, meint Blinzler,
nur ungenau ausgedrückt, sich gewissermaßen versprochen. Mit
»Kohorte« habe er die jüdische Tempelpolizei und mit »Chiliarchos« den Tempeloberst gemeint – eine Auffassung, die schon
deswegen unhaltbar ist, weil der Evangelist ausdrücklich einerseits
von der »*Kohorte mit ihrem Oberhauptmann*« und andererseits von
den »*Dienern der Juden*« spricht. (Im übrigen irrte Blinzler, als er
darauf verwies, daß seine Umdeutungstheorie mehr und mehr an
Boden gewönne. In neueren Bibelausgaben, u. a. auch in der ökumenischen Ausgabe von Herder, werden die im Johannes-Evangelium bei der Verhaftung handelnden Personen als »Soldaten«
bzw. sogar ausdrücklich als »römische Soldaten« ausgegeben.)
Gnilka (Jesus, S. 292), der die Beteiligung der Römer an der Verhaftung Jesu ebenfalls verneinen möchte, gibt für seine Auffassung
eine frappierende Begründung: Römische Soldaten könnten an
der Verhaftung deswegen nicht mitgewirkt haben, weil, wenn sie

mitgewirkt *hätten*, es – im Hinblick auf die bei Johannes erwähnte Kohorte – sechshundert Mann gewesen sein müßten, und das seien nun mal zu viel.

Wer an der These festhalten will, Jesus sei nicht von einem Verhaftungskommando der römischen Besatzungsmacht, sondern des jüdischen Synedriums festgenommen worden, muß sich redlicherweise von der Berichterstattung im Johannes-Evangelium distanzieren. Aber auch auf die Synoptiker kann er nicht ausweichen. Auch sie nämlich gehen zumindest von der *Beteiligung* römischen Militärs aus, indem sie beim Verhaftungskommando differenzieren zwischen Männern, die mit Schwertern bewaffnet waren (römische Soldaten) und Männern, die mit Knüppeln bewaffnet waren (jüdische Hilfspersonen). Der synoptischen Berichterstattung – Lukas vielleicht ausgenommen – steht jedenfalls nicht entgegen, daß es ein *römisches* Verhaftungskommando gewesen ist. Im Gegenteil: Jesu empörter Hinweis in Mk.14.48 und Mt.26.55, man habe ihn wie einen »*Räuber*« festgenommen, gäbe nämlich nur dann einen Sinn, wenn er an die Adresse eines *römischen* Verhaftungskommandos gerichtet ist. Räuber (griechisch »lestes«) werden in den Evangelien immer nur als *Konfliktpersonen* mit der *Besatzungsmacht* genannt. Juden waren also allenfalls als *Amtsbüttel* der Römer zugegen. Der bei den Synoptikern im Anschluß an die Verhaftung an die *Juden* gerichtete Hinweis Jesu:

»Tag für Tag war ich bei euch im Tempel und habe gelehrt, und ihr habt mich nicht verhaftet« (Mk.14.49, Mt.26.55)

ist als ein späterer christologischer Einschub anzusehen, zumal er mit dem weiteren Hinweis verbunden wird:

»Aber die Schrift muß in Erfüllung gehen.«

Durch die nicht ausdrückliche Erwähnung des römischen Hauptmanns als Befehlshaber wird bei den Synoptikern lediglich der

Eindruck erweckt, Jesus sei auf Befehl des Synedriums von der Tempelpolizei festgenommen worden, ein Eindruck, der in das Gesamtkonzept der evangeliaren Schilderung paßt, wonach Jesus nur von den Juden, nicht aber von den Römern verfolgt worden ist. Dieser intendierte Eindruck ist aber noch längst kein *Beweis* gegen die *konkrete Darstellung bei Johannes*, zumal, wie erwähnt, allein durch die johanneische Darstellung der »*Verrat*« *durch Judas* erklärbar würde.

Von untergeordneter Bedeutung ist in dem Zusammenhang der Hinweis bei Johannes, daß die römische Militärabteilung jüdische Gerichtsdiener hinzugezogen hatte (Joh.18.3). Im Hinblick auf die sprachliche Verständigung mag es sich als durchaus notwendig erwiesen haben, daß die jüdischen Behörden eine gewisse Rechtshilfe leisteten.[53] Es würde dann sogar einleuchten, daß Petrus ein Schwert hat ergreifen und dem Knecht des Hohenpriesters ein Ohr (nach Lk.22.50 soll es sich um das rechte Ohr gehandelt haben – war Petrus eventuell Linkshänder?) abhauen können, ohne wegen Widerstands gegen die Staatsgewalt, schwerer Körperverletzung, eventuell sogar versuchten Totschlags, belangt zu werden. Es würde ferner einleuchten, wieso nicht gleich die ganze Gruppe sicherheitshalber festgenommen und abgeführt wurde, nachdem aus ihrer Mitte heraus bewaffneter Widerstand geleistet worden war: Die römischen Soldaten hatten den Auftrag, allein Jesus, den mutmaßlichen Partisanenführer, zu verhaften. Dabei scherten sie sich nicht weiter um das verletzte Ohr eines jüdischen Knechts. Das jedenfalls mag die Intention des Erzählers sein. (Klammerbemerkung: Ob die Geschichte vom bravourösen Einschreiten Petri – nur der Johannes-Evangelist übrigens sagt, daß es sich hier um Petrus gehandelt habe – auf historischer Wahrheit beruht, ist freilich eine andere Frage. Jesus nämlich nimmt, als er gegen seine Verhaftung mit dem Hinweis, er sei schließlich kein Räuber, protestiert – Mk.14.49 – keinerlei Notiz von der unmittelbar vorangegangenen Schwertszene, so daß diese sich, worauf Kolping – S. 567 – mit Recht aufmerksam macht, ganz und gar nicht in die Schilderung des Geschehensablaufs einfügt.)

Ein gewichtiger weiterer Umstand, der für ein aus römischen Soldaten bestehendes Verhaftungskommando spricht, kommt hinzu: Wäre die jüdische Obrigkeit der Initiator der Verhaftung gewesen und nicht die römische Militärbehörde, dann ließe sich doch wohl kaum erklären, daß Pilatus schon am nächsten Morgen, also wenige Stunden nach der Verhaftung Jesu, wohlvorbereitet in die Gerichtsverhandlung gegen Jesus hätte gehen können.

Paul Winter (S. 65):

> »All four Gospels report, that Pilate was available in the morning, ready for Jesus' trial. This indicates, that he must have had advance information about what was taking place in the night – a fact which accords with the Forth Evangelist's statement that the arrest was carried out by Roman personnel.«

Pilatus kommt sofort auf den für die Interessen Roms allein entscheidenden Punkt. Die erste Frage, die er an Jesus richtet, soll gelautet haben:

> »Bist du der König der Juden?« (Joh.18.33)

Nie zuvor im geschilderten Passionsgeschehen hatte dieser Titel eine Rolle gespielt. Aus der Sicht von Kaiphas war es auch ein gänzlich belangloser Titel; für Pilatus aber bedeutete er: Rebellion gegen Rom. Gegen einen Mann, der sich in dieser Richtung verdächtig gemacht hatte, mußte eingeschritten werden. Der erste Schritt war die Festnahme.

Keine jüdische Amtshandlung im Johannes-Evangelium

Dem *Johannes-Evangelium* zufolge sind es überhaupt nur die römischen Behörden, die sich sozusagen »*amtlich*« mit Jesus befassen:

– Von einem römischen Offizier wird er verhaftet.

– Ausschließlich von einem römischen Gericht wird er abgeurteilt.

– Von römischen Soldaten wird er gekreuzigt.

Andererseits ist der Johannes-Evangelist in ganz besonderem Maße bemüht, die Schuld am Tode Jesu nur »*den Juden*« anzulasten. Schon während der Zeit seines aktiven Wirkens sieht der johanneische Jesus sich ständigen Anfeindungen seitens »*der Juden*« ausgesetzt. Die *Volksmenge* soll es gewesen sein, die es sich aufs Panier geschrieben hatte, den Propheten aus Galiläa buchstäblich zu Tode zu hetzen. Das jüdische Volk in seiner *Gesamtheit* wird als Initiator des Prozesses vor dem römischen Tribunal, als Ankläger vor Pilatus, hingestellt.

Bei Johannes gibt es aber keinen Bericht, wonach Jesus von einem jüdischen Gericht schuldig gesprochen worden sei. Es fehlt die von den Synoptikern berichtete Prozeßgeschichte, die sich vor dem jüdischen Hohen Rat abgespielt haben soll. Dies ist um so bemerkenswerter, als es sich hier ja nicht etwa um eine mehr oder weniger nebensächliche Begebenheit handelt, sondern, den Berichten der synoptischen Evangelien und der späteren kirchlichen Darstellung zufolge, um ein Ereignis von *zentraler* Bedeutung. Immerhin soll Jesus im Synedralprozeß gefragt worden sein – und diese Frage bildet überhaupt den *Höhepunkt* des Prozesses –, ob er der Messias, der Sohn Gottes, sei, und Jesus soll diese Frage bejaht, zumindest nicht entschieden verneint haben.

Ernst Haenchen (S. 512):

»Da die Christen die eigentliche Schuld der Juden darin sehen, daß sie Jesus nicht als den Messias anerkannt hatten, mußten sie annehmen, daß die Messias-Frage der entscheidende Punkt im Prozeß gegen ihn war.«

Doktrinäre Theologen wie *Stauffer* oder *Blinzler* tun sich ausgesprochen schwer, wenn sie versuchen, die nicht in ihr Konzept passende johanneische Version des Geschehensablaufes zu relativieren, um sie auf die Weise möglichst doch noch für ihr eigenes Konzept zu retten. Sie argumentieren verwegen *(Blinzler* S. 136): Johannes habe auf die Geschichte vom Prozeß vor dem Synedrium deswegen verzichtet, weil er sie *als bekannt voraussetzen* konnte, und außerdem hätten heidenchristliche Leser für die jüdische Prozeßverhandlung »wenig Interesse« gehabt.

Johannes aber hat es nun einmal anders dargestellt: Ihm zufolge führt der *römische Festungskommandant* den verhafteten und gefesselten Nazarener zunächst in das Haus des Großpriesters *Hannas*. Dieser freilich hatte – was eine historisch gesicherte Tatsache ist, über die der Evangelist offenbar nicht so genau Bescheid wußte – zu der Zeit keinerlei Amtsbefugnisse mehr; er war im Jahre 15 vom römischen Präfekten abgesetzt worden. Amtierender Hoherpriester war inzwischen *Kaiphas*, der Schwiegersohn des *Hannas*. Die Bezeichnung »Hoherpriester« wird sowohl für *Hannas* als auch für Kaiphas verwandt – übrigens zu Recht, denn auch der abgesetzte Hohepriester durfte seinen Titel beibehalten, auch hatte er weiterhin Sitz und Stimme im Synedrium.[54]

Nachdem Jesus dem Ex-Großpriester *Hannas* vorgeführt war, wird er anschließend an den amtierenden Großpriester Kaiphas weitergeleitet. Ohne daß einer von den beiden Großpriestern eine eigentliche Amtshandlung durchgeführt hätte, wird der Häftling sodann ins römische Prätorium überführt:

»Die Soldaten aber und ihre Anführer und die Leute, die von den Juden geschickt waren, nahmen Jesus gefangen, fesselten ihn und führten ihn zuerst zu Hannas; der war der Schwiegervater des Kaiphas, der in jenem Jahr Hoherpriester war ... Aber der Hohepriester (gemeint ist hier Hannas) befragte Jesus über seine Jünger und über seine Lehre. Jesus antwortete ihm: Ich habe frei und offen vor aller Welt geredet. Ich habe immer in der Synagoge und im Tempel gelehrt, wo alle

Juden zusammenkommen, und habe nichts im geheimen gesagt. Was fragst du mich? Frage die, die gehört haben, was ich zu ihnen gesagt habe ... Und Hannas sandte ihn gefesselt zu dem Hohenpriester Kaiphas ... Von Kaiphas führten sie Jesus in das Prätorium.« (Joh.18.12-13, 19-21, 24, 28)

Offenbar also will Johannes sagen, Jesus sei die ganze Zeit über der Gefangene der römischen Militärabteilung gewesen. Er sei vom Festungskommandanten »zuerst« dem Hohenpriester *Hannas* vorgeführt worden, und dieser habe, nachdem er Jesus einem kleinen Verhör unterzogen hatte, veranlaßt, den Gefangenen vor der Einlieferung in das römische Gefängnis auch noch dem Schwiegersohn *Kaiphas* vorzuführen. Darin also erschöpft sich dem Johannes-Evangelium zufolge die Beteiligung der jüdischen Behörden am Geschehensablauf. Implizit jedenfalls verneint der Evangelist, daß es seitens einer jüdischen Amtsperson einen förmlichen Beitrag, eine Anklage oder gar einen Prozeß gegeben habe. Es hat, wenn man Johannes folgt, nicht einmal ein an die jüdischen Stellen gerichtetes römisches *Rechtshilfeersuchen* vorgelegen. (Insoweit würde sich der Fall Jesus vom Fall Paulus unterscheiden. In 22.30 der Apostelgeschichte wird berichtet, daß der von den Römern verhaftete Paulus dem Synedrium überstellt worden war, das dann im *Auftrage Roms* eine Voruntersuchung durchführte.) Wenn nun aber im Fall Jesus nicht einmal ein Rechtshilfeersuchen vorgelegen hat, dann muß man sich fragen, ob nicht sogar die paar Belanglosigkeiten, die der Johannes-Evangelist über die Aktivitäten der jüdischen Machthaber berichtet, nicht mehr als ein – gerade für diesen Evangelisten typisches – erzählerisches Beiwerk sind. Man muß fragen, warum ein römischer Offizier mit einem wegen Verdachts des Aufruhrs festgenommenen Juden wohl so kurios hätte verfahren sollen. Die römische Besatzungsmacht ließ sich gewiß nicht zum Popanz des Synedriums machen, schon gar nicht im Falle eines Wanderpredigers aus der Provinz. Wenn die römischen Stellen eingriffen, dann pflegten sie es aus *eigenem* Rechtsbzw. Machtanspruch zu tun.

Was Johannes von der kurzen Überstellung Jesu an Hannas und dessen paar Erkundigungen berichtet, ist – bezogen auf den gesamten Geschehensablauf – ohnehin so bedeutungslos, daß von einem Prozeßbeitrag der Juden an der Verurteilung Jesu nicht die Rede sein kann. Im *Kernbereich* der johanneischen Schilderung bleiben Verhaftung und Verurteilung eine ausschließlich *römische Angelegenheit.*

Auch die interessante Auslegungsvariante, die der Karlsruher evangelische Theologe Hans Maaß bringt, nämlich daß es sich bei den von Hannas an Jesus gerichteten Fragen keineswegs um Belanglosigkeiten, sondern um *zentrale Punkte* im weiteren Geschehen gehandelt habe, stellt letzten Endes eine Stützung der These von der römischen Alleinverantwortlichkeit dar.

Hans Maaß (S. 32):

»Sofern seitens der Römer der Verdacht bestand, Jesus sei das Haupt einer messianischen Widerstandsbewegung, in deren Reihen sich auch bekannte Zeloten befinden, ist die Frage nach den Jüngern und der Lehre Jesu durchaus angebracht: Es ist ein Verhör über die Herkunft und Aktivitäten der einzelnen Mitglieder und über das religiös-politische Programm. Auch Jesu Antwort ist dann völlig sachgerecht: Er verweist darauf, daß der Verdacht einer Untergrundbewegung unbegründet ist.«

Folgt man dem Gedankengang von *Maaß*, so bedeutet das, daß Hannas Fragen an Jesus gestellt hatte, die keinen religiös-motivierten Hintergrund hatten, sondern allein das zum Gegenstand hatten, was in dem Moment den römischen Festungskommandanten interessierte, in dessen Gegenwart das Verhör stattfand. Daß Jesu Antwort dabei auf taube Ohren stieß, kann nur als typisch für einen Mann in einer Situation angesehen werden, aus der heraus es, nachdem die Dinge bis zur Verhaftung des vermeintlichen Rebellen gediehen waren, sowieso kein Entrinnen mehr gab.

Mitwirkung der jüdischen Behörde?

Eine ganz andere Frage freilich ist die, ob nicht die jüdischen Behörden die Möglichkeit gehabt hätten, eine so einfach zu vollziehende Verhaftung, wie sie in dem Gethsemane-Bericht zum Ausdruck kommt, zu *verhindern* und Jesus darüber hinaus insgesamt davor zu bewahren, daß er als verdächtigter Aufrührer in die Hände der Römer fällt. Wäre dieser Prophet aus Galiläa in den Augen der Tempelbehörde ein Mann gewesen, dem man die *Befreiung Israels* zugetraut hätte, dann hätten sich wahrscheinlich auch die herrschenden jüdischen Kreise von der allgemeinen Begeisterung mitreißen und ihm eine ähnliche Verehrung zuteil werden lassen wie beispielsweise hundert Jahre später dem Freiheitskämpfer Bar-Kochba. Jesus war in den Augen der jüdischen Obrigkeit aber leider nicht der Mann, den es im Interesse einer nationalen Sache zu schützen galt.

Ranke-Heinemann (S. 320):

»Die Juden erwarteten einen politischen, militärischen Führer, und es kam Jesus, der der Erwartete nicht war und also auch nicht der Messias war.«

Der Lukas-Evangelist gibt Gedanken der Jünger (der sogenannten *Emmaus-Jünger*) wieder, wie diese die Katastrophe von Golgatha beurteilten – freilich in der für Lukas typischen, auf Schonung der Römer bedachten Weise:

»Er war ein Prophet, mächtig in Wort und Tat vor Gott und dem ganzen Volk. Doch unsere Hohenpriester und Führer haben ihn zum Tod verurteilen und ans Kreuz schlagen lassen. Wir aber hatten gehofft, daß er der sei, der Israel erlösen werde.« (Lk.24.19-21)

Die Jünger waren enttäuscht von ihrem Rabbi, der, ohne die Verheißungen zu erfüllen, ein so jähes und unrühmliches Ende gefunden hatte. Sie waren aber auch enttäuscht und gleichzeitig empört, daß die jüdische Obrigkeit Jesu Bedeutung für Israel nicht erkannt und zugelassen hatte, daß dieser »Prophet« von den Römern verurteilt und gekreuzigt wurde. Noch ein weiterer Gedanke spricht aus dieser Perikope: Hier wird nicht wie sonst in den Evangelien und der Apostelgeschichte der pauschale Vorwurf gegen »die Juden« erhoben, sondern er richtet sich gegen die »*Hohenpriester und Führer*«. Nur sie, nicht das einfache Volk, hätten die Möglichkeit gehabt, bei den Römern zu intervenieren und die Kreuzigung zu verhindern.

In erster Linie war es die Partei der Sadduzäer, die in dem ihr von den Römern zugewiesenen Rahmen Hoheitsgewalt in Jerusalem ausübte. Die jüdische Führungsschicht war dabei stes bedacht, mit der Okkupationsmacht in einem guten Einvernehmen zu bleiben. Die Sadduzäer waren *Realpolitiker*. Man ging sogar so weit, daß man für den *römischen Cäsar* im Tempel *betete*. Dies war gewissermaßen die Gegenleistung für eine Reihe von Privilegien, die der römische Staat den Juden eingeräumt hatte, wie z. B. *Befreiung von Heeresdienst und Kaiserkult, Heiligung des Sabbat*, insgesamt das *Leben nach jüdischem Gesetz und Ritus*.

Es ist nicht auszuschließen, daß es den Sadduzäern, namentlich der Clique um Kaiphas, durchaus recht gewesen sein mag, den ketzerischen Propheten aus Galiläa, der sich anschickte, mit seiner Botschaft Verwirrung im Volk zu stiften, diesen »*demagogischen Tischler*«, der er in ihren Augen war, auf einfache Weise loszuwerden – sei es, daß sie ihn selbst festnahmen und den Römern überstellten, sei es, daß sie ihn bei den Römern anschwärzten und dadurch deren Eingreifen auslösten, oder sei es, daß sie sich gegenüber einer von den Römern selbst initiierten Festnahme passiv verhielten und den Dingen ihren Lauf ließen.

Lüdemann (S. 209):

»Die Motive für die Hinrichtung Jesu durch den Römer Pilatus sind klar. Er sah in ihm einen politischen Aufrührer, den es politisch unschädlich zu machen galt. Offensichtlich ist Jesus von Teilen der ihm feindlich gesonnenen Jerusalemer Priesterschaft in Reaktion auf sein eschatologisch-messianisches Auftreten ... als politischer Aufwiegler verleumdet worden.«

Immerhin sollen diese Leute, »die vom hohenpriesterlichen Geschlecht waren« (Apg.4.6), auch Mitglieder der christlichen Urgemeinde verfolgt haben. Dabei mußten sie mit größter Vorsicht zu Werke gehen, um nicht die Volksstimmung gegen sich aufzubringen (Apg.5.26). Pharisäer waren es, allen voran der angesehene *Rabbi Gamaliel*, welche die Christen vor solchen Verfolgungen in Schutz nahmen und im Synedrium ihre Freilassung mit der Folge uneingeschränkter Predigtfreiheit durchsetzten (Apg.5.34-42). Dies ist ein weiterer Beweis dafür, daß nicht die Pharisäer die Feinde Jesu waren und daß das Volk sogar bereit war, sich gegen die Obrigkeit zu erheben, sofern diese gegen die nach Volksmeinung harmlosen und wehrlosen Christen einschritt. Die herrschenden Kreise Israels waren – wie alle herrschenden Kreise – konservativ und mißtrauisch gegenüber evolutionären oder gar revolutionären Strömungen jeder Art. Sozial privilegiert, moderner hellenistischer Lebensform durchaus zugetan, waren sie bemüht, an ihrer Loyalität gegenüber Rom keinen Zweifel aufkommen zu lassen; sie betrieben eine reine *Appeasement-Politik*.

»Moderne Geschichtswissenschaft hat gezeigt, daß die Hauptverantwortung für die Kreuzigung (Jesu) bei den Römern lag, daß die jüdischen ›Führer‹, die da hinein verwickelt waren, in Wahrheit nicht Repräsentanten ihres Volkes, sondern römische Puppen waren, die eher römische als jüdische Politik betrieben.«[55]

Ähnlich in einer Hinsicht, abweichend in anderer, sieht es der jüdische Autor *Maccoby*. Ihm zufolge habe es sich bei Kaiphas um einen »*römischen Quisling*« gehandelt, der die Interessen Roms über die Interessen Israels stellte. Von Kaiphas, der in Jesus einen Aufwiegler gegen das Besatzungsregime gesehen habe, sei die Verhaftung veranlaßt und die Auslieferung an die Römer durchgeführt worden. Bei dieser Aktion habe nicht das Synedrium, geschweige denn die Bevölkerung mitgewirkt. Der Landesverräter Kaiphas trage dafür allein die Verantwortung.

Schalom Ben-Chorin (Bruder Jesus, S. 194) faßt die Problematik unter zutreffendem Aspekt so zusammen:

»Wenn wir uns die Situation vor Augen führen, in der das unterdrückte jüdische Volk in seinem besetzten Vaterlande seufzte, wird uns verständlich, daß die verantwortlichen Kreise alles daransetzten, einen Unruhestifter wie Jesus von Nazareth, dem das Volk zulief, darunter auch politische Aktivisten vom Schlag des Judas Ischarioth, unschädlich zu machen.«

Und *Willibald Bösen* als katholischer Autor ergänzt (S. 161):

»Es gilt für ihn (gemeint ist Kaiphas) daher, jede Opposition im Keim zu ersticken, selbst wenn sie sich in der Rede eines nicht ernst zu nehmenden Propheten aus Galiläa äußert.«

Auch ein Gedankengang, wie ihn *Ethelbert Stauffer* (S. 80) anstellt, klingt plausibel:

»Seit dem Sturze Sejans im Oktober 31 war auch Kaiphas bedroht, und die Razzien der Reichsregierung nach Verschwörern dauerten noch an. Wenn in diesem Augenblick irgendeine Kunde von messianischen Bewegungen in Palästina bis nach Rom drang, war das Kirchenregiment des Kaiphas erledigt. Darum mußte Jesus beseitigt werden, ehe es zu spät war.«

Ein Vorbehalt muß gegen diese Theorie allerdings angemeldet werden: *Stauffer* datiert, wenn er den Sturz Sejans im Oktober 31 ins Spiel bringt, den Todestag Jesu auf Passah des Jahres 32. Dieser Zeitpunkt trifft aber weder nach der synoptischen Datierung (11.4.27 oder 23.4.34) noch nach der johanneischen (7.4.30) zu. Und im übrigen hätte *Stauffer* seine Theorie durch einen Hinweis vervollständigen sollen, der nun einmal notwendig ist, wenn man auf Sejan abhebt: Dieser notorische Judenhasser – in den Jahren 23–31 war er es, der sozusagen als Premierminister praktisch alle Regierungsgeschäfte bestimmte, während Tiberius sich nach Capri zurückgezogen hatte – galt als der große Gönner und persönliche Freund von Pontius Pilatus. Ihm verdankte Pilatus seine Stellung als Militärgouverneur in Palästina. Nachdem Sejan gestürzt war, galt das, was Stauffer für Kaiphas reklamiert – Gefährdung der eigenen Machtposition –, natürlich erst recht für Pilatus.

Wie man im Synedrium das »Problem Jesus« sah, wird im Johannes-Evangelium in einer Weise beschrieben, die (auch ohne historische Echtheit beanspruchen zu können) geeignet ist, ein besonders treffendes Bild von der Situation zu geben:

»Da versammelten die Hohenpriester und die Pharisäer einen Rat und sprachen: Was tun wir? Dieser Mensch tut viele Zeichen. Lassen wir ihn also, so werden sie alle an ihn glauben; so kommen dann die Römer und nehmen uns Land[56] und Leute. Einer aber unter ihnen, Kaiphas, der desselben Jahres Hoherpriester war, sprach zu ihnen: Ihr wisset nichts, bedenket auch nichts; es ist uns besser, ein Mensch sterbe für das Volk, denn daß das ganze Volk verderbe.« (Joh.11.47-50)

Natürlich kann man sich kaum vorstellen, daß der Inhalt einer Diskussion des Hohen Rats einem Anhänger Jesu weitergegeben worden wäre; immerhin aber wäre es möglich, daß es in dem Gremium auch Jesus-Sympathisanten gegeben hat (Joh.12.42-43) – vielleicht *Nikodemus* und *Joseph von Arimathia.*

Wichtiger als die Frage, ob »nachgewiesenermaßen« im Synedrium so diskutiert wurde, wie es der Johannes-Evangelist berichtet, ist die Feststellung, daß der Bericht in sich stimmig ist. Man kann ihm zum einen entnehmen, daß es sich nicht um eine Gerichtssitzung des Synedriums gehandelt hat, sondern um eine *Versammlung der Ratsmitglieder.* Zum anderen geht aus dem Bericht deutlich hervor, daß die Versammlung kein primäres Interesse am Tode Jesu hatte: Die Ratsherren waren unschlüssig, was sie mit dem Rabbi aus Galiläa machen sollten. *Kaiphas* hatte die Idee, ihn aus staatsnotwendiger Einsicht für das Volk zu opfern, um Unheil, das von den Römern her drohte, vom Gesamtvolk abzuwenden. Dieser Entschluß ist schwerlich zu tadeln. Denn natürlich geht es nicht an, daß man den Untergang eines ganzen Volkes in Kauf nimmt, nur um einen einzelnen gewähren zu lassen, der mit leichtfertigem Verhalten den Untergang des Volkes heraufbeschwört. Jedenfalls oblagen Kaiphas und dem Hohen Rat die Verantwortung für die Einhaltung des Friedens zwischen der jüdischen Bevölkerung und den Besatzungstruppen. Auf diesen Umstand hinzuweisen, war dem Johannes-Evangelisten so wichtig, daß er die von Kaiphas in der Ratsversammlung sine ira et studio geäußerte Besorgnis gleich zweimal zitiert, außer in 11.50 nochmals in 18.14:

»Kaiphas aber war es, der den Juden den Rat gegeben hatte: Es ist besser, daß ein einziger Mensch für das Volk stirbt.«

Kaiphas ist seiner schwierigen Aufgabe gerecht geworden, hat sich als ein Mann erwiesen, den wir in heutiger Terminologie einen »*Realpolitiker*« nennen würden.

Daß *Lapide* als jüdischer Theologe für eine solche über *Kaiphas* berichtete Haltung Verständnis hat, ist naheliegend:

»Wir dürfen annehmen, daß es Kaiphas um die Wahrung der Freiheit bei in Kauf genommener politischer Unterordnung unter Rom ging, als er zur Preisgabe Jesu riet. Daß er dabei anzunehmen bereit war, daß Jesus selbst unschuldig war, bezeugt die Tatsache, daß er von ihm als ›einem einzelnen Menschen‹ spricht (Joh.11.50), ohne ihn als ›Räuber‹, als ›Rebell‹ oder als ›Lügenprophet‹ zu verunglimpfen.«[57]

Eher überraschend aber ist, daß auch ein so gut katholischer Theologe wie *Willibald Bösen* den Mut hat, über *Kaiphas* und dessen Haltung in der Ratsversammlung zu schreiben (S. 161):

»So argumentiert ein nüchterner Realpolitiker, der durch kein Risiko den Status quo gefährden möchte, der in Abwägung der politischen Fakten voraussieht, daß in einer Konfrontation mit der römischen Besatzungsmacht Jerusalem – und die Ereignisse im Jahre 70 n. Chr. werden ihn bestätigen – noch tiefer gedemütigt und noch härter geknechtet wird.«

Die Überlegungen, wie sie in Joh.11.47-50 zum Ausdruck kommen, zumal mit der staatspolitischen Begründung von Vers 48, sind von den Christen freilich schon immer als *faktisches Todesurteil* des Hohen Rates über Jesus verstanden worden. Dies, obwohl selbst die judenfeindlichsten und römerfreundlichsten Darstellungen des Prozesses gegen Jesus nicht an der Tatsache vorbeikommen, daß ohne den Befehl des Pilatus und die Ausführung durch römische Soldaten Jesus niemals hätte gekreuzigt werden können, selbst wenn es das ganze Volk Israel geschlossen gewünscht hätte. Man mag im Hohen Rat auch ganz froh gewesen sein, einen Mann in Gewahrsam nehmen zu können, dem man nachsagen konnte, er habe sich als *Messias* aufgespielt, und den man dann an die Römer abschieben konnte, damit diese die *Kooperationsbereitschaft* des Synedriums erkennen. Immerhin bestand die Sorge, daß es an den Festtagen zu Zusammenstößen mit der Besatzungsmacht kommen könnte. Die Empfindlichkeit und Rücksichtslosigkeit gerade des Prokurators Pilatus waren bekannt. Jetzt galt es für die jüdischen Behörden, so umsichtig wie möglich zu sein, um ein Blutbad unter der Bevölkerung, wie es zuvor schon viele gegeben hatte, nach Möglichkeit zu verhindern. Es konnte sich nur besänftigend auf das Gemüt des Gouverneurs auswirken, wenn man ihm gleich beim Eintreffen einen Gefangenen übergab, dem man nachsagte, er habe eine aufwieglerische Haltung an den Tag gelegt und entsprechende Reden geführt. Der Hohe Rat hätte dann seinen guten Willen gezeigt, und die Römer mochten sehen, was sie mit dem Gefangenen machten.

In der Meinung, daß es in bezug auf die Behandlung des »Falles Jesus« einen Konsens zwischen jüdischer Obrigkeit und römischer Besatzungsmacht gegeben haben könnte, gibt es übereinstimmende Auffassungen zwischen evangelischen, katholischen und jüdischen Theologen:

– *Rudolf Bultmann*, der international hochangesehene evangelische Professor für Neues Testament an den Universitäten Breslau, Giessen und Marburg, Begründer der historisch-kritischen Jesusforschung, schreibt in seinem 1926 erschienenen Jesus-Buch (S. 21 f.):

»Jesus wurde durch den römischen Prokurator Pontius Pilatus gekreuzigt. Welche Rolle dabei die jüdische Behörde gespielt hat, der die christliche Überlieferung die Hauptschuld zuschiebt, ist nicht mehr klar zu erkennen. Es ist wahrscheinlich, daß sie, wie sonst, im Interesse der politischen Ruhe mit den Römern Hand in Hand arbeitete. Es kann aber kaum zweifelhaft sein, daß Jesus wie andere Aufrührer als messianischer Prophet am Kreuze starb.«

– *Adolf Kolping*, (auch von mir persönlich hochverehrter) emeritierter Freiburger Ordinarius für katholische Fundamentaltheologie (S. 668):

»Daß die politische Führung des jerusalemischen Judentums Jesus bei den Römern denunziert hat und diese ihn daraufhin wegen angeblicher aufrührerischer Betätigung hingerichtet haben, ist auch heute noch das Wahrscheinliche.«

– *Wolfgang Reinbold*, ein junger Göttinger Privatdozent aus der Schule von Gerd Lüdemann und Hartmut Stegemann (S. 309):

»Die Verantwortung für den Tod Jesu lag allein und ausschließlich bei dem zuständigen römischen Präfekten Pontius Pilatus. Historisch unhaltbar ist die Sicht, dieser sei lediglich ein Werkzeug, ein Spielball in der Hand der Juden zwecks Durchsetzung ihres ›Todesbeschlusses‹ gewesen, wie überhaupt das gängige christliche Bild vom schwächlichen, im Innersten von Jesu Unschuld überzeugten ›Prokurator‹ ein unhistorisches, grundlegend von der Darstellung des ältesten Passionsberichts inauguriertes Konstrukt ist.«

– *Paul Winter*, der neben Chaim Cohn im Zusammenhang mit dem behaupteten Synedralprozeß wohl weltweit bekannteste jüdische Gelehrte, dessen viel zitiertes Standardwerk »On the trial of Jesus« leider nicht ins Deutsche übersetzt worden ist (S. 42 f.):

»The high-priest, as the chief of the local Jewish administration, was responsible to the procurator for the maintenance of public order. It was his duty to render assistance in the apprehension of political suspects and in the preparation of proceedings against political offenders, even in cases which came up for trial before the Roman representative.«

– *Eugen Drewermann*, der populäre und von seinem Bischof (dahinter steckt natürlich Rom!) gemaßregelte katholische Theologe aus Paderborn (S. 115):

»Vermutlich dürfte es auch von einem gewissen Zeitpunkt an ein Interesse bei den politisch federführenden Kreisen der Sadduzäer und der Hohenpriester gegeben haben, den Pseudopropheten aus Nazareth als einen lästigen Unruhestifter und messiaspolitischen Wirrkopf zu liquidieren, ehe er größeres Unheil anrichten konnte. In jedem Fall aber bleibt festzuhalten, daß es die Römer waren, die Jesus als selbsternannten ›König‹ hingerichtet haben.«

– *Encyclopaedia Judaica:*

»The deliverance of Jesus into the hands of the Romans was, it seems, the work of the Sadducean ›high priests‹, who are often mentioned alone in the story. A man suspected of being a messianic pretender could be delivered to the Romans without a verdict of the Jewish high.«

– Denkschrift des Rates des EKD »Christen und Juden«, 1975:

»Im Zusammenspiel von jüdischer Selbstverwaltung und römischer Besatzungsmacht, das historisch im einzelnen schwer durchschaubar ist, kam es schließlich zur Hinrichtung Jesu durch die Römer.«[58]

Ungeachtet der Tatsache, daß, wie oben dargelegt, das gesamte Geschehen, von der Verhaftung bis zur Hinrichtung, allein eine Angelegenheit der Römer war (wobei bei der Verhaftung vermutlich einige jüdische Büttel mitwirkten), ist es in hohem Maße wahrscheinlich, daß es unter der »Federführung« des für die öffentliche Sicherheit und Ordnung verantwortlichen Hohenpriesters Kaiphas auch einen *offiziellen jüdischen Beitrag* zur Aburteilung Jesu gegeben hat. Aber – umgebracht wurde Jesus nicht von den Juden, sondern von den Römern. Die Verantwortung dafür wiederum trägt der römische Militärgouverneur Pontius Pilatus. So wenig also, wie man die Schuld am Tode Jesu auf »*die Juden*«

übertragen kann, kann man sie »*den Römern*« oder (um den absur-
den Gedanken zu Ende zu denken) »*den Italienern*« anlasten.

Das unbekannte Grab eines Patrioten

Zur Abnahme vom Kreuz und zur Beisetzung benötigte man die
Erlaubnis der römischen Militärbehörde. Joseph von Arimathia,
ein angesehener Ratsherr des Synedriums, sei am späten Nachmittag des Hinrichtungstages bei Pilatus vorstellig geworden und habe
sich von diesem die Freigabe des Leichnams erbeten, damit er ihn
gemäß den jüdischen rituellen Vorschriften bestatten könne.

»Da es Rüsttag war, der Tag vor dem Sabbat, und es schon
Abend wurde, ging Joseph von Arimathia, ein vornehmer
Ratsherr, der auch auf das Reich Gottes wartete, zu Pilatus
und wagte es, um den Leichnam Jesu zu bitten. Pilatus war
überrascht, als er hörte, daß Jesus schon tot sei. Er ließ den
Hauptmann kommen und fragte ihn, ob Jesus bereits gestor-
ben sei. Als der Hauptmann ihm das bestätigte, überließ er
Joseph den Leichnam.« (Mk.15.42-45)

Wieder einmal sind es die Theologen *Blinzler* und *Stauffer*, deren
Phantasie durch diese schlichte Mitteilung des Evangelisten der-
maßen angeregt wird, daß sie sich zu abenteuerlicher Spekulation
versteigen. Blinzler (S. 394) will aus dem Umstand, daß Pilatus die
Leiche ohne Bedingung oder Auflage freigab, herleiten, daß dieser das Todesurteil »nur ungern ausgesprochen hatte«. *Stauffer*
hat folgende Erklärung parat (S. 108):

»Man darf ... schließen, daß Pilatus und einige jüdische
Richter kein ganz ruhiges Gewissen mehr hatten.«

Während aus römischer Sicht der Delinquent ruhig hätte hängen
bleiben können, weil das den beabsichtigten Abschreckungseffekt

vergrößert hätte, legten die jüdischen Stellen – so der Evangelien-Bericht – Wert auf ein würdiges Begräbnis. Das setzte voraus, daß Jesus vor Sonnenuntergang – genau gesagt: vor Sichtbarwerden des zweiten Sterns am Abendhimmel, denn da beginnt der Sabbat – abgenommen und beigesetzt sein mußte, wie es Dtn.21.22-23 verlangt. (Bei Lk.23.54 heißt es in wörtlicher Übersetzung:»Als der Sabbat aufleuchtete« – der Evangelist meint damit den ersten Stern.) Besonders anschaulich berichtet der Johannes-Evangelist, daß Jesus ein für damalige Verhältnisse *vornehmes Grab* erhalten habe:

>»Es kam aber auch Nikodemus, der vormals bei der Nacht zu Jesus gekommen, und brachte Myrrhe gemischt mit Aloe, untereinander etwa hundert Pfund. Da nahmen sie den Leichnam Jesu und banden ihn in leinene Tücher mit den Spezereien, wie die Juden pflegen zu begraben.« (Joh.19.39-40)

Hier also hätten zwei hohe jüdische Beamte einen Juden bestattet, der als Patriot am römischen Kreuz gestorben war. Wäre es der jüdische Hohe Rat gewesen, der Jesus – wegen Gotteslästerung – verurteilt hätte, dann hätten wohl nicht ausgerechnet zwei Ratsmitglieder (Nikodemus soll sogar am Todesbeschluß mitgewirkt haben!) dafür Sorge getragen, daß der Gehenkte durch ein besonders ehrenvolles Begräbnis auf der Stelle rehabilitiert wird. Außerdem hätten diese beiden Beamten eine schwere Dienstverfehlung, wenn nicht gar eine strafbare Handlung begangen. Flavius Josephus erwähnt folgende Vorschrift aus der Mischna:

>»Wer Gott gelästert hat, soll gesteinigt, tagsüber aufgehängt und ehrlos und unauffällig begraben werden.« (Jüd. Altertümer IV.8.6)

Mit der Schilderung eines rituellen Begräbnisses wird, gewissermaßen beiläufig und wie aus Versehen, etwas eingeräumt, was die

Evangelien ihrer Gesamttendenz nach gerade nicht einzuräumen bereit sind: daß einflußreiche Juden eine große Zuneigung zu Jesus bekundeten, sogar solche, die in einem Gremium saßen, das ihn – angeblich – zum Tode verurteilt hat.

Eine ganz andere Frage freilich ist, ob der Evangelienbericht in der Bestattungsfrage historische Glaubwürdigkeit beanspruchen kann und ihm nicht etwa die Erfüllungslegende von Jes.53.9 zugrunde liegt, wonach der Gottesknecht bei einem »Reichen« sein Grab finden wird, so daß es wohl kein Zufall ist, daß Matthäus (27.57) Joseph als »reichen Mann von Arimathia« ins Geschehen einführt.

Uta Ranke-Heinemann (S. 149):

»Natürlich gab es ›an dem Ort, wo man Jesus gekreuzigt hatte‹ (Joh.19.41) kein Grab eines reichen Mannes in einem Garten. Wohl gab es in der Nähe der Hinrichtungsstätte Gräber, aber diese Gräber, vermutlich Massengräber, waren Gräber für die Hingerichteten ... So liegt kein Glanz und Pomp über Jesu Begräbnis, es gab keine hundert Pfund Myrrhe und Aloe. Nach dem armseligsten und schimpflichsten aller Tode war es vermutlich das armseligste und elendste aller Begräbnisse.«

Lukas, der in seinem Evangelium (ebenso wie Markus und Matthäus) darauf abhebt, daß Joseph von Arimathia es war, der die Kreuzesabnahme besorgt hat, gibt in seiner Apostelgeschichte (13.27-29) eine andere Darstellung: Nicht ein einzelner vornehmer Ratsherr tritt bei der Grablegung in Aktion, sondern die *ganze Jerusalemer Bevölkerung* mitsamt dem Magistrat – also Volksmenge und Obrigkeit, die kurz zuvor bei Pilatus die Kreuzigung Jesu gefordert haben sollen.

Julius Wellhausen[59]:

»Man kommt ... um die Unvereinbarkeit der beiden Berichte nicht herum, sie können nicht ursprünglich beieinander gestanden haben; ...; denn einen zweimal begraben zu lassen, bringt auch der weitherzigste Redaktor nicht fertig.«

Lüdemann (S. 64) hält die Bestattung durch die Juden für die ursprünglichere Überlieferung, wohingegen die Bestattung duch Joseph von Arimathia und Nikodemus *christliche Interpretation* sei. Gekreuzigten wird, worauf *Bösen* (S. 329) hinweist, nach römischem Recht die Beerdigung verweigert. Erst nachdem ihre Leichen verwest oder von Raubvögeln aufgefressen sind, werden sie in einem Massengrab verscharrt. Die Verweigerung der Bestattung versteht sich als zusätzliche Strafe.

Bösen (S. 326):

»Der Gekreuzigte ›nährt viele Vögel‹, heißt es bei Artemidor, und von Augustus wird berichtet, daß er einem, der ihn ›kniefällig um ein ehrenvolles Begräbnis bat, geantwortet habe, er stelle das dem Willen der Vögel anheim‹.«

Nach römischem Gewohnheitsrecht war es nur nahen Verwandten und engen Freunden möglich, den Leichnam eines Gekreuzigten freizubitten. Joseph von Arimthia aber gehörte nicht zu diesem Personenkreis.

Weit näherliegend ist leider der Gedanke, daß, wenn der Leichnam Jesu überhaupt vom Kreuz abgenommen wurde (und nicht, wie üblich, zum Fraß durch Tiere – vornehmlich Geier und Schakale – hängen geblieben wäre), die römischen Söldner ihn schlicht in einem Schindanger verscharrt haben. Man würde annehmen müssen, daß Jesus zusammen mit den beiden anderen Hingerichteten in eine später nicht mehr bestimmbare Grube geworfen wurde. Oder aber: Die Römer haben den Leichnam zur Abnahme vom Kreuz freigegeben (weil sie wegen befürchteter Unruhen ein eigenes Interesse daran hatten), und Jesu jüdische Gegner *oder* seine Anhänger waren es, welche die Bestattung in ein (unbekannt gebliebenes) Grab besorgt haben.[60] Da freilich fragt man sich, ob es – jedenfalls vom Standpunkt späterer *Verehrungsmöglichkeit* – nicht besser gewesen wäre, man hätte auf die Kreuzesabnahme zunächst verzichtet, um zu einem späteren Zeitpunkt die *Gebeine* würdig bestatten zu können.

Lüdemann (S. 66, Fn. 201) zitiert in dem Zusammenhang die Vorschrift Sanh.VI.6:

»Nachdem das Fleisch verwest ist, liest man die Gebeine zusammen und begräbt sie an ihrem Orte. Die Verwandten kommen und bieten den Richtern und den Zeugen den Friedensgruß, um gleichsam zu sagen: ›Wir hegen im Herzen keinen Groll gegen euch, denn ihr habt nach dem wahren Rechte gerichtet!‹ Sie hielten keine Trauer; doch verhielten sie sich wie Leidtragende, denn das Leidtragen geschieht nur im Herzen.«

Hätte Jesus das in den Evangelien beschriebene Einzelgrab erhalten, dann bliebe unbegreiflich, daß es in der Jerusalemer Christengemeinde nie zu einer kultischen Verehrung des Grabes Jesu gekommen ist, zumal im jüdischen Kultdenken zu allen Zeiten ein sehr ausgeprägtes Interesse an den Gräbern naher Angehöriger oder verehrungswürdiger Personen, wie z. B. Märtyrer und Propheten, bestand. Und für ein durch Gottes Ratschluß »leeres Grab« hätte das in noch stärkerem Maße gegolten.

Im Lukas-Evangelium sagt der Engel zu den Frauen:

»Was sucht ihr den Lebendigen bei den Toten?« (Lk.24.5)

Diese Rede gibt die Überzeugung der christlichen Urgemeinde und der frühen Kirche wieder, derzufolge die Unbekanntheit des Grabes Jesu belanglos sein soll angesichts der Glaubenswahrheit, daß Jesus nicht ein Toter ist, an den man eine Erinnerung bewahrt, sondern der lebendige und inmitten der Seinigen gegenwärtige Herr. Erst nachdem Christentum und römische Staatsgewalt ihren Frieden miteinander geschlossen hatten, ging man eilends daran, Versäumtes nachzuholen. *Eusebius* berichtet, daß Kaiser *Konstantin* es unternahm, die glückselige Stätte, wo die Auferstehung des Heilandes in Jerusalem geschah, der Besichtigung und der Verehrung zugänglich zu machen. Dazu mußte die Stätte aber erst einmal ausfindig gemacht werden. Bischof *Makarius*, der vom Kaiser mit der Sucharbeit beauftragt worden war, soll sich in größter Verlegenheit befunden haben. Er lud sein Gefolge ein, mit ihm zu beten, und erhielt eine Offenbarung, die ihn dazu bestimmte, an der Stätte des *Tempels der Aphrodite* graben zu lassen.

Maurice Goguel (S. 375):

>»Die heiligste Stätte Jerusalems mußte durch das Verabscheuungswürdigste verdeckt sein, was es in der Stadt gab; daher stammt der Gedanke, die Stelle des Kreuzes und des Heiligen Grabes unter dem Tempel der Venus zu suchen.«

Auf den Ruinen eines ehemals so »*sündhaften*« Gebäudes ließ Konstantin eine Basilika errichten, nachdem seine Mutter *Helena* die Stätte besichtigt und mitgeteilt hatte, dort das *Kreuz Jesu* gefunden zu haben – wundersamerweise nach dreihundert Jahren! Seither glaubt die Christenheit, daß an jener Stelle Hinrichtung und Grablegung Jesu stattgefunden habe. Mit anderen Worten: daß dort, wo heute die »Grabeskirche« steht, Golgatha zu lokalisieren sei. Das Heilige Grab ist seit Konstantin die *verehrungswürdigste* Stätte der Christenheit. Die *Kreuzfahrer* brachen aus Europa auf, um es aus der Hand der Ungläubigen zu befreien. Unter dem Schlachtruf »*Gott will es!*« floß um dieser Stätte willen das Blut Hunderttausender. Das von der Kaisermutter Helena

gefundene vermeintliche Kreuz Jesu war längst in *Splitter* aufgeteilt, die man als *Reliquien* in alle Welt versandt hatte.[61] Geblieben
war als Symbol der Knauf des Schwertes: »*Das Kreuz*«, das die
fromme Streitmacht zum Totschläger umfunktioniert hatte.

Die Publizisten unter politischem Druck

Nach den Ergebnissen einer »enttheologisierten« Interpretation
ist es nicht ausgeschlossen, daß die Evangelisten den Beitrag der
jüdischen Behörden an Jesu gewaltsamem Tod insgesamt erfunden
haben – jedenfalls den Beitrag des Synedriums, einer nationalen
Institution, in welchem auch die einflußreiche patriotische Gruppe der Pharisäer vertreten war. Hier gilt zu berücksichtigen, daß
die Evangelien zu einer Zeit verfaßt wurden, als die christliche
Sekte, die in ihrer ersten Generation eine reine Judensekte war,
sich vom Judentum losgelöst hatte, wodurch zur Mutterreligion
eine aktuelle Konfliktsituation entstanden war. Diese Konfliktsituation wird, zur eigenen Rechtfertigung, in die Person und die
Botschaft des Jesus von Nazareth zurückprojiziert.[62]
Sehr früh schon schien es geboten, Jesus so weit weg wie nur irgend
möglich von jüdischen Aufstandsbewegungen zu rücken. Nur so
konnte *Paulus*, der sich mit seiner Mission nicht an die Juden im
Lande, sondern an die außerhalb Palästinas im römischen Imperi-
um lebenden Juden und Heiden wandte, von seiner Missionstätigkeit einen Erfolg erhoffen. Dem Zusammenbruch des jüdischen Aufstandes gegen die Römer im Jahre 70 kommt in dem
Zusammenhang eine zusätzliche Bedeutung zu. Man wird aber, wie
das theologischerseits jetzt häufig geschieht (beispielhaft sei hier
der evangelische Theologe *Walter Schmithals* angeführt), nicht so
weit gehen können, allein in der Zerschlagung des Staates Israel
den Grund zu sehen, warum in den Evangelien die Schuld am Tode
Jesu den Juden zugewiesen wird. *Schmithals* sieht als Grund für
diese Schuldzuweisung weder einen Antijudaismus noch eine
Römerfreundlichkeit, sondern allein die Tatsache, daß die Chri-

sten nach der jüdischen Katastrophe des Jahres 70 aus der sich reorganisierenden Synagoge gedrängt wurden und damit den Schutz verloren, den die Angehörigen der Synagoge als einer »erlaubten Religion« im römischen Reich genossen. Nicht von der Kirche, sondern von der Synagoge, so wird behauptet, sei die Feindschaft ausgegangen, und deswegen sei die Schuldzuweisung in den Evangelien als Abwehr gegenüber den von der Synagoge erhobenen Verleumdungen gegen die Christen »verständlich«.[63]

Schmithals ist entgegenzuhalten, daß die Römer nicht zwischen »erlaubter« und »unerlaubter« Religion unterschieden. Die Römer verhielten sich allen Religionen gegenüber tolerant und haben auch die Christen niemals wegen ihrer Religion verfolgt. Auf einem ganz anderen Blatt steht, daß nach 70 die *Christen* die *»privilegia iudaica«* und damit u. a. den *Dispens vom Kaiserkult* eingebüßt hatten. (Was Toleranz gegenüber anderen Religionen anbelangt, unterschieden sich die späteren christlichen Kaiser ganz grundlegend von den römischen Kaisern. Seit Konstantin sich mit dem Christentum arrangiert hatte, meinten die nachfolgenden *christlichen Kaiser*, daß sie es waren, die den *richtigen* Glauben bestimmen sollten, und erklärten nunmehr das Bekenntnis zum heidnischen Glauben als *Staatsverbrechen*.) Die Argumentation von Schmithals kann aber auch aus einem weiteren Grunde nicht richtig sein. Die Schuldzuweisung an die Juden ist nicht erst nach dem Jahre 70, der Entstehungszeit der Evangelien, sondern schon zu einem weitaus früheren Zeitpunkt zu verzeichnen. Die verhängnisvolle These von der Schuld der Juden am Tode Jesu geht eindeutig auf Paulus zurück, sie entstand schon ein Vierteljahrhundert vor Ausbruch des jüdisch-römischen Krieges. Paulinischer Lehre zufolge waren es die Juden (gemeint sind die Juden als Religionsgemeinschaft), die den Herrn ebenso getötet haben, wie sie zuvor ihre Propheten umgebracht haben:

> »Die haben auch den Herrn Jesus getötet und ihre eigenen Propheten und haben uns verfolgt und gefallen Gott nicht und sind allen Menschen zuwider.« (1.Thess.2.15)

Die paulinische These, daß die religiöse Autorität des »abtrünnigen Israel« die Propheten »immer« getötet und schließlich durch die Tötung des großen messianischen Propheten den Richtspruch über sich selbst herbeigeführt hat, beherrscht auch die Erzählung in den Evangelien. In bedrückender Weise wird das in dem bei allen Synoptikern angeführten *»Gleichnis von den bösen Winzern«* wiederholt.[64] Dort überläßt der Besitzer eines Weinbergs (Gott) seinen Weinberg (Israel) den Händen von Pächtern (den Juden). Der Weinbergbesitzer schickt dann von Zeit zu Zeit seine Diener (die Propheten), damit diese die Pacht einziehen. Doch die ungetreuen Pächter mißhandeln oder töten gar nacheinander alle ausgesandten Diener. Zuallerletzt sendet der Herr seinen einzigen Sohn zu den Pächtern, in der Annahme, daß diese sich an dem Sohn nicht vergreifen werden. Doch die Pächter töten auch den Sohn, weil sie meinen, auf die Weise falle der Weinberg in ihr Eigentum. Was aber wird nun der Herr des Weinbergs tun? Er wird kommen und die Weingärtner umbringen. Den Weinberg wird er anderen Pächtern geben.

Die Evangelien (nicht nur Matthäus und Johannes) lassen eine ausgeprägt judenfeindliche Gesamthaltung erkennen. Das gilt im Grunde für alle Schriften des Neuen Testaments, gerade auch für die lukanische Apostelgeschichte.

Zur Situation in der Apostelgeschichte schreibt *Bösen* (S. 360, Anm. 70):

»Allzu deutlich kommt hier das Interesse des Lukas zum Ausdruck, das auch im Evangelium zu beobachten ist: Das Fehlurteil der Juden im Vorgehen gegen Jesus zu betonen, um die Verantwortung der Römer in der Person des Pilatus zu minimieren. In dieser Zweitschrift ist ein deutlicher Antijudaismus zu beobachten.«[65]

Mit Paulus setzt dieser Prozeß ein, der sich dann in den Evangelien und in allen anderen Schriften des Neuen Testaments sowie in der Lehre der frühen Kirche fortsetzt: Jesus wird zum *»wahren Israel«*. Nur Christusgläubige sind die Kinder Abrahams, Isaaks und Jakobs, sie sind das *»Israel Gottes«*. Ihnen gehört jetzt die Hebräische Bibel, um sie als Waffe gegen die Juden des Alten Bundes zu gebrauchen. Vom Glauben abgefallen sind nicht die Christen, sondern die Juden. Die jüdischen Lehrer sind Diebe, die durch die falsche Tür (falsche Exegese) in den Schafstall kommen. Das Volk des Sinai-Bundes ist durch Gottes Zorn zur Vernichtung bestimmt. Ein kleiner Rest des Volkes allerdings, nämlich diejenigen Juden, die zum Christusglauben gekommen sind, kann gerettet werden. Deshalb (und nur insofern) hat Gott sein Volk nicht verworfen im Sinne von Röm.11.2.[66]

Der neuerdings oft gemachte Hinweis, es handele sich hier um eine innerjüdische Auseinandersetzung und schon deswegen könne von Antijudaismus keine Rede sein, überzeugt mich nicht. Es ist ein apologetisches Argument, das jetzt gern vorgebracht wird, nachdem es sich nicht mehr ziemt, eine antijudaistische Haltung zum Ausdruck zu bringen.[67] Die Kirchenväter, Kirchenlehrer und Päpste, Theologen aller Schattierungen, dachten da ganz anders. Ihnen war es eine Genugtuung, wenn sie sich in ihrem Antijudaismus auf die Schriften des Neuen Testaments berufen konnten. Und außerdem: Wenn beispielsweise Lukas schreibt, die praktizierenden Juden seien »ein Greuel vor Gott« (Lk.16.15), und wenn Paulus lehrt, die Juden des alten Bundes »gefallen Gott nicht, der Zorn ist schon über sie gekommen zum Ende hin« (1.Thess.2.16), dann müssen sich die Urheber solcher Aussprüche wohl an dem *objektiven Erklärungswert* ihrer Worte messen lassen, wie es den allgemein anerkannten Regeln des rechtlichen und gesellschaftlichen Umgangs entspricht.

Als die Evangelien entstanden, hatte sich unter den Jesus-Anhängern die hellenistische (paulinische) Richtung gegenüber der hebräischen endgültig durchgesetzt.[68] Durch den tragischen Ausgang des jüdischen Krieges hatten die *Nazaräer*, die Gründer der Jerusalemer Urgemeinde, ihren Einfluß im wesentlichen verloren.

Die Christen, egal ob Judenchristen oder Heidenchristen, hatten Partei für die siegreichen Römer ergriffen.

Der jüdische Religionswissenschaftler *Hyam Maccoby* schreibt (S. 205):

>»Eine wichtige Aufgabe der Evangelien war deshalb, den Heidenchristen in der Situation nach siebzig eine Richtung zu weisen, ihnen zu ermöglichen, zu sagen: ›Wir sind keine Juden. Jesus selbst war eigentlich kein Jude, er ist nur zufällig als solcher geboren. Jesus stand loyal zu Rom, und das tun auch wir.‹«

Heilsgeschichtlich wird die Zerstörung des Tempels als Zeichen der Verwerfung des sich nicht zu Christus bekennenden Judentums gedeutet (Mt.24.15 ff.; Lk.21.22).

Eugen Drewermann (S. 104):

>»Als im Jahre 70 nach Christus die Legionen des Titus Jerusalem in Schutt und Asche legen, sehen die frühen Christen darin offenbar die Folge der Ablehnung Jesu durch die Juden seiner Zeit.«

Die bedeutendste christliche Gemeinde außerhalb Palästinas war die *Gemeinde von Rom.* (Wie diese Gemeinde entstanden ist, vermag allerdings niemand zu sagen. Paulus jedenfalls hat sie nicht gegründet, denn Paulus ist erst in den 60er Jahren, am Ende seines Lebens, nach Rom gekommen, und zwar als Gefangener, weil er vor ein kaiserliches Gericht gestellt werden sollte.[69]) Die römischen Gemeindemitglieder waren naturgemäß besonders stark vom Sog des römischen Sieges über Israel erfaßt. Überdies hatte Paulus die Gemeinde auch angewiesen, sich *absolut kaisertreu* zu verhalten:

>»Jeder leiste den Trägern der staatlichen Gewalt den schuldigen Gehorsam. Denn es gibt keine staatliche Gewalt, die

nicht von Gott stammt; jede ist von Gott eingesetzt. Wer sich daher der staatlichen Gewalt widersetzt, stellt sich gegen die Ordnung Gottes.« (Röm.13.1 f.)

Und diesen Brief schrieb Paulus in den Staat des Kaisers *Nero*, eines *Politclowns, Bruder- und Muttermörders*, zu einer Zeit, als römische Intellektuelle sich nicht davon abhalten ließen, das *Unrechtssystem* dieses Herrschers *anzuprangern*. Nero war bald darauf wegen seiner ungeheuerlichen Verbrechen vom Senat zum Tode verurteilt worden. Der Urteilsvollstreckung entzog er sich durch Selbstmord. Sein Andenken wurde durch Senatsbeschluß aus der Kaisergeschichte getilgt (»*Damnatio memoriae*«). Reibungspunkte und Auseinandersetzungen entstanden für die junge Kirche vor allem mit den *Pharisäern* (Mt.23.29-35). *Drewermann* (er spricht von einem »*Kreuzzug« gegen die Pharisäer*) führt dazu aus (S. 109):

>»Entscheidend tritt jetzt das christologische Dogma hinzu und verschärft die Auseinandersetzung, und so macht Matthäus, erneut in Rückprojizierung der eigenen Situation, insbesondere die Pharisäer jetzt zu den Gegnern der Person und Verkündigung Jesu.«

Zeloten und Essener waren im Kriege ausgelöscht worden, der sadduzäische Adel war seines Besitzes und damit seines Einflusses beraubt, die Herodianer hatten sich selbst aufgelöst bzw. sich mit den Römern assimiliert. Die einzige geistige Richtung des Judentums, welche die Katastrophe des Jahres 70 überlebt hatte, war die der Pharisäer.

Drewermann (S. 108):

>»Jetzt, nach 70, sind es die Pharisäer, die den Grundstein zu der Gestalt legen, die für das Judentum bis heute verpflichtend ist: Mischna und Talmud sind das Werk jener großen

pharisäischen Reformbewegung, die nach dem politischen Untergang des alten Israel das ›Frühjudentum‹ geistig erneuert. Doch gerade diese Bestrebungen der jüdischen Orthodoxie widersprechen diametral dem religiösen Anliegen der frühen Christengemeinde.«

Die Pharisäer, diese gesetzestreuen und damit zwangsläufig *antirömisch* eingestellten Männer, waren es, die mit einer ihnen häufig eigenen Pedanterie der christlichen Missionstätigkeit den größten intellektuellen Widerstand entgegensetzten. Nur so wird verständlich, daß diese Gruppe in den Evangelien besonders abfällig bewertet und in eine permanente Gegnerschaft zu Jesus gestellt wird. Die Verfasser und Bearbeiter der Evangelien taten dies, ohne zu bedenken, daß ihr Mentor Paulus sich in bestimmten Situationen nachhaltig dazu bekannt hatte, selbst ein Pharisäer zu sein (Phil.3.5; Apg.23.6), und daß der hochangesehene Pharisäerführer im Synedrium, Rabbi Gamaliel, es war, dem Petrus seine Freilassung zu verdanken hatte, nachdem er ein paar Jahre nach Jesu Tod auf Anordnung des Hohenpriesters verhaftet worden war (Apg.5.34 ff.). Vor allem aber ist die Tatsache bedeutsam, daß Jesu Bruder Jakobus, der führende Kopf in der Urgemeinde, praktizierender Pharisäer war. Massiven Protest hatten die Pharisäer gegen die Verurteilung und Hinrichtung des Jesus-Bruders Jakobus in dessen Eigenschaft als Bischof von Jerusalem erhoben – ein Protest, der immerhin dazu führte, daß der die Verurteilung und Hinrichtung verantwortende Hohepriester Ananos von König Agrippa II. aus dem Amt entfernt wurde.[70] Insgesamt war es die pharisäische Richtung, die gegenüber der neuetablierten jüdischen Sekte der Christen zunächst eine betont wohlwollende Haltung eingenommen hatte, viele Pharisäer hatten sogar den neuen Glauben angenommen.

Nach dem Jahre 70, als die Kirche sich weitgehend vom pharisäischen Judentum gelöst hatte und eine romfreundliche Haltung einnahm, war die Situation verändert. Zwischen Christen (auch Judenchristen) und Pharisäern kam es zur Konfrontation. Die Pharisäer und Schriftgelehrten wurden – zwecks Entlastung der Römer – zu den *wahren Handlangern* der Mörder Jesu abgestempelt. Kein Zweifel: Die Evangelisten, allen voran Matthäus, übertrugen ihre *eigenen* Kontroversen und Aversionen gegenüber den Pharisäern in ihre Berichte. Dabei hatten sie keine Bedenken, Nutzen aus der innerjüdischen Kritik zu ziehen, wie sie vor allem in der *rabbinischen Tradition* in Form einer *Selbstkritik* zum Ausdruck kommt.

»Vorsicht vor dem Sauerteig der Pharisäer!«

lautete die Warnung der jungen Kirche.

Eugen Drewermann (S. 115, 116):

»Es (stellt) die absolute Willkür dar, den Konflikt der frühen Kirche nach dem Jahre 70 mit den Pharisäern und Rabbinen in die Zeit Jesu zu reprojizieren und die gegenwärtigen Gegensätze mit den damaligen Spannungen nicht nur zu verwechseln, sondern dreist zu vertauschen ... Wer die Pharisäer theologisch in der Weise verurteilt, wie Matthäus es tut, der setzt, ob er will oder nicht, das gesamte Judentum auf die Anklagebank.«

Ruth Kastning-Olmesdahl (S. 99):

»Mit den Pharisäern glaubte man das ganze Judentum erfaßt zu haben, Kritik an den Pharisäern soll eine Kritik am Judentum insgesamt sein.«

Die historischen Tatsachen erscheinen dadurch in einem grob verzerrten Licht. Denn im Grunde hat sich das Christentum nun doch wieder keiner anderen geistigen Richtung des Judentums so sehr angelehnt wie der religiösen Partei der Pharisäer.

Adolf Kolping schreibt über sie folgendes (S. 268):

»Persönliche Unsterblichkeit und das Gericht nach dem Tode, Auferstehung (zumindest der Gerechten), Existenz der Engel, Freiheit des Menschen und Wirken der Vorsehung sind Glaubensthesen dieser religiösen Partei. Ihre Nächstenethik schloß auch die Nichtisraeliten ein. Moralische Schuld war nur in bezug auf den göttlichen Willen denkbar, eigene Frömmigkeit hob nicht die Notwendigkeit der göttlichen Gnade auf. Im Gegensatz zu den konservativen Sadduzäern bildeten die Pharisäer theologisch die fortschrittliche Richtung. Politisch gewannen sie durch ihre Schriftgelehrten im Synedrion trotz ihrer verhältnismäßig geringen Zahl großen Einfluß. Ihr Gesetzesverständnis klebte nicht so am Buchstaben wie das der Sadduzäer ... Ab 70 n. Chr. stand das neugebildete Synedrion ganz unter pharisäischer Leitung. Wir dürfen die Pharisäer nicht bloß nach dem Modell des heuchlerischen Pharisäers im Evangelium oder überhaupt nach der negativen Schilderung des Neuen Testaments betrachten.«

Schalom Ben-Chorin (Bruder Jesus, S. 21 f.) macht geltend, daß sieben Sorten von Pharisäern unterschieden werden. Sechs davon sind schlechte Pharisäer. Nur der siebente, der »*Liebespharisäer*«, der Gott aus Liebe gehorcht, ist der *wahre Pharisäer*.

In einem weiteren Sinne dürfte Jesus selbst – was für manchen schockierend klingen mag – der Gruppe der Pharisäer (in der Gestalt eines echten »Liebespharisäers«) zuzurechnen sein. Das mag, mit Blickrichtung auf Jakobus, sogar in der Familie liegen.

Wie ein besonders gebildeter Pharisäer, das sind die sogenannten »Schriftgelehrten«[71], läßt Jesus sich mit dem Ehrentitel »Rabbi« (*Küng*, S. 171: »So etwas wie ›Herr Doktor‹«) anreden. Rabbi ist ein ausschließlich pharisäischer Würdename. Auch lehrte Jesus vorwiegend in Gleichnissen, der typischen Lehrform der Rabbinen. In der die Menschen am meisten bewegenden Glaubensfrage, nämlich der Frage, was nach dem Tode sei, glaubte Jesus ebenso wie die Pharisäer an die endzeitliche Auferstehung der Toten. Apodiktisch erklärten die Rabbinen:»Wer die Auferstehung der Toten leugnet, hat keinen Anteil an der kommenden Welt.«[72] Auch die israelitisch-patriotische Gesinnung, die in Jesu Worten und Taten zum Ausdruck kommt, entspricht der Gesinnung der Pharisäer – im Gegensatz zu der der sadduzäischen Priesterkaste oder der Landesfürsten und deren Anhang (Partei der Herodianer), die eine große Bereitschaft zeigten, mit der römischen Besatzungsmacht zu kollaborieren. Die Pharisäer waren die eigentlichen Gesprächspartner Jesu, an denen er sein eigenes Handeln ausrichtete. Ihre Gesellschaft hat er in erster Linie gesucht.

Küng (Christ sein, S. 194):

»Man darf nicht vergessen: Der von Jesus als Exempel herangezogene Pharisäer heuchelte nicht. Er war ein ehrlicher, frommer Mann und sprach die reine Wahrheit. Er hat alles getan, was er sagte. Die Pharisäer waren von vorbildlicher Moral und genossen entsprechendes Ansehen bei denen, die es damit nicht so weit brachten.«

Auch zum Essen kehrte Jesus gern bei den Pharisäern ein (Lk.7.36), und Pharisäer waren es, die Jesus rechtzeitig warnten (Lk.13.31), als Herodes Antipas ihm nachstellte. Ebenso warnten sie ihn vor den Ohren der römischen Besatzungsmacht, als die Jünger beim Einzug in Jerusalem in allzu laute Jubelrufe verfielen (Lk.19.39).
Zur Zeit Jesu gab es etwa fünftausend Pharisäer. Sie selbst nannten ihre Partei»Genossenschaft« und redeten sich untereinander mit»Genosse« an.[73] Weil Jesus den Pharisäern am nächsten stand, ist es natürlich, daß er mit diesen auch am meisten diskutiert hat. Es dürfte auch oft zu heftigen Streitgesprächen gekommen sein, zumal mit solchen Pharisäern, die nach Jesu Auffassung sich (ähn-

lich wie die Sadduzäer) doch noch allzusehr am Buchstaben des Gesetzes orientierten und nicht nach dem tieferen Sinn einer Bestimmung fragten. Wahrscheinlich hat Jesus auch persönliche Feinde unter ihnen gehabt, die ihn lieber tot als lebendig gesehen hätten. Manche seiner Auffassungen – z. B. über die Sabbatobservanz und über die Reinheitsvorschriften – mochten für einen orthodoxen Pharisäer eine echte Herausforderung sein. Undenkbar aber ist es, daß Jesus die Pharisäer pauschal mit Ausdrücken wie »Heuchler«, welche die »Verdammnis empfangen« (Mt.23.14), oder »Otterngezücht« (Mt.12.34) beschimpft hat. Streitgespräche sind im übrigen für die innerjüdische Auseinandersetzung durchaus typisch und haben bei weitem nicht den Grad einer persönlichen Feindschaft, wie er in den Berichten der Evangelien zum Ausdruck gebracht wird.

»Für das Verständnis Jesu und des Neuen Testaments ist es sehr entscheidend, die Streitgespräche Jesu mit Pharisäern nicht als prinzipiellen Antipharisäismus zu deuten, sondern als seit alttestamentlicher Zeit gängige und gewohnte innerjüdische Auseinandersetzungen, deren Schärfe angesichts der wichtigen Materie der anbrechenden Herrschaft Gottes nur zu verständlich war.«[74]

Allzu vordergründig *politisch motiviert* ist das Anliegen der Evangelisten, einen Antagonismus zwischen den Pharisäern und Jesus zu konstruieren. Denn ab dem Jahre 70 herrschte *verstärkt* das Bestreben vor, Jesus so weit und nachhaltig wie möglich *aus dem Judentum zu verdrängen* und ihn in der Welt *des romfreundlichen Heidenchristentums* anzusiedeln. So gesehen ist das im ganzen Neuen Testament deutlich zutage tretende Bestreben, die Schuld der Römer am gewaltsamen Tode Jesu abzuschwächen (genauer gesagt: Jesus als einen Mann darzustellen, von dem niemals eine Gefahr für Rom ausging), auch eine wichtige Voraussetzung für eine möglichst erfolgreiche Verkündigung des Evangeliums im römischen Kaiserreich gewesen.[75]

Im – apokryphen – Petrus-Evangelium wird der römische Prokurator so sehr entlastet, daß nicht er es ist, der Jesus zum Kreuzigungstod verurteilt, sondern der jüdische Tetrarch Herodes Antipas. Die Exekution besorgt das jüdische Volk, wohingegen Pilatus
die Gottessohnschaft Jesus bekennt:

> »Sie (das Volk der Juden) aber nahmen den Herrn und
> stießen ihn eilends und sprachen: Lasset uns den Sohn Got-
> tes schleifen, da wir Gewalt über ihn bekommen haben. Und
> sie legten ihm ein Purpurgewand um und setzten ihn auf den
> Richterstuhl und sprachen: Richte gerecht, oh König Israels!
> Und einer von ihnen brachte einen Dornenkranz und setzte
> ihn auf das Haupt des Herrn. Und andere, die dabei standen,
> spien ihm ins Angesicht, und andere schlugen ihm auf die
> Wangen, andere stießen ihn mit einem Rohr, und etliche
> geißelten ihn und sprachen: Mit solcher Ehre wollen wir den
> Sohn Gottes ehren ... Und sie wurden zornig über ihn und
> befahlen, daß ihm die Schenkel nicht gebrochen würden,
> damit er unter Qualen sterbe ... Pilatus sprach: Ich bin rein
> am Blute des Sohnes Gottes, ihr habt solches beschlossen.«
> (Fragmentverse 6-9, 14.46)

Das Petrus-Evangelium entspricht nicht nur dem Zeitgeist der
sich etablierenden Kirche, sondern auch der sich anschließenden
und späteren kirchlichen Lehre, wie die folgenden beiden Zitate
belegen.[76]

Origenes:

> »Die Juden haben Jesus ans Kreuz genagelt.«

Thomas von Aquin:

> »Die Juden sündigten als Kreuziger nicht nur des Menschen
> Jesus, sondern auch des Gottes Christus.«

In den kanonischen Evangelien ist die politisch-apologetische Tendenz am ausgeprägtesten bei Lukas. Dieser stellt die Dinge so hin, als habe Pilatus nicht ein Todesurteil gefällt, sondern Jesus »dem Willen der Juden übergeben«, die ihn dann ihrerseits ans Kreuz brachten:

> »… aber Jesum übergab er *ihrem* Willen. Und als *sie* ihn hinführten …« (Lk.23.25-26)

Lukas (bzw. sein redaktioneller Bearbeiter) legt sogar Petrus Worte in den Mund, die diesem schier den Atem hätten verschlagen müssen, wenn er sie zu lesen bekommen hätte. Kurz nach dem Geschehen von Golgatha soll er gesagt haben:

> »Mit Gewißheit erkenne also das ganze Haus Isreal: Gott hat ihn zum Herrn und Messias gemacht, diesen Jesus, den *ihr* gekreuzigt habt …« (Apg.2.36)

Johannes zufolge haben die Juden explizit darauf bestanden, daß Jesus nicht als *politischer Dissident*, sondern als *Gotteslästerer* gekreuzigt wird (Joh.19.7), wobei die Exekution durch »die Juden« erfolgt:

> »Da lieferte er *ihnen* Jesus aus, damit er gekreuzigt würde. *Sie* übernahmen Jesus.« (Joh.19.16)

Die römische Besatzungsmacht tritt in der Berichterstattung der Evangelien ganz in den Hintergrund. Sie wird nur an wenigen Stellen – und auch da immer nur indirekt – erwähnt.[77] Dies, obwohl die Römer von der Bevölkerung als eine drückende Last und permanente Provokation empfunden wurden. (Ich erinnere mich noch an eine Bemerkung aus einem in den sechziger Jahren gehaltenen Vortrag von Fritz Bauer, des inzwischen verstorbenen hochangesehenen hessischen Generalstaatsanwalts, über den Prozeß Jesu: »Die Juden wollten die Römer loswerden, nicht aber ihre

Sünden!«) *Negativ* werden nur die römischen Legionäre geschildert. Sie sind es, die nach Soldateska-Manier Jesus verspottet und ein böses und grausames Spiel mit ihm getrieben haben. Vom Hauptmann aufwärts hingegen kommen die Besatzer durchweg gut davon.

Zwar gehen die kanonischen Evangelisten nicht ganz so weit wie der apokryphe Petrus-Evangelist, der sogar *Pilatus* das *Bekenntnis der Gottessohnschaft* Jesu ablegen läßt; Markus (15.39) legt es aber einem *römischen Hauptmann* in den Mund, als sei dieser gewissermaßen das *älteste Mitglied* der sich nach Jesu Tod formierenden christlichen Gemeinde. Anders ausgedrückt: Jesu Henker erscheint als der *erste Christ*.

Ernst Haenchen (S. 537):

»Es ist die christliche Gemeinde, die den Centurio so sprechen läßt, die ihm ihr eigenes Bekenntnis in den Mund legt ... Da niemand von den Seinen anwesend war, um in Jesu Todesstunde sich glaubend zu ihm zu bekennen, hat die Gemeinde dies Bekenntnis durch den römischen Hauptmann aussprechen lassen: Rom selbst hat in diesem die Gottessohnschaft des Hingerichteten anerkannt.«

Es war besser, Jesus nicht als einen Mann erscheinen zu lassen, der den typischen *Rebellentod* gestorben war. Sogar ein Autor wie Blinzler, der sonst nicht müde wird, alle Verantwortung den Juden zuzuschreiben, ist hier bereit zu konzedieren (S. 427):

»(Es) war nicht geraten, den Stifter des Christentums allzu deutlich als einen durch ein römisches Tribunal rechtskräftig Verurteilten und Hingerichteten darzustellen.«

Klaus Haas, Vorsitzender Richter am Verwaltungsgerichtshof in Mannheim, hat es auf seine Weise kommentiert (S. 234):

»Ein ›im römischen Strafregister eingetragener‹ Majestätsverbrecher wäre als Religionsstifter für die römische Obrigkeit nicht akzeptabel gewesen.«

Daher werden in den Schriften des Neuen Testaments nicht die Römer, sondern die Juden als die eigentlichen Gegner Jesu dargestellt.

Der Freiburger katholische Neutestamentler und Exeget *Peter Fiedler*, dessen Name im jüdisch-christlich Dialog in oberster Reihe steht, schreibt (S. 12 f.):

»Machen wir uns dazu einmal die Belastung klar, die für die urchristlichen Missionare im Römerreich bestand! Der als Herr und Heiland verkündete Stifter der neuen Religionsgemeinschaft war vom offiziellen Vertreter der Staatsallmacht wegen Aufruhrs mit der dafür üblichen Schandstrafe hingerichtet worden. Nichts konnte eine solche Belastung eher mindern als die Behauptung, die zuständige Amtsperson habe Jesu Unschuld erkannt und festgestellt und sei bei der Verurteilung vor jüdischem Druck zurückgewichen.«

Die Hinwendung zum christlichen Glauben durfte nicht als die Parteinahme für einen Aufrührer angesehen werden. Daher stellte man das Geschehen so dar, als sei Jesus in erster Linie von den Juden selbst aus religiösem Anlaß für schuldig befunden und zum Tode verurteilt worden.

Ulrich Luz (S. 139 f.):

»Israel, das nach den zelotischen Aufständen ohnehin verachtete, ausgestoßene, wurde zum Sündenbock, der herhalten mußte, damit die sich abzeichnenden Konflikte der Christen mit der römischen Staatsgewalt gemildert werden konnten.«

Man war bemüht, die Autoritäten des römischen Reiches davon zu überzeugen, daß das Reich von dem Urheber der sich nun neu etablierenden Religion niemals etwas zu befürchten hatte. Dieser Auffassung sei auch schon Pilatus gewesen; daher habe er das Todesurteil erst nach langem Zögern und nur unter dem Druck der Juden gefällt. Nur durch eine solche *Umkehrung der Schuldfrage*, die man in die Prozeßberichterstattung hineindichtete, konnte man sich eine gewisse Toleranz seitens der römischen Behörden erhoffen. Die aber war wichtig für das *Überleben der jungen Kirche*.

Pinchas Lapide:[78]

»Es war eine Lebensfrage für die Evangelisten, mit allen Mitteln der Stilistik und Redaktionskunst die Verantwortung der Römer für den Tod ihres Heilands auf ein Minimum zu reduzieren, nur um die Schuld der ohnehin schon als Rebellen verpönten Juden so schwer wie möglich erscheinen zu lassen.«

Interessant, daß demgegenüber die römische Berichterstattung nicht das geringste Interesse hat, die eigene Verantwortung in Abrede zu stellen – man ist sich einer »*Verantwortung*« in des Wortes eigentlichem Sinne sowieso nicht bewußt; dazu war der Fall aus römischer Sicht zu unbedeutend. Für die römische Gesellschaft des 1. Jahrhunderts war das Christentum nur ein verachtungswürdiger orientalischer Aberglaube, so wie die Römer für Orientalen insgesamt eine gewisse Verachtung empfanden, soweit sie sich nicht der griechisch-römischen Kultur angepaßt hatten. Tacitus (Annales XV.44) hatte nur kurz von dem *Christus*, von dem die »Christiani« ihren Namen ableiten, berichtet. Für ihn war der Gründer dieser Sekte schlicht ein *hingerichteter Krimineller*, wie auch immer der Hingerichtete (den Namen Jesus von Nazareth kennt Tacitus nicht) geheißen haben mag.
Während Tacitus angibt, jener Mann sei »per« (durch) Pontius

Pilatus hingerichtet worden, heißt es dann im apostolischen Glaubensbekenntnis, Jesus sei »sub« (unter) Pontius Pilatus hingerichtet worden. Es war inzwischen als anstößig empfunden worden, die Römer für die Kreuzigung verantwortlich zu machen.

Bedenkt man alle diese Umstände – einerseits politisch motiviertes Herunterspielen der Verantwortung der Römer am Tode Jesu im Neuen Testament und statt dessen Schuldzuweisung an die Juden, andererseits Genugtuung in der römischen Berichterstattung über die Hinrichtung des christlichen Sektengründers durch Pontius Pilatus –, dann liegt es so gut wie auf der Hand, daß es ausschließlich die Römer gewesen sind, die den »Fall Jesus von Nazareth« von der Verhaftung bis zur Vollstreckung des Todesurteils in eigener Regie geführt haben.

Eine von besonders feinsinniger Ironie getragene Reaktion auf die tendenziöse Berichterstattung in den Evangelien erfolgte im Juli 1972, als beim Obersten Gerichtshof Israels ein von christlichen Theologen gestellter – zweiter – Antrag auf Annullierung des Urteils gegen Jesus von Nazareth einging. (Der erste Antrag war 1948, unmittelbar nach der Staatsgründung Israels, gestellt worden.) Mit höflicher Begründung bedauerte der Gerichtspräsident, dem Antrage allein schon wegen fehlender Zuständigkeit nicht stattgeben zu können. Er verwies die Antragsteller an ein italienisches Gericht.[79]

9. Kapitel
Angeblicher Prozeß vor dem Synedrium

Der geschilderte Prozeß vor dem Synedrium bildet das Kerngeschehen der Passionsgeschichte in den synoptischen Evangelien. Dieser Prozeß ist es, der dem späteren Bruch zwischen Christen und Juden zugrunde liegt und eine tragische Entwicklung eingeleitet hat, die den christlich-jüdischen Dialog bis auf den heutigen Tag belastet.[1] Engagierte Theologen beider Konfessionen wie *Hans Küng, Adolf Kolping, Eugen Drewermann, Traugott Holtz* oder *Günther Bornkamm* haben die Historizität eines Prozesses vor dem Synedrium in Zweifel gezogen.[2]

Kolping (S. 653):

»Es dürften jene Forscher im Recht sein, die eine gerichtsmäßige Synedralverhandlung überhaupt für ungeschichtlich halten.«

Drewermann (S. 103):

»Es gibt auch sonst gute Gründe, daran zu zweifeln, ob es ein Verhör zwischen dem Hohenpriester und Jesus überhaupt gegeben hat.«

Auch *Martin Dibelius*, immerhin ein Hardliner in puncto Schuldvorwurf gegen die Juden, hält den Prozeß schlicht für eine »*Legende*«. Als geschichtlich gesichert im Passionsbericht sieht Dibelius nur folgendes an: die Datierung nach Mk.14.2, die Tatsache des letzten Mahles, die nächtliche Verhaftung mit Hilfe des Judas, die Verurteilung durch Pilatus zum Kreuzestod, die Kreuzigung.[3] Dieser kritischen Haltung einer Minderheit katholischer und evangelischer Theologen steht freilich, was nicht verwundert, immer noch eine verbreitete theologische Auffassung gegenüber, derzufolge Jesus in einer Gerichtsverhandlung vor dem Synedrium, nachdem er sich dort als Messias und Gottessohn bekannt habe, wegen *Gotteslästerung* für schuldig befunden und zum Tode verurteilt wurde. So hat ja auch die Christenheit die Umstände, die zu Jesu Tod geführt haben, fast über zwei Jahrtausende hinweg dargestellt. Das ist auch das Kernstück der musikalisch so wunderbaren Matthäus-Passion von Johann Sebastian Bach. Und es ist das Kernstück der (weniger wunderbaren) Oberammergauer Festspiele.

Allerdings nicht unerwähnt bleiben darf ein Meinungsprozeß, zu dem es in der Diskussion der letzten beiden Jahrzehnte gekommen ist: Die Verfechter der Auffassung, Jesus sei in einem ordnungsgemäß durchgeführten Gerichtsverfahren vor dem Synedrium zum Tode verurteilt worden (z. B. Blinzler und Strobel gehören zu diesen Verfechtern), haben sicherlich an Boden verloren. An ihre Stelle getreten sind Theologen wie z. B. Gnilka oder Pesch, die ein ordnungsgemäß durchgeführtes Gerichtsverfahren mit anschließendem Todesurteil verneinen. Sie meinen, das, was da in den Evangelien beschrieben wird, bedürfe einer gewissen Uminterpretierung, Markus und Matthäus hätten sich etwas mißverständlich ausgedrückt. In Wirklichkeit sei das, was sich vor dem Synedrium abgespielt hatte, kein reguläres Gerichtsverfahren gewesen, sondern »eine Art Voruntersuchung«, ein »kurzes Verhör«.

Gnilka (S. 298):

»Anliegen dieses Verhörs ist es, todeswürdige Anklagepunkte zu sammeln.«

Abgesehen davon nun, daß eine solche Interpretation des jüdischen Prozeßablaufs der klaren und eindeutigen Schilderung von Markus und Matthäus zuwiderläuft, wonach Jesus, weil er sich als Messias und Sohn Gottes bezeichnet habe, durch ein gegen ihn ergangenes Urteil des Synedriums zum Tode verurteilt worden ist, sind es ja auch nur Akzente und Nuancen, die mit der »*Voruntersuchungstheorie*« verschoben werden. Was bleibt, ist das zähe Festhalten an der These, daß die eigentliche Verantwortung an der Hinrichtung Jesu nicht die römische, sondern die jüdische Seite trägt.

Es überrascht, daß auch *Bösen* auf diese Linie einschwenkt und ganz unverhüllt einräumt (S. 177):

>»Soll der Prozeß gelingen, will er im Vorfeld sorgfältig vorbereitet sein, d. h. er muß vor allem in der Anklage und ihrer Begründung stimmen. Welch ein Skandal, wenn der Prokurator den Angeklagten am Ende freiließe, weil man die Anklage nicht auf den Punkt zu bringen verstand.«

Jedenfalls: Zweifel an der These, daß Jesus wegen seiner Konflikte mit dem Judentum zu Tode kam, sind nach wie vor weitgehend unerwünscht.

Ruth Kastning-Olmesdahl, die enge Mitarbeiterin von Heinz Kremers im christlich-jüdischen Dialog, beklagt die betonköpfige Haltung mit treffenden Worten (S. 91):

>»Für viele Christen gibt es weiterhin keinen Zweifel daran, daß ›die Juden‹ den Tod Jesu gewollt und herbeigeführt haben, weil sie ihn nicht als den Messias, ihren Herrn, anerkennen wollten. Oft genug scheint es für das christliche Selbstverständnis geradezu konstitutiv zu sein, daß man sich von den Juden als den Richtern und ›Mördern‹ Jesu abgrenzen kann. Darum wehrt man sich gegen alle Versuche, eine juristische Schuld der Juden in Frage zu stellen.«

Für die überwiegende Zahl der Theologen beider Konfessionen, Bischöfe und Kardinäle, ja des Kirchenvolks insgesamt, bleibt es – jedenfalls vorerst noch – dabei: Die eigentlichen Handlanger waren die Juden, zumindest aber die Führer ihres Volkes.

Gericht und Vorsitzender Richter

Das Synedrium bestand aus dem Hohenpriester als Vorsitzendem und siebzig Ratsherren. (Einem Theologen wie Blinzler ist der Ausdruck »Ratsherr« zu wohlklingend; er wählt statt dessen die abwertende Bezeichnung »Synedrist«. Ausnahmen macht er nur bei Joseph von Arimathia und Nikodemus. Diese beiden Mitglieder des Synedriums bezeichnet er respektvoll als »Ratsherren«.) Beschlußfähig – auch zur Fällung eines Todesurteils – war das Synedrium aber schon dann, wenn auf die Einladung des Hohenpriesters hin wenigstens 23 Richter anwesend waren.[4] Wie viele Richter am Todesbeschluß gegen Jesus mitgewirkt haben sollen, wird in den Evangelien nicht erwähnt. Ungesetzlich allerdings würde der Hohepriester handeln, wenn er nur solche Richter zusammenriefe, von denen er annimmt, daß sie in seinem Sinne entscheiden. Als 62 n. Chr. der Hohepriester Ananos so verfuhr (zum Tode verurteilt und hingerichtet wurde damals Jesu Bruder Jakobus), kam es zum regelrechten Justizskandal, in dessen Verlauf auf den massiven Protest der Pharisäer hin der Hohepriester sein Amt verlor und an seiner Stelle ein Mann namens *Jesus, des Damnäus Sohn,* zum Hohenpriester ernannt wurde. Flavius Josephus berichtet darüber (Jüdische Altertümer, XX.9.1.).[5]

Im Synedrium vertreten waren die Angehörigen der Jerusalemer Oberschicht (Priester und nichtpriesterliche Mitglieder einflußreicher Familien, die sogenannten Ältesten), welche die Partei der Sadduzäer bildeten. (*Kolping,* S. 269, über die Sadduzäer: »... mehr ein aristokratischer, religionspolitischer Standesverband als eine Partei.«) Außerdem gehörten dem Synedrium Pharisäer an; zur Zeit Jesu bildeten diese nach der Auffassung von *Speidel* (S. 34) sogar die stärkste Fraktion. Im Evangelienbericht werden neben den »Hohenpriestern« und »Ältesten« die »*Schriftgelehrten*« eingeführt (Mk.8.31; 11.18; 14.43, 53; 15.1.). Während die Schriftgelehrten sonst immer in eine enge Verbindung zu den Pharisäern gebracht werden (vgl. z. B. Mt.23), werden sie in der Passionsgeschichte an die Seite der Sadduzäer gestellt. *Flusser* (Selbstzeugnisse, S. 120) schließt daraus – mit Verweis auf Flavius Josephus –, daß mit den »Schriftgelehrten« hier *die Sekretäre des Tempels* gemeint seien, also nicht, wie sonst bei der Bezeichnung üblich, die pharisäischen Rabbis. *Kolping* (S. 270) scheint die »Schriftgelehrten« als eine eigenständige dritte Fraktion im Synedrium anzusehen, ordnet sie andererseits aber doch als »meist der Partei der Pharisäer« zugehörig ein.

Ernannt wurden die Mitglieder des Synedriums vom Hohenpriester, dem seinerseits das Amt (seine Amtsbezeichnung lautete – verwirrenderweise – »Messias«) vom römischen Prokurator verliehen wurde, ein Umstand, der ihn naturgemäß zur Loyalität gegenüber Rom verpflichtete.

Bösen (159):

> »Als geistliches Oberhaupt vertritt der Hohepriester das jüdische Volk in seiner Gesamtheit (um die Zeitenwende etwa 6–7 Millionen Juden in aller Welt) vor *Gott,* als Vorsitzender des Jerusalemer Synedriums repräsentiert er die Judenschaft Judäas, Idumäas und Samarias vor *dem Prokurator* und in ihm vor der *römischen Staatsmacht.* Diese Doppelfunktion erfordert zweifellos sehr viel Diplomatie und Fingerspitzengefühl.«

Dem Hohenpriester wiederum hat ein Stab von Beratern, eine Art »ständiger Ministerrat«, aufgeteilt in verschiedene Ressorts, zur Seite gestanden.[6] Josephus Flavius (Jüdische Altertümer XVII.9.3) spricht von den »zehn Ersten« oder (Jüdischer Krieg II.1.3; 20.7) von den »Archonten«. Die Ressorts Justiz, Kultus, Verteidigung

(Tempelwache) und Finanzen dürften dabei von besonderer Wichtigkeit gewesen sein.

In der Makkabäerzeit war der Hohepriester identisch mit dem Oberhaupt der jüdischen Königsdynastie (1.Makk.16.23-24). Der jüdische Vasallenkönig Herodes der Große ernannte und entließ den Hohenpriester nach Belieben. Zur Zeit Jesu wurde das Amt ausschließlich von den Römern verliehen. Es war eigentlich als ein Amt auf Lebenszeit gedacht. Die Römer haben »ihren« Hohenpriester aber häufig aus dem Amt entfernt und durch einen anderen ersetzt.

Historisch belegt ist, daß in der hier zur Erörterung stehenden Zeit ein gewisser *Joseph*, der den Beinamen *Kaiphas* hatte, Hoherpriester und damit Gerichtsvorsitzender des Synedriums war. Der Beiname Kaiphas ist offenbar ein Ehrenname gewesen. Er leitet sich, ebenso wie Kephas, von dem aramäischen Wort »kepha« (Fels) ab. Kaiphas, Schwiegersohn des im Jahre 15 abgesetzten Hohenpriesters *Hannas*, war im Jahre 16 oder 18 vom Prokurator *Valerius Gratus* eingesetzt worden; im Jahre 36 wurde er von *Vitellius*, dem Gouverneur von Syrien, seines Amtes enthoben, im selben Jahr, in dem Vitellius auch den Prokurator *Pilatus* absetzte. Der Schwiegervater *Hannas* war im Jahre 6 vom Prokurator *Coponius* zum Hohenpriester ernannt worden. Er hat dann eine regelrecht hochpriesterliche Familiendynastie aufgebaut. Auch nach seiner Absetzung behielt er als »Graue Eminenz« einen bedeutenden politischen Einfluß, er führte weiterhin die Amtsbezeichnung »Hoherpriester«. Man wird annehmen dürfen, daß sein Schwiegersohn Kaiphas ihm ergeben war. Kaiphas hatte die Nachfolge des Hannas-Sohnes *Eleazar* angetreten, der seinerseits nur maximal drei Jahre als Hoherpriester im Amt war. Nach der Absetzung von Kaiphas im Jahr 36 übernahm der Hannas-Sohn *Jonathan* das Amt des Hohenpriesters, gefolgt von seinem Bruder *Mathias*, der im Jahre 41/42 eingesetzt wurde. Wie lange Mathias im Amt war, weiß man nicht. Fest steht aber, daß im Jahre 62 ein anderer Hannas-Sohn (er hieß ebenfalls Hannas) das Hohepriesteramt innehatte. Dieser ist jener *Ananos*, der Jesu Bruder Jakobus in einem illegalen Verfahren zum Tode verurteilte und deswegen sein Amt verlor. Im Jüdischen Krieg (66–70) wurde Ananos dann von zelotischen Aufständischen umgebracht. Es gab jeweils nur einen einzigen amtierenden Hohenpriester (Großpriester). Wenn in den Evangelien häufig von »den Hohenpriestern« die Rede ist, so ist dies mißverständlich: Gemeint sind Kaiphas und sein priesterlicher Clan. Die ungewöhnlich lange Amtsdauer von Kaiphas – die meisten Hohenpriester (außer Hannas) waren nur *ein* Jahr, maximal *sechs* Jahre im Amt – spricht dafür, daß er ein geschickter Politiker war, der es in erster Linie verstand, zur römischen Besatzungsmacht ein erträgliches Verhältnis zu finden. Einen Justizskandal – etwa vergleichbar dem, den drei Jahrzehnte später sein Schwager Ananos ausgelöst hat – hat es unter Kaiphas jedenfalls nicht gegeben. Dieser Hohepriester ist kein unredlicher Richter gewesen, wenngleich die jüdische Chronik sich über ihn insgesamt nicht besonders freundlich äußert, was auf seine römerfreundliche Politik zurückzuführen sein dürfte.[7] Begangene *Grausamkeiten* jedenfalls werden ihm, ganz im Gegensatz zu Pilatus, nicht nachgesagt.

Das Synedrium war nicht nur *Oberster Gerichtshof* der Juden, sondern zugleich geistliche und weltliche *Spitzenbehörde*. Die Strafverfahren waren reine *Inquisitionsverfahren*, jedoch dergestalt, daß das Gericht jedes nur irgend denkbare Argument *zugunsten des Angeklagten* ausfindig machen mußte. Einen Rechtsmittelweg gab es nicht. Das Urteil wurde »*im Namen Gottes*« erkündet:

»Und sprach zu den Richtern: Sehet zu, was ihr tut; denn nicht im Auftrag von Menschen haltet ihr Gericht, sondern im Auftrag des Herrn; und er ist mit euch im Gericht. Laßt euch also von der Furcht vor dem Herrn leiten und handelt gewissenhaft; denn beim Herrn, unserem Gott, gibt es keine Ungerechtigkeit, kein Ansehen der Person, keine Bestechlichkeit.« (2.Chron.19.6-7)

Das Berufsethos, mit dem die Richter des Synedriums ausgestattet waren, steht somit dem eines Richters von heute und hierzulande sicherlich in nichts nach.

Ungereimtes im Prozeßablauf

Der Bericht in den Evangelien über den gegen Jesus von Nazareth durchgeführten Prozeß vor dem Synedrium ist nichts anderes als ein *Glaubenszeugnis der späteren christlichen Gemeinde*.[8] Es ist methodisch absolut verfehlt, diesen Bericht wie ein Gerichtsprotokoll zu lesen und auszuwerten.

– Einwände gegen die Historizität des Prozeßberichts ergeben sich bei Mk.14.55-65 (entsprechend Mt.26.59-68) schon aus dem redaktionellen Aufbau der Schilderung: Der Bericht über den Prozeßverlauf ist anscheinend ein späterer Einschub in die Verleugnungsgeschichte des Petrus. Die Verleugnungsgeschichte beginnt mit Mk.14.54 (Mt.26.58), wird schon einen Vers später unterbrochen vom Bericht über den Prozeßverlauf, um sodann mit Mk.14.66 (Mt.26.69) in glattem Anschluß weitergeführt zu werden.

– Auffallend ist, daß die Pharisäer, die (speziell von den Synoptikern) als Hauptgegner Jesu geschildert werden, im Prozeßbericht plötzlich nicht mehr auftauchen.

– Nur im Johannes-Evangelium werden die Pharisäer gelegentlich noch innerhalb des Passionsgeschehens erwähnt, aber auch da nicht mehr pointiert als Gegner Jesu und Befürworter seines Todesurteils, sondern entweder als Statisten (Joh.18.3) oder als Leute, die unschlüssig sind, wie sie »das Problem Jesus« handhaben sollen (Joh.11.47). Es wäre unbegreiflich, daß die Pharisäer, die Sitz, Stimme und Macht im Synedrium hatten, ausgerechnet bei dem – das Geschehen entscheidenden – gerichtlichen Todesurteil unerwähnt geblieben wären, wenn es ein solches Todesurteil durch ein jüdisches Gericht gegeben hätte.

– Ferner: Nirgendwo außerhalb der Evangelien wird von einem Prozeß gegen Jesus von Nazareth berichtet, einem Prozeß, der allein schon wegen seines Charakters als *Doppelprozeß* vor dem jüdischen Synedrium und dem römischen Statthaltergericht beträchtliches Aufsehen hätte erregen müssen. Ein solcher Prozeß wäre als *absoluter Sonderfall* in die Geschichtschronik eingegangen. Flavius Josephus, der so gut wie über jede nennenswerte Begebenheit berichtet, die sich im ersten Jahrhundert unserer Zeitrechnung bis zum Ausbruch des Jüdischen Krieges in Jerusalem ereignet hat, hätte mit Sicherheit jenen sensationellen Doppelprozeß um das Jahr 30 erwähnt, sofern es einen solchen gegeben hätte. Obendrein hätte ihn dieser Prozeß auch persönlich interessiert: Flavius Josephus entstammt einer angesehenen Jerusalemer Familie. Er selbst war zunächst Pharisäer geworden, und sein Vater war in den Jahren, in die die Verurteilung Jesu fallen müßte, amtierender Priester, was vermuten läßt, daß er sogar Mitglied des Synedriums war und somit am Todesbeschluß gegen Jesus mitgewirkt hätte.

– Es kommt der bedeutsame Umstand hinzu, daß ein vom jüdischen Hohen Rat ausgesprochenes Todesurteil ohnehin eine relative Seltenheit war: Das Synedrium war nämlich für seine *große Milde* bekannt. Dies ist durch zahlreiche Sprüche der Rabbinen belegt. »Ein Sanhedrin, der einen Menschen in sieben Jahren zum Tode verurteilt, wird blutrünstig genannt. R. Eleazar, der Sohn des Azarias, sagte: ›Einer alle siebzig Jahre.‹ R. Akiba und R. Tarfon sagten: ›Wenn wir Mitglieder des Sanhedrins gewesen wären, wäre niemals jemand hingerichtet worden.‹«[9]

– Ferner: Die Evangelisten selbst berichten in einer Weise, die Zweifel aufkommen läßt. Die älteste Überlieferung (Markus) bringt nur den Namen Pilatus, nicht aber den Namen Kaiphas mit der Leidensgeschichte in Zusammenhang. Er spricht nur vom »Hohenpriester«. Davon, daß dieser Kaiphas geheißen hat, hat Markus also offenbar nichts gewußt. Ähnlich verhält es sich bei Lukas: Der Name Kaiphas wird zwar erwähnt, aber außerhalb des eigentlichen Prozeßgeschehens. Der Apostelgeschichte zufolge ist nicht Kaiphas, sondern Hannas amtierender Hoherpriester, und zwar sogar noch bei dem zeitlich einige Jahre nach Jesu Tod stattfindenden Verhör gegen Petrus (Apg.4.6). Und der vierte Evangelist, Johannes, schließt einen Prozeß vor dem Synedrium sogar völlig aus.

– Schließlich: In unmittelbarem Zusammenhang und notwendigerweise damit verknüpft steht die von der Mehrzahl der Theologen vertretene (allerdings unrichtige) These, das Synedrium habe zwar Kapitalprozesse durchführen, Todesurteile aber nicht vollstrecken dürfen, weil die sogenannte Blutgerichtsbarkeit ausschließlich bei den Römern lag.[10] Folgt man dieser These, so wäre es absolut lebensfremd (im Grunde wäre es sogar juristischer Nonsens), wenn das Synedrium einen umständlichen Prozeß durchführt, der mit einem Todesurteil endet, obwohl von vornherein zum einen feststeht, daß aus diesem Prozeß keine Konsequenzen gezogen werden können, insbesondere das Urteil nicht vollstreckt werden kann, und zum anderen davon ausgegangen werden muß, daß das römische Tribunal nicht etwa auf Tatsachen zurückgreifen kann, die im Synedralverfahren festgestellt worden waren, sondern – unter ganz anderen Aspekten – völlig neu verhandeln muß. Und derselbe Un-Sinn ergäbe sich dann, wenn man der unter Theologen langsam herrschend werdenden These folgen würde, daß vor dem Synedrium zwar kein reguläres Gerichtsverfahren mit anschließendem Todesurteil durchgeführt worden wäre, sondern lediglich eine Voruntersuchung, »um Anklagepunkte zu sammeln«. Die Anklagepunkte, die da gesammelt worden wären, hätten für den anschließenden Statthalterprozeß nur ganz bedingten Aussagewert. Völlig unverständlich zum Beispiel blieben der ursprüngliche Anklagepunkt vom Tempelabriß und die sonstigen (ungenannt gebliebenen) religiösen Anklagepunkte mit eingehender Zeugenvernehmung. Hätte man Jesus beseitigen wollen, dies aber wegen fehlender Vollstreckungskompetenz nicht tun können, dann hätte die einzige logische Konsequenz, die aus einer solchen Konstellation zu ziehen gewesen wäre, sein müssen, daß man sich auf *polizeiliche* Maßnahmen beschränkt hätte, indem man den Delinquenten festnimmt und ihn der mit Vollstreckungskompetenz ausgestatteten römischen Gerichtsbarkeit übergibt.

Massive Verstöße gegen geltendes Prozeßrecht

Betrachtet man den Prozeß gegen Jesus vor dem Synedrium, wie er in den Evangelien, insbesondere bei Markus und Matthäus, beschrieben wird, so fällt eine ganze Serie *schwerwiegender Rechtsverstöße* auf, und zwar in einer so unkaschierten Weise, wie sie nicht einmal beispielsweise die Gerichtsbarkeit *Roland Freislers* aufzuweisen hat, bei der man immerhin bemüht war, wenigstens noch eine *scheinbare* Legalität herauszustellen.

– Verboten waren Gerichtsverhandlungen am Sabbat, an einem Festtag und an den dazugehörigen Rüsttagen (Sanh.IV 1a). Gegen Jesus aber soll gar in der heiligen Sedernacht verhandelt worden sein.

– Nach jüdischer Prozeßordnung durfte nur tagsüber verhandelt werden (Sanh.IV 1a). Der Prozeß gegen Jesus soll jedoch nachts stattgefunden haben.

– Die Gerichtsverhandlungen mußten in öffentlicher Sitzung durchgeführt werden, und zwar ausschließlich in der als Gerichtshof eingerichteten und zum Tempelbezirk gehörenden

Quaderhalle, dem »Beth Din« (Sanh.XI 2b). Gegen Jesus aber soll im Privathaus des Hohenpriesters verhandelt worden sein.[11]

– Nur ein *freisprechendes* Urteil durfte im Anschluß an die Verhandlung verkündet werden, wohingegen eine *Verurteilung* auf den folgenden Tag verschoben werden mußte.[12] Auch gegen diese Bestimmung wäre verstoßen worden.

– Dem Tatbestand, der zur Verurteilung führt, mußte entweder der Strafantrag des Verletzten (Dtn.21.18-21) oder die Anzeige von mindestens zwei Denunzianten (Dtn.19.15) zugrunde liegen. Im Fall Jesus soll der zur Verurteilung führende Tatbestand aber vom *Gerichtspräsidenten* während der Sitzung eingeführt worden sein.

– Bei Kapitalverbrechen konnte eine Verurteilung nur erfolgen, wenn die Tat durch mindestens *zwei Zeugen* einwandfrei bekundet war (Dtn.17.6). Das Geständnis des Angeklagten reichte – im Gegensatz zum römischen Strafprozeß – niemals aus. Berichtet wird, daß Jesus aufgrund eines *Geständnisses*, nicht aber aufgrund der Überführung durch mindestens zwei Zeugen verurteilt wurde.

– Bei genauer Betrachtung der synoptischen Berichte hätte Jesus die Tat, wegen der er verurteilt worden sei – die angebliche Gotteslästerung –, überhaupt *erstmals* im Gerichtssaal begangen, und Kaiphas habe sich dann auf seine Ratsmitglieder, welche eine Gotteslästerung gehört haben, als *Zeugen* berufen. Die Frage eines Geständnisses würde sich somit überhaupt nicht stellen.

– Obwohl es verboten war, daß Zeugen an der Urteilsfällung mitwirken (Sanh.V 4b), sollen im Falle Jesus *alle* Ratsmitglieder[13], somit sämtliche Zeugen, an der Urteilsfällung mitgewirkt haben.

– Es versteht sich von selbst, daß die Prozeßbeteiligten, insbesondere ihr Gerichtsvorsitzender und seine Richterkollegen, *nüchtern* und bei *klarem Verstand* sein mußten. Gegen Jesus aber sollen sie verhandelt haben, nachdem sie nicht nur aus dem Schlaf gerissen waren, sondern ein jeder von ihnen wenige Stunden zuvor beim Seder-Mahl größere Mengen Wein – vier Becher waren als Minimum vorgeschrieben, und viele von ihnen werden erfahrungsgemäß mehr getrunken haben – zu sich genommen hatten. Auf keinen Fall konnte jemand, der vier Becher Wein oder gar mehr getrunken hatte, nach pharisäischer Tradition noch zu Gericht sitzen.

Der in den Evangelien geschilderte Prozeß vor dem Synedrium ist also mit so schwerwiegenden Mängeln behaftet, daß seine Illegalität von jedem Kritiker ohne Umschweife hätte geltend gemacht werden können. Schon dieser Umstand drückt ihm das Siegel der *Unhistorizität* auf.

In diesem Punkte muß ich *Schalom Ben-Chorin* widersprechen, wenn er aus der Fülle der Rechtsverstöße nicht unbedingt das Argument der Unhistorizität ableitet. Er schreibt (Bruder Jesus, S. 198):

»Politische Prozesse, die aus Gründen der Staatsräson geführt werden, werden nicht immer nach allen Paragraphen der Prozeßordnung abgewickelt … Es werden nicht alle Finessen der Prozeßordnung eingehalten.«

Hier geht es nicht um die Verletzung irgendeines Paragraphen der Prozeßordnung oder gar um »Finessen«. Hier geht es um einen Prozeß, der als Justiz-Posse Nummer eins in der Weltrangliste zu verzeichnen wäre, begangen von einem Richterkollegium, dem die *besten Juristen Israels* angehörten.

Ist es schon gewagt, überhaupt von einem Prozeß vor dem Synedrium auszugehen, so ist das, was über den Ablauf des Prozesses berichtet wird, vollends unglaubwürdig. Kein einziger Jünger war anwesend, der hätte berichten können, und die Schilderung in den Evangelien ist so widersprüchlich, daß sie für eine historische Interpretation nur als schlichtweg *untauglich* bezeichnet werden kann.

Einigermaßen ausführlich über den Prozeß berichten nur Markus (dreizehn Verse) und Matthäus (zwölf Verse). Folgt man diesen Berichten, dann hat es zwei voneinander getrennte Verfahren gegeben, das eine vor dem jüdischen Gericht, welches nachts im Privathaus des Kaiphas stattgefunden haben soll, das andere vor dem römischen Gericht am folgenden Morgen:

>»Die aber Jesum ergriffen hatten, führten ihn zu dem Hohenpriester Kaiphas, dahin die Schriftgelehrten und Ältesten sich versammelt hatten … Des Morgens aber hielten alle Hohenpriester und die Ältesten des Volkes einen Rat über Jesum, daß sie ihn töteten. Und banden ihn, führten ihn hin und überantworteten ihn dem Landpfleger Pontius Pilatus.«
> (Mt.26.57 u. 27.1-2)

Während bei Markus und Matthäus der Vorwurf der Gotteslästerung erst am Ende der Sitzung auftaucht (zunächst waren ganz andere Anklagepunkte zum Gegenstand der Verhandlung gemacht worden, in erster Linie eine angeblich behauptete *Tempelzerstörung*), ist bei Lukas (acht Verse), welcher als Grieche für ein griechisches Publikum schreibt, der vom Synedrium erhobene Vorwurf von vornherein beschränkt auf einen einzigen Punkt, nämlich die (vermeintliche) Anmaßung Jesu, er sei Gottes Sohn. (Das Jesus in den Mund gelegte Wort von der Tempelzerstörung erwähnt Lukas an anderem Ort und bezogen auf eine andere Person, nämlich in 6.14 der *Apostelgeschichte* im Zusammenhang mit der Anklage gegen *Stephanus*.) Auch gibt es bei Lukas nicht das *nächtliche* Verfahren. Nach der Verhaftung wird Jesus in das Haus des Hohenpriesters geführt. Während der Nacht ist er den Schikanen und dem Spott der Männer des Verhaftungskommandos ausgesetzt (Lk.22.63-65). Der Prozeß beginnt am *folgenden Morgen* im *Verhandlungssaal* des Synedriums:

>Und als es Tag ward, sammelten sich die Ältesten des Volks, die Hohenpriester und Schriftgelehrten und führten ihn hinauf vor ihren Rat.« (Lk.22.66)

Lukas geht nicht von zwei getrennten Verfahren aus, sondern von einem *einheitlichen* Verfahren, welches in zwei Teile gegliedert ist: einem Verhör vor dem *Hohen Rat* (ohne Zeugeneinvernahme) und einer Verhandlung vor *Pilatus.* Davon, daß Jesus vom Hohenpriester vernommen worden sei, ist nicht die Rede. Vielmehr habe das Synedrium *in toto* ihn gefragt, ob er der Messias und ob er Gottes Sohn sei. Nach Bejahung (bzw. nicht eindeutiger Verneinung) der Frage habe das Synedrium den Fall für abschlußreif im Sinne einer Überstellung in die Gerichtsbarkeit der Besatzungsmacht gehalten:

>Was bedürfen wir weiteres Zeugnis? Wir haben's selbst gehört aus seinem Munde.« (Lk.22.71)

Sodann sei >der ganze Haufe« aufgestanden und habe den Delinquenten vor Pilatus geführt. In der lukanischen Berichterstattung gibt es eine interessante Besonderheit. Dieser Evangelist erzählt, daß die Beschlußfassung gegen Jesus nicht einstimmig erfolgte:

>Damals gehörte zu den Mitgliedern des Hohen Rates ein Mann namens Joseph, der aus der jüdischen Stadt Arimathia stammte. Er wartete auf das Reich Gottes und hatte dem, was die anderen beschlossen und taten, nicht zugestimmt, weil er gut und gerecht war.« (Lk.23.50-51)

Während Markus (14.64) und Matthäus (27.1) berichten, daß die Verurteilung Jesu *ohne* Gegenstimme erfolgte, bringt Lukas diese eine Gegenstimme ins Spiel. Das hat offenbar einen tieferen Sinn: Nach dem damals geltenden jüdischen Recht mußte ein Angeklagter nämlich freigesprochen werden, wenn *alle* Richter ihn für schuldig erkannten. Man ging davon aus, daß in einem solchen Fall das Gericht *voreingenommen* sein müsse.[14] Lukas also, der in seiner Schilderung ohnehin bestrebt ist, die Verfahrensverstöße weniger kraß zutage treten zu lassen, indem er nicht von einer nächtlichen Gerichtsverhandlung im Hause des Hohenpriesters schreibt, beweist auch mit der ins Spiel gebrachten einen Gegenstimme besondere Umsicht.

Vor Pilatus, so fährt Lukas in seiner Schilderung fort, haben die Ratsherren dann Anklage wegen Aufwiegelung, Steuerhinterziehung und Amtsanmaßung bzw. Majestätsbeleidigung, also ausschließlich wegen *politischer* Vergehen, erhoben. Nur Lukas führt diese Anschuldigungen im Wortlaut an:

> »Da brachten sie ihre Anklage gegen ihn vor; sie sagten: Wir haben festgestellt, daß dieser Mensch unser Volk verführt, es davon abhält, dem Kaiser Steuern zu zahlen, und behauptet, er sei der Messias und König.« (Lk.23.2)

Wieder anders ist die Schilderung im vierten Evangelium. Bei Johannes (18.12-40; 19.1-16) gibt es *überhaupt keinen* Prozeß vor dem Synedrium, sondern eine nächtliche Befragung Jesu über Belanglosigkeiten durch den Ex-Großpriester *Hannas* in dessen Wohnung und sodann ein Gerichtsverfahren vor Pilatus am folgenden Tage. Zwar erfolgt die Befragung vor Hannas in rüder Manier: Wegen einer unerschrockenen Antwort bekommt Jesus sogar eine Ohrfeige (wogegen er protestiert); aber seitens der jüdischen Obrigkeit wird keinerlei Beschuldigung gegen ihn erhoben. Man hat ihn nur nach seinen Jüngern und seiner Lehre befragt, dann aber nicht weiter insistiert, als darauf eine ausweichende Antwort erfolgte. Vielmehr wird der Gefangene dem römischen Prokurator überstellt. (Ein logischer Bruch in der Schilderung tritt freilich darin hervor, daß Pilatus, der *nach johanneischer* Schilderung die *Verhaftung veranlaßt* hatte, bei der Überstellung erst einmal rückfragt, was die ganze Aktion denn zu bedeuten habe, und dann die jüdischen Beamten auffordert – Joh.18.29-31 –, ihn mit dem Fall nicht zu behelligen.) Nach Johannes jedenfalls wird der Prozeß *ausschließlich* von Pilatus betrieben, allerdings unter massivem jüdischem Druck mit der Begründung:

»Wir haben ein Gesetz, und nach dem Gesetz soll er sterben; denn er hat sich selbst zu Gottes Sohn gemacht.« (Joh.19.7)

Unwahr ist also die von vielen Theologen aufgestellte Behauptung – an erster Stelle ist auch hier wieder *Blinzler* zu nennen –, die Juden hätten in raffinierter Weise dem römischen Statthalter gegenüber ihre ursprünglichen Anklagepunkte – Verstöße gegen Religionsgesetze – fallengelassen und an deren Stelle eine politische Anklage gesetzt, weil sie sich nur dadurch Gehör bei Pilatus erhoffen konnten. Für eine solche Behauptung könnte man sich nur auf das Lukas-Evangelium stützen. Markus und Matthäus sagen über die jüdischerseits vorgetragenen Beschuldigungen im Statthalterprozeß direkt überhaupt nichts aus, und im Johannes-Evangelium dominiert sogar die religiöse Hetze, wobei der Johannes-Evangelist sich offenbar nicht klargemacht hat, daß dies den römischen Prokurator überhaupt nicht interessieren konnte.

Beinahe ein Freispruch

Vergleicht man das, was man Jesus im Synedrium möglicherweise hätte vorwerfen können, mit dem, was man ihm Markus und Matthäus zufolge tatsächlich vorgeworfen hat, so ist die »Anklage« auffallend mager ausgefallen. Nicht einmal die *Sabbatverletzungen* tauchen auf, also der (wenn letzten Endes auch unbegründete) Vorwurf, der vielleicht am leichtesten hätte erhoben und zu einer Überführung des Beschuldigten benutzt werden können. Auch ein tumultuarisches Auftreten im Tempelbezirk wird ihm nicht vorgeworfen.[15] Nach Markus und Matthäus soll es zwar eine ganze Reihe von Anklagepunkten gegeben haben. Die aber müssen so dürftig gewesen sein und auf so tönernen Füßen gestanden haben, daß die Evangelisten nicht einmal erwähnen, um was für Vorwürfe es sich im einzelnen gehandelt habe:

»Aber die Hohenpriester und der ganze Rat suchten Zeugnis wider Jesum, auf daß sie ihn zu Tode brächten, und fanden nichts. Viele gaben falsch Zeugnis wider ihn; aber ihr Zeugnis stimmte nicht überein.« (Mk.14.55-56)

Zu denken wäre hier an den Vorwurf der »falschen Prophetie«, ein Straftatbestand, der in Dtn.18.20 aufgeführt ist. In der Tat könnten die Vollmachten, die Jesus für sich in Anspruch genommen hatte, aus jüdischem Rechtsverständnis heraus bedenklich stimmen. Das aber, was er im Kern verkündet hat, nämlich die Frohe Botschaft vom Herannahen des Gottesreiches, verbunden mit der Aufforderung, Buße zu tun, konnte juristisch nicht beanstandet werden. Dasselbe hatte zuvor ja auch Johannes der Täufer verkündet, und niemand war auf die Idee gekommen, ihn der falschen Prophetie zu zeihen.

Nicht selten wird auch die Auffassung vertreten, Jesus sei wegen des in Dtn.13.2-12 aufgeführten Tatbestandes »Verführung« belangt worden. Der wohl exponierteste Vertreter dieser These dürfte *Strobel* sein (S. 81 ff.). Doch scheint mir auf der Hand zu liegen, daß Strobel von einem gewollten Ergebnis her argumentiert. Er will nämlich um die Klippe herumkommen, daß der in den Evangelien geschilderte jüdische Prozeß gegen Jesus mit ungeheuerlichen, ja grotesken Verfahrensverstößen belastet ist und daher als historisch unglaubwürdig erscheinen muß. Strobel führt jüdische Rechtsvorschriften an, die besagen, daß in einem »*Sonderfall*«, nämlich dem, daß vor Gericht der Fall einer »Verführung« verhandelt wird, sämtliche prozessuale Schutzvorschriften, die zugunsten eines Angeklagten bestehen, suspendiert waren, so daß man gegen einen solchen Angeklagten auch *Rechts-*

willkür walten lassen durfte. Auch *Pesch*[16] macht sich, um seine
These von der Historizität des Synedralprozesses zu»retten«, die
Auffassung Strobels blindlings zu eigen, obwohl ein Jahr zuvor im
April 1987 auf der Tagung der deutschsprachigen katholischen
Neutestamentler in Graz die These Strobels »als geradezu abwe-
gig« bezeichnet worden war.[17]
In der Tat kann diese u. a. von Strobel und Pesch vertretene
These nicht richtig sein. Niemals hat Jesus zu etwas aufgefordert,
was auch nur ansatzweise als »Götzendienst« hätte verstanden
werden können. Nur das aber – Verleitung zur Aufgabe des Glaubens an den einzigen Gott – wäre »Verführung« im Sinne der
Strafvorschrift. Der Vorwurf, ein Verführer Israels gewesen zu
sein, wurde erst sehr viel später in jüdischen Schmähschriften
gegen ihn erhoben, mehr als sechzig Jahre nach seinem Tod,
nachdem unter paulinischer Lehrmeinung bei den Christen ja
tatsächlich eine gewisse Verwässerung des jüdischen Monotheismus eingetreten war.

Hält man sich streng an den Evangelientext, so bleibt überhaupt
nur ein einziger Anklagepunkt, nämlich Jesu Forderung, der Tempel müsse niedergerissen und an seiner Stelle ein würdigerer aufgebaut werden; das könne er, Jesus, in drei Tagen bewerkstelligen.
Für diesen Anklagepunkt werden bei Markus »etliche falsche Zeugen« aufgeboten, deren Aussagen »nicht übereinstimmen«.

»Und etliche standen auf und gaben falsch Zeugnis wider ihn
und sprachen: Wir haben gehört, daß er sagte: Ich will den
Tempel, der mit Händen gemacht ist, abbrechen und in drei
Tagen einen anderen bauen, der nicht mit Händen gemacht
sei. Aber ihr Zeugnis stimmte noch nicht überein. Und der
Hohepriester stand auf, trat mitten unter sie und fragte Jesus
und sprach: Antwortest du nichts zu dem, was diese wider
dich zeugen? Er aber schwieg still und antwortete nicht.«
(Mk.14.57-61)

Matthäus berichtet etwas abweichend. Dies fängt schon einmal damit an, daß Jesus laut Zeugenaussage nicht gesagt haben soll, ich »will« den Tempel abreißen, sondern ich »kann« den Tempel abreißen. Sodann: Nachdem »viele falsche Zeugen« aufgetreten waren (über deren Aussagethema nichts bekannt ist), kommen »zuletzt zwei Männer«, die zum Thema Tempelabbruch aussagen. Obwohl Matthäus weder sagt, daß es sich bei diesen beiden Männern um falsche Zeugen gehandelt habe, noch daß ihre Aussagen nicht übereinstimmten, wird auf deren Aussage nicht zurückgegriffen, woraus nur der Schluß gezogen werden kann, daß der Frage des Tempelabrisses nicht weiter nachgegangen wurde. Übereinstimmend berichten Markus und Matthäus, daß Jesus es offenbar nicht für nötig hielt, gegen derartig absurde Zeugenaussagen zu seiner Verteidigung etwas vorzutragen. Warum wohl sollte ein gesetzestreuer Jude wie Jesus, der den Tempel als Heiligtum betrachtete (»meines Vaters Bethaus«) und von dem berichtet wird, daß er wenige Tage zuvor noch gegen eine nach seiner Auffassung vorliegende *Zweckentfremdung* des Tempels massiv eingeschritten sei, diesen abreißen wollen? Die Leute, die derartiges von ihm behaupteten, hatten ihn gründlich mißverstanden. Die Perikope von der Tempelzerstörung lautet bei Markus:

»Als Jesus den Tempel verließ, sagte einer von seinen Jüngern zu ihm: Meister, sieh was für Steine und was für Bauten! Jesus sagte zu ihm: Siehst du diese großen Bauten? Kein Stein wird auf dem anderen bleiben, alles wird niedergerissen.« (Mk.13.1-2)

Jesus hat also nicht gesagt, er wolle die Tempelzerstörung *aktiv* betreiben, etwa durch *Brandstiftung*, nur eine solche Ankündigung wäre möglicherweise strafbar gewesen.[18] Vielmehr wird die Zerstörung des Tempels in der passivischen Form angekündigt und gleichgesetzt mit der drohenden Katastrophe der bevorstehenden Endzeit. Eine solche Prophezeiung aber stellt keinen Straftatbestand dar. Dafür gab es in der jüdischen Prozeßgeschichte sogar den Präzedenzfall des Propheten Jeremia (Jer.26.1-19).[19] Zwar hatte die Prophezeiung Jeremias von der Zerstörung des Tempels und ganz Jerusalems zunächst großen Anstoß erregt und ihm eine Anklage wegen eines todeswürdigen Verbrechens eingebracht; Jeremia wurde aber freigesprochen und rehabilitiert, nachdem er darauf hatte verweisen können, daß er seine Prophezeiung in der *Sorge um Israel* gemacht habe.

(Ich teile nicht Peter Fiedlers Auffassung, die er mir in einem Brief mitgeteilt hat, wonach gemäß Jer.26.23-24 der Prophet Jeremia nur deswegen nicht hingerichtet wurde, weil ihn eine hohe Persönlichkeit – Ahikam – gedeckt habe. Ahikam hat ihn nämlich nicht vor einem Schuldspruch des Hohen Rats gedeckt, sondern vor dem Zorn des Pöbels, von dem eine Lynchjustiz drohte. Und ebensowenig vermag ich Fiedlers Auffassung zu teilen, wonach es Parallelen zwischen der Situation des Jesus von Nazareth und der Situation des bei Flavius Josephus genannten Jesus, »des Ananos Sohn«, gebe. Der Sohn des Ananos nämlich war ein primitiver Tölpel, der den Juden wie den Römern mit seinem Wehe-Geschrei über einen unmittelbar bevorstehenden Kriegsausbruch auf die Nerven fiel und deswegen von den jüdischen Behörden ergriffen und der römischen Besatzungsmacht übergeben wurde. Dieser Jesus bekam von den Römern eine tüchtige Tracht Prügel – wurde also nicht wie Jesus von Nazareth in Vollzug der Kreuzigungsstrafe gegeißelt – und wurde dann laufengelassen, weil die Römer von seiner Verwirrtheit überzeugt waren. Jesus, des Ananos Sohn, hatte nicht aus Sorge um Israel die Zerstörung des Tempels angekündigt, sondern hatte schlicht ein ohrenbetäubendes Wehgeschrei angestimmt. Eine gewisse – allerdings auf einem ganz anderen Gebiet liegende – Parallele könnte nur darin gesehen werden, daß jener tölpelhafte Jesus von den jüdischen Behörden ergriffen und den Römern zur Aburteilung übergeben worden war, worin sich ein Zusammenwirken von jüdischen Stellen mit der Besatzungsmacht dokumentiert, ein Zusammenwirken, das möglicherweise auch im Fall unseres Jesus von Nazareth vorlag.)

Zwar soll Jesus einmal ganz direkt gesagt haben:

>Brechet diesen Tempel ab, in drei Tagen werde ich ihn wieder aufrichten!« (Joh.2.19)

Doch abgesehen davon, daß dieser Ausspruch Jesu nicht historisch, sondern eine Glaubensschöpfung der Gemeinde ist (offenbar soll damit die Auferstehung »nach drei Tagen« vorausgesagt sein), wäre ein solcher Ausspruch natürlich nicht wörtlich, sondern allegorisch gemeint. Hier hätte Jesus offenbar nicht das *Gebäude* gemeint, sondern den *Tempelkult*, und den zu kritisieren war nicht nur nicht strafbar, sondern eine ganz typische Erscheinung des *innerjüdischen Streitgesprächs*. Der Johannes-Evangelist interpretiert selbst:

>Er aber redete von dem Tempel seines Leibes.« (Joh.2.21)

(Klammerbemerkung: Der Anblick des monumentalen Tempels muß überwältigend gewesen sein. Herodes der Große hatte ihn umbauen und vergrößern lassen. Zur Zeit Jesu gehörte der Jerusalemer Tempel zu den prachtvollsten Sehenswürdigkeiten, die es in der antiken Welt gab. Dieser Tempel nun lag in Trümmern, als die Evangelien verfaßt wurden; die Verfasser des Markus- und Matthäus-Evangeliums standen offenbar noch unter dem ganz unmittelbaren Eindruck der Zerstörung.)
Folgt man dem Bericht, wo es heißt, daß hinsichtlich des Tempelabbruchs *widersprechende* Zeugenaussagen vorlagen, muß man von der Annahme ausgehen, daß es auch eine Anzahl von *Entlastungszeugen* gegeben hatte, die das diesbezügliche Gerede in Abrede stellten. Dem käme insofern besondere Bedeutung zu, als es gerade der Zeugenbeweis ist, der im jüdischen Strafprozeß eine zentrale Rolle spielt. Die dem Richter exakt vorgeschriebene Belehrung der Zeugen gibt darüber Aufschluß:

»Vielleicht weißt du nicht, daß wir deine Aussage in einem Kreuzverhör gründlichst prüfen werden. Du mußt verstehen, daß es einen prinzipiellen Unterschied gibt zwischen allen Verbrechen, wo ein Todesurteil gefällt werden kann, und allen anderen Fällen. In solchen Fällen kann die Angelegenheit durch eine Geldstrafe erledigt werden, aber in den zuerst genannten Fällen ist der Zeuge verantwortlich für das Blut eines zu Unrecht verurteilten Mannes und für das Blut seiner Nachkommen (die jetzt nicht gezeugt werden) bis an das Ende der Welt. Adam wurde geschaffen, um zu lehren, daß, wenn ein Mann den Untergang einer einzigen Seele verursacht, wird das Gesetz ihn behandeln, als ob er eine ganze Welt vernichtet habe, und wenn ein Mann bloß das Leben einer einzigen Seele rettet, wird das Gesetz ihn behandeln, als ob er das Leben einer ganzen Welt gerettet habe ...«[20]

Mit dem Anklagepunkt des geforderten Tempelabrisses soll der Gerichtsvorsitzende sich erkennbar schwergetan haben. Markus und Matthäus berichten, er habe den Angeklagten aufgrund der Zeugenaussagen nicht für überführt gehalten. Damit wäre die Anklage zusammengebrochen. Dennoch soll der Hohepriester – was rechtlich nicht zulässig ist, im übrigen auch nicht beweiserheblich gewesen wäre – an Jesus noch die Frage gerichtet haben, ob er auf die gegen ihn gerichteten Aussagen nichts zu erwidern habe. Er erhält keine Antwort, ein Freispruch wäre damit in greifbare Nähe gerückt gewesen. (Ich teile nicht die von *Schillebeeckx* – S. 279 f. – vertretene Auffassung, der einen die Verurteilung Jesu rechtfertigenden Grund gerade darin sieht, daß der Angeklagte vor dem Synedrium keinerlei Angaben gemacht habe. In dem Schweigen Jesu sieht Schillebeeckx einen Verstoß gegen Dtn. 17.12: »Wenn aber einer sich vermißt, auf den im Dienst stehenden Priester oder Richter nicht zu hören, der soll sterben.« Außer bei Schillebeeckx habe ich eine solche Interpretation nirgendwo gelesen.)
Phantasie und Fabulierkunst eines Theologen wie *Ethelbert Stauf-*

fer lassen den von den Evangelisten bis dahin geschilderten Prozeßablauf freilich ganz anders erscheinen (S. 93):

»Der Präsident trat dicht vor den Angeklagten hin, in die
Mitte des Saales. Nach der prozeßrechtlichen Vorschrift soll
der Untersuchungsrichter den Angeklagten ›einschüchtern‹.
Das ist hier offenbar die Absicht des routinierten Großinqui-
sitors. Er will Jesus aus der Fassung bringen ... Aber Jesus
läßt sich nicht überrumpeln oder angst machen. Er weiß,
daß ... der versuchte Zeugenbeweis bereits endgültig zusammengebrochen ist. Nach jüdischem Recht müßte das Synedrium nunmehr den Angeklagten freisprechen und die
falschen Zeugen verurteilen. Kaiphas will diese prozeßrecht-
liche Situation durch seinen effektvollen Einschüchterungs-
versuch vernebeln und Jesus in eine Falle locken. Jesus
durchschaut das und bewahrt dieselbe Haltung wie bisher, er
schweigt. Der Schauprozeß hat den toten Punkt erreicht.«

Im Vergleich zu dem Theologen Stauffer nimmt sich das, was der
Theologe H. H. v. Schlotheim an der Kaiphas'schen Prozeß-
führung zu beanstanden hat, recht harmlos aus (S. 18):

»Der Vorsitzende ... hatte seinen Sitz verlassen und war ...
vor den Tisch der zu Gericht sitzenden Mitglieder getreten
(Mk.14.60). Wer aber zu Gericht ›sitzt‹, hat eben zu sitzen
und dadurch seine Hoheit gegenüber dem vor Gericht Geru-
fenen darzutun; nur so kann er ordentlich Recht sprechen.«

Läßt man solche Beiträge beiseite und liest man nicht mehr in den
Prozeßbericht hinein, als drinsteht, so könnte Kaiphas in bezug
auf die Abhandlung der Anklagepunkte, namentlich des Anklage-
punktes der angeblich beabsichtigten Tempelzerstörung, durchaus bescheinigt werden, daß er sich an die dem Richter auferlegte
prozessuale Grundregel gehalten hat:

»Du sollst fleißig suchen, forschen, fragen.« (Dtn.13.15)

Überhaupt: Sieht man einmal von den grotesken Verfahrensverstößen ab, die dem Prozeß anhaften würden, wenn es ihn tatsächlich gegeben hätte, so lassen andererseits, was speziell die Person des Kaiphas anbelangt, die Evangelienberichte erkennen, daß dieser antike jüdische Richter durchaus schon Ansätze eines rechtsstaatlichen Verfahrens hatte anklingen lassen. Wesentliche Elemente eines »fair trial« sind erkennbar (was aufzuzeigen natürlich nicht Absicht der Evangelisten war): Kaiphas gibt nicht dem Druck von irgendeiner Seite nach. Die Zeugenaussagen wägt er gegeneinander ab. Wo Widersprüche auftauchen, entscheidet er nach der Maxime »in dubio pro reo«. Das Schweigen des Angeklagten läßt er diesem nicht zum Nachteil gereichen – ein Postulat, das fast zwei Jahrtausende brauchte, um in unserer Prozeßordnung Eingang zu finden. Von einem *Schauprozeß*, wie ihn der Matthäus-Evangelist suggerieren will (Mt.27.1), kann also keine Rede sein.

Galt Jesus als Messias?

Nachdem die ursprünglich erhobenen Anklagepunkte vom Tisch sind, taucht den Berichten zufolge urplötzlich eine völlig neue Anklage auf: Jesu *angeblich angemaßte Messianität*. Die Frage nach der Messianität ist vielschichtig und äußerst kompliziert. Es ist der wohl problematischste Punkt des gesamten Prozesses, wie er von den Synoptikern geschildert wird.

Von seinen Anhängern wurde Jesus überwiegend nicht für den Messias, sondern für einen *Propheten* gehalten:

»Unterwegs fragte er die Jünger: Für wen halten mich die Menschen? Sie sagten zu ihm: Einige für Johannes den Täufer, andere für Elija, wieder andere für sonst einen von den Propheten.« (Mk.8.27-28)

Jesus selbst hat die Auffassung, er sei ein *Prophet*, mehrmals (jedenfalls indirekt) bestätigt. Ein Beispiel:[21]

>»Doch heute und morgen und am folgendenTag muß ich weiterwandern; denn ein Prophet darf nirgendwo anders als in Jerusalem umkommen.« (Lk.13.33)

In der neueren Theologie – auf katholischer wie auf evangelischer Seite – überwiegt ganz eindeutig die Auffassung, daß Jesus niemals einen messianischen Anspruch erhoben habe.[22] Um einige Namen zu nennen: *Blank, Zahrnt, Conzelmann, Bultmann, Braun, Müller.*

Der katholische Fundamentaltheologe *Kolping* schreibt (S. 642):

>»Vom historischen Jesus wissen wir nicht, daß er sich als Messias bekannt habe.«

Ebenso der evangelische Neutestamentler *Bornkamm* (S. 152):

>»Es gibt tatsächlich keinen einzigen sicheren Beweis, daß Jesus einen der messianischen Titel, die ihm die Tradition anbot, für sich in Anspruch nahm.«

Selbst im engsten Kreis seiner Jünger hat Jesus sich nicht als Messias ausgegeben. Die sogenannten Emmaus-Jünger (Lk.24.19) sagen in ihrer Traurigkeit ganz deutlich, daß sie Jesus für einen »Propheten« gehalten hatten. Jedenfalls ist zu Jesu Lebzeiten von den Jüngern nur ein einziger bereit, ihn ein einziges Mal als »*Messias*« zu bezeichnen. Der Jünger ist Simon Petrus; die Szene spielt in Caesarea Philippi. Es ist dies die berühmte Evangelienstelle (Mk.8.29-30; Mt.16.16; Lk.9.20-21), an der sich der Begriff vom sogenannten »*Messiasgeheimnis*« orientiert, und zwar wegen der sich an das petrinische Messiasbekenntnis anschließenden strengen Weisung Jesu, mit niemandem darüber zu sprechen:

»Simon Petrus antwortete ihm: Du bist der Messias! Doch er verbot ihnen, mit jemand über ihn zu sprechen.« (Mk.8.29-30)

Die Historizität dieser Szene wird mit unterschiedlicher Begründung bezweifelt.[23] Es wird hervorgehoben, daß Jesus seinen Jünger Simon Petrus in dem Gespräch von Caesarea Philippi besonders scharf zurechtgewiesen habe. Diese Zurechtweisung: »Weg mit dir, Satan, geh mir aus den Augen!« (Mk.8.33), sei auf den Satz: »Du bist der Messias« gefolgt; das bedeute, daß Jesus den Titel entschieden abgelehnt habe. *Bultmann* meint, das Messiasbekenntnis des Petrus sei eine von Markus in das Leben Jesu hineingelegte Ostergeschichte.

Der Matthäus-Evangelist läßt auch Jesus selbst einmal einen Bezug zwischen sich und dem Messias herstellen:

»Viele werden unter meinem Namen auftreten und sagen: Ich bin der Messias, und sie werden viele irreführen.« (Mt.24.5)

Doch sagt auch diese – in den Evangelien ganz isoliert dastehende – Perikope sicherlich nichts darüber aus, daß Jesus auf seine Messianität hingewiesen habe; er warnt vielmehr die Jünger vor zukünftigen Lügenmessiassen, die sich dabei auf ihn, Jesus, berufen. Eine weitere – ebenfalls isoliert dastehende – Perikope gibt es schließlich noch bei Lukas: Als Jesus mit seiner kleinen Schar in Jerusalem einzieht, ist es nicht – wie bei Markus und Matthäus – die *Bevölkerung*, die Jesus (teilweise) als Messias begrüßt, sondern die *Jünger* sind es, die rufen:

»Gesegnet sei der König, der da kommt im Namen des Herrn.« (Lk.19.38)

Aus der Menge der Zuschauer wenden sich daraufhin Pharisäer an Jesus mit der Aufforderung, den Jüngern Schweigen zu gebieten.

Jesus weist dieses Ansinnen zurück und erhebt somit indirekt einen messianischen Anspruch:

>Da riefen ihm einige Pharisäer aus der Menge zu: Meister, bring deine Jünger zum Schweigen! Er erwiderte: Ich sage euch: Wenn sie schweigen, werden die Steine schreien.« (Lk.19.39-40)

Während es durchaus historisch sein könnte, daß die Pharisäer ihn in respektvoller und gutgemeinter Absicht haben warnen wollen, weil Jubelrufe solcher Art seitens der Jünger auch allzuleicht an das Ohr der Besatzungsmacht hätten dringen können, ist die Erwiderung Jesu, wie allgemein[24] angenommen wird, nachösterliches Gedankengut (»vaticinium ex eventu«): Die Steine der bald zerstörten Stadt werden für Jesu Königtum Zeuge sein, wenn die Jünger schweigen.[25]

Der einzige Titel – sofern es überhaupt ein Titel ist –, den Jesus sich den Berichten zufolge zugelegt hat, ist der Titel »Menschensohn«. Mehr als siebzigmal erscheint diese Bezeichnung in den Evangelien – auffallenderweise kein einziges Mal bei Paulus. Immer nur in Jesu eigenen Worten taucht der Begriff auf. Obwohl letzten Endes nicht auszuschließen ist, daß die gesamte Rede vom Menschensohn Gemeindetheologie ist[26], so nimmt die Forschung doch überwiegend an, daß Jesus diesen (in der spätjüdischen Sprachwelt seltenen) Titel zur Bezeichnung seines Wesens aufgenommen und umgeprägt habe (*Conzelmann*, S. 630).

Soweit der Begriff Menschensohn als *Hoheitsbezeichnung* auftaucht, wird er von Jesus niemals auf seine eigene Person angewandt. Ganz deutlich wird das bei Mt.10.23 (auch bei Mk.8.38 und Lk.12.8), wo er das Erscheinen des Messias mit den Worten prophezeit: » ... bis des Menschen Sohn kommt« und damit eben keineswegs sich selbst meint.

Andererseits gibt es zahlreiche Textstellen, wo Jesus den Begriff »Menschensohn« zwar auf sich bezieht, ihn aber eindeutig nicht im Sinne eines Hoheitstitels verstanden hat:

»Jesus sagte zu ihm: Die Füchse haben Gruben, und die Vögel unter dem Himmel haben Nester; aber der Menschensohn hat keinen Ort, wo er sein Haupt hinlegen kann.« (Mt.8.20)

Ben-Chorin (Bruder Jesus, S. 134) weist darauf hin, daß das Wort »Menschensohn« im allgemeinen Sprachgebrauch auch mit »Barnasch« zu identifizieren sei, was »jedermann« oder »irgendwer« bedeutet. Diese Deutung überzeugt, wenn man sich zum Beispiel die folgende Stelle vergegenwärtigt:

»Des Menschen Sohn ist auch ein Herr über den Sabbat« (Mk.2.28),

was ausdrücken will, daß der Sabbat jedermann zur Freude geschaffen ist.

Schon die jungen christlichen Gemeinden, soweit sie griechisch sprachen, konnten mit diesem schwer verständlichen Begriff »Menschensohn« offenbar nichts Rechtes mehr anfangen. In der kirchlichen Liturgie jedenfalls ist er niemals mehr aufgetaucht.

Ernst Bloch:

»Wie einfach wäre dies Wort, wenn gar nichts dahinter wäre als eine überflüssig gewordene Beschreibung dessen, was gar nichts in petto hat, sondern lediglich, aramäisch, auf zwei Beinen geht.«[27]

In diesem Sinne hat mir auch *Chaim Cohn* geschrieben:

»Da der erste Mensch mit dem Namen ›Adam‹ belegt wurde und da er der Vater aller Menschen war, wurde jeder Mensch nach Adam zum ›Ben-Adam‹, der plötzlich als ›Menschensohn‹ die ganze christliche Theologie in Verwirrung setzte.«

Die Evangelien lassen erkennen – sogar Johannes räumt das ein (6.15) –, daß Jesus in bezug auf Titel, die den religiösen Bereich berühren könnten, sehr zurückhaltend war. Eine religiöse Verehrung seiner eigenen Person war für ihn undenkbar. Auch hat er niemals von sich gesagt, er sei ein Abkömmling aus dem Hause David. Er hat sich schlicht mit »*Meister*« (»*Rabbi*«) anreden lassen. Es soll ihm schon zu weit gegangen sein, wenn er nur »guter« Meister genannt wurde. Als ihn jemand so anredet, weist er ihn sogleich zurecht:

»Wie heißest du mich gut? Niemand ist gut denn der einzige Gott.« (Mk.10.18)

Bei so viel Bescheidenheit muß es von vornherein mehr als unwahrscheinlich erscheinen, daß Jesus nun plötzlich vor dem *Synedrium* behauptet, er sei der *Messias*.

Zur prozeßentscheidenden Frage und Antwort

Unmittelbar nachdem die Zeugen – so schildern es Markus und Matthäus – die Anklagepunkte vorgebracht hatten (die dann im Ergebnis für eine Verurteilung nicht ausreichten), soll Kaiphas ganz unvermittelt nach einer gleichsam im *luftleeren Raum* schwebenden *Messianität* gefragt haben, ohne jeden Bezug zu dem vorausgegangenen Verhör – also nicht etwa im Wege einer Anschlußfrage. Eine *angemaßte Messianität* war in dem bei Markus und Matthäus aufgestellten Katalog der Beschuldigungen vor dem Synedralgericht nicht enthalten. Inwiefern sollte nun plötzlich der Hohepriester davon ausgehen, daß Jesus behauptet habe, der Messias zu sein? Die einzige Erklärung könnte die sein, daß Jesus im Verlaufe des Verhörs sich in dieser Richtung »verdächtig« gemacht hätte. Davon ist keine Rede. (Und selbst wenn das der Fall gewesen wäre, hätte es – abgesehen von der *materiell-rechtlichen Irrelevanz*, von der gleich noch zu sprechen sein wird – keine *prozessuale* Bedeutung haben können, weil es an der nach Dtn.19.15 vorgeschriebenen Anzeige durch zwei Denunzianten gefehlt hätte.) Wie ein *Phantom* wird hier die Messianität in das Prozeßgeschehen eingeführt:

>»Und der Hohepriester stand auf und sprach zu ihm: Antwortest du nichts zu dem, was diese wider dich zeugen? Aber Jesus schwieg still. Und der Hohepriester antwortete und sprach zu ihm: Ich beschwöre dich bei dem lebendigen Gott, sag uns: Bist du der Messias, der Sohn Gottes?« (Mt.26.62-63)

Noch weniger nachvollziehbar als die Frage des Hohenpriesters ist die Antwort, die darauf gegeben worden sein soll:

>»Jesus sprach zu ihm: Du sagst es. Doch sage ich euch: Von nun an wird's geschehen, daß ihr sehen werdet des Menschen Sohn sitzen zur Rechten der Allmacht und kommen in den Wolken des Himmels.« (Mt.26.64)

Als gläubiger Jude konnte Jesus sich natürlich nicht vorstellen, daß der jüdische Messias von Gott in den Himmel gehoben wird, um dort »an dessen Seite sitzend« mit ihm gemeinsam zu regieren. Und was den Spruch » ... kommen auf den Wolken des Himmels« anbetrifft, so handelt es sich dabei um eine Ergänzung zu »sitzen zur Rechten der Allmacht«.[28] Insgesamt wäre, wenn Jesus so gesprochen hätte, der Ausspruch ein – kombiniertes – Zitat aus dem Alten Testament, nämlich Dan.7.13 in Verbindung mit Ps.110.1, womit Markus und Matthäus beweisen wollen, daß in bezug auf die Person Jesu wiederum eine *Prophezeiung* sich erfüllt habe.

Matthäus fährt dann fort:

>»Da zerriß der Hohepriester seine Kleider und sprach: Er hat Gott gelästert! Was bedürfen wir weiteres Zeugnis?

Siehe, jetzt habt ihr seine Gotteslästerung gehört.«
(Mt.26.65)

Für einen Richter soll es Vorschrift gewesen sein, sich das Gewand zu zerreißen, wenn er eine *Gotteslästerung* hört.[29] Kaiphas hat aber, selbst wenn man dem Bericht folgt, aus dem Munde Jesu keine Gotteslästerung gehört, denn natürlich kann ein *Bibelzitat* keine Gotteslästerung sein. (Auch sonstige Gründe, die für ein Zerreißen des Gewandes in Betracht gekommen wären, lagen nicht vor. Strobel – S. 92 – zitiert diese Gründe mit Quellenangabe: »Wegen schlimmer Nachrichten ... und wegen eines Thorabuches, das verbrannt wurde, und wegen der Städte Judas und wegen des Heiligtums und wegen Jerusalem.«) Die beschriebene Zornesgeste hat ganz offensichtlich *legendären* Charakter.

Ben-Chorin (Bruder Jesus, S. 201):

»Erzähltechnisch soll das Zerreißen der Gewänder des Hohenpriesters dem Zerreißen des Vorhanges vor dem Altarheiligtum in der Stunde der Kreuzigung vorangehen (Mt.27.51).«

Eine einleuchtende Erklärung dafür, warum Jesus sich hier – erstmals! – als Messias ausgegeben haben soll, wird nirgendwo gegeben. Der katholische Theologe *Adolf Kolping* schreibt folgendes (S. 642):

»Hat er nun das Visier gelüftet, das bislang sein wahres Wesen verdeckt hat? Viele, die in der markinischen Verhandlung vor dem Synedrion ... eine den historischen Verhältnissen entsprechende Darstellung sehen, bejahen diese Frage. Aber sie übersehen, daß diese Darstellung in Wirklichkeit ein künstliches Gebilde ist und insbesondere in der Antwort Jesu sehr verschiedene christologische Elemente miteinander verbunden sind, ein Zeichen dafür, daß der Text so nicht unmittelbar auf Jesus zurückgehen kann.«

Der evangelische Theologe *Hans Conzelmann* ist derselben Ansicht (S. 646):

»Auf dem Höhepunkt ... wird – dem christlichen Leser! – in eindrucksvoller Formulierung gezeigt, wie sich Jesus vor der Hohen Behörde seines Volkes zum ersten Mal ausdrücklich als Messias bekennt – und damit seinen Tod herbeiführt. Zugleich ist damit der Unglaube Israels enthüllt.«[30]

Auch *Willibald Bösen* (S. 185) hebt hervor, es sei »höchst umstritten«, ob die von Markus und Matthäus in den Prozeß eingebrachte Messiasfrage historisch sei. *Nach Karlheinz Müller* ist die Messiasfrage »eindeutig auf dem Konto der späteren Gemeinde« zu verbuchen.[31] In der Tat bleibt ja auch schleierhaft, warum Jesus ausgerechnet vor Gericht gegen seine Überzeugung geredet, also praktisch gelogen und hochstaplerisch aufgeschnitten haben soll. Obendrein wäre es ein äußerst *törichtes* Verhalten gewesen. Wenn er sich selbst nicht für den Messias hält, warum sollte er dann durch anmaßendes Reden den Unwillen des Hohenpriesters heraufbeschwören? Jesus soll doch etwas ganz anderes postuliert und als Maxime für sein eigenes Leben aufgestellt haben:

»Seid klug wie die Schlangen und ohne Falsch wie die Tauben.« (Mt.10.16)

Törichtem Verhalten also hat er ebenso eine Absage erteilt wie der Lüge. *Kolping* (S. 645):

»Die Antwort Jesu Mk.14.62 beschreibt also nicht einen wirklichen Vorgang in der Verhandlung vor dem Synedrion und ist damit auch keine historische Aussage, die Jesu Selbstverständnis ausdrückt, sondern sie gibt die Glaubensüberzeugung der späteren Gemeinde wieder; sie spricht aus, wie die Konfrontation Jesu mit dem Synedrion nach der Ansicht dieser Gemeinde gewesen sein müßte.«

Im übrigen wird auch nur von *Markus* berichtet, daß Jesus auf die Frage des Hohenpriesters, ob er Christus, der Sohn des Hochgelobten sei, mit einem eindeutigen »*Ich bin's*« geantwortet habe. Matthäus hingegen legt Jesus eine ausweichende Antwort in den Mund. Dort antwortet er (so wie dann später auch gegenüber Pilatus) auf die inkriminierende Frage mit den Worten: »*Du sagst es!*«, was also auch die Auslegung zuläßt: »Das sagst du, nicht ich.« Dieselbe Auslegung läßt die nach Lukas gegebene Antwort zu: »*Ihr sagt's, ich bin's.*«

Vielfach wird vermutet, daß das bei Markus zu lesende »Ich bin's« auf einem redaktionellen Versehen beruht: Der Markusvorlage zufolge sei Jesus auch dort (wie bei Matthäus und Lukas) der Frage ausgewichen und habe mit den Worten: »Du sagst es, nicht ich!« doppeldeutig geantwortet. Man wird also annehmen können, daß alle drei Synoptiker nicht so weit haben gehen wollen, Jesus eine eindeutig bejahende Antwort in den Mund zu legen. Vielmehr haben sie die berühmte rabbinische Formel ins Spiel gebracht, die (in der hebräischen Sprache gleichzeitig ein feinsinniges Wortspiel) immer dann angewandt wurde, wenn man einem Gesprächspartner ausweichen wollte: »Atha amartha« = »Du sagst es«.[32]

Obwohl Jesus also bis hin zum Schluß der Verhandlung kein eindeutiges Bekenntnis seiner Messianität abgegeben hat, sollen Kaiphas und dessen Richterkollegium ihn gleichwohl wegen angemaßter Messianität schuldig gesprochen und verurteilt haben. Der Bericht läuft also darauf hinaus, daß die Verurteilung deswegen erfolgte, weil die Frage nach der Messianität vom Angeklagten nicht *eindeutig verneint* worden war.

Was wohl wäre geschehen, wenn Jesus seiner Überzeugung entsprechend, auch getragen von dem Willen einer sinnvollen Verteidigung, es sich hätte einfallen lassen, die Frage des Hohenpriesters mit einem »Nein« zu beantworten oder sie *schweigend zu übergehen*? Würde man dann noch an einem endgültigen Freispruch zweifeln können? Schließlich hatte Kaiphas auch das Schweigen auf den ursprünglichen Anklagepunkt – beabsichtigter Tempelabriß – nicht als ausreichend für eine Verurteilung angesehen. Um wieviel weniger hätte er Jesus dann verurteilt, wenn dieser die inkriminierte Frage, ob er sich für den Messias halte, wahrheitsgemäß verneint hätte!

Dem Bericht zufolge hätte es Jesus ohne weiteres in der Hand gehabt, den Ausgang des Prozesses vor dem Synedrium zu bestimmen. Was aber bleibt dann von der landläufigen, auf Mt.26.59 gestützten These übrig, das Synedrium hätte Jesus *auf jeden Fall*, so oder so, zum Tode verurteilen wollen, es habe sich um einen *Schauprozeß* gehandelt, bei dem die Verurteilung von vornherein festgestanden habe? Die Verneinung der Frage nach der Messianität, ja sogar das Schweigen darauf, hätten der Passionsgeschichte eine ganz andere prozessuale Grundlage gegeben. Matthäus, Markus und auch Lukas hätten ihre Berichte anders schreiben müssen – beispielsweise so oder ähnlich wie Johannes. *Kaiphas* jedenfalls würde nicht länger als der *Schurke* dastehen.

Auf das »Ideal« antiker Geschichtsschreibung ist es zurückzuführen, wenn von den Evangelisten Dinge geschildert werden, die aus objektiv historischer Sicht geradezu *aberwitzig* anmuten müssen: Um den Zorn des Lesers auf Kaiphas und sein Ratskollegium zu lenken, wird behauptet (Mt.26.67-68), nicht nur die Gerichtsdiener in Gegenwart der Richter, sondern die Richter selbst hätten Jesus – nach Manier der römischen Soldateska – ins Gesicht gespien, ihn mit Fäusten geschlagen und üblen Schabernack mit ihm getrieben. (*Strobel* rechtfertigt dieses Vorgehen – S. 72: »In bestimmten Fällen war Eifer als spontanes gewalttätiges Eintreten für die Religion durchaus geboten.«[33]) Hier soll eine *Kontrastsituation* geschaffen werden zum angeblich vornehmen Aufreten des römischen Richters Pilatus, der zu Beginn der Sitzung mit dem Angeklagten tiefsinnig über die Frage nach der Wahrheit diskutiert und am Ende der Sitzung nicht etwa spuckt, sondern sich die Hände wäscht.

Weitaus bedeutsamer als die prozessuale und prozeßtaktische Komponente ist der Umstand, daß wenn Jesus die Frage des Hohenpriesters nach der Messianität und Gottessohnschaft mit

»Ja« beantwortet hätte, darin *keineswegs* eine Gotteslästerung (*Blasphemie*) zu erblicken gewesen wäre.

Bösen (S. 184):

»Messianischen Anspruch zu erheben ... war im Judentum kein Kapitalverbrechen und keine Gotteslästerung ... Jesus konnte die hohepriesterliche Frage bejahen, ohne Sanktionen befürchten zu müssen.«

Mit dem Begriff »Gotteslästerung« gehen die Evangelisten (namentlich Markus) eher lax und schlagwortartig um: Als Jesus einem Gichtbrüchigen angeblich Sünden vergibt – also ein völlig anderer Sachverhalt als der angeblich vor dem Synedrium abgehandelte –, sollen die Schriftgelehrten »in ihrem Herzen« auch gleich an Gotteslästerung gedacht haben:

> »Wie kann dieser Mensch so reden? Er lästert Gott. Wer kann Sünden vergeben außer dem einen Gott?« (Mk.2.7)

Kolping (S. 633) hält es für möglich, daß der von den Synoptikern gebrauchte Begriff »Gotteslästerung« insgesamt unhistorisch ist; er sei vielleicht von der nachösterlichen Gemeinde geprägt worden.

Was als Gotteslästerung galt, dafür gab es einen genau umrissenen Tatbestand: Nach Lev.24.11 ff. begeht Gotteslästerung, wer den Namen Jahwes verwünscht oder schmäht.[34] Interessant ist auch der Vorfall, der dieser Bestimmung zugrunde liegt: In einem Streit hatte ein junger Mann, dessen Mutter eine Israelitin und dessen Vater ein Ägypter war, den Namen des israelitischen Gottes gelästert und ihn verwünscht.

Wieso aber sollte nun Jesus mit seiner – messiasbezogenen – Antwort Gotteslästerung begangen haben? Der Name Gottes war nicht im mindesten angetastet worden, von einer Schmähung ganz zu schweigen.

Mackey (S. 76):

»Weder der Anspruch auf den Messiastitel noch die Selbstbezeichnung als Sohn Gottes, ja nicht einmal die Kombination von beidem, erfüllten nach jüdischem Recht den Tatbestand der Blasphemie. Fazit: Die Evangelien geben uns keine exakte Beschreibung von Anklagepunkten im Prozesse Jesu, welche die jüdischen Autoritäten für erwiesen und todeswürdig hätten halten müssen.«

Wenn sich Jesus vor Kaiphas als Messias aus dem Königshaus David ausgegeben hätte, so könnte das in den Augen des Hohenpriesters allenfalls eine Amtsanmaßung sein, vielleicht sogar – mit Blickrichtung auf den rigoros durchgreifenden römischen Prokurator – eine für das jüdische Volk gefährliche Amtsanmaßung eines einzelnen Volkszugehörigen. Ein Straftatbestand nach jüdischem Recht wäre damit aber nicht erfüllt worden.

Der evangelische Neutestamentler *Günther Bornkamm* (S. 144):

»Gerade diese den Höhepunkt der synoptischen Berichte bildende Frage ist nicht zuletzt darum historisch anfechtbar, weil der Hoheitstitel Gottessohn eindeutig dem christlichen Bekenntnis entstammt, aber kein jüdisches Messiasprädikat war, und zum anderen der Anspruch, der Messias zu sein, als solcher im Judentum durchaus nicht als todeswürdige Gotteslästerung galt.«[35]

Der katholische Neutestamentler *Peter Fiedler* (S. 13):

»Selbst wenn sich Jesus nach der synoptischen Version als Messias bekannt hätte, wäre das für keinen Juden ein Grund zu einem Todesurteil wegen Gotteslästerung, geht es doch um die Heilshoffnung Israels!«

Wenn der Markus- und Matthäus-Evangelist Kaiphas dennoch den Ausspruch in den Mund legen:

»Was bedürfen wir weiterer Zeugen, ihr habt gehört die Gotteslästerung« (Mk.14.63-64; Mt.26.65),

so kann dem *kein historischer Wahrheitsgehalt* beigemessen werden. Es besteht kein Anlaß, anzunehmen, daß Kaiphas das Einfachste nicht gewußt hätte, nämlich den festgestellten Sachverhalt unter die einschlägige Strafnorm zu subsumieren. Außerdem war Kaiphas ja nicht allein, sondern er war Vorsitzender eines Kollegialgerichts, dem die besten und angesehensten Juristen des Landes angehörten. Solchen Männern wird man nicht mit Fug nachsagen wollen, sie seien nicht in der Lage gewesen, einen im Grunde einfachen gesetzlichen Tatbestand richtig zu interpretieren.

Indem man Kaiphas und dem ganzen Hohen Rat ausgerechnet in diesem entscheidenden Punkt eine absolut falsche Gesetzesauslegung (innerhalb eines ungesetzlich anberaumten und unzulässig durchgeführten Verfahrens) nachsagt, machen die Evangelisten einmal mehr deutlich, daß sie vom *gewünschten Ergebnis* her argumentieren und bestrebt sind, von der alleinigen *Verantwortung der Römer* abzulenken. Dabei trafen sie auf ein Leserpublikum, das sich im jüdischen Recht offenbar nicht auskannte und demzufolge bereit war, die Falschdarstellung kritiklos hinzunehmen.

In der Jerusalemer Urgemeinde wäre niemand auf den Gedanken gekommen, der messianische Anspruch könne eine Gotteslästerung sein. Der Herrenbruder Jakobus hat das Messiastum Jesu viele Jahre hindurch verkündet, ohne daß ihm deswegen ein Haar gekrümmt worden wäre. Und was Paulus in Konflikt mit dem Judentum stürzte, war nicht sein Bekenntnis zum Messias Jesus und dessen Gottessohnschaft, sondern seine Stellung zum mosaischen Gesetz.

Ernst Haenchen (S. 514):

»Erst als sich die Christen nicht mehr durch das Gesetz gebunden fühlen, beginnt das Judentum, das Christentum als eine fremde Religion zu empfinden. Erst jetzt wird das Bekenntnis zum Messias Jesus, der als Gottessohn verstanden wird, eine fremde Religion, die nun mit Verfolgung zu rechnen hat ... Nun erst wird dies Bekenntnis: ›Jesus ist der Messias!‹ eine Lästerung.«

Wenn zu Jesu Zeiten jemand von sich meinte, er sei der Messias, dann war das seine Privatsache, solange er sich an das Gesetz hielt. In der jüdischen Geschichte sind oft Messiasprätendenten – Pseudomessiasse – aufgetreten.

Bultmann (S. 19 f.):

»Hier und dort in Jerusalem und auf dem Lande kommt es zu Aufständen. Hier und dort treten messianische Propheten und sogar Könige auf ..., die nach dem Bericht des Josephus ›unter dem Gebaren, von Gott ergriffen zu sein, auf Umwälzung und Aufruhr hinarbeiteten und das Volk durch ihre Reden verrückt machten und in die Wüste verlockten, als ob Gott ihnen dort Wunder ihrer Befreiung kundtun würde‹. Alle diese messianischen Bewegungen haben die Römer blutig unterdrückt und ihre Anstifter, wenn sie ihrer habhaft wurden, gekreuzigt oder sonst getötet.«

Zwar hatten die Sadduzäer ein Interesse an der Aufrechterhaltung von Sicherheit und Ordnung, aber von jüdischen Behörden sind die Pseudomessiasse niemals verfolgt worden, sie entsprachen der landläufigen Vorstellung von einem Widerstandskämpfer. Die Anerkennung als Messias blieb ihnen letzten Endes nur deswegen versagt, weil es keinem von ihnen gelungen war, Israel von der römischen Fremdherrschaft zu befreien.

Simon Bar-Kochba war der letzte unter ihnen. Ihm voran gingen, um nur die »prominentesten« zu nennen, *Simon Bar Giora*, *Menachem* und *Eleazar ben Dinseus*. Weniger eindeutig, aber möglicherweise ebenfalls als Messiasprätendenten in Betracht zu ziehen sind die in Apg.5.36 f. genannten Widerstandskämpfer *Theudas*, der von sich behauptet hatte, er sei etwas »Besonderes«, und *Judas der Galiläer*, der mit Theudas auf eine Stufe gestellt wird. Judas der Galiläer übrigens war der Vater vom Messiasprätendenten *Menachem*. Bar Giora war, angetan mit dem königlichen Messiasgewand, von den Römern nach der Belagerung Jerusalems gefangengenommen, nach Rom gebracht und dort, auf dem Höhepunkt der Siegesfeier, öffentlich erdrosselt worden. Menachem war der Führer des zelotischen Aufstandes; er ließ sich in Jerusalem als Messias verehren, fiel in die Hände der Römer und wurde gekreuzigt. Eleazar ben Dinseus (nicht zu verwechseln mit Eleazar, dem Verteidiger von *Masada*, der mit allen seinen Leuten Selbstmord beging, um nicht in die Hände der Römer zu fallen) war im Jahre 53 vom römischen Prokurator *Antonius Felix* als Pseudomessias gefangengenommen und zur öffentlichen Hinrichtung nach Rom gebracht worden.

Bezeichnend in dem Zusammenhang ist, daß *Simon Bar-Kochba* von dem hochangesehenen *Rabbi Akiba* als Messias proklamiert worden war, nachdem Bar-Kochba bei seinem Aufstand (der dann im Jahre 135 von den Römern zerschlagen wurde) zunächst beachtliche Erfolge hatte erzielen können und man eine Zeitlang an einen endgültigen militärischen Sieg glaubte. Allein der militärische Sieg über die Römer war entscheidend für die Verleihung des Messiastitels, so daß sogar die Abstammung aus dem *Königshaus David* dahinter zurückstehen konnte; von Bar-Kochba hatte niemand behauptet, er sei ein Nachkomme des Königs David.

Fazit: Wenn der Hohepriester und der Hohe Rat meinten, der Rabbi aus Galiläa sei des Todes schuldig, weil er sich als Messias bezeichnet habe, dann konnte damit nur gemeint sein: schuldig im Sinne des *römischen Besatzungsstatuts* – bestimmt kein Grund, sich deswegen empört das Gewand zu zerreißen!

Interessant ist es zu beobachten, wie mitunter selbst dogmatisch nicht festgelegte Theologen sich schwertun, den von den Synoptikern geschilderten Prozeßablauf als das zu bezeichnen, was er ist: ein *Glaubenszeugnis* der *nachösterlichen Gemeinde*, keineswegs aber ein *historischer Bericht. Franz Mussner*[36] z. B. (und außer ihm noch einige andere Theologen) ist zwar der Ansicht, daß eine angemaßte Messianität ebensowenig gotteslästerlich ist wie eine behauptete Gottessohnschaft, wohl aber seien Jesu Anspruch auf das »Sitzen zur Rechten Gottes« und die Ankündigung seines »Kommens auf den Wolken« als Gotteslästerung betrachtet worden.[37] Und bei dem sonst so sorgfältig recherchierenden *Willibald Bösen* stößt man auf folgende Wortschablone (S. 188):

»Entscheidend in dieser Rede (gemeint ist Jesu Antwort Mk.14.62, Mt.26.64) ist nicht diese oder jene Einzelformulierung, über sie kann man streiten, als authentischen Kern gilt es festzuhalten: Jesus tritt vor dem Hohen Rat mit einem *einzigartigen Selbstbewußtsein* auf.«[38]

Hier wird also der – man muß schon sagen – »verkrampfte« Versuch unternommen, den von den Synoptikern geschilderten Prozeß vor dem Synedrium doch noch in irgendeiner Form historisch »unterzubringen«.

»Messias« und »Gottessohn« im Wandel der Zeit

Die qualitativ unterschiedliche Beurteilung, die diese beiden Begriffe im Laufe der Zeit erfahren haben, hat zu großer Verwirrung geführt. Beim Lesen der Evangelienstelle, die sich auf die bedeutsamste Frage des ganzen Prozesses bezieht,

»Bist du der Messias, der Sohn Gottes?«

geht man meistens irrtümlich von der Annahme aus, die Frage des Hohenpriesters sei eine *Doppelfrage* gewesen, nämlich zum einen die Frage nach der Messianität und zum anderen die nach der Gottessohnschaft, etwa in dem Sinne, ob erstens Jesus meine, er sei der von der Masse der Bevölkerung herbeigesehnte Messias aus dem Hause David, und ob er sich zweitens darüber hinaus nicht nur für einen Menschen, sondern auch für ein himmlisches Wesen halte.

Selbst *George Bernard Shaw* war hier einem Interpretationsirrtum erlegen, indem er schreibt:

>»Jesus wurde hingerichtet wegen der Blasphemie seiner Behauptung, ein Gott zu sein. Daher behandelte ihn Kaiphas als einen Betrüger und Gotteslästerer, wo wir ihn als einen Geisteskranken behandelt hätten ... Hätte Jesus vor einem modernen Gericht gestanden, so wäre er von zwei Ärzten untersucht worden, man hätte entdeckt, daß er von einer fixen Idee besessen sei, er wäre für unzurechnungsfähig erklärt und in eine Anstalt geschickt worden.«[39]

Eine nach jüdischer Vorstellung ungeheuerliche Gotteslästerung wäre es natürlich gewesen, wenn jemand von sich behauptet, er sei – Gott vergleichbar – ein *himmlisches Wesen*. Es wäre schon Frevel und ein Verstoß gegen das erste Gebot des Dekalogs, auch nur für denkbar zu halten, daß es einen anderen Gott als den einzigen wahren Gott geben könnte. Auch Kaiphas hätte sich dann mit seiner Frage einer Gotteslästerung schuldig gemacht. Unter den Ratsmitgliedern hätte sie einen Tumult ausgelöst. Die Vorstellung, daß Gott einen »*eingeborenen*« Sohn haben könnte, wäre eine aus jüdischem Religionsverständnis nicht zu überbietende Geschmacklosigkeit.

Vor diesem Hintergrund wird deutlich, daß die so bedeutungsvolle und angeblich prozeßentscheidende Frage des Kaiphas – ihre Historizität an dieser Stelle einmal hypothetisch unterstellt –

überhaupt nur die Frage nach der *Messianität* hat sein können und daß die Frage nach dem »Sohn Gottes« nur als eine *Apposition* zur Messiasfrage verstanden werden kann. Anders ausgedrückt: Die Kaiphas'sche Frage konnte einzig und allein bedeuten, ob Jesus sich anmaße, der angekündigte Messias aus dem Hause David zu sein. Wenn Jesus, wie jedenfalls Markus berichtet, diese Frage bejaht hat, dann bedeutet dies, daß er sich gleichzeitig als »*König der Juden*« bezeichnet hätte, und damit wäre dann auch die Gottessohnschaft impliziert.

Der Ausdruck »*Sohn des Hochgelobten*«, »*Sohn des Höchsten*« oder »*Sohn Gottes*« ist Widerspiegelung eines Königspsalms, in dem Gott zum König anläßlich der Krönung spricht:

»Du bist mein Sohn, heute habe ich dich gezeugt.« (Ps.2.7)

Der britische Religionswissenschaftler *Fitzmyer* weist dies nochmals sehr anschaulich nach anhand eines *Qumran-Fragments*, wonach der Messias als »Sohn Gottes« und »Sohn des Allerhöchsten« bezeichnet wird.[40] Nach der Vorstellung der Essener, wie sie in der »*Kriegsrolle*« dokumentiert ist, würden nach dem siegreich bestandenen Endkampf zwei Messiasse, ein hohepriesterlicher aus dem *Hause Aaron* und ein königlicher aus dem *Hause David*, zwei »Söhne Gottes«, erwartet.

Der Messias im jüdischen Sinne ist immer nur ein Mensch, »*Ben-Adam*«, ein »Menschensohn«. Im Grundsatz gilt der menschliche Status für alle »Söhne Gottes« – mit einer aparten Ausnahme: Gemäß Ijob.2.1 gehört auch der *Teufel* zu den »Söhnen Gottes«, und die (übrigens stets männlichen) Engel tragen dieselbe Bezeichnung, da sie, ebenso wie der Teufel, zum *Hofstaat Gottes* gehören. Jedenfalls: Es gibt bei den Söhnen Gottes keine Gemeinsamkeit zum »*eingeborenen Sohn*« im Sinne des späteren christlichen Dogmas.

Ben-Chorin (Bruder Jesus, S. 197) macht darauf aufmerksam, daß, wenn der König der Juden den Thron besteigt, er sozusagen als neu gezeugter Sohn Gottes gilt. Auch in bezug auf David heißt es:

»Ich habe gefunden meinen Knecht David, ich habe ihn gesalbet mit meinem heiligen Öl … Er wird mich nennen also: Du bist mein Vater, mein Gott und Hort, der mir hilft. Und ich will ihn zum ersten Sohn machen, allerhöchst unter den Königen auf Erden.« (Ps.89.21, 27-28)

Wenn die Jünger, die sonstigen Anhänger Jesu und Jesus selbst gelegentlich den Ausdruck »Sohn Gottes« gebraucht haben sollten, dann natürlich ebenfalls nur im jüdisch-orientalischen Sinne – so wie ein Richter oder Rechtsanwalt, der vielen zum Recht verhilft, »Sohn des Rechts« genannt wird oder gar den ehrenvollen Titel »Vater des Rechts« erhält. Hier kommt die für Orientalen typische bildhafte Sprache zum Ausdruck.

Nach jüdischem Verständnis ist ein Sohn Gottes nichts weiter als ein Mensch, der besonders fromm und gottesfürchtig lebt, der ein gottgefälliges Leben führt. Auch der gläubige und sehr fromme Hohepriester Kaiphas hätte für sich in Anspruch nehmen können, ein Sohn Gottes zu sein. Genau in dem Sinne gebraucht Paulus im Römerbrief (8.14) diesen Begriff, ebenso im Galaterbrief:

»Ihr seid Söhne Gottes durch den Glauben.« (Gal.3.26)

In der *Bergpredigt* läßt der Matthäus-Evangelist Jesus sagen:

»Selig, die Frieden stiften; denn sie werden *Söhne Gottes* genannt werden.« (Mt.5.9)

»Liebet eure Feinde und betet für die, die euch verfolgen, damit ihr *Söhne eures Vaters* im Himmel werdet.« (Mt.5.44-45)

Die Bezeichnung »Sohn Gottes« war eine gesteigerte Form der Bezeichnung »Kinder Gottes«, und als Kinder Gottes mußten die Juden sich schon deswegen empfinden, weil es zum festen Bestandteil ihrer Religion gehört, daß sie das von Gott *auserwähl-*

te Volk seien.[41] Gott regiert diese Kinder seines Volkes, aber Gott verabscheut es, einen »eingeborenen Sohn« im Sinne christlicher Definition zu haben. Und der Gott Israels würde es sich wohl auch kaum einfallen lassen, sich mit diesem Sohn ungefähr dreißig Jahre später, nachdem er ihn zwecks Entsühnung hat schlachten lassen, in die himmlischen Regierungsgeschäfte zu teilen und nochmals später als dritten Partner, auf daß ein Triumvirat daraus werde, gar noch den Heiligen Geist an seine Seite zu bitten.

»Messias« ist das hebräische Wort für das griechische »Christos«, latinisiert »Christus«. Kirchlicher Tradition entsprechend, wie sie auch im sogenannten apostolischen Glaubensbekenntnis ihren Niederschlag findet, ist mit der Bezeichnung »Christus« der auferstandene Erlöser, der geglaubte und verkündete Sohn Gottes gemeint. Mit »Jesus« hingegen verbindet man eher den geschichtlichen Mann aus Galiläa. So gesehen, kommt in der Bezeichnung »Jesus Christus« auch das Dogma von der Doppelnatur Jesu als »wahrer Mensch und wahrer Gott« zum Ausdruck.

Der Begriff »Messias« oder »Christus« ist im Laufe von fast zwei Jahrtausenden so sehr in das christliche Denkschema integriert worden, daß sich kaum noch jemand der ursprünglichen Bedeutung bewußt ist. Beispielsweise in Händels großartigem Werk »Der Messias« soll man sich nicht dem Messias der Juden, sondern dem Christus der Christen verbunden fühlen. Und wenn die Arie nach Jes.40.9-10 ertönt: »Oh du, die Wonne, verkündet in Zion, steig' empor zur Höhe der Berge ... denn siehe, der Herr kommt gewaltig«, dann soll der Hörer nicht über die Prophezeiung Jesajas nachdenken, sondern er soll empfinden, daß hier der Heiland der Christen angekündigt wird. (Klammerbemerkung: Mit einem anderen Begriff verhält es sich ähnlich: Während die Jerusalemer Judenchristen in bezug auf ihren Rabbi gelegentlich die dogmatisch belanglose Höflichkeitsformel »unser Herr« – hebräisch »Maran« – gebrauchten, bekam diese Bezeichnung später eine völlig neue Qualität: »Kyrios«, »Dominus«, »Der Herr«, »The Lord«.)

Jedenfalls: Der von Kaiphas hinterfragte Christus hat nichts zu tun mit dem Christus der Christen, wie er seit Paulus verkündet wird: »Gottes *eingeborener* Sohn.« Wenn in der theologischen Wissenschaft auch strikt in Abrede gestellt wird, daß hier eine Abstammung im *biologischen* Sinne gemeint sei[42], so ist die Auffassung von der biologischen Abstammung zumindest im gläubigen Kirchenvolk verbreitet. (Und das ist der Kirche auch durchaus recht.) Was anderes soll denn sonst der gewählte und ständig gebrauchte Ausdruck »eingeborener Sohn« bedeuten? Für katholisches Dogmenverständnis jedenfalls sind die Vokabeln »eingeboren« und »leiblich« Synonyma, heißt es doch in der Dogmatischen Konstitution »lumen gentium« von Maria, daß sie unter dem Kreuz stehend mit ihrem »*Eingeborenen*« (freudig) leidet.

Der geschilderte Dialog zwischen Kaiphas und Jesus wird nur verständlich, wenn man ihn aus der jüdischen Sprach- und Begriffswelt heraus interpretiert. Tut man es nicht, sondern legt man unser – christlich geprägtes – Sprachbewußtsein zugrunde, dann hätte Jesus ja eine in sich widersprüchliche und damit ganz und gar unsinnige Antwort gegeben. Dann nämlich hätte er behauptet, Gottes leiblicher Sohn zu sein, und, um diese Behauptung gewissermaßen unter Beweis zu stellen, darauf hingewiesen, daß er, der Sohn Gottes, als *schlichtes Menschenkind* (»ihr werdet den Menschensohn sitzen sehen zur Rechten der Macht«) seinen Platz an der Seite Gottes haben werde. Bei richtiger gedanklicher und sprachlicher Interpretation aber haben der Hohepriester und Jesus – unterstellt, sie hätten überhaupt miteinander gesprochen – nicht etwa aneinander vorbeigeredet, sondern durchaus auf einer und derselben Ebene miteinander gesprochen. Jedenfalls hätten nicht zwei Christen miteinander geredet oder ein Christ und ein Jude, sondern beide Gesprächspartner wären Juden gewesen – was sogar der Evangelist dadurch deutlich macht, daß der Gottesname mit »*der Hochgelobte*« umschrieben wird. Folglich: Wenn die Evangelien berichten, Jesus habe sich während des Prozesses als Messias aus dem Hause David und damit als »König der Juden« dargestellt, so wäre dies die *allein bedeutsame* Prozeßaussage des

Angeklagten, wohingegen die Bezeichnung »Sohn Gottes« nur ein (logisches) Anhängsel dazu wäre.

Dies richtig zu sehen und richtig zu interpretieren, ist für unser »christlich« geprägtes Denkvermögen offenbar so befremdlich, daß selbst ein scharfsinniger Denker wie *Willibald Bösen* in seinem 1994 erschienenen Werk »Der letzte Tag des Jesus von Nazareth« die (angeblich angemaßte) Messianität und die (angeblich angemaßte) Gottessohnschaft als zwei ganz verschiedene Dinge sieht, indem er schreibt (S. 158):

> »Stehen im Mittelpunkt der Anklage bei Markus und Matthäus ein kritisches Tempellogion und die Messiasfrage, geht es bei Lukas um Jesu Gottessohnbekenntnis.«

Dabei ist gerade die Schilderung des Ablaufs der Ratssitzung bei Lukas ein gutes Beispiel dafür, daß die behauptete Gottessohnschaft die zwangsläufige Folge der behaupteten Messianität ist:

> »Sie sagten zu ihm: Wenn du der Messias bist, dann sag es uns! Er antwortete ihnen: Auch wenn ich es euch sage – ihr glaubt mir ja doch nicht ... Da sagten alle: Du bist *also* der Sohn Gottes.« (Lk.22.67-70)

Der Christus (Messias) in der Kaiphas'schen Fragestellung ist ausschließlich eine *nationale Figur des Judentums*. Von keiner Figur – Gott ausgenommen – ist im Alten Testament so viel die Rede wie von jenem Messias, der Israel von der Fremdherrschaft befreien und den Anbruch des Gottesreiches herbeiführen wird. Bei diesem prophezeiten Messias handelt es sich nicht um ein mit göttlichen Kräften ausgestattetes Wesen oder gar um einen leiblichen Verwandten Gottes, sondern ganz ausschließlich um einen *Menschen*, genau gesagt: um ein Mitglied der königlichen Familie aus dem Hause David, um einen *Prinzen*, wie man überspitzt formulieren könnte.

Gerade im Zeitalter Jesu gab es, mehr noch als in den vorausgegangenen Zeiten, im Volk Israel eine ausgeprägte Strömung, derzufolge der in den Geschichtsbüchern, Lehrbüchern und prophetischen Büchern immer und immer wieder angekündigte Messias nun endlich erscheinen werde. Seit der babylonischen Gefangenschaft, die rund fünfhundert Jahre zurücklag, waren die Juden (von einer relativ kurzen Periode nach dem Makkabäer-Aufstand im Jahre 160 v. Chr. abgesehen) als Volk nicht mehr frei gewesen. Jetzt standen sie unter römischer Herrschaft. Die Rufe nach Umkehr und Buße erschollen überall im Lande. Der wohl prominenteste Bußredner war *Johannes der Täufer*. Für viele schien die Zeit erfüllt, sie lebten in dem Bewußtsein des unmittelbar bevorstehenden Anbruchs der Gottesherrschaft.

Bultmann (S. 18):

»Bei der Verbindung von Gehorsam und Hoffnung ist es verständlich, daß ein Stück jener Hoffnungen vor allem viele Gemüter erfüllte: die Hoffnung, daß Gott die Heidenherrschaft zertrümmern werde, daß er sein Land wieder ganz zu einem heiligen machen werde, in dem nur noch das Gesetz der Väter gilt. Wohl begrüßte die offizielle Schicht des jüdischen Volkes die Römerherrschaft, die dem Lande Frieden gab und die gerade dadurch, daß sie dem Volke die Funktionen seiner staatlichen Existenz abnahm, dem Frommen ein gesetzestreues Leben in Ruhe beim friedlichen Handwerk erlaubte. Auch im Tempel zu Jerusalem wurden für den Cäsar regelmäßig Opfer und Gebete dargebracht, und man begnügte sich damit, daß die Römer gewisse Rücksichten auf die Heiligkeit Jerusalems nahmen. Aber im Volke selbst, und gerade auch in der gesetzesstrengen Richtung der Pharisäer, wuchs aus der messianischen Hoffnung vielfach ein glühender Aktivismus, der selbst Hand anlegte, der Herrschaft der Heiden ein Ende zu machen.«

Auch für Jesus hatte es, als er seine Botschaft verkündete, keinen Zweifel gegeben, daß die Zeitenwende unmittelbar bevorstand:

>»Wahrlich, ich sage euch, unter denen, die hier stehen, sind einige, die den Tod nicht schmecken werden, bis sie gesehen haben, daß das Reich Gottes mit Macht gekommen ist.« (Mk.9.1)

Nur der verheißene Messias wäre in der Lage, das Volk Israel von der Fremdherrschaft der Römer zu befreien und es mit seinem erzürnten Gott zu versöhnen.

Lapide (Der Jude Jesus, S. 28 f.):

>»Politisch war ja die Rolle der Messiaskönige; politisch gefärbt waren alle messianischen Prophezeiungen der Endzeit; politisch war vor allem die Notlage Israels, aus der er das Gottesvolk erretten sollte. Ein unpolitischer Messias wäre zu Römerzeiten ein Selbstwiderspruch gewesen.«

Das Bewußtsein, von Gott als Volk auserwählt worden zu sein, war überlagert von einem immensen religiösen Schuldkomplex: Israel muß wieder lernen, die Worte des Gesetzes zu beachten. Israel muß nur den Willen Gottes tun wollen, und dann wird ihm das Himmelreich erscheinen.[43]

Das aber bedeutete fürs erste einmal, daß Israel von seinen Feinden befreit wird, daß die Römer aus dem Lande vertrieben werden. Das war die Erwartung, die man – gepaart mit der eigenen Bußfertigkeit – an den Messias aus dem Hause David knüpfte.

David galt als das Ideal eines Königs schlechthin, er war der strahlende Held, der die Zeiten überdauert hatte. (Klammerbemerkung: Bei näherem Hinschauen ist es mit dem Glanz Davids allerdings gar nicht so gut bestellt. Daß er als Ehebrecher beschrieben wird, ist noch seine harmloseste Seite. Uta-Ranke-Heinemann – S. 94 f.: »David war, bevor er König wurde, ein Plünderer und

Brandschatzer und ›ließ weder Mann noch Frau am Leben‹ –
1.Sam.27.9, 11. Und auch als König blieb er ein Mensch mit mörderischer Gesinnung und ließ z. B., um eine Hungersnot abzuwenden, zwei Söhne seines Vorgängers Saul und fünf Enkel des
Saul hinrichten.«) Jedenfalls: Der Messias mußte der unbekannte
Nachkomme aus dem Hause David sein, der mit Gottes wunder-
barer Hilfe die alte Dynastie restaurieren werde, mit nunmehr
einem »*Himmlischen Jerusalem*« als Hauptstadt seines göttlichen
Reiches, wo (nach der Vision Jesajas) »*Schwerter zu Pflugscharen*«
geschmiedet werden, der Wolf beim Lamm wohnt, das Kind vor
dem Schlupfloch der Natter spielen kann:[44]

»Eines hab' ich geschworen, so wahr ich heilig bin, und niemals werde ich David belügen: Sein Geschlecht soll bleiben
auf ewig, sein Thron habe Bestand vor mir wie die Sonne; er
soll ewig bestehen wie der Mond, der verläßliche Zeuge über
den Wolken.« (Ps.89.36-38)

Dieselbe Aussage, geradezu mit militärischem Akzent den Natio-
nalhelden und schließlichen Friedensstifter ankündigend, findet
sich nochmals beim Propheten Jesaja:

»Das Volk, das im Finstern wandelt, sieht ein großes Licht,
und über denen, die da wohnen im finstern Lande, scheint es
hell. Du weckst lauten Jubel, du machst groß die Freude …
Jeder Stiefel, der mit Gedröhn dahergeht, und jeder Mantel,
durch Blut geschleift, wird verbrannt und vom Feuer verzehrt. Denn uns ist ein Kind geboren, ein Sohn ist uns gegeben, und die Herrschaft ist auf seiner Schulter; und er heißt
Wunderbar, Rat, Kraft, Held, Ewig-Vater, Friedefürst; auf
daß seine Herrschaft groß werde und des Friedens kein Ende
auf dem Thron Davids und in seinem Königreich, daß er's
stärke und stütze durch Recht und Gerechtigkeit von nun an
bis in Ewigkeit. Solches wird tun der Eifer des Herrn Zeba-
oth.« (Jes.9.1-2, 4-6)

Als dieser verheißene Messias aus dem Hause David wird Jesus in den synoptischen Evangelien bekanntgemacht. Die Evangelisten sind allerdings bemüht, Jesus als einen »unpolitischen« Messias hinzustellen; den darin liegenden Widerspruch nehmen sie in Kauf, um Konflikte mit Rom nach Möglichkeit zu vermeiden. Trotz dieses Bemühens schimmert, vor allem bei Lukas, das *kämpferische* Element des Messias bisweilen durch. Bei der Verkündigung an Maria ist vom »Herrscher Israels« die Rede (Lk.1.32-33). Maria selbst freut sich in ihrem Lobgesang nicht darüber, daß sie ein Kind erwartet, sondern daß es der »*Retter Israels*« ist, den sie gebären wird (Lk.1.46-52). Die beiden Emmaus-Jünger machen kein Hehl aus ihrer Enttäuschung über die ausgebliebene *Befreiung* Israels (Lk.24.21).

Die davidische Abstammung Jesu wird auch von Paulus erwähnt (Röm.1.3), und es gibt sogar eine Briefstelle des Apostels, wo er sich nicht scheut, seinen geglaubten und wiedererwarteten Christus als »Rächer Israels« anzukündigen:

»Danach kommt das Ende, wenn er jede Macht, Gewalt und Kraft vernichtet hat und seine Herrschaft Gott, dem Vater, übergibt. Denn er muß herrschen, bis Gott ihm alle Feinde unter die Füße gelegt hat.« (1.Kor.15.24-25)

Die jüdische Interpretation der Gottessohnschaft galt selbstverständlich auch noch für die Glaubensvorstellung unmittelbar nach Jesu Tod. Nachdem die Jünger ihren Meister zunächst seinem Schicksal überlassen hatten, versammelten sie sich nach einiger Zeit wieder in Jerusalem. Möglicherweise waren die meisten von ihnen erst in die Heimat nach Galiläa zurückgekehrt. So wäre also Galiläa als Keimzelle des nachösterlichen Glaubens anzusehen. Zwischen den letzten Versen der Evangelien und dem ersten Kapitel der Apostelgeschichte klafft eine Lücke, gewissermaßen eine »*Grauzone des Glaubens*«. Wie lange die Zeitspanne zwischen Flucht und Wiederzusammenkunft war, vermag niemand zu sagen. Es können ein paar Wochen gewesen sein, aber auch einige Monate, vielleicht sogar ein ganzes Jahr oder noch mehr.

Küng sieht Anhaltspunkte dafür, daß es das Pfingstfest des Todesjahres gewesen sein könnte (Christ sein, S. 344):

»Nur aus der späten lukanischen Apostelgeschichte wissen
wir von einem christlichen Pfingstfest, ›Pentekoste‹ = 50.
Tag. Am ersten Pfingstfest nach Jesu Tod, wo zweifellos viele
Festpilger nach Jerusalem kamen, konnte durchaus die erste
Versammlung der (vor allem) aus Galiläa zurückgekomme-
nen Anhänger Jesu in Jerusalem und ihre Konstitution als die
endzeitliche Gemeinde (unter enthusiastisch-charismati-
schen Begleitumständen) stattgefunden haben. Möglicherweise hat Lukas eine Tradition vom ersten Auftreten einer
geistgewirkten Massenekstase in Jerusalem am ersten
Pfingstfest verwendet. Merkwürdigerweise wissen weder
Paulus noch Markus, noch Matthäus etwas von einem christlichen Pfingsten. Für Johannes fallen Ostern und Pfingsten
sogar ausdrücklich zusammen.«

Fest steht jedenfalls, daß, nachdem die Jünger in Jerusalem wieder
beisammen waren, sie die Überzeugung teilten, daß Jesus lebt, daß
Gott ihn von den Toten auferweckt habe. Ihr Glaubensinhalt
knüpfte da an, wo er bei der Verhaftung und Hinrichtung ihres
Meisters zunächst abgebrochen war: Sie »warteten auf die Verheißung des Vaters«, wie es in der Apostelgeschichte (1.4) heißt,
also auf den von Jesus vorausgesagten Anbruch des Gottesreiches.
Ob die Mitglieder der Urgemeinde (namentlich genannt werden
nur Petrus, die Zwillingsbrüder Jakobus und Johannes und Jesu
Bruder Jakobus) nicht nur von der prophetischen Würde Jesu,
sondern nunmehr auch von seiner Messianität überzeugt waren,
ist eine von niemandem mit Sicherheit zu beantwortende Frage.
Die im Lukas-Evangelium genannten »Emmaus-Jünger« hatten
diese Überzeugung jedenfalls nicht:

»Er war ein Prophet, mächtig in Wort und Tat vor Gott und dem ganzen Volk. Doch unsere Hohenpriester und Führer haben ihn zum Tod verurteilen und ans Kreuz schlagen lassen. Wir aber hatten gehofft, daß er der sei, der Israel erlösen werde. (Lk.24.19-21)

Übereinstimmung herrschte bei den Mitgliedern der Urgemeinde offenbar in der Überzeugung, daß ihr hingerichteter Rabbi bald wieder erscheinen werde (Apg.3.20), in einer anderen Gestalt vielleicht, nunmehr aber in messianischer Größe, analog der Vorstellung Jesu (Mt.17.12-13), wonach Johannes der Täufer die Wiederverkörperung des Propheten Elia war. Bezüglich der Vorstellung eines Wiedererscheinens in einer anderen Gestalt geht es mitunter etwas verwirrend zu: Jesus und ein Teil seiner Anhänger sahen in Johannes dem Täufer den wiedergekommenen Elia; andere hielten Jesus für Elia, und wiederum andere sahen in Jesus den auferstandenen Täufer (Mt.16.13-14). Auch Herodes Antipas soll laut Mk.6.16 Jesus mit – dem auferstandenen! – Johannes dem Täufer gleichgesetzt haben. Jedenfalls: der Messias würde kommen, um – in welcher Gestalt auch immer – den Anbruch des Gottesreiches, wie versprochen, mit den Jüngern gemeinsam zu feiern.

(Klammerbemerkung: In bezug auf die unmittelbar bevorstehende Endzeit hat man sich also zum zweiten Mal getäuscht. Die Anhänger und Apostel in Jerusalem waren von der *unmittelbar bevorstehenden* Wiederkehr ihres Meisters und dem danach verheißenen Anbruch des Gottesreiches überzeugt. Auch Paulus glaubte zunächst noch an die weitgehend erlebbare Wiederkunft des Herrn. In seinem ältesten Dokument, dem 1. Brief an die Thessalonicher, versichert er in Kap. 4, Vers 15 u. 17 den Adressaten seines Briefes, daß sie noch alle am Leben sein werden, wenn der Herr kommt, doch würden sie den Verstorbenen nichts voraushaben. Paulus scheint dann aber seine Meinung geändert und auch insofern eine Entwicklung eingeleitet zu haben, welche die Wiederkunft des Herrn immer mehr hinauszuschieben vermochte bzw. sie sogar überflüssig erscheinen ließ: Im 2. Korintherbrief 5.17 verkündet Paulus, daß durch Jesu Tod und Auferstehung die große Wende bereits eingetreten sei. Im 2. Thessalonicherbrief (unterstellt, dieser Brief stammt von Paulus) distanziert er sich von dem im 1. Thessalonicherbrief Gesagten: Bis die Wiederkunft kommt, muß noch eine ganze Reihe von Vorbedingungen erfüllt werden. Als dann das Christentum zur Staatsreligion geworden war, trat die Erwartung vom nahen Ende dieser Welt völlig in den Hintergrund. Die Bischöfe hatten sich politisch so gut arrangiert und gesellschaftlich etabliert, daß es nicht mehr in ihr Konzept paßte, das baldige Ende herbeizusehen. Die Parusie wurde zur Quantité négligeable. An die Stelle des wiedererwarteten Messias trat die *Gegenwärtigkeit Christi in den Sakramenten*. An die Stelle der Parusie trat die Gewißheit, daß die Menschheit durch den Tod Jesu erlöst sei. Im 4. Jahrhundert erinnert der Verfasser des 2. Petrusbriefes – 3.8 – an das alte Psalmwort: »Das eine aber, liebe Brüder, dürft ihr nicht übersehen: daß beim Herrn ein Tag wie tausend Jahre und tausend Jahre wie ein Tag sind.« Tröstend und mahnend fährt er dann fort: »Der Herr zögert nicht mit der Erfüllung seiner Verheißung, wie einige meinen, die von Verzögerung reden; er ist nur geduldig mit euch, weil er nicht will, daß jemand zugrunde geht, sondern daß alle sich bekehren.«)

Was den in Jerusalem versammelten Jüngern und sonstigen Jesus-Anhängern für ihren Glauben an die Wiederkunft ihres hingerichteten Meisters noch fehlte, war der *Schriftbeweis*, die *Prophezeiung* in der Heiligen Schrift. Aber auch da wurden sie fündig. Berichtete nicht der Prophet Jesaja in den Kapiteln 42, 52 und 53 von einem verworfenen Gottesknecht, dessen Leiden und Tod für Israel zur Sühne wurde? Und berichteten nicht auch die Psalmen (18, 22, 69) von Gottes Gesalbtem, der von seinen Feinden überwältigt schien und den Gott im letzten Augenblick aus vielen dunklen Wassern emporzog, um ihn am Tag der Erlösung zum König über die ganze Erde einzusetzen? In Psalm 110 fanden sie die Gewißheit, daß dieser messianische König sitzen werde »zur rechten Hand Gottes«, und im Buch Daniel (7.13) lasen sie vom Menschensohn, der mit den Wolken des Himmels zu Gott gelangte, dem Herrschaft, Würde und Königtum gegeben wurden, dessen Herrschaft ewig sein wird. Sie stellten sich vor, daß alle diese Stellen sich nur auf ihren hingerichteten Rabbi Jesus beziehen konnten.

Die Jesusanhänger (»Nazaräer«) der Jerusalemer Gemeinde waren indes strenggläubige Juden innerhalb der pharisäischen Richtung. Ihr Versammlungsort war die Synagoge. Unmöglich wäre die Annahme, sie hätten in ihrem hingerichteten Rabbi ein himmlisches Wesen gesehen. Für sie war er einzig und allein Lehrer und Vorbild gewesen, dessen Weisungen man befolgt, dessen Lehren man Glauben schenkt.

Arthur Drews (S. 117):

»Sie wußten doch, wer Jesus gewesen war. Sie kannten ihn durch mehrjährigen beständigen Umgang mit dem Meister. Und wie hoch sie auch immer von dem Auferstandenen dachten, wie innig sich in ihrem Bewußtsein die Erinnerung an den Menschen Jesus mit den herrschenden Vorstellungen des Messias verknüpfen mochte: zu einer derartig maßlosen Vergötterung ihres Herrn und Meisters, wie Paulus sie schon verhältnismäßig bald nach Jesu Tod vornahm, sollen doch auch sie nach der herrschenden theologischen Ansicht sich keineswegs verstiegen haben.«

Auch einem noch so frommen Christen wäre ja wohl die Vorstellung suspekt, Jesus könnte seine Jünger jemals aufgefordert haben, ihn *anzubeten* oder sich Gedanken darüber zu machen, ob er Gott ähnlich oder Gott wesensgleich sei.

Schon *Porphyrios*, Bischof von Gaza, – der amerikanische Historiker *Robert L. Wilken* bezeichnet ihn als den gebildetsten und scharfsinnigsten Kritiker des Christentums – hatte um das Jahr 400 auf der Grundlage des Neuen Testaments aufgezeigt,

»daß Jesus sich nicht selbst Gott nannte, daß er nicht über sich selbst, sondern über den einen Gott aller Menschen predigte. Seine Anhänger waren es, die seine Lehren aufgaben und eine neue (ihre eigene) Lehrweise einführten, bei der Jesus Gegenstand der Gottesverehrung und der Anbetung wurde«.[45]

Zwischen dem spätantiken Streit und der modernen Erörterung besteht kaum ein Unterschied. Der berühmte evangelische Theologe *Adolf v. Harnack* prägte Anfang dieses Jahrhunderts den Satz (S. 92):

»Nicht der Sohn, sondern allein der Vater gehört in das Evangelium, wie es Jesus verkündet hat, hinein.«

Und *Hans Küng* fragt (Christ sein, S. 125):

»Wäre es den neutestamentlichen Zeugnissen und dem mehr geschichtlichen Denken des heutigen Menschen nicht vielleicht angemessener, wie die ersten Jünger vom wirklichen Menschen Jesus, seiner geschichtlichen Botschaft und Erscheinung, seinem Leben und Geschick, seiner geschichtlichen Wirklichkeit und geschichtlichen Wirkung auszugehen, um nach dieses Menschen Jesus Verhältnis zu Gott, seiner Einheit mit dem Vater zu fragen?«

Sogar der Johannes-Evangelist, der sonst so sehr darauf bedacht ist, den »göttlichen« Christus herauszustellen, erzählt (Joh. 20.14-16), daß der auferstandene Jesus Maria Magdalena begegnet, die ihn zunächst für einen Gärtner hält. Dann aber gibt der Auferstandene sich ihr zu erkennen. In ihrer Freude stößt Maria Magdalena daraufhin nur ein einziges Wort aus, ein Wort, das in der hebräischen oder aramäischen Sprache nicht ausgemacht werden kann: »*Rabbuni*!« Möglicherweise war das (Ben-Chorin hat sich einmal in einem Vortrag so geäußert) der Kosename, mit dem

Maria Magdalena Jesus anzureden pflegte – in freier Übersetzung etwa »*Mein Räbbele*«.[46] Jedenfalls: Maria erstarrt nicht etwa in Ehrfurcht vor einem göttlichen Wesen, für sie steht nur fest, daß ihr guter, vertrauter Rabbi wieder da ist.

Die Familienangehörigen und die Jünger konnten nur glauben, daß es sich bei Jesus um einen zur Vollbringung von Wundertaten befähigten, von Gott auserwählten und mit besonderen – vielleicht messianischen – Gaben ausgestatteten Menschen gehandelt haben muß. Den kann Gott nicht einfach sterben lassen und dann vergessen. Natürlich wäre es absurd, wenn man annähme, Jakobus etwa hätte seinen Bruder für einen »leiblichen« Sohn Gottes gehalten, der schon vor der Geburt beim Allmächtigen im Himmel existent gewesen sei.[47] Notabene: Zu Jesu Lebzeiten hatte Jakobus von seinem Bruder nicht gerade viel gehalten (Mk.3.21; Joh.7.5).

Wer im Tempel von Jerusalem oder in einer Synagoge, wo die Jesus-Anhänger sich versammelten, verkündet hätte, der kürzlich in Golgatha hingerichtete Jesus von Nazareth sei in Wirklichkeit kein Mensch, sondern ein Gott gewesen, der wäre entweder gesteinigt oder schlicht ausgelacht worden. Daß Gott nicht der alleinige Herrscher sei, sondern es sich einfallen lassen könnte, jemanden zu sich in den Himmel zu holen, um diesem bestimmte Funktionen göttlicher Herrschaft zu übertragen, das mußte einem jeden Juden vor zweitausend Jahren so unfaßbar sein, wie es bis auf den heutigen Tag unfaßbar geblieben ist.

Der Jude Paulus konnte da nicht anders gedacht haben. Die Gottessohnschaft, wie Paulus sie predigt, bezieht sich nicht auf den irdischen Jesus. Relevant wird sie erst im Zusammenhang mit der Auferstehung.

»... eingesetzt als Sohn Gottes in Macht seit der Auferstehung von den Toten.« (Röm.1.4)[48]

Andererseits war es Paulus, der es als erster unternahm, Jesu ausschließliches Menschsein in Frage zu stellen und ihn mit einem

Hauch von Göttlichkeit zu umgeben. Indem nach paulinischer Lehre Jesus in seiner personalen Identität zu neuem Leben auferweckt wurde, war der Tod gleichsam ungeschehen gemacht worden:

»Der Tod ist verschlungen in den Sieg. Tod, wo ist dein Stachel? Hölle, wo ist dein Sieg?« (1.Kor.15.55)

Es sind naheliegende Gründe, die Paulus bewogen haben dürften: Er missionierte im hellenistisch-römischen Raum. Gegenüber der heidnischen Religion mit ihrem Götterkult hätte er wohl kaum eine Chance gehabt, wenn er auf nichts anderes als auf einen in Jerusalem umgebrachten Märtyrer hätte verweisen können. Was Paulus über die Göttlichkeit Jesu aussagt (natürlich kann es bei ihm noch keine Trinitätslehre geben), ist allerdings noch so zurückhaltend und verschwommen, daß man nicht sicher ist, was er in dieser Hinsicht letzten Endes geglaubt hat. Er spricht von Jesus Christus als »des einen Menschen« (Röm.5.15), betont die »irdische Herkunft« Jesu (Röm.1.3). In Röm.8.14 schreibt er, »alle«, die sich vom Geist Gottes leiten lassen, »sind Söhne Gottes«. Es dürfte also schwer sein, sich auf die Briefstellen des Paulus zu berufen, um damit den Glauben des Apostels an eine Gottessohnschaft im christlichen Sinne zu belegen. Was man als Quintessenz paulinischer Auffassung mit Sicherheit wird sagen können, ist, daß Jesus nicht etwa *vor* der Geburt bei Gott war, sondern »eingesetzt ist als Sohn Gottes ... aufgrund der Auferstehung von den Toten« (Röm.1.4). Dies allerdings nicht im Sinne eines Subordinationsverhältnisses, sondern im Sinne einer *Ebenbürtigkeit* mit Gott, wie es der Apostel – zumindest dem Wortlaut nach – zum Ausdruck bringt:

»Dem Fleisch nach entstammt ihnen (gemeint sind die Juden) Christus, der über allem als *Gott* steht.« (Röm.9.5)

Die kirchliche Lehre, wonach Jesu Status von Anbeginn der Welt göttlich war, hat sich dann allerdings weit über Paulus hinausentwickelt.

Die Evangelisten, die bemüht sind, ihre Botschaft im paulinischen Sinne zu verkünden[49] und Jesus übernatürliche Kräfte zuschreiben, die ihn zur Vollbringung von *Wundern* befähigen, haben eine ähnlich ambivalente Haltung wie ihr Mentor Paulus. In die Wunderbeschreibungen allerdings wird man insgesamt nicht mehr hineinlegen können als die Tatsache, daß Jesu Wirken seine Mitmenschen mitunter in Erstaunen versetzte.[50] Auch in der theologischen Lehre haben die Jesus zugeschriebenen Wunder nie einen zentralen Platz eingenommen. Auch ohne Wunderbeweise soll man den Worten Jesu glauben können. Man kann daher nicht schließen, daß die von den Evangelisten beschriebenen Wunder ein Beweis für die Gottheit Jesu sein sollen. Im übrigen: Wunderbeschreibungen waren in der antiken Welt an der Tagesordnung. Die griechischen und römischen Dichter haben eine Fülle von Wundertaten beschrieben, die von prominenten Zeitgenossen vollbracht sein sollen. So z. B. berichten Tacitus und Sueton übereinstimmend, daß Vespasian, nachdem er als Kaiser proklamiert war, in Ägypten einen Blinden geheilt habe. Die historische Zuverlässigkeit dieser antiken Geschichtsschreiber ist sicher nicht geringer als die der Verfasser der Evangelien.[51]
Während bei den Synoptikern der irdische Jesus im Vordergrund steht[52] – besonders ausgeprägt bei Markus, wo die Gottessohnschaft Jesu im Sinne einer Adoption durch die Taufe bewirkt wird (Mk.1.10-11) –, gibt es bei Johannes, dessen Evangelium vom hellenistischen Geist durchdrungen ist, von einem irdischen Jesus fast überhaupt keine Spur mehr. Eindeutig dominiert der göttliche Status:

»Daß ihr glaubet, Jesus sei Christus, der Sohn Gottes.«

Dennoch tut sich Johannes, wie die vielen gewundenen Begriffe zeigen, schwer, Jesu »Anderssein« seinem Leserpublikum klarzumachen. Einigermaßen griffige Formeln, wie sie ein paar Jahrhunderte später auf den verschiedenen Konzilien geprägt wurden, standen Johannes noch nicht zur Verfügung. Im ersten Kapitel seines Evangeliums stellt er Jesus als das »Wort« oder die »Stimme« Gottes vor und will damit Jesu göttlichen Willen und göttliche Macht zum Ausdruck bringen. Durchaus gibt es auch Stellen, wo Gott in der Rangordnung deutlich über Jesus steht (z. B. Joh.10.34-36; 14.21). Im Dialog mit Pilatus kommt sogar eher die Haltung eines Menschen als die eines göttlichen Wesens zum Ausdruck, indem Jesus sagt, der Prokurator hätte keine Macht über ihn, wenn diese ihm nicht »von oben herab« gegeben wäre (Joh.19.11).

Manche Kirchenväter, z. B. *Tertullian*, lehrten, Jesus sei bei der Erschaffung der Welt gezeugt worden, in dem Augenblick, in dem Gott das »*fiat lux*« der Genesis ausgesprochen habe. Auf dem Konzil von Antiochien im Jahre 264 hatte man sich dann darauf geeinigt, daß Jesus von Gott gezeugt sei, folglich sei auch er wie Gott. Der Streit ging aber weiter. *Origenes* z. B. oder *Theodotus von Byzanz* und seine Schüler vertraten die Auffassung, daß die Abkunft Jesu von Gott rein symbolisch verstanden werden müsse, daß Jesus ausschließlich Mensch gewesen und von Gott durch die Taufe an Sohnes Statt angenommen worden sei (Adoptionslehre). Bedeutend unter den Kirchenlehrern war der Presbyter *Arius*. Dieser lehnte die Vorstellung ab, daß Gott die Gestalt eines Menschen annehmen könne, Jesus sei nur *gottähnlich* gewesen. Auch Arius hatte Jesus in die Nähe Gottes gerückt; der arianische Jesus aber war nicht Gott selbst, sondern »nur« ein Geschöpf Gottes:

> »Wir bekennen einen Gott, der allein ungezeugt ist, allein ewig, allein ohne Anfang, allein unsterblich, allein weise, allein gut, allein Herr, allein Richter aller.«

Nur so auch kann der gläubige Jude Jesus gedacht haben, getreu dem, was der Prophet Jesaja verkündet:

»Spruch des Herrn ... vor mir wurde kein Gott erschaffen, und auch nach mir wird es keinen geben. Ich bin Jahwe, ich, und außer mir gibt es keinen Retter.« (Jes.43.10-11)

Die arianische Auffassung dürfte der paulinischen Auffassung im eigentlichen Sinne nahekommen, wenn der Apostel schreibt, es sei da

»*ein* Gott und *ein* Mittler zwischen Gott und den Menschen, nämlich der Mensch Christus Jesus«. (1. Tim.2.5)[53]

Um den Streit zwischen Arius und seinen Gegnern zu beenden, rief Kaiser Konstantin (damals selbst noch nicht getauft, sondern dem heidnischen Glauben angehörig) im Jahre 325 das Konzil von Nicäa ein. Nicht etwa religiöse Motive bewogen ihn zu diesem Schritt, sondern es war sein Bestreben, die im römischen Reich als Störenfriede empfundenen Christen in seinen Staat einzubinden. Er wollte schlicht Ruhe vor ihnen haben. Nicht einen christlichen Staat wollte er, sondern das Christentum sollte »verstaatlicht« werden. Die unter den Christen herrschenden Glaubenskämpfe standen ihm dabei im Wege. Immer wieder beschwor er auf dem Konzil die versammelten 318 Bischöfe zur Einigkeit. Wie diese Einigung ausfiel, war ihm im Grunde egal. Die Bischöfe waren aber so sehr untereinander zerstritten, daß sich auch nach vierwöchiger Konzilsdauer noch kein Kompromiß abzeichnete. Mit dem vielen Despoten eigenen Spürsinn erkannte Konstantin, daß es Arius, obwohl dieser auch unter den Bischöfen viele Anhänger hatte, nicht gelingen werde, seine Auffassung von der *Gottähnlichkeit* Jesu durchzusetzen. Der Kaiser ergriff Partei für die Vertreter der These von der *Gottgleichheit*, und so setzte sich dann schließlich die aus der Gnosis stammende Lehre des *Athanasius*, des Bischofs von Alexandrien, durch, derzufolge Gott und Jesus »wesenseins« (»*homo-ousios*«) – im Gegensatz zum arianischen »wesensähnlich« (»*homo-i-ousios*«) – seien. Durch einen Streit um den kleinen Buchstaben »i« haben sich vor 1670 Jahren, etwa 300

Jahre nach Jesu Tod, die Geister geschieden. Es entstand das nicäische Glaubensbekenntnis, welches die Grundlage des jetzt noch gültigen sogenannten »apostolischen« Glaubensbekenntnisses ist:

»Jesus Christus, der Sohn Gottes, gezeugt, nicht geschaffen, vom Vater als sein einziger Sohn, wesenseins (homoousios) mit dem Vater, Licht aus Licht, wirklicher Gott aus wirklichem Gott.«

Im Grunde wurde die nicäische Lehre durch ein Dekret des Kaisers, eines Laien und Heiden, zur offiziellen Lehre erhoben. Die theologische Begründung für das nicäische Glaubensbekenntnis wurde nachgeliefert: Nicht ein Mensch ist Gott, sondern Gott ist Mensch geworden – eine Formel, die sich bis in unsere Zeit erhalten hat.

Konstantin ließ sich erst kurz vor seinem Tod im Jahre 337 taufen, und zwar von Bischof Eusebius – ironischerweise – auf den arianischen Glauben. So starb der erste christliche Kaiser als *Ketzer*. (Dennoch wurde Konstantin, nach dem die Kirche die »Konstantinische Wende« und die »Konstantinische Schenkung« benennt, heiliggesprochen – ein mehr als zwielichtiger Herrscher, der nach der Rückkehr vom Konzil seine Frau im Bade erwürgen ließ, weil er frei sein wollte für ein neues Liebesverhältnis mit einer anderen Frau. Sinnigerweise hat er sich schon zu einer Zeit, als er noch nicht einmal getauft war, als der »*13. Apostel*« bezeichnet.)

Trotz des in Nicäa verkündeten Dogmas, wonach Jesus und Gott »wesenseins« seien, wirkten die Lehren des *Arius* in der Kirchengemeinde weiter, und sie wirken fort – wenn ich *Hans Küng* (Christ sein, S. 123), der sich dabei auf *Karl Rahner* ebenso berufen kann wie auf *Karl Barth* und *Dietrich Bonhoeffer*, richtig verstehe – bis auf den heutigen Tag, und zwar ungeachtet der Tatsache, daß die Bezeichnung »Arianer« schlichtweg zum Schimpfnamen in der Kirchensprache geworden war.

Wieder einmal steht uns eine Entwicklung vor Augen, die in diametralem Gegensatz zur Auffassung der Urgemeinde steht. Auf dem Weg über die Dualität (Vater–Sohn) gelangte man zur Trinität (Vater–Sohn–Heiliger Geist). Entstanden war der »Dreieinige Gott«, über den Goethe in einem Brief an einen Freund einmal schrieb:

»Nie werde ich begreifen, wie eins drei und drei eins sein können.«[54]

Wieder ist es Paulus, der am Anfang dieser Entwicklung steht. Im Galater-Brief (2.5) berichtet er stolz, daß er sich in Jerusalem nicht habe unterkriegen lassen, und in der Apostelgeschichte heißt es von einer paulinischen Vision:

»Und ich sah, wie er zu mir sagte: Beeil dich, verlasse sofort Jerusalem; denn sie werden dein Zeugnis über mich nicht annehmen.« (Apg.22.18)

Hier geht es in beiden Fällen um die Kontroverse des Paulus in der Urgemeinde mit den Weggenossen Jesu, für die ihr hingerichteter Rabbi nie etwas anderes als ein »wahrer Mensch« gewesen ist. Jedenfalls war es Paulus, der eine Entwicklung christlicher Theologie einleitete, aus der schließlich im Jahre 451 auf dem Konzil von *Chalcedon* das Dogma von Jesu Doppelnatur »*wahrer Mensch und wahrer Gott*« hervorging. Dieses Dogma steht am Ende einer ganzen Kette von Diskussionen und Polemiken unter den Kirchenvätern. Am überreichen Spektrum der verschiedenen Auffassungen kann man ermessen, wie heftig die Auseinandersetzungen waren. Auf manchen Konzilien gab es regelrechte Schlägereien mit Toten und Verletzten. Das Konzil von *Ephesus* im Jahre 449 hat dadurch den Beinamen »*Räuberkonzil*« erhalten.

Kehrt man zurück in die vorpaulinische Zeit, also in die Zeit, in der Jesus vor Kaiphas gestanden haben soll, dann wäre eine solchermaßen vorhergesagte Entwicklung nur mit Kopfschütteln aufgenommen worden. Im Dialog zwischen dem Juden Kaiphas und dem Juden Jesus wäre es undenkbar, daß die Frage nach Jesu Gottessohnschaft sich auf einen »persönlichen Sohn Gottes« bezogen haben könnte. Eine solche Fragestellung wäre dem Vorstellungsvermögen des fragenden Gerichtspräsidenten ebensowenig zugänglich wie dem des befragten Angeklagten. So, wie die inkriminierte Frage gemeinhin vom »christlichen« Hörer oder Leser interpretiert wird, wäre sie nur interpretierbar, wenn Kaiphas und Jesus nicht Juden, sondern relativ späte Christen (frühestens ab dem Beginn des dritten Jahrhunderts aufgrund der Lehre des *Tertullian*) gewesen wären.

10. Kapitel
Rechtsbrüche außerhalb der Anklage?

D*avid Flusser*[1] hebt hervor, daß es keine Stelle in den synopti-
schen Evangelien gebe, wonach Jesus in seinem religiösen
Leben irgendeine Vorschrift der Gesetzeslehre mißachtet hätte.
Im Gegenteil, die Texte würden darauf hinweisen, daß er die
Halacha, wie sie die Pharisäer vertraten, akzeptierte und für ihre
Einhaltung eintrat. (Klammerbemerkung: Wenn Paulus im Brief
an die Galater schreibt, »Christus aber hat uns erlöst von dem
Fluch des Gesetzes«, so ist das die eigene Lehre des Paulus im
Rahmen seiner Heidenmission. Er will damit sagen, daß der in
Dtn.28.15 ff. angedrohte Fluch gegenüber demjenigen, der sich
nicht strikt an die Weisungen der Thora hält, jetzt partiell außer
Kraft gesetzt ist.) In den Evangelien wird oft über Jesu strenge
Thora-Treue berichtet. Das wohl bekannteste Beispiel stammt aus
der Bergpredigt:

»Ihr sollt nicht wähnen, daß ich gekommen bin, das Gesetz
oder die Propheten aufzulösen; ich bin nicht gekommen aufzulösen, sondern zu erfüllen. Denn ich sage euch wahrlich:
Bis daß Himmel und Erde zergehe, wird nicht zergehen der
kleinste Buchstabe und ein Tüttel vom Gesetz, bis daß es
alles geschehe. Wer nur eines von diesen kleinsten Geboten
auflöst und lehrt die Leute also, der wird der Kleinste heißen
im Himmelreich; wer es aber tut und lehrt, der wird groß
heißen im Himmelreich.« (Mt.5.17-19)

Allerdings hätte man Jesus wahrscheinlich einige konkrete Rechtsbrüche nachsagen können, so daß, wenn er deswegen verurteilt worden wäre, wohl niemand hätte behaupten können, das Gericht habe etwa *Rechtsbeugung* begangen. Die späteren *christlichen Inquisitionsgerichte* jedenfalls sind durchweg mit weniger Schuldfeststellung ausgekommen, um – in Jesu Namen – den *Scheiterhaufen* zu verordnen! Im theologischen Schrifttum wird sogar ausdrücklich hervorgehoben, daß Kaiphas und das Synedrium wegen der von Jesus begangenen Vergehen *legal* ein Todesurteil hätten fällen können.

August Strobel (S. 139):

»Die Rolle und Stellungnahme des Kaiphas leiten sich aus seiner bedingungslosen Bindung und Treue zum Gesetz ab. Er mußte daher in tragischer Weise auch das Gesetz an Jesus vollstrecken. Kaiphas war keineswegs das niedere Subjekt menschlichen Neides, menschlicher Rachgier oder menschlicher Mordlust, wie es ein christliches Mißverständnis besagt.«

Hans Küng kommt zu folgendem Schluß (Christ sein, S. 311, 326):

»Jesus, der aufgrund seines Redens und Handelns sein Leben vielfach verwirkt hatte, mußte mit einem gewaltsamen Ende rechnen ... Vom Standpunkt der traditionellen Gesetzes- und Tempelreligion her mußte die jüdische Hierarchie gegen den Irrlehrer, Lügenpropheten, Gotteslästerer und religiösen Volksverführer tätig werden, außer eben sie hätte eine radikale Umkehr vollzogen und der Botschaft mit allen Konsequenzen Glauben geschenkt.«

Ethelbert Stauffer meint, zur »Ehrenrettung« von Kaiphas folgendes sagen zu müssen:

»Das Todesurteil des Großen Synedriums war kein Justizmord, sondern juristisch vollkommen in Ordnung. Die Sabbatverletzungen Jesu waren so massiv und demonstrativ, seine sonstigen Verstöße gegen die Thora so produktiv wie nur möglich. Unter diesen Umständen mußten seine ›Machttaten, Wunder und Zeichen‹ als pseudoprophetische Verführungskünste gebrandmarkt werden.«[2]

Einer so rigorosen Beurteilung kann ich mich nicht anschließen. Hatte, wie Küng meint, Jesus sein Leben aufgrund seines Redens und Handelns vielfach verwirkt? Waren, wie Stauffer hervorhebt, die Sabbatverletzungen so massiv und demonstrativ wie nur möglich? Zumindest der Kern des Redens und Handelns Jesu ist doch immer nur gewesen, die Frohe Botschaft vom Herannahen des Gottesreiches zu verkünden, verbunden mit der Aufforderung, Buße zu tun. Das war kein Straftatbestand. Und wo sind sonst Tatbestände ersichtlich, die ihn als »*Gotteslästerer*« oder »*Volksverführer*« kennzeichnen? Nonkonformistische Wanderprediger hat es in großer Anzahl gegeben, Wundertäter ebenso. Auch Johannes der Täufer ist nicht als Irrlehrer, Lügenprophet und dergleichen bezeichnet worden, sondern wurde das Opfer politischer Ränke.[3] Dennoch: Verstöße gegen bestimmte Religionsgesetze in der einen oder anderen Richtung lagen vielleicht vor. Eine Unterscheidung zwischen strafrechtlichem Vergehen im heutigen Sinne und Übertretungen der religiösen Gesetze war in der Antike unbekannt, und speziell im damaligen Judentum hatten überdies alle profanen Bereiche auch einen religiösen Bezug. Historisch einigermaßen gesichert sind in erster Linie etwaige Verstöße Jesu gegen die Sabbatobservanz und gegen die Reinheitsvorschriften. In einem Religionsprozeß hätte Jesus freigesprochen und – möglicherweise auch – verurteilt werden können, je nachdem, ob ein liberales und wohlwollendes oder ein orthodoxes und mißgünstiges Gericht über ihn geurteilt hätte.

Sabbatverletzungen?

Daß Jesus Sabbatverletzungen zum Vorwurf gemacht wurden, wird in allen Evangelien[4] deutlich hervorgehoben. Man darf annehmen, daß die Evangelisten dies nicht frei erfunden haben. Nach dem Gesetz Mose stand auf Sabbatverletzung die Todesstrafe. Nach Num.15.32-36 wurde ein Mann gesteinigt, weil er am Sabbat beim Holzlesen ertappt worden war. Der Sabbat ist Gottesdienst par excellence, nicht nur für den Menschen, sondern auch für Gott geschaffen. Gerade in dieser Auffassung liegt das Unterscheidungsmerkmal Israels gegenüber der heidnischen Welt. Gott selbst feiert den Sabbat, um ihn so dem von ihm erwählten Volk Israel als religiöse Observanz aufzuerlegen.[5]

Die rigorose Beachtung der Sabbatvorschriften wird sogar im militärischen Bereich deutlich. Wegen der *Sabbatobservanz* soll einmal ein jüdischer Aufstand gegen den Syrerkönig Antiochus IV. mißglückt sein.[6] Und als im Jahre 64 v. Chr. Pompeius Jerusalem belagerte, sollen sich die Juden am Sabbat geweigert haben, zu den Waffen zu greifen, wodurch der Sieg der Römer entscheidend erleichtert worden sei. Salcia Landmann (S. 123) meint sogar, die Eroberung der Festung Masada durch die Römer im Jahre 73 sei auf die zu konsequente Sabbatobservanz der Belagerten zurückzuführen.

Hier muß allerdings einschränkend erwähnt werden, daß das Rechtsinstitut des Notstandes dem jüdischen Recht nicht fremd war (1.Makk.2.41). Lebensgefahr bricht Sabbatobservanz. Die Israeliten sollten die Satzungen halten, um zu leben, nicht um dadurch zu sterben. Es war daher zu allen Zeiten gerechtfertigt, sich im Falle eines Angriffs mit Waffen zu verteidigen. Bis in die Gegenwart läßt sich das nachweisen: Als Israel am Jom-Kippur-Tag 1973 von Ägypten angegriffen wurde, hat es auch auf orthodoxer Seite keine Diskussion über die Frage der sofortigen Verteidigung gegeben – wenngleich die Ägypter natürlich diesen hohen jüdischen Festtag bewußt ausgesucht hatten in der Hoffnung, auf diese Weise einen Überraschungserfolg zu erzielen.

Während *Flusser* (Selbstzeugnisse, S. 44) meint, Jesus habe niemals gegen die Gesetzespraxis der Juden verstoßen, es sei ihm auch keine Übertretung des Sabbatgesetzes nachzuweisen (mit der einzigen Ausnahme, daß an einem Sabbat, als man durch ein Kornfeld wanderte, er den Jüngern gestattet habe, ein paar Ähren auszuraufen, weil sie hungrig waren und die Körner essen wollten), wird diese Meinung von den meisten anderen Autoren nicht geteilt. Beispielsweise waren Heilbehandlungen am Sabbat nur bei akuter Gefahr für Leib und Leben des Betroffenen zulässig. Es wird aber keine einzige Heilbehandlung Jesu beschrieben, die nicht genausogut an einem anderen Tag hätte erfolgen können. Dagegen allerdings wird nun wieder eingewendet, daß Heilbehandlungen auch an einem Sabbat erlaubt waren, sofern dabei keine Arzneien gebraucht wurden, und Jesus habe niemals Arzneien verwendet.[7]

Eine ganz andere Frage ist, ob das Gebot der Sabbatobservanz zu Jesu Zeiten nicht schon insoweit eine gewisse Milderung erfahren hatte (namentlich unter dem Einfluß der relativ liberalen Schule des großen Rabbi Hillel), daß bei geringfügiger Verletzung der Vorschriften nicht gleich das Leben verwirkt war. Bei den Sabbatverletzungen, die Jesus nachgesagt werden, handelt es sich doch wohl eher um minder schwere Fälle. Bemerkenswert in dem Zusammenhang ist Mk.3.2-6, wo der Evangelist den Pharisäern nachsagt, sie hätten Jesus wegen einer geringfügigen Übertretung der Sabbatobservanz nach dem Leben getrachtet und dabei – eine historische Unmöglichkeit! – mit den Herodianern gemeinsame Sache gemacht.[8]

Indes liegt der Schwerpunkt im Zusammenhang mit Sabbatverletzungen nicht in der Frage, ob es sich um geringfügige Verstöße gehandelt hat. Vielmehr geht es darum, daß Jesus einer rigorosen Sabbatobservanz ausdrücklich widerspricht.

»Er antwortet: Wer von euch wird, wenn ihm am Sabbat sein Schaf in eine Grube fällt, es nicht sofort wieder herausziehen?« (Mt.12.11)

Im Kern bleibt also bestehen, daß Jesus die Sabbatobservanz möglicherweise relativiert und einen Standpunkt bezogen und praktiziert hat, der zumindest als eine Herausforderung konservativer Denkart empfunden werden konnte. Dem einzigen positiven Wort im Hinblick auf die Sabbatobservanz, nämlich der Sorge, die Jünger könnten ausgerechnet an einem Sabbat zur Flucht genötigt werden (Mt.24.20), stehen auffallend viele Dikussionen gegenüber, in denen Jesus sein Verhalten am Sabbat verteidigen muß:

>Und er sprach zu ihnen: Der Sabbat ist um des Menschen willen gemacht und nicht der Mensch um des Sabbat willen. So ist des Menschen Sohn ein Herr auch des Sabbat.« (Mk.2.27-28)

Ähnlich lautet auch der rabbinische Grundsatz:

>Euch ist der Sabbat übergeben, nicht aber ihr dem Sabbat.«

Anscheinend geht Jesus aber noch einen Schritt weiter. Er ist nicht bereit, über die Voraussetzungen zu diskutieren, die gegeben sein müssen, um ausnahmsweise auch an einem Sabbat etwa bestimmte Nothilfe zu leisten, sondern er behauptet, ein vernünftiger Mensch werde allemal auch an einem Sabbat Nothilfe leisten. Daraus leitet er dann eine Art Gewohnheitsrecht her: Das Verrichten einer wirklich guten Tat muß auch am Sabbat erlaubt sein.

Küng (Christ sein, S. 194):

>Bei Jesus ist der Sabbat nicht mehr religiöser Selbstzweck, sondern der Mensch ist Zweck des Sabbats: Am Sabbat soll nicht nichts, sondern das Rechte getan werden: Wenn schon Tiere gerettet werden dürfen, dann erst recht Menschen. Damit ist es aber grundsätzlich dem Menschen anheimgestellt, wann er den Sabbat hält und wann nicht.«

Von einem orthodoxen Juden kann kaum erwartet werden, daß er so etwas toleriert. Aber: Zu einer gerichtlichen Klage und entsprechenden Verurteilung kam es deswegen nicht. Es fehlt jeglicher Kausalzusammenhang zum beschriebenen Prozeß.

Ablehnung der Reinheitsvorschriften?

Als weiterer »hervorstechender« Straftatbestand kommt in Betracht, daß Jesus die jüdischen *Reinheitsvorschriften* übertreten haben könnte.

»Hört mir alle zu und begreift, was ich sage: Nichts, was von außen in den Menschen hineinkommt, kann ihn unrein machen, sondern was aus dem Menschen herauskommt, das macht ihn unrein.« (Mk.7.14-15)

Viele seiner Zuhörer mögen nicht verstanden haben, was er damit meinte. Auch die Jünger sind begriffsstutzig. Jesus ist darüber ungehalten und wird nun deutlich:

»Und er sprach zu ihnen: Seid ihr denn auch so unverständig? Vernehmet ihr noch nicht, daß alles, was außen ist und in den Menschen geht, das kann ihn nicht unrein machen? Denn es geht nicht in sein Herz, sondern in den Bauch, und geht aus durch den natürlichen Gang, der alle Speisen ausfegt. Und er sprach: Was aus dem Menschen geht, das macht den Menschen unrein.« (Mk.7.18-20)

Hier geht es also nicht etwa um das übliche Händewaschen vor dem Essen, das Jesus vernachlässigt haben mag (Mk.7.5), sondern um einen Verzicht auf Unterscheidung zwischen reinen und unreinen Tieren und Speisen schlechthin. Überspitzt gefragt: War Jesus womöglich Freund eines saftigen Schweinebratens? Ganz abwegig scheint diese Frage nicht zu sein. Anstößiger Verzehr könnte der Grund für die despektierliche Apostrophierung sein, der Rabbi aus Galiläa sei ein »Fresser« (Mt.11.19; Lk.7.34). Auch war die Schweinezucht in Galiläa durchaus nicht unbekannt. Immerhin ist bei den Wunderbezeugungen Jesu »eine große Schweineherde« von Bedeutung (Mk.5.11). Millionen von Juden haben sich im Zeitalter Jesu den Spott ihrer griechischen Nachbarn in aller Welt gefallen lassen müssen, weil sie kein Schinkenbrot aßen. Sogar der Kaiser Augustus hat sich darüber amüsiert.

Trilling[9] (S. 91):

»Wer mit den Zöllnern, Sündern oder Heiden zusammen ißt, der ist in den Augen der Thorajuden ein Apostat von der unsympathischsten Sorte. Jesus aber ist mehr als ein Apostat, er ist ein Abfallprediger, auch hier. Denn er begnügt sich nicht damit, die mosaischen Speisegesetze privat und gelegentlich zu ignorieren, er setzt sie ganz prinzipiell außer Kraft (Mk.7.15,19) und verführt seine Jünger auch in diesem entscheidenden Punkt zur Apostasie.«

Wenig wahrscheinlich erscheint mir andererseits, daß ausgerechnet ein so gesetzestreuer Jude wie Jesus sich um des Gaumengenusses willen über das Verbot des Schweinefleischessens hinweggesetzt haben sollte, wenn andererseits viele jüdische Frauen und Männer alle erdenklichen Nachteile bis hin zum Tod auf sich genommen haben, um dem Greuel des Verzehrs dieses Fleisches zu entgehen.

Die Verstöße gegen die Reinheitsvorschriften nehmen im Bericht der Evangelien zwar bei weitem keinen so großen Raum ein wie die Jesus nachgesagte Relativierung der Heiligkeit des Sabbat; doch halten viele Autoren die Verstöße gegen die Reinheitsvorschriften für weitaus schlimmer als die Verstöße gegen die Sabbatobservanz. Denn die sich in einer laxen Haltung in bezug auf die Reinheitsvorschriften dokumentierende Haltung Jesu erschöpfe sich nicht wie bei der Verletzung der Sabbatobservanz in einer bloßen Relativierung der Vorschrift. Hier werde vielmehr eine ganze Gesetzgebung über den Haufen geworfen: Es werde neu und revolutionär formuliert (Mk.7.14 ff.), was als rein und als unrein zu gelten habe.[10]

Mussner (Kraft der Wurzel, S. 99):

>»Dann stellt aber die Großperikope Mk.7.1-23 geradezu die ›Wasserscheide‹ des Markus-Evangeliums dar: die ›Wasser‹ der Kirche fließen, was das Thema ›rein‹ und ›unrein‹ angeht, in eine andere Richtung als die ›Wasser‹ des Judentums.«

Andererseits: Inwieweit der Evangelist historisch zuverlässig berichtet, bleibt auch in diesem Punkt eine offene Frage. Warum sollte ein thoratreuer Jude wie Jesus sein jüdisches Credo ausgerechnet in einem so gewichtigen Punkt aufgegeben haben? Auch wäre es mit seiner patriotischen Grundeinstellung nicht vereinbar, daß er Umgang mit Zöllnern und Heiden pflegte, die ihn zum Genuß verbotener Speisen verführt haben könnten. Wahrscheinlicher dürfte sein, daß aus der Absicht des Evangelisten heraus Jesus hier einer Gesellschaft nahegebracht werden soll, die ihrerseits keinen Unterschied zwischen reinen und unreinen Speisen kannte. Paulus hat es vorbereitet:

>»Alles, was auf dem Fleischmarkt verkauft wird, das eßt, ohne aus Gewissenhaftigkeit nachzuforschen. Denn dem Herrn gehört die Erde und was sie erfüllt.« (1.Kor.10.25-26)

Wie dem auch sei: Mit Jesu Verurteilung kann die Frage einer etwaigen Übertretung der Reinheitsvorschriften nicht in Zusammenhang gebracht werden. Selbst wenn Jesus, wie Trilling schreibt,»in den Augen der Thorajuden ein Apostat von der unsympathischsten Sorte« gewesen wäre, steht doch fest, daß ihn die Thorajuden deswegen nicht bei Gericht angeklagt haben.

Es ist auch sonst kein Fall aus der jüdischen Rechtsgeschichte und Rechtspraxis bekannt, in dem jemand wegen eines Verstoßes gegen die Speisegesetze angeklagt und zum Tode verurteilt worden wäre. *Chaim Cohn*, der als jüdischer Jurist wohl die profundesten Untersuchungen zum Prozeß gegen Jesus von Nazareth angestellt hat,[11] schrieb mir, daß eine Verletzung der Diätvorschriften strafrechtlich nicht verfolgt wurde. Die Strafe für den Genuß verbotener Speisen stand ganz im Ermessen Gottes (»Karet«), der, wenn und wann er will, die Seele des Sünders »ausrotten«, aber seine Strafe auch in die *zukünftige Welt* verschieben kann. An die hundert Jahre nach Jesu Tod mußte man an die Stelle des Karet die *Prügelstrafe* setzen, wohl um die Sünder im Zaum zu halten. Und die Frage, wie man für ein- und dieselbe Sünde zwei Strafen zu gewärtigen habe, eine menschliche und eine göttliche, wurde dahin beantwortet, daß man sich auf Gottes Gerechtigkeit verlassen müsse, die ihn möglicherweise dazu bringen würde, sich mit der menschlichen Strafe zufriedenzugeben.

Gotteslästerliche Anmaßung?

Die Sabbatverletzungen und die Verstöße gegen die Reinheitsvorschriften wären allerdings noch *Bagatelldelikte*, wenn man sie mit solchen Straftatbeständen vergleicht, die Jesus im Johannes-Evangelium nachgesagt werden. Gemeint sind Aussprüche wie diese:

– Niemand kommt zum Vater denn durch mich.

– Denn der Vater richtet niemand; sondern alles Gericht hat er dem Sohn gegeben.

– Ich bin die Auferstehung und das Leben.

– Wer mein Fleisch isset und trinket mein Blut, der hat das ewige Leben, und ich werde ihn am jüngsten Tag auferwecken.

- Ihr seid von unten her, ich bin von oben her, ihr seid von dieser Welt, ich bin nicht von dieser Welt.

- Ehe denn Abraham ward, bin ich.

Hier werden Jesus Worte in den Mund gelegt, die, hätte er sie tatsächlich ausgesprochen, so *gotteslästerlich* waren, daß sie das Fassungsvermögen eines jüdischen Priesters und Richters schier übertroffen hätten. Und in Tateinheit mit Gotteslästerung wären der Tatbestand der Anstiftung zum Abfall vom rechten Glauben in Verbindung mit Traumseherei (Dtn.13.2-10) sowie der Tatbestand der falschen Prophetie (Dtn.18.20) in einer an Schwere nicht zu überbietenden Form erfüllt. (Abfall vom rechten Glauben und falsche Prophetie liegen vor, wenn ein Prophet oder ein Traumseher auftritt und Zeichen und Wunder ankündigt, verbunden mit der Aufforderung, anderen, bis dahin unbekannten Göttern nachzufolgen und ihnen zu dienen.)
So etwas hätte man zur Anklage bringen und ohne weiteres ein Todesurteil darauf stützen können. Warum wohl hat der Johannes-Evangelist auf eine solche Darstellung verzichtet? Warum ist es, im Gegenteil, gerade dieser Evangelist, der von einem Religionsprozeß vor einem jüdischen Gericht überhaupt nichts wissen will? Oder hätten solche Sprüche, wäre es zu einem offiziellen Einschreiten der jüdischen Behörde gegen ihn gekommen, vielleicht gerade Jesu *Rettung* bedeutet? Dann aber nur deswegen, weil man – ähnlich wie im bekannten Falle seines Namensvetters Jesus, des Ananos Sohn,[12] – nicht länger von der Zurechnungsfähigkeit des Rabbi aus Galiläa ausgegangen wäre. Man hätte ihm Größenwahn attestiert.
Die Frage indes stellt sich deswegen nicht, weil es mittlerweile unbestrittene Auffassung ist, daß es sich bei diesen im Johannes-Evangelium enthaltenen Aussprüchen nicht um authentische Worte Jesu handelt, sondern um nachösterliche Glaubensverkündigung.[13]

11. Kapitel
Gelitten unter Pontius Pilatus

Die Situation des Gefangenen

Es kann für die weitere Betrachtung dahingestellt bleiben, ob die Römer Jesus unmittelbar in ihre Gewalt genommen hatten oder ob er ihnen von der jüdischen Obrigkeit »*ausgeliefert*« worden war. Jedenfalls ist Jesus – aus welchen Gründen auch immer – vom jüdischen Gericht nicht zum Tode verurteilt, von jüdischen Henkern nicht exekutiert worden. (Klammerbemerkung: Der Begriff »ausliefern« hat im Kontext der Passionsgeschichte sowohl den gerichtlichen Sinn der *Überstellung* an die Römer als auch einen unverkennbar martyrologisch-heilsgeschichtlichen Klang im Sinne der dritten Leidensankündigung Jesu in Mk.10.33 »*Auslieferung an die Heiden*« – Strobel, S. 95.)

Jesus hatte, als er sich unter der Gerichtshoheit der Römer befand, durchaus noch eine *Chance*, mit dem Leben davonzukommen. Freilich war diese Chance nicht entfernt so groß, wie sie – paradoxerweise – in den Evangelien geschildert wird, wonach Pontius Pilatus am liebsten Jesu Freilassung verfügt hätte. Aber eine Chance hatte er dennoch: Die Römer hätte er nämlich nur davon überzeugen müssen, daß er – trotz seiner scharfen Kritik an den sozialen Mißständen, trotz seines engagierten Eintretens für die Unterdrückten, Verfolgten und Elenden seines Volkes (Lk.12.49; 22.36; Mt.10.34-36) – ein im Grunde *friedlicher* Mann sei, der mit den *zelotischen Aufrührern* nichts zu tun habe.

Während die Zeloten die gewaltsame Vertreibung der römischen Besatzungsmacht und die Errichtung Israels in den Grenzen des

Reiches Davids anstrebten, hatte Jesus ganz im Gegensatz dazu zur *Gewaltlosigkeit* aufgefordert:

– »Dem, der dich auf die eine Wange schlägt, halte auch die andere hin, und dem, der dir den Mantel wegnimmt, laß auch das Hemd.« (Lk.6.29)

– »Euch, die ihr mir zuhört, sage ich: Liebet eure Feinde; tut denen Gutes, die euch hassen.« (Lk.6.27)

– »Stecke dein Schwert in die Scheide; denn alle, die zum Schwert greifen, werden durch das Schwert umkommen.« (Mt.26.52)

Auch hier wird man auf die Parallelen zu seinem Lehrer, dem *Täufer Johannes*, hinzuweisen haben. Flavius Josephus berichtet über Johannes, daß dieser »ein edler Mann war, der die Juden anhielt, nach Vollkommenheit zu streben, indem er sie ermahnte, Gerechtigkeit gegeneinander und Frömmigkeit gegen Gott zu üben«. Trotz des friedlichen Charakters seiner Reden, nur weil »in Folge der wunderbaren Anziehungskraft solcher Reden eine gewaltige Menschenmenge zu Johannes strömte«, wurde dieser von Roms getreuem Alliierten, dem Tetrarchen Herodes Antipas, als politischer Störenfried eingestuft, der »das Volk zum Aufruhr treiben könnte«, und Herodes »hielt es daher für besser, ihn rechtzeitig aus dem Wege zu räumen« und »auf diesen Verdacht hin ... nach der Festung Machärus (zu) bringen und dort hinzurichten«.[1]
Man hat Spekulationen darüber angestellt, was wohl geschehen wäre, wenn Pilatus sich von der Friedfertigkeit Jesu hätte überzeugen lassen, Jesus auf freien Fuß gekommen wäre, er seine Lehrtätigkeit fortgesetzt und diese Lehre vom Gewaltverzicht sich in den 40er und 50er Jahren gegenüber den Zeloten durchgesetzt hätte. Der bewaffnete und selbstmörderische Aufstand der Juden gegen die Römer, der im Jahre 70 mit der Zerstörung des Tempels, der Zerschlagung Israels und der Vertreibung und Versklavung der jüdischen Bevölkerung endete, hätte dann nicht

stattgefunden. Aber sicherlich hätte es dann auch *kein Christentum* gegeben. An dem denkwürdigen Tage freilich, als Jesus von der Besatzungsmacht des Aufruhrs verdächtigt wurde, stellte sich die Situation bei weitem banaler dar. Die Chance, mit dem Leben davonzukommen, war von vornherein schon dadurch herabgesetzt, daß in jenen Jahren die römischen Besatzer unter dem Prokurator Pontius Pilatus besonders rigoros durchgriffen, weil sie permanent mit Aufständen der jüdischen Bevölkerung rechneten. Kein Volk hat der römischen Besatzungsmacht so viel Widerstand geleistet wie das jüdische. Alarmbereitschaft der römischen Garnison in Jerusalem und eine damit einhergehende Nervosität waren in den Tagen vor einem Passahfest besonders ausgeprägt, zumal dem Passahfest als Feier der Befreiung von fremdem (ägyptischem) Joch symbolisch eine besondere Sprengkraft immanent war. Infolge der aus der ganzen Welt zusammenströmenden, unübersehbaren Pilgermassen (unter ihnen dürften sich auch zahlreiche galiläische Zeloten befunden haben) waren die Römer den Juden zahlenmäßig bei weitem unterlegen. Die Pilger kamen nicht nur aus den großen jüdischen Diaspora-Gemeinden in Babylon und Alexandria, sie kamen aus Britannien, dem Rhein- und Donaugebiet, aus allen Mittelmeerländern. Nur eines kleinen Funkens hätte es unter Umständen bedurft, um einen Aufstand losbrechen zu lassen. Flavius Josephus (Jüdischer Krieg, II. 12.1) berichtet von einem Tumult während eines Laubhüttenfestes einige Jahre später, bei welchem unter dem Prokurator *Cumanus* dreißigtausend Juden ihr Leben gelassen haben sollen. Ausgelöst war dieser Tumult allein dadurch, daß ein römischer Wachsoldat sich in den Tempelbezirk gestellt und durch eine *obszöne Geste* den Juden seine Verachtung zum Ausdruck gebracht hatte.[2]
Um gegebenenfalls gewappnet zu sein – ein kleiner Aufstand scheint in der fraglichen Zeit tatsächlich stattgefunden zu haben, wie wir von den Synoptikern beiläufig erfahren; dabei wurden die beiden Aufrührer ergriffen und zusammen mit Jesus hingerichtet –, war Pilatus von seiner Residenzstadt Cäsarea am Mittel-

meer nach Jerusalem heraufgekommen, wahrscheinlich mit einer entsprechenden Reiterschar, die er zur Verstärkung der Jerusalemer Garnison mitgebracht hatte. Wo sich seine Residenz (das »*Prätorium*«, wie es im Johannes-Evangelium heißt) in Jerusalem befand, ist umstritten. Der Ausdruck »Prätorium« ist an sich nur ein militärtechnischer Begriff für das Kommandogebäude, sozusagen das Stabsquartier. Es konnte sich ebenso um eine Villa handeln wie um eine Baracke oder ein Zelt.

Bis ins 12. Jahrhundert, in byzantinischer Zeit, wurde der gegenüber der Klagemauer gelegene *Hasmonäerpalast* (auch »unterer Herodespalast« genannt), auf dem jetzt die *Kreuzfahrerkirche »St. Maria der Deutschen«* steht, als das biblische Prätorium angesehen. Hier entstand der *Deutsche Orden*.

Einige Autoren[3] aber meinen, Pilatus habe die *Burg Antonia* zum Wohnsitz während seines Aufenthalts in Jerusalem gewählt, ein prachtvolles Bauwerk nördlich des Tempels, das Herodes zu Ehren seines Gönners *Mark Anton* hatte errichten lassen. Die Antonia war eine Mischung aus Palast, Festung, Kaserne und Gefängnis. Der Prokurator *Ventidius Cumanus* (48–52 n. Chr.) hatte sich dort einquartiert, als während des oben erwähnten Laubhüttenfestes ein Aufstand ausgebrochen war. Die Kreuzfahrer haben Ende des 12. Jahrhunderts die Burg Antonia als *Ort für die Verurteilung Jesu* durch Pontius Pilatus festgelegt. Seit dem 14. Jahrhundert schreiten von der Antonia aus die Pilger auf der »*Via Dolorosa*« im Gedenken an das Martyrium Jesu zur »*Grabeskirche*«, die über dem vermeintlichen Hügel Golgatha errichtet ist – freilich ohne daß es einen historischen Hinweis darauf gibt, wo die Hinrichtungsstätte sich befunden haben könnte.[4]

Ausgrabungen französischer Archäologen in den Jahren 1927–1933 haben im Innenhof der Burg Antonia einen mit auffallenden Steinplatten gepflasterten Platz ans Tageslicht gebracht, der auf das im Johannes-Evangelium erwähnte »*Steinpflaster*« als Richtstätte hindeuten könnte:

»Und er setzte sich auf den Richterstuhl an den Platz, der Lithostrotos, auf hebräisch Gabbata heißt.« (Joh.19.13)

Die von den Kreuzfahrern aufgestellte Vermutung erschien damit bewiesen. Im Kloster der französischen Zionsschwestern, das über dem Steinpflaster errichtet worden ist, wird noch immer andachtsvoll im Gedenken an die Stätte der römischen Verurteilung Jesu gebetet. Inzwischen aber ist man von der Vermutung, daß das Prätorium und damit die Stätte der Verurteilung Jesu in der Antonia gewesen sei, wieder abgerückt. Auch im Kloster der Zionsschwestern, das über dem vermuteten biblischen »Lithostrotos« (hebräisch »Gabbata«) errichtet worden ist, wird seit einigen Jahren darauf hingewiesen, »daß die Lage des Prätoriums in der Antonia positiv nicht erwiesen werden kann«. In der Tat steht inzwischen eindeutig fest, daß der alte Gebäudekomplex, in dem sich das Steinpflaster befand, erst nach 135 n.Chr. durch Hadrian erbaut wurde.[5]

Man könnte durchaus auch von der Annahme ausgehen, daß mit Gabbata der *obere Stadtteil* (Gabbata = Buckel) gemeint sei. Flavius Josephus spricht vom »oberen Markt« und von der »Oberstadt«, wo der Herodespalast stand. Weil der Platz dort mit Steinplatten belegt war, wurde er im Griechischen als Lithostrotos bezeichnet. Flavius Josephus (Jüdischer Krieg, II.14.8) berichtet, daß der Prokurator *Gessius Florus*, der im Jahre 64 von Kaiser Nero als Präfekt von Judäa eingesetzt wurde, im ehemaligen Palast des Herodes zu wohnen pflegte, genau gesagt: in einem der drei Türme, von denen der sogenannte »Turm Davids« im Jaffa-Tor noch heute steht. Viele Autoren sind daher der Auffassung, daß Pontius Pilatus es genauso gehalten habe, zumal auch Philo vom Herodespalast als »der Wohnung der Prokuratoren« [6] spricht.

Bösen (S. 211):

»Im Jerusalem der Zeitenwende gibt es keinen Ort, der sich in Luxus und Sicherheit mit dem Herodespalast messen könnte.«

Ist aber nicht die Burg Antonia, sondern der Herodespalast der Ort der Verurteilung Jesu durch Pontius Pilatus, würde dies bedeuten, daß die Via Dolorosa nicht erst an ihrem Zielort, sondern schon in ihrem *Ausgangspunkt* unhistorisch wäre.

Unter der Voraussetzung, daß Pilatus das Todesurteil nicht in der Burg Antonia, sondern im Herodespalast gefällt hat, beginnt der sogenannte »Kreuzweg« in der Nordwestecke Jerusalems. Von hier bis zu der Stelle, die als »Golgatha« vermutet wird, also dorthin, wo die »Grabeskirche« steht, sind es, wenn man den direkten Weg über versteckte Gassen und Seitenstraßen wählt, nicht mehr als 250 bis 300 Meter.

Dahingestellt, wo die Verurteilungsstätte sich tatsächlich befunden hat – Antonia oder Herodespalast –, wird man davon auszugehen haben, daß die von römischen Soldaten bewachten Delinquenten auf ihrem Zug zur Hinrichtungsstätte durch möglichst *bevölkerungsreiche* Gassen geführt wurden.

Der um 96 n. Chr. gestorbene römische Schriftsteller *Quintilianus* schreibt:

»Sooft wir Schuldige kreuzigen, suchen wir die bekanntesten Straßen aus, wo viele die Verurteilten sehen und von Furcht gepackt werden können.«[7]

Pilatus operierte, wie alle Gewaltmenschen, mit den Mitteln der Abschreckung. Immerhin war Jesus unter der Beschuldigung, er sei ein Aufrührer, in seine Hände gelangt. Wenn Jesus den Römern vom Synedrium überstellt worden wäre, nachdem Kaiphas ihn dort verhört und Jesus auf die entsprechende Frage geantwortet hätte, er sei der Messias, dann hätte ein *Geständnis* des Häftlings in bezug auf seine Aufrührerrolle vorgelegen, ein Geständnis, das nach römischem Strafprozeßrecht (im Gegensatz zum jüdischen[8]) prozeßerhebliche Bedeutung hatte:»*Confessus est pro iudicato.*«

Wie empfindlich die Römer auf eine davidische Abstammung reagierten, geht aus der von Hieronymus überlieferten Geschichte hervor, derzufolge im Jahre 110 Trajans Statthalter Atticus sogar den ebionitischen *Bischof Simon* hat kreuzigen lassen, nachdem eine politische Anklage gegen ihn eingereicht worden war. Simon wurde zum Verhängnis, daß er von den Römern als *Davidide* angesehen wurde. Der Umstand, daß er Ebionit war, somit als Pazifist mit Aufstandsbewegungen gegen Rom nichts zu tun hatte, fiel dagegen nicht ins Gewicht.[9]

Daß die Anmaßung der Königswürde auch eine *Majestätsbeleidigung* des Kaisers Tiberius darstellte, kommt hinzu. Im Rahmen eines großangelegten Prozesses gegen einen Prominenten wäre natürlich auch dieser Tatbestand erörtert worden. Hier aber haben wir es mit einem *standrechtlichen Schnellverfahren* zu tun, das nur dem einen Zweck diente: potentielle Aufrührer abzuschrecken, zumal die Aufrührer, wann immer sie sich zusammengetan hatten, sogleich einen »König« wählten, wie Flavius Josephus berichtet.[10]

Die Anmaßung der Königswürde mußte für die Römer, wenn sie denjenigen ernst nahmen, der sich so bezeichnete, eine *Herausforderung* ersten Ranges bedeuten. Der Messias sollte als ein *Kampfmessias* auftreten, der, bevor er sein Volk mit Gott versöhnt, erst einmal die Besatzungsmacht aus dem Lande vertreibt.[11] Möglicherweise hat Jesus bei Teilen der Bevölkerung auch wirklich messianische Hoffnungen aufkommen lassen. In Anbetracht der allgemeinen Messiaserwartung konnte so etwas leicht geschehen.

Bultmann (S. 20):

>»Dabei muß betont werden, daß ... die messianisch erregten Scharen vielfach keine Gewalt anwandten, sondern das Ende

der Römerherrschaft und das Hereinbrechen der Gottesherrschaft allein von einem Wunder Gottes erwarteten. Die Römer unterschieden nicht und konnten es wohl auch kaum: für sie waren alle diese Bewegungen als Empörungen verdächtig.«

Die Begeisterung der Jesus begleitenden Anhängerschar könnte die Stimmung noch angeheizt haben. Wenn dann noch hinzukommt, daß der Nazarener – zumal anläßlich eines bevorstehenden hohen jüdischen Festes – gemäß Sach.9.9 auf einem messianischen Tier, nämlich auf einem Esel, in Jerusalem eingeritten war[12], dann hätte er sich in den Augen der Besatzungsmacht immerhin hinreichend als Revolutionär verdächtig gemacht.

Goguel (S. 269):

»Der Einzug in Jerusalem ist bei den Synoptikern die Krönung derjenigen Teile des früheren Berichts, welche das Kommen Jesu nach Judäa wie den Triumphzug eines Anwärters auf das Messiasamt darstellen.«

(Klammerbemerkung: Ob Jesus allerdings wirklich so in Jerusalem eingeritten ist, wie die Evangelien berichten, muß, wie alles, was als Erfüllung eines Prophetenwortes geschildert wird, historisch angezweifelt werden. Auf einem Esel zu reiten, war damals ja nichts Besonderes. Man konnte zu Fuß oder auf dem Rücken eines Esels in Jerusalem einziehen. Kein Jude im Land Israel ritt damals auf einem Pferd.[13])

Ein weiterer Nachteil persönlicher Art kam für Jesus hinzu: Er war *ein galiläischer Rabbi*, somit der pharisäischen Richtung zugehörig.[14] Diese Herkunft machte ihn in den Augen des römischen Prokurators von vornherein verdächtig. Lukas (23.6) berichtet, Pilatus sei erst im Verlauf der Vernehmung ganz zufällig darauf gestoßen, daß Jesus Galiläer ist. Das wäre auch die ganz typische Situation, wie sie sich in einem *standrechtlichen* Verfahren darstellt.

Während in einem *regulären* Prozeßverfahren – damals wie heute – die Personalien des Angeklagten als erstes festgestellt werden, wird in einem *militärischen Schnellverfahren* auf derlei Formalitäten weitgehend verzichtet. Umstände, die sich als entlastend oder auch, wie im Falle Jesus, als zusätzlich belastend herausstellen, werden oft nur aufgrund eines reinen Zufalls im Verlaufe der summarischen Tatbestandsaufnahme bekannt. Die Galiläer jedenfalls galten als besonders patriotisch gesinnte Leute und waren als Unruhestifter bekannt. Bei Flavius Josephus findet man (verstreut in seinen Werken) folgende Charakterisierung:

>»Die Galiläer waren von Kindheit an kampfeslustig …. Von Natur zu Umwälzungen geneigt und an Aufständen sich ergötzend. Die Leute von Galiläa hielten mehr auf ihre Ehre als auf ihr Geld; und die Leute von Judäa hielten mehr auf ihr Geld als auf ihre Ehre.«[15]

Als in den Jahren 6 bis 7 n. Chr. die kaiserliche Kopfsteuer (»*Großer Zensus*«) von dem in der Weihnachtsgeschichte des Lukas-Evangeliums erwähnten Quirinius (Cyrenius) erhoben wurde, kam es in Galiläa unter der Führung des Zeloten *Judas von Gamala* (»Judas, der Galiläer«, wie er in der Apostelgeschichte 5.37 genannt wird) zu einem Aufstand, der von den Römern blutig niedergeschlagen und obendrein durch eine Strafexpedition gegen verschiedene galiläische Ortschaften gerächt wurde – ein Ereignis, das Jesus als Kind tief beeindruckt haben dürfte. Und auch Pilatus hatte schon seine ganz besondere Erfahrung mit den Galiläern gemacht. Lukas (13.1) berichtet, daß Pilatus zuvor einmal unter galiläischen Pilgern in Jerusalem ein Blutbad angerichtet hatte, weil er in ihnen zelotische Aufrührer erblickte. Nach *Pinchas Lapide*[16] kam es während der dreihundert Jahre von den Makkabäern bis zum Ende der jüdischen Unabhängigkeit unter Bar-Kochba zu 62 Kriegen, Aufständen und Rebellionen gegen die Oberherrschaft der Griechen und Römer, 61 davon gingen von Galiläa aus.

Die Zeloten hatten mit den Pharisäern viel gemeinsam. Auch die Pharisäer waren ausgeprägte Patrioten. Zwar verzichteten sie ihren Grundsätzen gemäß auf eine gewaltsame Veränderung der Verhältnisse; sie vertrauten darauf, daß Gott die Wende herbeiführen werde. Aber viele Pharisäer sympathisierten mit den Zeloten.[17] Diese waren möglicherweise der militante Flügel der Pharisäerpartei. Judas von Gamala soll ursprünglich ein *pharisäischer Rabbi* gewesen sein. Zeloten und Pharisäer betrachteten das Land Palästina als ein persönliches Geschenk Gottes an die Kinder Israels; die Anwesenheit römischer Besatzungstruppen war in ihren Augen religiöser Frevel. In Konsequenz dazu legten sie das erste Gebot des Dekalogs dahingehend aus, daß es verboten sei, außer Gott auch den Kaiser anzuerkennen und ihm Steuern zu zahlen. Um dieses Grundsatzes willen erhoben sich die Zeloten zu Beginn des ersten Jahrhunderts gegen die von Augustus angeordnete Steuererhebung, und dasselbe Motiv gilt für den Aufstand im Jahre 66, der mit der Tragödie von Jerusalem und Masada endete.

Während man sich in *Jerusalem*, wo die Partei der *Sadduzäer* führend war, bemühte, mit der römischen Besatzungsmacht zu einem einigermaßen erträglichen Verhältnis zu kommen,[18] neigte man in *Galiläa* eher zu Gewaltaktionen. Die Zeloten (»Sicarii« = »Dolchmänner«, wie die Römer sie nannten), diese antiken Guerilleros, bezeichnete man häufig schlicht als »*Galiläer*«.[19] Das Mißtrauen der Römer ist also nicht von vornherein als unbegründet von der Hand zu weisen.

Durchaus klingen in den Evangelien mitunter nationalpolitische Zukunftserwartungen an (z. B. Mk.10.37; Lk.19.11; Lk.24.21). Tatsächlich dürften sich unter den Gefolgsleuten Jesu, ja sogar im engeren Jüngerkreis, auch etliche wahre Zeloten befunden haben. Im Schrifttum am häufigsten als Zelot genannt wird *Judas Iskariot*: Der Beiname Iskariot bedeute, so wird gemutmaßt (z. B. von Lapide), nicht »Mann aus Kariot«, sondern sei die aramäische Schreibweise (eine Verballhornung) von »*sicarius*«, so daß also Judas direkt den Beinamen »*Dolchmann*« gehabt habe.[20] Zwei andere Jünger, *Jakobus* und *Johannes* (Söhne des Zebedäus), haben lt.

Mk.3.17 den Beinamen »*Boanerges*« = »*Donnersöhne*«, was darauf hindeutet, daß sie ebenfalls Zeloten waren. Hitzköpfe waren sie allemal: Als Jesus einmal keine Aufnahme in einem samaritanischen Dorf fand, boten sie sich sogleich an, das Dorf anzuzünden und in Schutt und Asche zu legen (Lk.9.54). Möglicherweise war auch Simon Petrus Zelot. Immerhin soll er bei der Verhaftung Jesu ein Schwert gehabt und damit dem jüdischen Knecht Malchus ein Ohr abgeschlagen haben. Und auch sein Beiname »*Barjona*« (Mt.16.17) könnte auf eine Zelotenschaft hinweisen.

Kolping (S. 361):

> »Die Bezeichnung Barjona für Simon Petrus soll so viel wie Angehöriger einer Terroristengruppe bedeuten,«

Bar-Jona ist nämlich nicht nur mit »Sohn-Jonas« zu übersetzen, sondern kann ebensogut »*Mann, der draußen lebt*« oder »*Vogelfreier*« heißen. Barjonim (Mehrzahl von Barjona) war eine gebräuchliche Bezeichnung für die zelotischen Aufständischen. Einer der größten Zelotenführer, *Judas der Galiläer*, wurde gelegentlich so genannt. Im Apostelkatalog bei Lukas (6.15) wird schließlich noch ein weiterer Jünger mit dem Namen Simon aufgeführt: »Simon, genannt Zelotes«. Geht man davon aus, daß der Jünger *Andreas*, der Bruder des Simon Petrus, ebenfalls Zelot war, so kommt man doch auf einen recht beachtlichen Anteil an Zeloten in der engeren Jüngerschaft – auf fünfzig Prozent, wenn man von der Zwölfzahl ausgeht.

Daß Jesus selbst der Partei der Zeloten angehörte, ist sehr unwahrscheinlich. Manche der ihm in den Mund gelegten Worte – beispielsweise, er sei nicht gekommen, um Frieden, sondern um Feuer und Schwert zu bringen (Lk.12.49; Mt.10.34), oder auch die direkte Aufforderung an die Jünger, sich mit Schwertern zu bewaffnen (Lk.22.36) – könnten vielleicht auf eine Zelotenschaft hindeuten. Dazu aber paßt ganz und gar nicht, daß er auf den Hinweis der Jünger, sie besäßen insgesamt zwei Schwerter, antwortete:

»Es ist genug.« (Lk.22.38)

Mit zwei Schwertern hätte man wohl kaum einen zelotischen Angriff vorbereiten können. Gerade der Lukas-Evangelist – allenfalls diesem Evangelium ist eine gewisse Militanz zu entnehmen – unterstreicht den Abscheu Jesu vor jeder Gewaltanwendung: Als Petrus dem »Knecht des Hohenpriesters« das Ohr abgehauen hatte, habe Jesus sofort Einhalt geboten, den Verwundeten berührt und ihn – letzte Wundertat – auf der Stelle geheilt: Um seinetwillen und in seiner Gegenwart sollten keine Gewalttaten verübt werden.

Wenn Autoren wie *Robert Eisler* oder *Joel C. Carmichael* oder *Johannes Lehmann* den Versuch unternehmen, Jesus als den Anführer eines Zeloten-Fähnleins hinzustellen, dann erscheint dies als eine wenig überzeugende Spekulation. Zwar könnte ein Vertreter der Zelotentheorie einwenden, daß die zahlreichen Hinweise in den Evangelien auf Jesu Friedfertigkeit allein noch kein ausreichender Grund für die Annahme seien, daß er wirklich friedfertig war. Denn es ist ja das ganz offenkundige (politische) Anliegen der Evangelien, Jesus nicht in einem Zusammenhang mit einer Protestbewegung gegen Rom erscheinen zu lassen. Andererseits aber ist Jesu Absage gegen jegliche Gewaltanwendung, ist seine bedingungslose Versöhnungsbereitschaft ein sich wie ein roter Faden durch *alle* Evangelien ziehendes Element, und zwar ein Element, das nicht etwa im Hinblick auf die römische Besatzungsmacht hervorgehoben wird (was verdächtig wäre), sondern was sich ausschließlich auf das Verhältnis Jesu zu seinen jüdischen Mitbürgern bezieht. Auch gibt es nicht den geringsten Anhaltspunkt dafür, warum Jesus von der Haltung seines Lehrers Johannes abgewichen sein sollte. Die von den Evangelisten ganz unverdächtig gezogenen Parallelen zwischen Johannes und Jesus deuten vielmehr auf einen Gleichklang zwischen den beiden hin.

Ein weiterer Umstand kommt hinzu: Wäre Jesus wirklich ein zelotischer Anführer gewesen, dann hätte gerade dieser Umstand ihn einer breiteren Öffentlichkeit bekannt gemacht, dann wäre er im *zeitgenössischen Schrifttum* auch als Zelot erwähnt worden, wie ja auch sonst die Namen der Führer von Aufstandsbewegungen insbesondere von Flavius Josephus genannt werden.

Offenbar gehörte Jesus der gemäßigten Strömung im damaligen gläubigen Judentum an, die ihr Vertrauen auf den »Herrn der Heerscharen« allein setzte und die Römerherrschaft ertrug, bis es ihm gefallen werde, das Himmelreich auf Erden zu verwirklichen. Gerade darin unterschied er sich von den Zeloten, »welche dieses Himmelreich mit eigener Hand zu begründen entschlossen waren und des Beistandes des Herrn der Heerscharen bei dem frommen Werke sich versichert fühlten«.[21]

Küng (S. 179):

>»Alle politisch mißdeutbaren Titel wie Messias und Davidsohn vermeidet er ... Nirgendwo spricht er von der Wiederherstellung des Davidreiches in Macht und Herrlichkeit. Nirgendwo zeigt er ein Handeln mit dem politischen Ziel, die weltliche Herrschaft zu ergreifen ... Sondern im Gegenteil – Machtverzicht, Schonung, Gnade, Frieden: die Befreiung aus dem Teufelskreis von Gewalt und Gegengewalt, Schuld und Vergeltung.«

Zwar ist es bemerkenswert, daß Jesus gerade auch auf radikale und militante Gestalten der Geschichte einen bestimmenden Einfluß ausgeübt hat, z. B. auf *Thomas Müntzer* oder *Che Guevara*, der mit seinem »Jesus-Look« zur Symbolfigur einer weltweiten revolutionären Jugendbewegung wurde. Insgesamt aber wird uns Jesus als *»Friedensfürst«* vorgestellt, als jemand, der eine Veränderung der Verhältnisse immer nur von *innen heraus* herbeiführen wollte, wenn auch in der festen Zuversicht, daß der Retter Israels, der Messias, in allernächster Zukunft erscheinen und den Feind erledigen werde. Eher als Thomas Müntzer und Che Guevara könnten sich also *Mahatma Gandhi* und *Martin Luther King* auf ihn berufen.[22] Vierzig Jahre nach Jesu Tod dachten und handelten die

Judenchristen wie ihr Rabbi von Nazareth: Sie beteiligten sich nicht am zelotischen Aufstand gegen Rom, sondern zogen nach Pella, ins Ostjordanland, um dort eine eigene Gemeinde zu gründen.

Abwegig ist die Vorstellung, Pilatus hätte die Frage der Zugehörigkeit oder Nichtzugehörigkeit zur Zelotenpartei in einer eingehenden *Beweisaufnahme* geklärt, hätte sich wegen eines in seiner Gewalt befindlichen (vermeintlichen) Aufrührers die Mühe eines *regulären Prozesses* gemacht und wäre obendrein noch geneigt gewesen, den Verdächtigen laufenzulassen. Ein von den Römern als Aufrührer festgenommener Mann, im brodelnden Jerusalem ein paar Tage vor dem Passahfest um das Jahr 30, hätte mehr Glück als Verstand haben müssen, wenn er mit dem Leben davongekommen wäre.

Dennoch: Als naheliegend drängt sich auf, daß Jesus doch wenigstens den *Versuch* hätte unternehmen können, die Römer davon zu überzeugen, daß er *nicht politisch*, sondern ausschließlich *religiös* wirke, die Liebe unter den Menschen verkünde und – in weit milderer Form als Johannes der Täufer, der selbst bußfertige Leute mit Schimpfworten wie »Otterngezücht« begrüßt hatte – zur *Buße* und *inneren Einkehr* auffordere und daß er gedenke, nur dieses begonnene Werk fortzusetzen. Noch einige Monate zuvor soll er in solcher Weise in Galiläa gesprochen haben:

»Kommet her zu mir alle, die ihr mühselig und beladen seid: Ich will euch erquicken. Nehmt auf euch mein Joch und lernet von mir; denn ich bin sanftmütig und von Herzen demütig. So werdet ihr Ruhe finden für eure Seelen. Denn mein Joch ist sanft und meine Last ist leicht.« (Mt.11.28-30)

In seiner »*Regierungserklärung*«, wie *Bischof Scharf* die Bergpredigt einmal bezeichnet hat, soll Jesus die *Friedfertigen* (richtig übersetzt, »diejenigen, die Frieden stiften«) mit besonderem Lob bedacht haben, indem er sie nicht nur selig gepriesen, sondern als »*Söhne Gottes*« bezeichnet hatte (Mt.5.9). Er habe seine Zuhörer ermahnt, sich mit einem Gegner »sofort zu vertragen« (Mt.5.25) und demjenigen, der einem etwas Böses antut, keinen aktiven Widerstand zu leisten, sondern »die andere Wange hinzuhalten« (Mt.5.39). Frondienste, die ein römischer Besatzungssoldat einem Juden abverlangte (im Besatzungsstatut war festgelegt, daß jeder römische Soldat von einem Juden, egal welchen Standes, verlangen konnte, ihm eine Meile weit das Gepäck zu tragen, sich also sozusagen als Packesel zur Verfügung zu stellen), sollte dieser nicht nur erfüllen, sondern sogar übererfüllen:

»Und wenn dich einer zwingen will, eine Meile mit ihm zu gehen, dann geh zwei mit ihm.« (Mt.5.41)

Zwar war Jesus ein *stolzer Israelit*;[23] es konnte ihm also nicht einerlei sein, daß das Heilige Land von fremden Truppen besetzt war, er sehnte »das Reich Gottes« herbei, und das setzte notwendig das Ende der Besatzungszeit voraus; aber andererseits hat er nicht dazu aufgefordert, sich gegen Rom zu erheben. Offenbar hielt er es in der gegebenen politischen und militärischen Situation für richtig, »dem Kaiser zu geben, was des Kaisers ist« (Mk.12.17). Das Gebot der *Nächstenliebe* verstand er so, daß er die Kollaborateure der Besatzungsmacht, die *Zöllner*, nicht unbedingt verachtete, sondern ihnen Besserungsfähigkeit zutraute. Nirgendwo wird berichtet, daß er gegen die Besatzungsmacht polemisiert habe, im Gegenteil, da, wo bittere Klagen über sie geführt wurden, soll er sie noch in Schutz genommen haben:

»Zu dieser Zeit kamen einige Leute zu Jesus und berichteten ihm von den Galiläern, die Pilatus beim Opfern umbringen ließ, so daß sich ihr Blut mit dem ihrer Opfertiere vermischte. Da sagte er zu ihnen: Meint ihr, daß nur diese Galiläer Sünder waren, weil das mit ihnen geschehen ist, alle anderen Galiläer aber nicht? Nein, im Gegenteil: Ihr alle werdet genauso umkommen, wenn ihr euch nicht bekehrt.« (Lk.13.1-3)

Zwar ist einer solchen romfreundlichen Gesinnung, welche die Evangelisten dem Leser suggerieren wollen, mit Skepsis zu begegnen. Warum aber sollte Jesus vor Pilatus nicht wenigstens darauf hingewiesen haben, daß er gegen Rom keinerlei Aktivitäten entfaltet habe? Warum wohl sollte er sich statt dessen als »*König der Juden*« ausgeben, als Kampfmessias, angetreten zur *Beseitigung der römischen Fremdherrschaft?*

Der Johannes-Evangelist ist es, welcher erzählt, daß Jesus fünftausend seiner Landsleute, die ihn spontan hatten zum *König* machen wollen, entschieden zurückgewiesen hatte:

> »Als Jesus nun merkte, daß sie kommen würden, um ihn mit Gewalt zum König zu machen, zog er sich wieder auf den Berg zurück, er allein.« (Joh.6.15)

Hier handelt es sich zwar nicht um eine historische Begebenheit, doch läßt die Legende die wahre Einstellung zum Fragenkomplex durchscheinen. Die im Evangelienbericht dargestellte Frage des Pilatus nach der Königswürde Jesu dürfte eine allegorische Reflexion auf die historische Tatsache sein, derzufolge die römische Besatzungsmacht in Jesus einen zelotischen Aufrührer gesehen und ihn als solchen hingerichtet hat.

Todesbereitschaft oder Lebenswille?

Bei realistischer Betrachtung der Dinge ist gewiß kein Grund ersichtlich, warum Jesus nicht wenigstens den *Versuch* unternommen haben sollte, sein Leben zu retten. Angesichts des Kreuzes ergreift man doch wohl jeden Strohhalm und redet sich – zumal wenn man ganz zu Unrecht verdächtigt wird – nicht auch noch um Kopf und Kragen. Jesus wird im Evangelienbericht so hingestellt, als würde er schlichtweg zu jeder Beschuldigung, die man gegen ihn erhebt, »*ja und amen*« sagen, und sei diese auch noch so weit hergeholt. Dabei ist bei dem wenigen, das wir von Jesus wissen, eines doch ziemlich gesichert: Ein notorischer Jasager war er nicht. Und es ist auch nichts darüber bekannt, daß er in der Haft einer Art Gehirnwäsche unterzogen worden wäre, vergleichbar den Angeklagten in einem Schauprozeß stalinistischer Prägung.

So fatalistisch, wie die Evangelien Jesus schildern, kann er in Wirklichkeit nicht gewesen sein. Eine solche Unterstellung liefe darauf hinaus, daß er den *Kreuzigungstod* geradezu herbeigesehnt hätte – ein masochistischer Zug, welcher sicher nicht zu einem Menschen paßt, der die Frohe Botschaft vom Herannahen des Gottesreiches verkünden will und mit seinem Gott auf so vertrautem Fuße steht, daß er ihn nicht nur mit »Vater«, sondern liebevoll mit »Abba« anredet. Absurd erscheint mir die Behauptung, Jesus habe den Kreuzigungstod »willig auf sich genommen«.[24]

Todessehnsucht ist eine Erscheinung, die für die späteren *christlichen Märtyrer* typisch werden sollte. Es war die Imitation des Leidens Christi.

Martyrium des Polykarp:

>»Durch das Leiden von einer Stunde erwerben sie für sich selbst ewiges Leben.«[25]

Ob die Märtyrer als *Helden* oder *neurotische Masochisten* anzusehen sind, ist eine seit jeher umstrittene Frage. Ihre Freudesschreie angesichts des Todes, den sie meistens durch ein schlichtes Bekenntnis zur staatlichen Loyalität hätten vermeiden können, sind vielfach überliefert.[26]

Ignatius, Bischof von Antiochien, soll das Todesurteil mit Jubel als eine Möglichkeit, »die Passion meines Gottes nachzuahmen«, aufgenommen haben:

>»Erlaubt, daß ich von den wilden Tieren gegessen werde, durch die ich zu Gott gelangen kann. Ich bin Gottes Weizen, und wenn ich durch die Zähne der wilden Tiere gemahlen werde, so möge ich zum reinen Brot Christi werden.«[27]

Dem jüdischen Denken hingegen ist die Todesbereitschaft im Sinne einer Todessehnsucht fremd. Hingegen wird die *Eigenliebe* postuliert, man soll sich *selbst* lieben. Eine besonders schöne, für Jesus und das Judentum typische Maxime lautet:

>»Du sollst deinen Nächsten lieben wie dich selbst.«
>(Mt.22.39)

Den Nächsten lieben – wie Dich *selbst* auch! Sich selbst lieben aber bedeutet Hinwendung zum *Leben*, nicht zum Tod.

Und warum hätte er denn sterben wollen, dieser noch junge und sinnenfrohe Mann, der dem guten Essen, dem Wein und den Frauen zugetan war? Und ausgerechnet jetzt, wo er mit seinem Werk gerade erst begonnen hatte und sich die ersten Ansätze eines Erfolges abzeichneten? (Klammerbemerkung: Mehr als *erste Ansätze* eines Erfolges waren es allerdings auch in Jerusalem offenbar nicht gewesen. Zwar hatte er Beifall gefunden, eine etwas größere Öffentlichkeit hatte von ihm Notiz genommen, aber das alles war nicht genau das, was er suchte, nämlich Jerusalem durch seine Lehrweise wirklich zu gewinnen – Mt.23.37: »Jerusalem, Jerusalem … wie oft habe ich deine Kinder versammeln wollen, wie die Henne versammelt ihre Kücklein unter ihre Flügel, und ihr habt nicht gewollt.«)

Natürlich hing Jesus an seinem Leben. Es gibt keinen vernünftigen Grund für die gegenteilige Annahme. Noch auf dem Weg nach Gethsemane, nach dem Passahmahl, soll er den Jüngern eine *sensationelle* Mitteilung gemacht haben: Er gedenke nicht, am nächsten Tag in die Stadt zurückzukehren und an den Feierlichkeiten teilzunehmen, sondern ziehe es vor, sich nach Galiläa abzusetzen. (Nachdem ihm – wie man wohl ergänzen darf – Jerusalem ein zu gefährliches Pflaster geworden war.) Er wollte *allein* fliehen, die Jünger sollten ihm später folgen:

>»Und Jesus sprach zu ihnen: Ihr werdet euch in dieser Nacht alle an mir ärgern. Denn es steht geschrieben: Ihr werdet den

Hirten schlagen, und die Schafe werden sich zerstreuen. Sobald ich erwache, will ich vor euch hingehen nach Galiläa.« (Mk.14.27-28)

Die Worte »sobald ich erwache« (»meta to egerthenai me«) sind später - *zur Erbauung der Gläubigen* – mit »*wenn ich aber auferstehe*« übersetzt worden. Jesus selbst kann natürlich in jener Nacht nicht seine eigene Auferstehung von den Toten gemeint haben. Auch die Jünger hatten das nicht so verstanden. Die Erzählung des Evangelisten, am Passah-Sonntag hätten die Frauen aus Jesu engster Umgebung wohlriechende Öle gekauft, um den Leichnam zu salben (Mk.16.1), wäre unerklärlich. Es wäre auch kein Grund ersichtlich, warum sich angesichts des leeren Grabes »*Zittern und Entsetzen*« (Mk.16.8) eingestellt hätte. Flusser (Die letzten Tage, S. 81 f.) macht darauf aufmerksam, daß es nach einer gesetzlichen Bestimmung der Halacha geboten war, sich im Anschluß an das Passahopfer *innerhalb der Mauern* Jerusalems aufzuhalten. Daß Jesus dieser Bestimmung zuwiderhandelte, könne nur damit erklärt werden, daß er Fluchtgedanken hegte.

Jesus hatte Angst vor Leid und Verfolgung, wahrscheinlich sogar echte Angst um sein Leben; aber diese Angst hatte er ja gerade deswegen, weil er *weiterleben* wollte. Inständig betete er zu Gott, daß dieser ihn beschützen und sein Leben erhalten möge. Und natürlich erhoffte sich ein gläubiger Mensch wie Jesus Hilfe durch sein Gebet:

»Abba, mein Vater, ist's möglich, so laß diesen Kelch[28] an mir vorübergehen, doch nicht wie ich will, sondern wie du willst.« (Mt.26.39)

(Ob Jesus durchweg die Anrede »*Abba*« gebrauchte, wenn er betete oder wenn er Gott anrief, ist in der Exegese umstritten. Allzusehr erinnert dieses Wort an ein kleinkindliches Lallwort, dem deutschen »Papa« vergleichbar. Ernst Haenchen , der zu diesem Fragenkomplex einen umfassenden Überblick gibt – S. 492 ff. –

verweist beispielhaft auf Joh.17.1-26:»Das hohepriesterliche Gebet kann *nicht* beginnen: ›Papa, die Stunde ist gekommen.‹«[29] Die Bitte, *weiterleben* zu dürfen, ist *ohne jede Einschränkung* an Gott gerichtet. So wird es auch im Hebräerbrief kommentiert:

»Und er hat in seinem Erdenleben Bitten und Flehen unter lautem Geschrei und unter Tränen vor den gebracht, der ihn vom Tod erretten konnte.« (Hebr.5.7)

Nach *Klausners* Ansicht (S. 457) sind die Worte»... doch nicht wie ich will, sondern wie du willst« *später* von den Evangelisten hinzugefügt worden, die sich nicht vorstellen konnten, daß ein Gebet des Messias nicht erhört worden wäre, der vor Gott bat, wie ein Sohn vor seinem Vater flehentlich bittet. Es gibt aber auch eine andere Interpretation: *Küng* (Christ sein, S. 305) vertritt die Auffassung, daß zu der Wendung»... doch nicht wie ich will, sondern wie du willst« Parallelen im jüdischen Achtzehn-Bitten-Gebet zu finden seien. Es sei die typische Formel eines Bittenden, wie sie auch im Vaterunser erscheint. Gerade in der Voraussetzung, daß stets nur Gottes, nicht aber des bittenden Menschen Wille geschehe, liege das Geheimnis der angestrebten Gebetserhörung. Der Lukas-Evangelist schmückt diese Situation menschlicher Angst und Hoffnung noch besonders aus:

»Es erschien ihm aber ein Engel vom Himmel und stärkte ihn. Und es kam, daß er mit dem Tode rang und betete heftiger. Es ward aber sein Schweiß wie Blutstropfen, die fielen auf die Erde.« (Lk.22.43-44)

(Klammerbemerkung: Ganz anders ist die Schilderung im Johannes-Evangelium 18.11. Von Angst und Verzweiflung ist nichts zu spüren. Eher trotzig wird gefragt:»Soll ich den Becher nicht trinken, den mir mein Vater gegeben hat?« Eine Parallele zu Jesu letzten Worten am Kreuz wird sichtbar: Ist es bei Markus und Matthäus der schmerzerfüllte Aufschrei:»Mein Gott, mein Gott, warum hast du mich verlassen?«, so ist es bei Johannes der triumphale Ausruf:»Es ist vollbracht!«)

Die Lukasstelle 22.43-44 fügt sich auch ganz und gar nicht in das Jesusbild, das die *Kirche* vermittelt: Jesus, der über den Tod Erhabene, der sich allzeit in Gottes leitender Hand geborgen fühlt, wissend, daß sein Tod nur von ganz kurzer Dauer sein und er dann zu einem ewigen Leben zur Rechten Gottes im Paradies emporgehoben werde. In der synoptischen Gethsemane-Szene hingegen, speziell in der Schilderung bei Lukas, erleben wir einen sozusagen *»in die Knie gezwungenen«* Menschen, angsterfüllt, der Verzweiflung nahe. Die einzige Hoffnung, die geblieben ist, ist das Gebet. *Goguel* (S. 355) schließt daraus, daß sich die Überlieferung der Gethsemane-Szene nur zu einer Zeit bilden konnte, als man noch wußte und sich auch dazu bekannte, daß Jesus in diesem Augenblick eine wirkliche Todesangst durchgemacht hat.

Craveri (S. 381):

»Zu allen Zeiten ist diese Evangelienstelle getadelt worden, weil sie eine menschliche Schwäche Jesu enthülle, die nicht nur eines Gottessohnes, sondern auch eines Philosophen unwürdig sei, der nach Todesverachtung strebe. In vielen Codices, darunter auch im Codex Vaticanus, ist diese Perikope ausgelassen. Mit Recht ist jedoch geltend gemacht worden, daß gerade diese ungeschminkte Darstellung ein Beweis für die Echtheit der Evangelien sei.«

Jedoch begegnet das, was von der im Gebet zum Ausdruck kommenden Angst Jesu in Gethsemane berichtet wird, durchaus auch *historischen Bedenken.*

– Zum einen: Welche Zeugen wohl sollten hier in Betracht zu ziehen sein? Jesus war allein, er hatte sich von den Jüngern abgesondert; diese *schliefen.*

- Zum anderen: Wirklich gefährlich für Jesus war doch eigentlich nur Jerusalem. Eben deswegen wollte er dorthin am nächsten Tag nicht mehr zurückkehren. Gethsemane hingegen schien schon eine realtive Sicherheit vor römischer Verfolgung zu bieten.

- Ferner: Ein Gefühl der Unsicherheit und Bedrohung hätte, wäre es vorhanden gewesen, sich doch wohl zwangsläufig auf die Jünger übertragen müssen. Die aber waren so arg- und sorglos, daß sie immerhin bestens schlafen konnten.

- Außerdem: Wenn Jesus sich an dem Abend in Gethsemane nicht in Sicherheit gefühlt, sondern aus Angst vor einer Verhaftung nicht hat schlafen können, dann fragt man sich, warum er überhaupt in Gethsemane sein Nachtquartier bezogen und es nicht vorgezogen hat, sich noch in dieser Nacht via judäische Wüste nach Galiläa durchzuschlagen? Die Wüste mit ihren vielen Versteckmöglichkeiten lag nur wenige Kilometer entfernt, sie fängt gleich hinter dem Ölberg an.

- Schließlich: Auffallend ist, daß die hier geschilderte Erregung und Angst Jesu in krassem Gegensatz zu der Ruhe und Gelassenheit stehen, die ihm sodann ab der Gefangennahme in den Evangelienberichten zugeschrieben werden.

Ist die Gethsemane-Szene eventuell dem *Redaktionsgut der Evangelisten* zuzuordnen, um, wie *Bösen* (S. 140) fragt,»im Zuge der christologischen Reflexion Jesu Menschsein zu betonen«?

Ben-Chorin (Bruder Jesus, S. 182):

»Hier steht kein Held, kein Halbgott, kein Mythos! Hier zittert ein Mensch um sein Leben. Und in dieser Stunde der Angst ist uns Jesus besonders nahe. Hier steht nur noch, ergriffen von Todesfurcht, der wahre Mensch vor uns, der mit der Furcht vor dem Tode geboren wird, dessen Leben immer Leben zum Tode hin ist und dessen Sinn und Trachten immer die Flucht vor dem Tode bleibt.«

Jedenfalls: Jesus wollte nicht sterben. Und wenn schon sterben, warum dann einen »*römischen*« Tod und den in seiner grausamsten und schimpflichsten Ausprägung? Die Römer haben in seiner Botschaft und in seinem Handeln doch nicht die geringste Rolle gespielt. Jesus hätte sich also, wie jeder andere Mensch in solcher Lage, *verteidigt* und die Dinge *richtiggestellt* – sofern ihm überhaupt eine *Gelegenheit* dazu gegeben worden wäre. Aber leider muß man davon ausgehen, daß er eine solche Gelegenheit nicht gehabt hat. Von der Gelegenheit, mit Pilatus obendrein zu disputieren und über den Sinn des Daseins und um die Frage nach der Wahrheit zu philosophieren (Joh.18.34-38), ganz zu schweigen. Als Franzose stellt *Maurice Goguel* sich die Dinge so vor, daß, wenn Pilatus überhaupt in eigener Person Jesus begegnet sein sollte, sich das, was er zu ihm sagte, auf zwei knappe Sätze beschränkt haben dürfte:

»Tu es le roi des Juifs? Eh bien, tu serais crucifié!«[30]

Wie dem auch sei: Pilatus hatte Jesus in seiner Gewalt, dahingestellt, ob er ihn persönlich verhört und ihn gar nach seinem anspruchsvollen Titel »König der Juden« befragt hat. Fest steht, daß Jesus von den Römern des politischen Aufruhrs verdächtigt wurde. Politische Aufrührer aber wurden ohne viel Federlesens, jedenfalls ohne förmliches Verhör und Dolmetscher, gekreuzigt. Mit Jesus wurde da nicht anders verfahren als mit anderen Aufrührern bzw. vermeintlichen Aufrührern. Die »*lex Julia maiestatis*« bot eine ausreichende Rechtsgrundlage[31]. Auf einen Juden mehr oder weniger, der am Kreuze starb, kam es einem Judenhasser wie Pilatus nicht an.[32]

12. Kapitel
Der Prokurator und die Juden

Die behauptete Kollektivschuld

Natürlich kann es nicht wahr sein, daß die Bevölkerung dem einziehenden Jesus erst einen begeisterten Empfang bereitet und sich mit seiner Botschaft solidarisiert hat, um dann nach einem urplötzlich hereingebrochenen Stimmungsumschwung, für den es keinerlei Erklärung gibt, Partei für Jesu Widersacher, also für die Machthaber im Synedrium, zu ergreifen und in Sprechchören die Kreuzigung jenes Mannes zu fordern, der als *jüdischer Patriot* vor Pontius Pilatus angeklagt ist, weil er sich angeblich als »König der Juden« bezeichnet habe. Ein solcher Stimmungsumschwung läßt sich auch nicht mit der allgemein bekannten Tatsache erklären, daß Volksmassen nun einmal wankelmütig sind und eine anfängliche Begeisterung schnell abnehmen kann. Selbst wenn es so gewesen wäre, daß Jesus binnen weniger Tage seine Popularität beim Volk vollständig verloren hätte – auch das bliebe unwahrscheinlich genug, denn dafür läge kein plausibler Grund vor, da ja Jesus auch in Jerusalem genau der Maxime treu gelieben war, die ihm die Popularität eingetragen hatte –, so führt der Verlust an Volkstümlichkeit doch stets nur dazu, daß der Betroffene eben *nicht mehr als Held* gefeiert, sondern mit *Gleichgültigkeit* oder *Geringschätzung* betrachtet wird, um dann schließlich ganz in *Vergessenheit* zu geraten. Warum aber sollte ein solchermaßen verblaßter Prophet von einem Tag auf den anderen mit *blutrünstiger Gehässigkeit* verfolgt, bei der Besatzungsmacht denunziert und seine Hinrichtung verlangt werden? Und überhaupt: Warum sollten die von den

Römern unterdrückten Juden, die unter dem römischen Joch litten und seufzten und nichts sehnlicher wünschten, als die Besatzungsmacht loszuwerden, sich plötzlich in loyale Untertanen des Kaisers von Rom verwandelt haben? Was für ein eklatanter Widerspruch besteht auch hier zu der von allen Synoptikern berichteten Furcht der Hohenpriester, daß, wenn sie Jesus in der Öffentlichkeit verhafteten, die Gefahr eines Volksaufstandes zugunsten Jesu bestünde!

»Und die Hohenpriester und die Schriftgelehrten suchten nach einer Möglichkeit, Jesus unauffällig zu beseitigen; denn sie fürchteten sich vor dem Volk.« (Lk.22.2)

»Das ganze Volk hing an ihm und hörte ihn gern.« (Lk.19.48)

Sogar der Evangelist Johannes, der besonders bemüht ist, das Volk *als Ganzes* zu belasten, kommt nicht umhin, die Verbundenheit des Volkes mit Jesus einzuräumen. Die Mitglieder des Hohen Rats sollen in einer Ratsversammlung, zu einem Zeitpunkt, als Jesus sich noch auf freiem Fuß befand, gesagt haben:

»Wenn wir ihn gewähren lassen, werden *alle* an ihn glauben.« (Joh.11.48)

Auch der Markus-Evangelist hebt pointiert den bestehenden Gegensatz zwischen dem Volk und seinen Führern hervor und stellt Jesus dabei ganz eindeutig auf die *Seite des Volkes*: Als Jesus mit den Sadduzäern diskutierte und sie durch gleichnishafte Reden bloßstellte, wollten diese ihn verhaften lassen, doch getrauten sie sich nicht, weil sie sich vor den *Reaktionen des Volkes* fürchteten.

»Und sie trachteten danach, wie sie ihn griffen, und fürchteten sich doch vor dem Volk.« (Mk.12.12)

Diese Furcht vor einem Volksaufstand wird einige Tage später noch einmal bekundet:

> »Die Hohenpriester und die Schriftgelehrten suchten nach einer Möglichkeit, Jesus mit List in ihre Gewalt zu bringen, um ihn zu töten. Sie sagten aber: Ja nicht am Fest, damit es im Volk keinen Aufruhr gibt.« (Mk.14.1-2)[1]

Arglistig (»*en dolo*«) gegenüber den eigenen Untertanen sollen den synoptischen Berichten zufolge Kaiphas und sein engerer Anhang gehandelt haben, um Jesus »*unauffällig*« zu beseitigen. Für den Fall einer Verhaftung »innerhalb der Festmenge« hätte man nicht nur mit Sympathiekundgebungen der Bevölkerung für den Verhafteten rechnen müssen, sondern mit einer regelrechten Volkserhebung. Wie reimt sich so etwas mit den Berichten von den Volksmassen, die voller Haß Jesu Tod gefordert haben sollen?

Und von alledem einmal abgesehen: Selbst wenn die Sorge um gewalttätige Protestkundgebungen zugunsten Jesu unbegründet gewesen wäre, bliebe noch immer festzustellen, daß allein die *Clique um Kaiphas* es war, die – in Übereinstimmung mit der römischen Militärbehörde – ein Interesse an der Beseitigung Jesu gehabt hätte. Welchen Anteil hätten da »*die Juden*«?[2] Nicht das geringste Mitspracherecht hatte das Volk bei den Entscheidungen und politischen Winkelzügen seiner Obrigkeit. *Klausner* (S. 467) zitiert ein Volkslied jener Zeit (eine Art Gassenhauer), in welchem die kleinen Leute ihre Obrigkeit anprangern. Auch der in den Evangelien genannte Hohepriester Hannas kommt in dem Liedchen vor:

> »Weh ist's mir vor dem Haus des Boethus: Weh ist's mir vor ihren Keulen! Weh ist's mir vor dem Haus des Annas: Weh ist's mir vor ihren Denunziationen! … Denn sie sind Hohepriester, und ihre Söhne Schatzmeister, und ihre Schwiegersöhne Verwalter, und ihre Diener schlagen das Volk mit Stöcken.«

Was also haben die einfachen Bürger Jerusalems und die Pilger mit dem Todesurteil gegen Jesus von Nazareth zu tun, diese Leute, deren Denken und Fühlen so ganz und ausschließlich auf das bevorstehende Passahfest eingestimmt war? Welchen Anteil haben beispielsweise die Bürger von Jericho, Hebron und Bethlehem, die ganze Landbevölkerung, die Hirten und Bauern auf den Feldern, die Fischer vom See Genezareth? Sie alle fallen unter den zum Angriffsziel gewordenen Begriff »Die Juden«, so wie beispielsweise im Negeraufstand von San Domingo während der französischen Revolution »Die Weißen« zur Zielscheibe wurden. Der Terroraufruf der christlichen Neger lautete damals:

>»Die Weißen haben Christus umgebracht; tötet die Weißen!«[3]

Pontius Pilatus ist als ein *besonders grausamer* Mann in die Geschichte eingegangen.

Pinchas Lapide:

>»Das rabbinische Schrifttum nennt ihn nicht von ungefähr ›Haman‹, jenen heidnischen Machthaber, der einst die Vernichtung der Juden geplant hatte (Est.3).«[4]

In einer Schrift des jüdischen Philosophen *Philon von Alexandrien* ist ein Brief von König Agrippa I. an Kaiser Caligula enthalten. Dort werden die Missetaten des Pilatus mit folgenden Worten gebrandmarkt:

>»Bestechung, Gewalttat, Räuberei, Mißhandlung, Beleidigung, fortwährende Hinrichtungen ohne Urteilsspruch und seine endlosen und unerträglichen Grausamkeiten.«[5]

Im Jahre 26 war Pilatus von Kaiser *Tiberius* bzw. dessen höchstem

Regierungsbeamten *Sejan* zum Prokurator (richtiger: *Praefectus*) von Judäa ernannt worden. Über die Herkunft seines Namens gibt es nur Spekulationen. Eine davon ist die, daß er als Sohn eines mit dem Ehrenspieß (»*Pilum*«) ausgezeichneten Offiziers geboren wurde, ja, daß er sogar der Sohn jenes *Marcus Pontius* gewesen sei, der unter Augustus während des Kriegszugs gegen die Kantabrer (26-19 v. Chr.) die Heeresleitung innehatte.[6] Jedenfalls gehörte Pilatus, wie alle Prokuratoren in Judäa, dem Ritterstand an, also einer aristokratischen Schicht, die gleich unter dem Senatorenstand rangierte. Der Vergleich mit der Laufbahn anderer Ritter läßt vermuten, daß Pilatus schon im militärischen Bereich tätig war, bevor er nach Judäa kam. Er hatte in seiner Provinz alle Vollmachten, über Leben und Tod seiner Untertanen zu verfügen. Pilatus war ein Mann, der sich um die religiösen Gefühle der Juden wenig scherte. Flavius Josephus berichtet davon.[7]

Historisch gesichert ist, daß Pilatus im Jahre 36 auf Betreiben seines Vorgesetzten *Vitellius*, des Gouverneurs von Syrien, durch Kaiser Tiberius abgesetzt wurde. Mehr weiß man über sein Schicksal nicht. Als er in Rom eintraf, war Tiberius kurz zuvor gestorben. Es gilt als wahrscheinlich, daß Pontius Pilatus in das gallische *Vienne* verbannt wurde (Bischof Eusebius hat die Legende erfunden, derzufolge Pilatus, von Gewissensbissen gequält, Selbstmord begangen habe, indem er sich in den Tiber stürzte – s. Craveri, S. 395). Anlaß für die Abberufung war die besondere *Brutalität*, mit der Pilatus eine Protestkundgebung der Samaritaner hatte niederschlagen lassen. Sein notorischer Judenhaß, sein mangelndes Einfühlungsvermögen und seine Rücksichtslosigkeit gegenüber der Bevölkerung in seiner Besatzungszone waren für Rom zu einer unerträglichen Belastung geworden.

Es ist widersinnig zu glauben, daß ein solcher für seinen Starrsinn bekannter Mann, der obendrein nach *Kolonialherrenart* voller Verachtung auf die Juden herabblickte, sich ausgerechnet von einem Pöbelhaufen vor seiner Residenz in seinen Entscheidungen beeinflussen, sich gar zu einem Todesurteil drängen ließ, welches er gar nicht verhängen wollte!

Archäologische Ausgrabungen haben ergeben, daß höchstens dreitausend Menschen im Innenhof der Burg Antonia – der nach christlicher Tradition lange Zeit vermuteten Verhandlungsstätte – Platz gefunden haben könnten. Auf dem Platz vor dem Herodespalast – der aufgrund neuerer Forschungsergebnisse eher zu vermutenden Verhandlungsstätte – hätten sich maximal sogar nur einige hundert Menschen versammeln können.[8] Dieser von den Hohenpriestern aufgehetzte Mob – unterstellt, es hätte einen solchen wirklich gegeben und er wäre nicht nur eine politisch motivierte Erfindung der Evangelisten oder eine schlichte Erfüllungslegende von Psalm 31.14 –, dieser Mob also entsprach höchstens zwei Prozent oder auch nur einem Prozent aller zu jenem Zeitpunkt in Jerusalem weilenden Einwohner und Pilger, also weit weniger als einem Tausendstel aller damals lebenden Juden.[9] Verantwortlich gemacht aber wird das Volk Israel in seiner Gesamtheit.[10] Der Johannes-Evangelist läßt Pilatus sagen:

>»Bin ich denn ein Jude? Dein Volk und die Hohenpriester haben dich mir übergeben.« (Joh.18.35)

Und Johannes stellt im weiteren Verlauf seines Berichtes die Dinge so hin, als habe Pilatus sich nachhaltig für die *Freilassung* Jesu eingesetzt, am Ende aber dem Verlangen der Juden nachgegeben, die Jesus um jeden Preis *in eigener Verantwortung* kreuzigen wollten (Joh.19.16).

Dazu *Lapide* (Wer war schuld an Jesu Tod, S. 79):

>»Nur wer sich die Tausende von römischen Kreuzen vergegenwärtigen kann, an die Pilatus, seine Vorgänger und seine Nachfolger, unzählige Juden, nach kurzem oder gar keinem Prozeß, schlagen ließ, versteht die blutige Ironie dieser Zeilen, die die humane Rechtspraxis Israels, der Kreuzigungen unbekannt sind, öffentlich verhöhnen will.«

Matthäus läßt das *jüdische Volk* in einem Anfall von Selbstzerflei-
schung unisono von Gott erflehen, er möge Jesus an *den Juden*
rächen:

»Da antwortete das ganze Volk und sprach: Sein Blut komme
über uns und unsere Kinder!« (Mt.27.25)

Matthäus will das ganze jüdische Volk mit der Kollektivschuld an
dem gewaltsamen Tod Jesu belegen.[11] Eine ausgemachte Infamie
des Evangelisten, wie man vermuten könnte – oder, genauer
gesagt: des späteren Redaktors dieser Perikope.[12] Eine geradezu
verheerende Geschichtslüge ist die Folge davon.

Eugen Drewermann (S. 106 f.):

»Da treten also die Legionen Roms als die Racheheere eines
erzürnten Himmelsgottes auf, der den Tod seines Sohnes
rächt an der Sache der Mörder – an dem ehemals heiligen,
jetzt aber verfluchten Jerusalem! Kein Antisemit des 20. Jahrhunderts, das muß man mit Schrecken feststellen, könnte
eine ungeheuerlichere ›Theologie‹ gegen das Judentum,
gegen das Volk der Erwählung, erfunden haben.«

In einer Eindeutigkeit, die nichts zu wünschen übrigläßt, hebt die
Thora, der klare Text im Deuteronomium, das Verbot der Sippen-
haft hervor:

»Väter sollen nicht für ihre Söhne und Söhne nicht für ihre
Väter mit dem Tod bestraft werden. Jeder soll nur für sein
eigenes Verbrechen mit dem Tod bestraft werden.«
(Dtn.24.16)

Und der Prophet Ezechiel mahnt ebenfalls an, was seit nunmehr
rund dreitausend Jahren zu den Grundsätzen jüdischer Jurispru-
denz zählt:

»Nur wer sündigt, soll sterben. Ein Sohn soll nicht die Schuld seines Vaters tragen und ein Vater nicht die Schuld seines Sohnes. Die Gerechtigkeit kommt nur dem Gerechten zugute, und die Schuld lastet nur auf dem Schuldigen.« (Ez.18.20)

Die mit den Grundsätzen jüdischen Rechtsdenkens absolut unvereinbare, auf das Matthäus-Evangelium zurückgehende These von der sogenannten »*Selbstverfluchung der Juden*« und eine darauf basierende Kollektivschuld des jüdischen Volkes, eine »Sippenhaftung bis ins tausendste Glied«, sind von der christlichen Lehre leider aufgegriffen, und die schrecklichen Konsequenzen daraus sind unter dem Schutz der Kirche praktiziert worden. *Pinchas Lapide* rechnet nach, daß nicht weniger als 96 Kirchenkonzilien und 114 Päpste Gesetze gegen die Juden erlassen haben.[13] Die »Nürnberger Gesetze« der NS-Machthaber vom Schlage eines Adolf Hitler haben durchaus »Römische Vorbilder« päpstlicher Machthaber vom Schlage eines Paul IV. oder Pius V. Kein Jota von dem, was eine Unzahl früherer Päpste, kirchlicher Funktionäre und Inquisitoren an den Juden verbrochen hat, wurde von der Kurie zurückgenommen. Notorische Judenmörder wurden heiliggesprochen, mochten noch so viele Massenmorde ihren Namen belasten, und werden im Römischen Kalender weiterhin als Heilige verehrt.[14]

Paul Gerhard Aring (S. 297, 301):

»›Heil‹ allein durch Jesus Christus! ... Wer Jesus Christus als *das* Heil nicht annimmt, ihn gar ablehnt und verwirft, wird zugrunde gehen, muß in Ewigkeit sterben! Ergo: daß Israel neben der Christenheit, die Synagoge neben der Kirche, die Juden neben den Christen eigenständige Lebensrechte und Heilsbedeutungen hätten, ist für dieses exklusive Heilsdenken der Christen undenkbar und ausgeschlossen ... Zu oft hat das christliche Bekenntnis zu ›Jesus Christus‹ unsagbares

Leid über zahllose Juden gebracht; zu oft ist jenes Bekennen in eine ›Arroganz der Macht‹ eingemündet.«

Origenes, der bedeutendste Theologe des 3. Jahrhunderts, schreibt in seinem Matthäus-Kommentar:

> »Die Juden haben Jesus ans Kreuz genagelt ... daher fällt das Blut Christi nicht nur auf die Juden seiner Zeit zurück, sondern auf alle Generationen der Juden bis an das Ende der Welt.«[15]

Thomas von Aquin:

> »Und so wird es geschehen, daß das Blut Christi bis heute gefordert wird. Und gut traf es auf sie zu, was in Gen. 4.10 gesagt ist: Das Blut deines Bruders Abel schreit von der Erde zu mir. Aber das Blut Christi ist wirksamer als Abels Blut. Der Apostel an die Hebräer 12.24: Wir haben Blut, das besser schreit als Abels Blut.«[16]

Der Kirchenvater *Augustinus* und der Augustinermönch *Martin Luther* dachten darüber nicht anders. *Julius Streicher*, der Herausgeber des nationalsozialistischen Hetzblattes »*Der Stürmer*«, konnte sich im Nürnberger Kriegsverbrecherprozeß darauf berufen, daß Luther, wenn er noch lebte, ebenso wie er, Streicher, vor das Nürnberger Tribunal gestellt werden müßte. Im »*Stürmer*« habe nur das gestanden, was man auch bei Luther lesen könne.

Martin Luther:

> »Es ist hie zu Wittenberg an unser Pfarrkirchen ein Sau in Stein gehauen; da liegen junge Ferkel und Jüden unter, die saugen; hinter der Sau steht ein Rabbin, der hebt der Sau das rechte Bein empor und mit seiner linken Hand zeucht er den

Pirzel über sich, bückt und kuckt mit großem Fleiß der Sau unter dem Pirzel in den Talmud hinein, als wollt er etwas Scharfs und Sonderlichs lesen und ersehen ... Denn also redet man bei den Deutschen von einem, der große Klugheit ohne Grund furgiebt: Wo hat ers gelesen? Der Sau im, grob heraus, Hintern.«[17]

In seiner letzten Predigt 1546 in Eisleben sagt *Luther* über die Juden:

»Sie sind unsere öffentlichen Feinde, hören nicht auf, unseren Herrn Jesus zu lästern, heißen die Jungfrau Maria eine Hure, Christum ein Hurenkind. Wenn sie uns alle töten könnten, so täten sie es gerne und tuns auch oft ... Darum sollt ihr sie nicht leiden, sondern wegtreiben.«[18]

Im »Amtsblatt für die Erzdiözese Freiburg« erschien am 27. März 1941 ein aus der Feder des damaligen Erzbischofs *Conrad Gröber* stammendes Hirtenschreiben unter der Überschrift »Mann der Schmerzen«. Darin wird die Osterbotschaft in einer Exegese besonderer Art vermittelt:

»Ihre Augen waren verblendet von ihrer jüdischen Weltherrschaftsbegier ... Von den Pharisäern verführt, erhebt sich gegen ihn nun auch das Volk ... Der Pharisäische Geheimdienst hatte durch Lüge und Verleumdung das Tier in ihnen geweckt, und sie lechzten nach schauerlichem Nervenkitzel und Blut ... ›Volksaufwiegler‹ zischen und schreien die einen, ›falscher Messias, Betrüger‹ bekräftigen vom Straßenrand her die anderen, wobei aufgehetzte Weiber die Männer noch überkreischen ... Der Heiland aber schaut sie mit seinen blutunterlaufenen Augen an. Ein Blick, den sie in Ewigkeit nicht vergessen. Ein Blick der beschämenden Wehmut über Menschen, tief unter dem Tier ... Die Bestie hat Menschenblut gerochen und will ihren wildbrennenden

Durst daran löschen. Erst dann ist es ihr genug, wenn er angenagelt am Kreuzesbalken verendet ... Über Jerusalem gellt indessen der wahnsinnige, aber wahrsagende Selbstfluch der Juden: ›Sein Blut komme über uns und unsere Kinder!‹ Der Fluch hat sich furchtbar erfüllt, bis auf den heute laufenden Tag.«

»Bis auf den heute laufenden Tag«: Am 27.3.1941 gingen, ebenso wie an jedem anderen Tag jener Zeit, die jüdischen Landsleute Jesu zu Tausenden ihrer Ermordung entgegen. Dem Erzbischof ist das kein Hinderungsgrund, an den »leidenden Heiland« eine Grußadresse zu richten:

»Wir grüßen dich, wir Christen einer neuen, deutschen Zeit!«

Deutsche Exegese vor gut einem halben Jahrhundert. In einem evangelischen Amtsblatt hätte es ebenso stehen können.

Ungeachtet des den Juden zugefügten Völkermordes wird bis in die Gegenwart die verhängnisvolle *Selbstverfluchungsthese* von Theologen beider Konfessionen vertreten.

Der Protestant *Stauffer* (S. 98, 101):

»Und im Sprechchor spricht das versammelte Volk die furchtbare Formel bedingter Selbstverfluchung ... Die Judenschaft hat diese Entscheidung nach wenigen Jahrzehnten mit der Zerstörung Jerusalems bezahlen müssen.«

Der Katholik *Blinzler* (S. 314 f.):

»Während Pilatus auf das nachdrücklichste die Verantwortung für Jesu Tod von sich wies, hat das jüdische Volk diese Verantwortung in frevlerischem Übermut ausdrücklich auf sich genommen ... Dem für Judenchristen schreibenden

Matthäus geht es deutlich darum, seinen Lesern die ungeheure Schuld ihres Volkes klarzumachen.«[19]

Blinzler (S. 333, 430 f.) wird gegenüber denjenigen, die es wagen, den römischen Anteil am Tode Jesu herauszustellen,

»nicht immer den Eindruck los, daß sie die Schuld ›der Juden‹ an der Tötung Jesu nach Möglichkeit verkleinern wollen«.

Für ihn bleiben es

»die Juden, die rein aus Haß und Bosheit den Tod des Gottgesandten betreiben«.

Solche Theologen argumentieren damit nicht anders als ein – gottlob namenlos gebliebener – Durchschnittsbesucher der *Oberammergauer Passionsspiele* 1970:

»Genauso, wie wir nicht wegleugnen, daß Hitler Millionen von Juden vernichtet hat, genausowenig können die Juden wegleugnen, daß sie Christus ans Kreuz geschlagen haben.«[20]

Der Unterschied zu dem Besucher von Oberammergau liegt nur darin, daß z. B. Blinzler von einer *mittelbaren Täterschaft* der Juden ausgeht, der Oberammergauer von einer *unmittelbaren*.[21] Drewermann (S. 120 ff.) verweist auf das über vierzig Quadratmeter große Gemälde des Malers Wilhelm von Kaulbach, das dieser 1846 gemalt hat: »Die Zerstörung Jerusalems durch Titus«. Dieses Gemälde – es hängt jetzt in der neuen Pinakothek in München – ist Ausdruck der theologischen Interpretation des Matthäus-Evangeliums: Der römische General Titus reitet hoch zu Pferde an der Spitze seiner Truppen in das brennende Jerusalem ein, vorweg Posaunenbläser, die mit apokalyptischem Klang den Jüngsten

Tag der heiligen Stadt verkünden. Durch die Macht der Römer vollendet sich in diesem Augenblick der Wille Gottes. Den jüdischen Verteidigern, einschließlich Frauen und Kindern, wird kein Pardon gegeben. Die einen werden von den Legionären niedergehauen, andere – Symbol des ewigen Juden – werden aus der Stadt in die Welt hinaus gejagt. Die Engel Gottes, in weiblich-lieblicher Kleidung, schweben vom Himmel her auf die Erde nieder, während auf den Wolken über ihnen die vier Evangelisten thronen, jeder das geschriebene Gotteswort seines Evangeliums in den Händen, das die Schriftgemäßheit dieses Ereignisses einmütig bezeugt.

Drewermann (S. 122):

>»Nichts an dem Bild von Kaulbach ist ›historisch‹, was er darstellt, ist ein reines Ideengemälde im Sinne des matthäischen Antijudaismus ... Von dem Ort, da Kaulbachs Bild heute hängt, erworben von Ludwig I. von Bayern, von der neuen Pinakothek bis zum Konzentrationslager von Dachau sind es keine dreißig Kilometer!«

Auf den Kopf gestellt wurden die Fakten von Anfang an. Theologen wie *Blinzler* und *Stauffer* waren bis in die Gegenwart hinein bemüht, diesen Aberwitz nicht verstummen zu lassen und allen Abmilderungen tunlichst entgegenzuwirken. In solcher Einstellung und solcher Lehre liegen die *Wurzeln* des Antijudaismus. Sie dienten fast zwei Jahrtausende hindurch als Rechtfertigung dafür, daß die Juden als Personen minderen Rechts eingestuft, diskriminiert, vertrieben und ermordet wurden.
Franz Mussner hat im Passauer Bistumsblatt vom 21. März 1985 einen Aufsatz geschrieben, in dem er mit Betroffenheit aufzeigt, in welcher Art von verbohrten Theologen (und wohl auch einer Vielzahl anderer Leute, die sich Christen nennen) noch immer argumentiert wird:

»Die Juden sind schuld an der Tötung Jesu; denn ohne die Juden hätte der Prozeß gegen Jesus von Nazareth und ohne den Prozeß die Passion Jesu nicht stattgefunden. Mit dem Prozeß Jesu traten für die jüdischen Täter Straffolgen ein, zunächst vor allem die Zerstörung des Tempels und der heiligen Stadt Jerusalem. Die Straffolgen für die Tötung Jesu gelten auch den ›Kindern‹ der jüdischen Prozeßgegner Jesu, also allen Juden, sofern sie sich nicht zu Jesus bekehren. Es lastet auf den Juden eine ›Kollektivschuld‹! ... Die Juden sind insgesamt, so sie sich nicht zu Christus bekehren, des Heils verlustig gegangen ... Die Juden haben selbst mit ihrem Ruf ›Sein Blut komme über uns und unsere Kinder‹ auf das Heil in Christus verzichtet ... Die Juden haben sich mit dem Ruf von Gott losgesagt, der sich deshalb von ihnen abgewendet hat ... Jeder Jude hat Jesus gekreuzigt. Nur wenn der Jude sich bekehrt und sich taufen läßt, also sein Judentum aufgibt, befreit er sich von den Verstrickungen der Eltern, von der Mitschuld am Tode Jesu ... Dabei wird stets vorausgesetzt, daß Mt.27.25 einen historischen Tatbestand wiedergibt, die Juden also wirklich so gerufen haben, wie es in Mt.27.25 zu lesen ist. Zudem behauptet der Evangelist Matthäus, daß ›das ganze Volk‹ so gerufen habe. Der Jude C. G. Montefiore hat ... bemerkt: ›Ein schrecklicher Vers; eine entsetzliche Erfindung. Bitterer Haß läßt den Evangelisten schreiben: das ganze Volk ... Dies ist einer jener Sätze, die schuldig sind an Meeren von Menschenblut und an einem ununterbrochenen Strom von Elend und Verzweiflung.‹«

Jesu Tod war also keineswegs allen Menschen Gnade und Heil. Für die Juden war er von Titus bis Hitler nur Unheil und Qual. Jesu verzeihende Worte[22]

»Vater vergib ihnen, denn sie wissen nicht, was sie tun« (Lk.23.34) umschließen sicher alle Menschen, die das Gebot der Nächstenliebe verletzt haben, egal ob Juden, Römer oder (die Jesus noch unbekannten) Christen. Diejenigen aber, welche als »Christen« die Nächstenliebe zwar predigen, in Wirklichkeit aber *in Jesu Christi Namen* vorsätzlich *unsagbares Leid* verursacht haben, hätten gut daran getan, sich durch den Heiland nicht nur doppelt betroffen, sondern auch zutiefst beschämt zu fühlen!

Hans Kühner (S. 334):

»Auschwitz ist nur der Endpunkt all dessen, was die Kirche in ihrer antijüdischen Ideologie je gegen das Volk des Juden Jesus verbrochen und damit an Jesus selbst begangen hat.«

Eine große Zahl christlicher Theologen mit besonderem moralischen Gewicht spricht die kirchliche Mitverantwortung offen aus. Ich zitiere stellvertretend vier von ihnen:

– Karl Rahner[23]: »Christen haben immer wieder den Juden schwerstes, entsetzliches Unrecht angetan. Wir müssen uns dieser Anklage stellen, wir müssen den Kläger ausreden lassen, der uns sagt, was die Christen den Juden angetan haben.«

– Hans Küng[24]: »Der nazistische Massenmord war das Werk gottloser Verbrecher, aber: Ohne die fast 2000jährige Vorgeschichte des ›christlichen‹ Antijudaismus ... wäre er unmöglich gewesen ... Um das klare Eingeständnis ihrer Schuld kommt die Christenheit nicht herum.«

– Karl Barth[25]: »Die Kirche als Ganzes ist den Juden, denen sie alles schuldig ist, bis auf diesen Tag alles schuldig geblieben.«

– Kardinal Bea[26]: »Das gesamte jüdische Volk jener Zeit zu verdammen, von dem die meisten Glieder nicht einmal von Jesus gehört hatten, wäre genauso ungerecht, als wenn man sechzig

Millionen Deutsche – mich eingeschlossen – für Hitlers Verbrechen bestrafen würde.«

Bei weitem zurückhaltender, so blaß und farblos, wie es nur eben geht, so daß man die ganze Halbherzigkeit der Erklärung spürt, reagiert der Vatikan unter der Amtsführung des derzeitigen Papstes. Unter der Überschrift »Die Juden sind für den Tod Jesu nicht kollektiv verantwortlich« betont der »Katechismus der Katholischen Kirche« (1993) speziell zum Schrei des Volkes in Mt.27.25, daß man ihn nicht »zum Anlaß nehmen (darf), die Schuld auf die Juden anderer Länder und Zeiten auszudehnen«.[27] Vom Geist des II. Vaticanum, wie ihn der großartige Papst Johannes XXIII. geprägt hatte, von der dort von den Bischöfen mit überwältigender Mehrheit abgegebenen Judenerklärung »nostra aetate« (wiewohl auch diese noch ein christliches Schuldeingeständnis vermissen läßt!) ist kaum noch etwas zu spüren. Dem reise- und showlustigen Papst Johannes Paul II., der so gern den Beton der Flugplätze aller Kontinente küßt, fiele es nicht einmal im Traum ein, etwa in Jerusalem an der Gedenkstätte Yad Vashem niederzuknien, dort der Asche von Millionen Verbrannter zu gedenken und das gerüttelt Maß an Mitschuld der Kirche in ihrer judenfeindlichen Geschichte zu bekennen. Dieser Papst zieht es vor, einem blutrünstigen Diktator wie Pinochet seine Aufwartung zu machen oder den berüchtigten französischen Antisemiten Le Pen in Privataudienz zu empfangen, ihm die nationalistische Hand zu drücken und ihn zu ermutigen, in seinem – von Le Pen faschistisch verstandenen – Werk »zur Hebung der Moral« fortzufahren.[28]

Der Gerichtsherr als Biedermann

Über den Prozeß vor Pilatus berichten alle vier Evangelisten: Markus mit 20 Versen, Matthäus mit 19, Lukas mit 25 und Johannes mit 28.

Bösen (S. 197):

»Wem von den vieren darf man hier folgen? Guten Gewissens keinem; denn keiner trägt ein Echtheitszeichen an sich.«

Von den Theologen favorisiert wird Johannes. Nach Blank gehört er zu »den absoluten Spitzentexten des Neuen Testaments«, Schnackenburg nennt ihn »das Herzstück der ganzen Passionsdarstellung«.[29] In dem Bestreben der Evangelisten, alle Schuld am gewaltsamen Tode Jesu der jüdischen Seite zuzuschreiben, wird Pontius Pilatus als ein eher liebenswürdiger Mann vorgestellt, als eine Persönlichkeit, die aus einer tragischen Verstrickung heraus nicht anders hat handeln können. Liest man die Berichte unter diesem Aspekt, so kann man mühelos feststellen, daß von Evangelium zu Evangelium Pilatus mehr entlastet wird. Ernst Haenchen[30] hebt in dem Zusammenhang hervor, daß es den Christen dabei nicht auf eine *Unschuld des Pilatus* ankommt, sondern auf den Nachweis, daß Jesus nicht von Rom als politischer Verbrecher hingerichtet worden ist, somit keine Rede davon sein kann, die christliche Gemeinde sei eine antirömische politische Bewegung.

Bösen[31] (S. 66):

»Der Weg, den die Evangelisten in dieser schwierigen Situation beschreiten, ist zwar verständlich, aber wenig ehrenhaft. Man buhlt um das Wohlwollen der Mächtigen in einer Unterwürfigkeit, die bereit ist, selbst die historische Wahrheit zu manipulieren. Während man auf der einen Seite Pilatus als nachsichtigen Richter Roms schildert, belastet man im Zusammenhang mit dieser verteidigenden Absicht die Juden.«

Schon Petrus soll gleich nach der Konstituierung der Jerusalemer Urgemeinde (allerdings nur dem Bericht der um das Jahr 95 entstandenen lukanischen Apostelgeschichte zufolge) Pilatus in Schutz genommen und die jüdische Volksmasse angeprangert haben:

> »… den ihr verraten und vor Pilatus verleugnet habt, obwohl dieser entschieden hatte, ihn freizulassen.« (Apg.3.13)[32]

Stauffer kommentiert entsprechend (S. 99):

> »Pilatus ist aber nicht nur blutscheu, er scheut sich auch vor einem ernsthaften Konflikt mit den jüdischen Anklägern. Die drei Rettungsversuche, die Pilatus für Jesus unternimmt, sind alle drei so angelegt, daß sie die Juden nicht verletzen können … Dieser Mann kämpft mit allen Mitteln für rechtes Gericht und den Schutz der Unschuldigen.«

(Eine geradezu abenteuerliche Theorie hat der Theologe Gaechter[33] entwickelt: Kaiphas habe, als er zur Verhaftung Jesu militärischen Schutz von Pilatus erbat, von diesem die mehr oder weniger bestimmte Zusicherung erhalten, daß er Jesus als Rebellen hinrichten werde, und so hätten die Synedristen gehofft, Jesus ohne neues Gerichtsverfahren ans Kreuz zu bringen; zu ihrer Enttäuschung war Pilatus aber in der Morgenfrühe nicht in der Stimmung, ihnen entgegenzukommen.)
Bei *Markus*, dem ältesten Evangelisten, führt Pilatus eine Art Volksbefragung durch (Mk.15.12-13). Das *jüdische Volk* fordert die Kreuzigung. Der Träger des Geschehens ist von Anfang bis Ende vor allem das *Volk*.[34]

> »Was soll ich denn mit dem tun, den ihr den König der Juden nennt? Da schrien sie: Kreuzige ihn!« (Mk.15.12-13)

Im zeitlich etwas späteren *Matthäus-Evangelium* schiebt Pilatus alle Schuld auf die Umstehenden:

»Mich trifft keine Schuld am Blut dieses Menschen. Das ist eure Sache.« (Mt.27.24)

Im wiederum späteren *Lukas-Evangelium* wird »von der ganzen (jüdischen) Ratsversammlung« eine massive politische Anklage gegen Jesus bei Pilatus vorgetragen:

»Sie sagten: Wir haben festgestellt, daß dieser Mensch unser Volk verführt, es davon abhält, dem Kaiser Steuern zu zahlen, und behauptet, er sei der Messias und König.« (Lk.23.2)

Pilatus aber läßt das ganz unbeeindruckt:

»Ihr habt mir diesen Menschen hergebracht und behauptet, er wiegele das Volk auf. Ich habe keine der Anklagen, die ihr gegen diesen Menschen vorgebracht habt, bestätigt gefunden. Ihr seht also: Er hat nichts getan, worauf die Todesstrafe steht.« (Lk.23.14-15)

Johannes, dem letzten Evangelisten, zufolge unternimmt Pilatus sogar drei verzweifelte Versuche, Jesus nicht verurteilen zu müssen:

»Nehmt ihr ihn hin und richtet ihn nach eurem Gesetz ... Ich finde keinen Grund, ihn schuldig zu sprechen ... Seht, ich bringe ihn euch heraus. Ihr sollt wissen, daß ich keinen Grund finde, ihn schuldig zu sprechen.« (Joh.18.31, 38; 19.4)

Im Gegensatz zu Markus, wo es heißt, daß Jesus bereits um *neun Uhr morgens* gekreuzigt wurde, es somit ausgeschlossen wäre, daß man zuvor lange prozessiert hatte, wird er dem vierten Evangelium zufolge erst um zwölf Uhr mittags von Pilatus zum Tode verurteilt, also frühestens um *dreizehn Uhr* gekreuzigt. Johannes wollte damit zeigen, daß der Römer dem Druck der Juden lange Zeit Widerstand entgegengesetzt habe. (Die zeitliche Diskrepanz zu

Markus läßt sich gewiß nicht damit erklären, daß man in der Antike auf bloße Schätzungen der Zeitangabe angewiesen war, weil man noch keine Uhren besaß. Es sei an dieser Stelle auch daran erinnert, daß Johannes und Markus hier zwei verschiedene Tage im Auge haben. Bei Johannes ist es dreizehn Uhr am dreizehnten Nisan, bei Markus neun Uhr am vierzehnten Nisan.[35]) Die kirchliche Lehre gibt, ähnlich wie bei der Bestimmung des Todestages, auch hier der johanneischen Zeitangabe den Vorzug, freilich ohne zu bedenken, daß Jesu Zeit zum Sterben sich damit auf knapp drei oder vier Stunden reduziert, denn um achtzehn Uhr ist er dem Bericht zufolge schon wieder vom Kreuz abgenommen, und Todesfeststellung und Kreuzesabnahme mit allen in dem Zusammenhang zu erledigenden Formalitäten erfordern nun mal ihre Zeit.

Dem ahnungslosen Prokurator gegenüber schlagen die jüdischen Ankläger von vornherein einen unwirschen, herausfordernden Ton an, als dieser sich höflich nach dem Gegenstand der Anklage erkundigt.

»Pilatus kam zu ihnen heraus und fragte: Welche Anklage erhebt ihr gegen diesen Menschen? Sie antworteten ihm: Wenn er kein Übeltäter wäre, hätten wir ihn dir nicht ausgeliefert.« (Joh.18.29-30)

Obwohl also Pilatus keine Antwort auf seine Frage bekommt und die Juden daher auffordert, ihn mit dem Fall gefälligst in Ruhe zu lassen, weiß er andererseits doch gleich sehr genau Bescheid, worum es sich handelt. Er holt Jesus zu sich ins Prätorium und fragt ihn geradeheraus:

»Bist du der König der Juden?« (Joh.18.33)

Nach einer ausweichenden Gegenfrage Jesu

»Sagst du das von dir aus, oder haben es dir andere über mich gesagt?« (Joh.18.34)

entspinnt sich ein Gespräch zwischen den beiden, in dessen Verlauf Pilatus immer mehr davon überzeugt wird, daß Jesus unschuldig ist:

»Mein Reich ist nicht von dieser Welt ... Ich bin ein König. Ich bin dazu geboren und in die Welt gekommen, daß ich für die Wahrheit Zeugnis ablege. Jeder, der aus der Wahrheit ist, hört auf meine Stimme. Pilatus sagte zu ihm: Was ist Wahrheit?« (Joh.18.36-38)

Sobald der Gerichtsherr dann aber aus dem Prätorium heraustritt, um das Ergebnis seiner Befragung und seinen aktuellen Erkenntnisstand in bezug auf den Angeklagten und dessen Schuldlosigkeit dem Volk mitzuteilen, wird er von der Volksmasse verunsichert. Nachdem er so ein paarmal herein- und herausgelaufen ist – »von Pontius zu Pilatus«, wie die Redewendung lautet –, schlägt das Pendel schließlich zugunsten des Pöbels aus: Pilatus gibt dessen Verlangen auf Kreuzigung nach.

Die Unhistorizität des johanneischen Berichts ist aus mehreren Gründen evident:

– Formal ist anzumerken, daß Pilatus einen schwerwiegenden Verstoß gegen die Prozeßordnung begangen hätte. Das römische Strafprozeßrecht schrieb vor, daß der Gerichtsherr die Parteien *einander gegenüberstellt* und nicht etwa getrennt mit ihnen verhandelt (Apg.25.16).

– Man muß sich fragen, wer wohl das angebliche Zwiegespräch zwischen Pilatus und Jesus im *Inneren des Prätoriums* mitgehört und der christlichen Gemeinde berichtet haben könnte.

– Insbesondere aber ist es der geschilderte *Inhalt des Gesprächs* zwischen Pilatus und Jesus, der unmöglich auf historischer Tatsache beruhen kann. Es bedarf keines weiteren Hinweises, daß der Prokurator sich mit einem Juden, der unter dem Verdacht des Aufruhrs gegen Rom von ihm vernommen wurde, nicht auf einen Dialog nach Art *griechischer Philosophen* eingelassen hat. Ein Ausspruch wie »*Mein Reich ist nicht von dieser Welt*« ist aus dem Munde eines Juden sowieso *utopisch*; so kann nur ein Christ sprechen. Hier begegnen wir der für Johannes typischen gnostisch gefärbten Theologie.

Daher steht dieser johanneische Dialog auch in einem unüberbrückbaren Gegensatz zu den Schilderungen bei Markus und Matthäus. Dort wird als *auffallendes Merkmal* innerhalb der Vernehmung gerade das *hartnäckige Schweigen* Jesu hervorgehoben, worüber Pilatus sehr verwundert gewesen sein soll:

»Er aber antwortete ihm auf keine einzige Frage, so daß der Statthalter sehr verwundert war.« (Mt.27.14)

Von Matthäus wird auch noch die *Ehefrau* des Römers – sie soll *Claudia* oder *Procula* geheißen haben (nach einer altkirchlichen Tradition heißt sie Procula Claudia) und eine *Enkelin des Kaisers Augustus* gewesen sein – in das Prozeßgeschehen eingeführt:

»Während Pilatus auf dem Richtstuhl saß, ließ ihm seine Frau sagen: Habe du nichts zu schaffen mit diesem Gerechten; ich habe heute viel gelitten im Traum um seinetwegen.« (Mt.27.19)

Wenn schon der Prokurator ein Fehlurteil gefällt hat, so ist Frau Prokula doch von größter Weitsicht. Von der *orthodoxen Kirche* wird sie deswegen als *Heilige* verehrt, Festtag ist der 27. Oktober. *Blinzler* zollt ihr großen Respekt, indem er schreibt (S. 314):

»Sogar eine Heidin hat Jesu Unschuld erkannt und den Versuch gemacht, ihn vor dem Schicksal zu bewahren, das sein Volk ihm zugedacht hatte.«

Alle Bemühungen des Gerichtsherrn, Jesus laufenzulassen, scheitern an *jüdischer Blutrünstigkeit.* Als einsamer Streiter für's Recht führt Pilatus einen aussichtslosen Kampf gegen die »*vox populi*«. Erst versucht er es – so jedenfalls schildert es Lukas – ganz sachlich. Über die Denunziationspunkte des Synedriums, Jesus sei ein Aufwiegler, Steuerhinterzieher und Majestätsbeleidiger (Lk.23.2), geht er kommentarlos hinweg. Als er dann die Beschuldigung abhandelt, Jesus habe sich als König der Juden bezeichnet, findet er überhaupt nichts dabei:

»Pilatus aber fragte ihn und sprach: Bist du der Juden König? Er antwortete ihm und sprach: Du sagst es. Pilatus sprach zu den Hohenpriestern und zum Volk: Ich finde keine Schuld an diesem Menschen.« (Lk.23.3-4)

Als die jüdischen Amtsinhaber und das gemeine Volk weiterhin auf Verurteilung drängen und Pilatus in Zugzwang gerät, wendet er eine List an: Obwohl es sich hier um einen Fall angeblicher Rebellion gegen den römischen Kaiser handelt, verneint er kurzerhand seine *sachliche Zuständigkeit* und gibt das Verfahren an Jesu jüdischen Landesherrn ab, den Tetrarchen *Herodes Antipas*, der, zusammen mit seinem Hofstaat, an diesem denkwürdigen Passahfest – für den Evangelisten Lukas und seine Erzählweise als (willkommener) Zufall eingeschoben – als Pilger in Jerusalem weilt. Aber die Rechnung geht nicht auf. Auch Antipas findet kein todeswürdiges Verbrechen an Jesus, er will mit dem Fall nichts zu tun haben. Dies, obwohl gerade er Grund gehabt haben könnte, sich zu rächen. Immerhin soll der Nazarener ihn einige Monate zuvor öffentlich einen »*Fuchs*« genannt haben (Lk.13.32). Doch Antipas beschränkt sich darauf, seine Verachtung für Jesus zum Ausdruck zu bringen:

»Herodes und seine Soldaten zeigten ihm offen ihre Verachtung. Er trieb seinen Spott mit Jesus, ließ ihm ein Prunkgewand umhängen und schickte ihn so zu Pilatus zurück.« (Lk.23.11)

(Zwischenfrage: Wo ist wohl das »Prunkgewand« geblieben? Nach Lk.23.34 hat Jesus bei der Hinrichtung seine eigenen Kleider an, die dann unter die vier zum Hinrichtungskommando gehörenden Soldaten verteilt werden. Nach Mt.27.28 sind es nicht Herodes Antipas und seine Soldaten, sondern es ist die *ganze römische Kohorte*, die Jesus seine alten Kleider auszieht, um ihn sodann mit einem purpurroten Spottmantel zu bekleiden.)

Die Episode vom Zusammentreffen Jesus-Pilatus-Herodes wird nur von Lukas (23.7-15) berichtet. Sie ist typisch *nachösterliches* Erzählgut. Bisher verfeindet, werden Pilatus und Herodes hier als die ersten Personen vorgestellt, die durch Jesu »Opfertod« miteinander versöhnt werden (Lk.23.12). Lukas ist auch hier wieder bemüht, die *Staatsungefährlichkeit* des Christentums zu betonen: Jesus ist *politisch harmlos*, und zwar vom Standpunkt sowohl des jüdischen Herrschers als auch des römischen Prokurators.

Aber auch zu diesem von Lukas berichteten Zwischenverfahren bei Herodes Antipas sind theologischerseits eigenartige Theorien entwickelt worden. Der italienische Theologe *Lazzarato* vertritt in seinem 1963 veröffentlichten Buch »La passione di Cristo« die Auffassung, die »Sentenz« des Herodes Antipas habe gelautet: *Unzurechnungsfähigkeit.*[36] Der deutsche Theologe Strobel (S. 111) meint, daß Pilatus bei Antipas eine Art *Rechtsgutachten* eingeholt habe. Im übrigen tritt Strobel entschieden der von Blinzler vertretenen Auffassung entgegen, wonach Pilatus von dem galiläischen Tetrarchen die Erledigung des »unangenehmen Falles« erwartet haben soll.

Doch zurück zur Schilderung in den Evangelien: Als Pilatus den Fall dann wieder übernehmen muß, hat er immerhin ein zusätzliches Argument, das er für die *beabsichtigte Freilassung* Jesu ins Feld

führt: Schließlich stünde er als ein von der Unschuld des Angeklagten überzeugter Richter nicht allein; auch ein ganz prominen-
ter Jude, kein Geringerer als der *Landesfürst von Galiläa*, habe sich
von der Schuldlosigkeit überzeugt:

>Ich selbst habe ihn in eurer Gegenwart verhört und habe
keine der Anklagen, die ihr gegen diesen Menschen vorgebracht habt, bestätigt gefunden, auch Herodes nicht, denn er
hat ihn zu uns zurückgeschickt. Ihr seht also: Er hat nichts
getan, worauf die Todesstrafe steht.« (Lk.23.14-15)

Das sture Volk aber läßt kein Argument gelten, es will den Tod des
Angeklagten:

>Da schrien sie alle miteinander: Weg mit ihm!« (Lk.23.18)

Wer war Barabbas?

Pilatus läßt es sich etwas kosten, Jesu Leben nach Möglichkeit zu
retten. Einen »*Räuber*« namens Barabbas, der sich in seiner
Gewalt befindet und hingerichtet werden soll, läßt er vorführen,
in der Hoffnung, daß, wenn er Jesus und Barabbas dem Volk zur
Wahl stellt, die Leute sich doch wohl für den Rabbi und nicht für
den Räuber entscheiden würden:

>Pilatus fragte nun die Menge, die zusammengekommen
war: Was wollt ihr? Wen soll ich freilassen, Barabbas oder
Jesus, den man den Messias nennt?« (Mt.27.17)[37]

Aber die Hoffnung trügt; die Leute ziehen den Räuber vor:

>Da schrie der ganze Haufen und sprach: Hinweg mit ihm
und gib uns Barabbas los!« (Lk.23.18)

Ob es Barabbas überhaupt gegeben hat oder es sich bei ihm um eine *Kunstfigur* handelt, ist eine offene Frage. Sollte es ihn gegeben haben, dann dürfte es wohl keinem Zweifel unterliegen, daß es sich bei ihm um einen *zelotischen Widerstandskämpfer* gehandelt hat, der die *Sympathie des Volkes* genoß und der vielleicht auch dem Patrioten Jesus und dessen Jüngern nahestand. Matthäus (27.16) nennt Barabbas einen »wohlbekannten« bzw. »berüchtigten« Gefangenen. Das griechische Wort heißt hier »episemos«, was im guten Sinn mit »wohlbekannt« und im üblen Sinn mit »berüchtigt« übersetzt werden kann. Diesen *Volkshelden* nach Möglichkeit freizubekommen wäre aus jüdischer Sicht ein durchaus verständliches Anliegen.

Jedoch: Der Name Barabbas wirft Probleme auf. Er heißt nämlich nichts anderes als »*Sohn des Vaters*« (»Bar Abbas«), also ein Name, der in Wirklichkeit gar kein Eigenname ist. Überraschenderweise gibt es nun Textüberlieferungen, nach denen dieser Mann nicht nur Barabbas, sondern – ausgerechnet – ebenfalls *Jesus* heißt, was freilich in den meisten Ausgaben des Neuen Testaments (auch in der ökumenischen Bibelausgabe von Herder) unterdrückt wird. In der im griechischen Urtext vorliegenden gängigen Ausgabe des Neuen Testaments[38], ferner in der 1982 bei der Deutschen Bibelgesellschaft erschienenen Bibelausgabe (»Die gute Nachricht im heutigen Deutsch«) und ebenso in der Übersetzung der Neuen Englischen Bibel[39] sowie in der revidierten Luther-Übersetzung von 1984 wird er als »*Jesus Barabbas*« vorgestellt, wobei »Barabbas« nicht zum eigentlichen Namen gehört, sondern als Beiname nur eine Kennzeichnung eben dieses Jesus sein soll:

> »Damals gab es einen ›berüchtigten‹ (bzw. ›wohlbekannten‹) Gefangenen, der Jesus Barabbas hieß. Als sie nun alle versammelt waren, fragte Pilatus: Wen soll ich euch freigeben: Jesus Barabbas oder Jesus, der auch Christus genannt wird?« (Mt.27.16-17)

Die Namensgleichheit kann Zufall sein, denn der Name Jesus war sehr geläufig. Vielleicht hat man jenen gefangenen *Partisanenführer*[40], welcher Jesus hieß, umbenannt in Barabbas, um nicht einen solchen Mann mit dem heiligen Namen Jesus erscheinen zu lassen. Origenes allerdings meint, der Evangelist müsse sich im Namen geirrt haben.

Es gibt aber noch eine ganz andere Auslegungsvariante, nämlich die, daß es sich bei Barabbas und Jesus überhaupt nicht um zwei verschiedene Personen handelt, sondern daß Barabbas mit unserem Jesus identisch ist.[41]

Das läßt sich folgendermaßen begründen: Der Beiname »Bar Abbas« = »*Vaterssohn*« kann durchaus der Beiname des Jesus von Nazareth gewesen sein, ja dieser Beiname würde sogar ausgesprochen gut auf ihn passen. Zwar verbindet man mit unserem Jesus die Bezeichnung »*Gottessohn*« und nicht »Vaterssohn« – aber: Wo ist da der Unterschied? Werden nicht Gott und Vater im Gebet gleichgesetzt? Ja mehr noch als das: War es nicht gerade unser Jesus, von dem berichtet wird, daß er Gott liebevoll mit »*Abba, mein Vater*« anredete? Jesus selbst also empfand sich als Sohn dieses göttlichen Vaters, als »Bar Abbas«. Und weil er sich selbst so empfand, mögen ihn auch die Leute so genannt haben, nämlich »*Jesus Barabbas*«.

Es sind die späteren Redakteure, die »Bearbeiter« der Evangelien, die aus »Jesus Vaterssohn« und »Jesus Gottessohn« *zwei Personen* gemacht haben, wobei sie allerdings (wie auch viele andere Beispiele zeigen[42]) nicht so sorgfältig gearbeitet haben, als daß nicht doch noch Spuren einer ursprünglichen Version sichtbar geblieben sind.

Die Bearbeiter der Evangelien, die aus Jesus von Nazareth und Jesus Barabbas zwei Personen gemacht haben, verstärken damit die allgemeine Tendenz, die Juden an den *Pranger* zu stellen. Entsprechend lautet auch eine ganz spezielle theologische Meinung, Matthäus habe allegorisch ausdrücken wollen, die Juden hätten sich für den *schlechten* und *gegen den guten* Jesus entschieden.[43] Die ungeheuerliche Schuld der Juden soll damit aufgezeigt werden: Ein Räuber und Mörder wird Jesus vorgezogen:

»Ihr aber habt den Heiligen und Gerechten verleugnet und die Freilassung eines Mörders gefordert.« (Apg.3.14)

Martin Luther[44] kommentiert:

»Matthäus will sagen / Daß Pilatus den ärgsten Mörder habe wöllen vurschlagen / Da mit die Jüden nicht fur ihn bitten künnten. Aber sie hätten ehe den Teufel selbs los gebeten / ehe sie Gottes Sohn hätten los lassen sein. Sic et hodie agitur et semper.«

Wenn aber Jesus Barabbas diese später gemachte *Kunstfigur* ist, wohingegen in Wirklichkeit Jesus Barabbas mit unserem Jesus *identisch* ist, dann ergibt sich daraus eine recht plausible Schlußfolgerung: Die jüdische Volksmenge hat nicht Jesu Hinrichtung, sondern Jesu *Freilassung* verlangt:

»Gib uns Barabbas los!« (Lk.23.18)

Die Forderung nach Freilassung Jesu wäre ein durchaus naheliegendes Verlangen in bezug auf einen Propheten, der wenige Tage zuvor bei seinem Einzug helle Begeisterung beim Volk ausgelöst hatte, und ebenso naheliegend wäre es in bezug auf einen jüdischen Landsmann, der sich als vermeintlicher Aufrührer gegen Rom in römischer Haft befindet und hingerichtet werden soll. Es fügt sich dann auch nahtlos ein, daß, nachdem das Verlangen auf Freilassung keinen Erfolg gehabt hatte und Jesus zur Hinrichtungsstätte geführt wurde, ihm »eine große Menge des Volkes folgte, die ihn betrauerte und beklagte« (Lk.23.27), wohingegen es überhaupt nicht nachvollziehbar wäre, warum das Volk die Verurteilung als Unglück angesehen haben soll und Jesus »betrauerte und beklagte«, wenn es unmittelbar davor die Verurteilung selbst verlangt hätte.

Die Barabbas-Szene und der lukanische Bericht über die *trauernde Volksmenge* könnten ein und derselben Quelle einer ursprünglichen Überlieferung der Passionsgeschichte entstammen. In der späteren Redaktion ist dann Jesus »Bar-Abbas« alias Jesus »Gottes-Sohn« in zwei Personen aufgespalten worden, und die trauernde Volksmenge wurde in eine *haßerfüllte Judenmasse* umgewandelt. Der Grund für die redaktionelle Umgestaltung wäre auch hier wieder, daß es den Verfassern darauf ankam, die gesamte Verantwortung den Juden zuzuschieben, somit die Evangelien in einer der *römischen Staatsmacht gefälligen* Weise zu verbreiten und gleichzeitig zu verschleiern, daß derjenige, den sie als ihren »Herrn« ansehen, in Wirklichkeit ein von den Römern als *Aufrührer hingerichteter Galiläer* war. Es gibt Theologen, welche die ganze Barabbas-Szene für unhistorisch halten.

Kolping (S. 654):

> »Die Barabbas-Szene … ist von mancher Unwahrscheinlichkeit belastet: Vor allem wird der Römer Jesus kaum dem Plebiszit als ›den König der Judäer‹ vorgestellt haben.«

Pesch hingegen bringt in seinem Markus-Kommentar (S. 420 ff.) eine Version, derzufolge die Barabbas-Episode überhaupt *das entscheidende Merkmal* für den Ausgang des Verfahrens vor Pilatus darstellen soll. Weil das, was Pesch schreibt, ein schönes Beispiel für Phantasie und Fabulierkunst ist, sei seine Version kurz geschildert: Pesch meint, Jesu Kreuzigungsschicksal sei »eher ungewollt« im Rahmen der *Amnestie-Diskussion* entschieden worden: Pilatus, der die Schuld Jesu nicht für erwiesen ansah, habe, indem er Jesus in die Amnestie-Diskussion einbezog und sich somit der Möglichkeit eines Freispruches begab, einen entscheidenden *prozeßtaktischen Fehler* begangen. Bei der »*Menge*«, die in den Evangelien genannt wird, habe es sich um eine ganz *spezielle Gruppe* »der an der Freilassung von Barabbas Interessierten« gehandelt, die möglicherweise von Jesus zuvor noch nie etwas gehört hatten. Diese Leute seien plötzlich vor Pilatus aufgetaucht und hätten die

Freilassung ihres Favoriten Barabbas gefordert. Von den Hohenpriestern seien sie dabei ermuntert worden, an ihrem Verlangen auf jeden Fall festzuhalten. Man habe ihnen »*eingeredet*«, daß es sich bei jenem (den Leuten unbekannten) Jesus um einen Mann handele, der von der jüdischen Behörde zu Recht wegen *krimineller Verfehlungen* für schuldig befunden worden sei und den Tod verdient habe. Pilatus, an *das Amnestieversprechen gebunden*, habe Barabbas freigelassen und »konsequenterweise« Jesus der Kreuzigung überantworten müssen. Zu einem Urteil habe es somit überhaupt nicht mehr kommen können.

Pesch folgt damit seinem Mentor Blinzler, der Pilatus an dieser Stelle ebenfalls in milder Form tadelt (S. 313):

»Man hat es befremdend gefunden, daß Pilatus das nach römischem Verfahrensrecht ihm zustehende Mittel einer Vertagung des Streitfalls behufs eingehender Untersuchung nicht angewendet hat. Diesen Ausweg hatte er sich eben durch seine unglückliche Taktik der Volksbefragung selbst versperrt.«

So wie viele Theologen sind Pesch und Blinzler von der Auffassung beherrscht, bei den Angaben zur Passionsgeschichte handele es sich um *historisch* absolut *zuverlässige* Informationen.[45] In der »Schuldfrage«, der im Grunde wichtigsten Frage, stimme ich Pesch (im Gegensatz zu Blinzler) zwar vollauf zu. Das andere aber ist reine Spekulation, eine »Story«, für die es nirgendwo einen seriösen Anhaltspunkt gibt.

Abgesehen davon, daß niemand Genaues sagen kann und niemand sich dazu versteigen sollte, detaillierte Aussagen über den Ablauf eines Prozesses gegen Jesus von Nazareth zu machen, halte ich die ganze Geschichte der angeblich traditionellen Amnestie eines Gefangenen anläßlich des Passahfestes für eine *Legende*. Es hat weder ein derartiges Gesetz noch einen derartigen Brauch gegeben. Über ein solches »*privilegium paschale*« im Sinne einer »*acclamatio populi*« (also einer Beteiligung des Pöbels an der römischen

Begnadigungspraxis) wäre, wenn derartiges bestanden hätte, mit Sicherheit in den historischen Quellen berichtet worden. Die Rechtsinstitution der Amnestie zwar hat es auch im römischen Recht gegeben (wenn auch nicht in dieser sprachlichen Gestaltung;»Amnestie« ist ein Wort aus der griechischen Rechtssprache). Bei den Römern gab es die verbreitete Sitte, an hohen Festtagen des Jahres oder bei besonders erfreulichen Ereignissen Strafverfahren auszusetzen oder niederzuschlagen (»*abolitio publica*«).[46] Aber das Recht, alljährlich einen *Aufrührer* freizubekommen, genossen die Juden ebensowenig wie die anderen von Rom beherrschten Völker. Es hat allerdings auch eine spezielle *Osteramnestie* gegeben. Die Osteramnestien beginnen aber erst mit den späteren *christlichen* Kaisern,[47] und bei diesen Amnestien wiederum sind gerade Hoch- und Landesverräter und Mörder stets ausgenommen. Jedenfalls haben die Römer in der hier in Rede stehenden Zeit niemals den Festtag eines von ihnen unterdrückten Volkes zum Anlaß einer Amnestie genommen.

Abschließend zu diesem Fragenkomplex sei auch noch darauf hingewiesen, daß der Evangelist mit seiner Barabbas-Szene eine eklatante Unlogik ins Spiel bringt.

Pinchas Lapide [48] weist auf diesen Umstand mit treffenden Argumenten hin:

»Warum sollte es erforderlich sein, von einem Begnadigungsrecht Gebrauch zu machen, welches den Statthaltern nicht zustand, wenn er Jesus tatsächlich schuldlos fand? Hätte es ein sogenanntes »privilegium Paschale«, einen Brauch, am Passahfest einen Gefangenen freizulassen, je gegeben, und wäre die Wahl des Volkes auf Barabbas gefallen, so hätte doch Pilatus sowohl Barabbas begnadigen als auch Jesus für unschuldig erklären und freisprechen können.«

Diese Unlogik im Bericht hat der Evangelist bzw. sein Redaktor offenbar total übersehen.

Pilatus am Ende

Trotz aller Fehlschläge in seinem Bemühen um die Freilassung Jesu gibt Pilatus noch immer nicht auf. Jetzt versucht er, sein Ziel dadurch zu erreichen, daß er an das Mitleid der Juden appelliert. Er läßt Jesus von seinen Soldaten auspeitschen (Joh.19.1) und hofft, die schreiende Volksmenge würde dadurch besänftigt werden.

(Allerdings wird die vollzogene Auspeitschung als Mittel, den Pöbel durch Mitleidserregung zum Nachgeben zu bewegen, nur im Johannes-Evangelium berichtet. Lukas deutet die bloße Absicht des Pilatus an, den Angeklagten auspeitschen zu lassen, um ihn dann freizugeben. Nach Markus und Matthäus findet die Geißelung erst statt, nachdem das Todesurteil verkündet war. Tatsächlich war die Geißelung bei der Kreuzesstrafe *der erste Teil des Vollzugs*. Die Opfer wurden geschunden und gemartert ans Kreuz geheftet, so wie später die Opfer der »*christlichen*« Inquisiti*on* oft halbtot nach vollzogener Tortur an den Pfahl des Scheiterhaufens gebunden wurden.)

Abermals geht die Rechnung nicht auf. Der Anblick des blutenden und mit einer Dornenkrone[49] versehenen Jesus –

»Sehet, welch ein Mensch!« (Joh.19.5)

soll Pilatus teilnahmsvoll gesagt haben – macht die Leute nur noch rasender:

»Als ihn die Hohenpriester und ihre Diener sahen, schrien sie: Kreuzige! Kreuzige!« (Joh.19.6)

Darauf nun soll Pilatus den Juden angeraten haben, daß, wenn sie Jesus partout umbringen wollen, sie das auf *römische* Art erledigen müssen, indem sie ihn *ihrerseits* kreuzigen:

»Pilatus sagte zu ihnen: Nehmt ihr ihn und kreuzigt ihn!« (Joh.19.6)

Von nun an bringen die Juden in ihrer Verbissenheit und Verbohrtheit buchstäblich alles durcheinander. Von dem ursprünglich erhobenen politischen Anklagepunkt der *angemaßten Messianität* gehen sie wieder ab, weichen aus auf eine *religiöse Anklage*, um unmittelbar darauf erneut politisch zu argumentieren:

> »Die Juden antworteten ihm: Wir haben ein Gesetz, und nach dem Gesetz soll er sterben; denn er hat sich selbst zu Gottes Sohn gemacht ... Die Juden aber schrien und sprachen: Jeder, der sich als König ausgibt, lehnt sich gegen den Kaiser auf.« (Joh.19.7, 12)

Kein Argument ist der Volksmasse zu perfide, als daß sie es nicht ins Feld geführt hätte. In grandioser Umkehrung aller nationalen und ethischen Werte sagen sich die Leute[50] von ihrem eigenen Credo los, sie verleugnen ihr heiligstes Anliegen, daß *Gott allein* der König ihres Volkes sei, und bekennen sich zu *Kaiser Tiberius* als zu ihrem einzigen Herrscher. Sie spielen – laut Blinzler (S. 337) – »ihren letzten und gewichtigsten Trumpf aus«.

> »Wir haben keinen König außer dem Kaiser!« (Joh.19.15)

Pilatus seinerseits steht an gedanklicher Verwirrung den Juden nicht nach, auch ihm stellt sich sein Weltbild auf den Kopf. Als er plötzlich die religiöse Anklage vernimmt, Jesus habe sich als »Sohn Gottes« ausgegeben, soll er »noch *ängstlicher*« geworden sein (Joh.19.8). Der Johannes-Evangelist will hier ganz offenbar nicht den Gottessohnbegriff im Sinne des messianischen Anspruchs der Königswürde ansprechen, denn das wäre für Pilatus ja kein neuer Gesichtspunkt gewesen. »Gottes Sohn« soll hier in dem Sinne verstanden werden, daß Jesus sich für ein *überirdisches Wesen* ausgegeben habe, was – das Durcheinander wird komplett! – die Juden aus ihrem Religionsverständnis heraus wiederum unmöglich gemeint haben können.

Josef Blinzler (S. 332):

»Auf Pilatus macht die Kunde, daß Jesus sich als Gottes Sohn
ausgegeben habe, einen tiefen Eindruck. Sollte dieser Angeklagte wirklich ein höheres Wesen sein?«

Zuvor hatte man gar noch versucht, Pilatus unter *persönlichen
Druck* zu setzen, indem man ihm drohte, ihn in Rom wegen zu
großer Nachgiebigkeit gegenüber einem jüdischen Rebellen wie
diesem Jesus von Nazareth anzuschwärzen:

»Die Juden aber schrien und sprachen: Läßt du diesen los, so
bist du des Kaisers Freund nicht; jeder, der sich als König ausgibt, lehnt sich gegen den Kaiser auf.« (Joh.19.12)

Ganz abwegig argumentiert *Mussner* (Kraft der Wurzel, S. 136):

»Obwohl er (Pilatus) von der Unschuld Jesu überzeugt war,
verurteilte er ihn dennoch aus Furcht vor den Juden zum
Kreuzestod.«

Ausgerechnet der Prokurator Pilatus, der für seine Grausamkeit
und Unnachgiebigkeit den Juden gegenüber in Rom bekannt war
und gerade deswegen auf jüdischen Protest hin einige Jahre später
aus seinem Amt entfernt wird, soll vor den Juden deswegen
gekuscht haben, weil er befürchtete, er würde von den Opfern seiner Grausamkeit wegen zu großer Duldsamkeit in einem konkreten Fall in Rom denunziert werden!
Die Evangelisten schildern es so: Der anhaltenden Bedrängung,
dem *entnervenden* Gekreische ist Pilatus nicht gewachsen. Am
Ende gibt er der Forderung der Juden – widerwillig – nach. Doch
ehe er nun Jesus seinen Soldaten zur Hinrichtung übergibt,
bedenkt und praktiziert dieser Repräsentant des römischen
Kaiserreiches wundersamerweise den 26. Psalm des Königs David
aus der Bibel der Juden: Er wäscht seine Hände in Unschuld:

»Als aber Pilatus sah, daß er nichts erreichte, sondern daß das Getümmel immer größer wurde, nahm er Wasser und wusch sich die Hände vor dem Volk und sagte: Ich bin unschuldig an seinem Tod. Das ist eure Sache.« (Mt.27.24)

Dazu die absurde Erklärung von *Blinzler* (S. 216 f.):

»(Es) liegt die Annahme sehr nahe, daß Pilatus sich hier einem jüdischen Brauch angepaßt hat, um den Juden, die zum überwiegenden Teil seine griechisch gesprochenen Worte nicht verstanden, ausnahmslos verständlich zu sein.«

Bei so viel Barmherzigkeit und Güte, die dem Prokurator Pontius Pilatus angedichtet werden, verwundert es nicht, daß dieser Römer in späterer christlicher Darstellung bisweilen einen *Ehrenplatz* erhält.

Ranke-Heinemann führt ein im 5. Jahrhundert zusammengestelltes, aber in Teilen bis ins 2. Jahrhundert zurückreichendes apokryphes Evangelium an, welches seit Karl d. Gr. *Nikodemus-Evangelium* genannt wird. Pilatus wird in geradezu *kurioser* Weise von jeglicher Schuld entlastet. Der Prokurator läßt sich von Jesus in der Urteilsfrage *beraten.*

Ranke-Heinemann (S. 244):

»Wörtlich heißt es: ›Da hieß der Statthalter die Juden aus dem Prätorium hinausgehen, rief Jesus zu sich und sprach zu ihm: Was soll ich mit dir anfangen? Jesus antwortete dem Pilatus: Was in deine Macht gegeben wurde. Pilatus: Inwiefern das? Jesus: Moses und die Propheten haben meinen Tod und meine Auferstehung vorherverkündet.‹«

So also wird Jesus auf seinen *eigenen Wunsch* hingerichtet. Ein anderes apokryphes Evangelium, das sogenannte *Evangelium des Gamaliel*[51] (ein Manuskript dieses Evangeliums in äthiopischer

Sprache wurde in den sechziger Jahren unseres Jahrhunderts entdeckt), schließt mit folgenden Worten:

>»Pilatus befand sich im Garten und sprach mit seiner Frau Prokula von den Wundern Jesu, als plötzlich eine Stimme aus den Wolken ertönte und zu ihm sagte: Pilatus, kennst du die Seelen derer, die auf dieser Wolke zum Paradies emporschweben? Es sind der auferweckte Schächer und der Hauptmann. Auch du wirst, wenn die Zeit gekommen ist, in Rom enthauptet werden. Deine Seele wird zusammen mit der deiner Frau ins himmlische Jerusalem auffahren.«

Von der koptischen Kirche wird Pilatus – so wie von der orthodoxen Kirche seine Frau Prokula – als heilig verehrt. Alljährlich am 25. Juni begehen die koptischen Christen feierlich den *Sankt-Pilatus-Tag*. Schon der Kirchenvater *Tertullian* hatte behauptet, der Prokurator sei ein »*heimlicher Christ*« gewesen.[52] Dies ging schließlich so weit, daß man den Sabbat als Kulttag der Woche aufgab und an seine Stelle den Kulttag der Römer einführte: den Sonntag, den Tag des unbesiegten Sonnengottes (»*Dies Solis*«). Dies wurde der Tag des Herrn, der Dies Dominica. Wenn deutsch oder englisch sprechende Menschen »Sonntag« sagen, sind sie sich dieser heidnischen Ironie so wenig bewußt wie Franzosen oder Italiener mit der Bezeichnung »dimanche« oder »domenica«.

Jedenfalls: Sympathie für Pilatus läßt sich vielerorts ausmachen. Auch Theologen unserer Zeit (z. B. Ethelbert Stauffer) attestierten ihm »rechtes Gericht und Schutz der Unschuldigen«. Zahlreiche Romanschriftsteller[53] haben sich seiner in gefälliger Weise angenommen. Und wenn der Fremde vom zweitausend Meter hohen Berg »Pilatus« über die Stadt Luzern und den Vierwaldstätter See in eine grandiose Landschaft schaut, dann mag in seinem Gemüt ein *Hauch der Erhabenheit* auch auf den Prokurator fallen.

Epilog

Die einzigen uns zur Verfügung stehenden Quellen – die Evangelien – geben für den historischen Ablauf des Geschehens wenig her. Einerseits wollen sie Jesus in der Passion ganz als Werkzeug der Erlösungstat Gottes erscheinen lassen; andererseits beabsichtigen sie, die Schuld am Tode Jesu den Juden anzulasten, um nicht von vornherein unüberbrückbare Konflikte mit der Weltmacht Rom zu schaffen.

Die *Juden* erscheinen als die *Feinde Jesu*. Gleichwohl sollen – durch Jesu Vermittlung – die Nichtjuden teilhaben an dem Gott der Juden, dem einzigen wahren Gott, der sich als Gott Abrahams, Isaaks und Jakobs offenbart hat. Alle Menschen sollen durch Jesus aufgerufen sein, Mitglied einer Gemeinde zu sein, der Glaubensgemeinde Jesu. Diese Gemeinde aber ist das *Volk Israel*.

>»Erinnert euch also, daß ihr einst Heiden wart und von denen, die äußerlich beschnitten sind, Unbeschnittene genannt wurdet. Damals wart ihr von Christus getrennt, der Gemeinde Israels fremd und von dem Bund der Verheißung ausgeschlossen; ihr hattet keine Hoffnung und lebtet ohne Gott in der Welt. Jetzt aber seid ihr, die ihr einst in der Ferne wart, durch Christus Jesus, nämlich durch sein Blut, in die Nähe gekommen.« (Eph.2.11-13)

Das jüdische Volk, so beschreibt es der Apostel, ist der »gute *Ölbaum*«, aus dessen Wurzeln die christliche Gemeinde ihre Nahrung zieht. Von Pius XI. stammt der inhaltsvolle Hinweis, alle

Christen seien »*geistliche Semiten*«. Dessenungeachtet lautete weltweit und noch viele Jahre nach Auschwitz in der Karfreitagsliturgie die kollektive Bitte der im Gottesdienst versammelten Katholiken:

»Laßt uns auch beten für die treulosen Juden!«

Papst *Gregor der Große* hatte diese Bitte im Jahr 600 eingeführt. *Pius XII.* hatte dann 1948 erkannt, daß sie »*verbesserungsbedürftig*« sei; erst *Johannes XXIII.* setzte sich Ostern 1959 für die Abschaffung ein.

Mit treffenden Worten kennzeichnet der jüdische Theologe und langjährige Landesrabbiner von Baden, *Nathan Peter Levinson*, die Situation (S. 45, 57):

»Christen reagieren mit ungläubigem Staunen und auch oftmals gereizt auf eine einfache historische Tatsache: daß zwar das Christentum ohne seine jüdischen Wurzeln, also das Neue Testament ohne die Hebräische Bibel, unvollständig bleibt, daß aber das Judentum sehr wohl auch ohne Jesus und das Christentum mit sich selbst identisch ist ... Dem gekreuzigten Jesus fühlen sich viele Juden näher als je zuvor. Sie meinen, daß die Christen für die tiefe Kluft verantwortlich sind, die so oft zwischen Jesus und seinem Volk entstanden ist. Nicht nur, indem sie diese Brüder und Schwestern Jesu in seinem Namen mit Feuer und Schwert verfolgt haben. Ihre Theologen haben auch immer wieder zu beweisen versucht, und sie tun das auch noch heute, daß dieser Jesus eben so ganz anders war als dieses Volk, beinahe, als ob es ein Versehen Gottes wäre, daß er in dieses Volk hineingeboren wurde.«

Bis auf den heutigen Tag wird »*den Juden*« von unverbesserlichen »*Christen*« noch immer vorgeworfen, sie seien »*die Mörder unseres*

Heilands«. Erst auf dem Zweiten Vatikanischen Konzil ist man offiziell von dem Begriff des »*Gottesmordes*« abgerückt. Man hat ihn als »unziemlich« und »theologisch bedenklich« bezeichnet – eine Wortwahl, die in ihrer Zurückhaltung leider viel zu wünschen übrigläßt.

Pinchas Lapide (Jesu Tod, S. 252):

»Wer die zahlreichen Papstbullen und Kirchendokumente vor Augen hat, in denen von ›der Horde der gottesmörderischen Juden‹ und von der ›verpesteten Sekte der Gottesmörder‹ und von ›Kain, dem Erztyp der blutrünstigen Juden‹ die Rede ist, wird es schwer finden, die plötzliche Zimperlichkeit der Konzilsväter zu verstehen, von denen nichts anderes erwartet wird als die unzweideutige Verurteilung der ältesten und unfairsten Waffe im Arsenal der religiösen Judenfeindschaft.«

In der »Judenerklärung« beklagt das Konzil alle Verfolgungen der Juden, es wendet sich entschieden gegen jede Form des Antijudaismus; zu einem *Eingeständnis christlicher Schuld* und Mitverantwortung hat es sich jedoch nicht durchringen können.[1]

Papst *Johannes XXIII.* hat dieses Bekenntnis stellvertretend für die Kirche in einem Bußgebet kurz vor seinem Tode abgelegt:

»Wir erkennen nun, daß viele, viele Jahrhunderte der Blindheit unsere Augen bedeckt haben, so daß wir die Schönheit Deines auserwählten Volkes nicht mehr sehen und in seinem Gesicht nicht mehr die Züge unseres erstgeborenen Bruders wiedererkennen. Wir erkennen, daß das Kainszeichen auf unserer Stirne steht. Jahrhundertelang hat Abel darniedergelegen in Blut und Tränen, weil wir Deine Liebe vergaßen. Vergib uns die Verfluchung, die wir zu Unrecht aussprachen über den Namen der Juden. Vergib uns, daß wir Dich in ihrem Fluche zum zweiten Male kreuzigten. Denn wir wußten nicht, was wir taten ...«[2]

Wenn, wie die Kirche lehrt, die Kreuzigung Jesu eine in *Gottes Rat beschlossene Sache* war, dann gäbe es überhaupt niemanden, gegen den sich eine Anklage richten könnte. Im Römerbrief (8.32) schreibt Paulus, es war

»Gott, der seinen eigenen Sohn nicht geschont, sondern ihn für uns alle hingegeben hat«.

Ohne diesen Kreuzigungstod gibt es nach christlichem Verständnis keine Vergebung der Sünden und keine Auferstehung von den Toten. Finsternis würde die Menschen weiterhin umgeben.

»Jesus Christus, der sich für unsere Sünden hingegeben hat, um uns aus der gegenwärtigen bösen Welt zu befreien, nach dem Willen unseres Gottes und Vaters. Ihm sei Ehre in alle Ewigkeit. Amen.« (Gal.1.3-5)

Die Hinrichtung auf Golgatha ist nach dieser Lehre – wie immer man zu ihr steht – nichts anderes als eine *Liebestat Gottes an die Menschen*.

Jedenfalls: Der gegen die Juden erhobene Vorwurf des Gottesmordes ist *historisch falsch, theologisch überflüssig* und unter *moralischem Gesichtspunkt verderblich*. Wenn mein Buch dazu beiträgt, daß dieser unsinnige und bösartige Vorwurf nicht mehr erhoben wird, wenn es, mit anderen Worten, ein *Mosaikstein im christlichjüdischen Dialog* sein kann, dann habe ich mein Ziel erreicht.

Hinweise

1. Die Bibelzitate sind überwiegend einer jetzt ca. 60 Jahre alten lutherischen Textausgabe entnommen. Die Ausdrucksweise und Sprachfülle Martin Luthers ist darin noch ein wenig zu spüren. Dort allerdings, wo es mir im Interesse eines raschen und klaren Verständnisses sinnvoll erschien, habe ich aus der 1980 bei Herder erschienenen »Einheitsübersetzung« zitiert.

2. Der Talmudtraktat »Sanhedrin« wird nach der Übersetzung von Lazarus Goldschmidt zitiert (Berlin 1929–36, Nachdruck: Wissenschaftliche Buchgesellschaft Darmstadt 1964–67).

3. Pontius Pilatus erwähne ich mit dem Amtstitel Prokurator, weil Pilatus unter dieser Bezeichnung allgemein bekannt ist. In Wirklichkeit hatte er den Titel »Praefectus Judaeae«, wie aus einer im Jahre 1961 in Caesarea gefundenen Steinplatte hervorgeht. Der Titel »Procurator Augusti« kam wahrscheinlich erst unter Kaiser Claudius auf.

4. Zur redaktionellen Gestaltung bleibt noch anzumerken, daß ich mich mit der *indikativen* Form auf die Aussagen in den Evangelien dort berufe, wo sie historische Wahrscheinlichkeit beanspruchen können. Hingegen habe ich bei solchen Aussagen, die ich nicht für die Wiedergabe einer historischen Tatsache halte, der *konjunktivischen* Form den Vorzug gegeben.

5. In Einzelfällen habe ich auf bestimmte Formulierungen aus verschiedenen von mir zum Thema gehaltenen Vorträgen zurückgreifen können, ohne daß ich mir Aufzeichnungen über die dabei benutzten, vielfach verstreuten Quellen gemacht hatte. Der Leser, der an einer – mit Sicherheit vereinzelt dastehenden – Stelle möglicherweise einen Hinweis oder eine Kennzeichnung als Zitat vermissen sollte, wird um Nachsicht gebeten.

Abkürzungen der zitierten biblischen Bücher
(auf der Grundlage der Loccumer Richtlinien)

Altes Testament

Gen.	Genesis (= das 1. Buch Mose)
Ex.	Exodus (= das 2. Buch Mose)
Lev.	Levitikus (= das 3. Buch Mose)
Num.	Numeri (= das 4. Buch Mose)
Dtn.	Deuteronomium (= das 5. Buch Mose)
Ri.	Das Buch der Richter
1. Sam.	Das 1. Buch Samuel
2. Sam.	Das 2. Buch Samuel
1. Kön.	Das 1. Buch der Könige
2. Chron.	Das 2. Buch der Chronik
Est.	Das Buch Ester
1. Makk.	Das 1. Buch der Makkabäer
Ijob	Das Buch Hiob
Ps.	Die Psalmen
Spr.	Das Buch der Sprichwörter (= Die Sprüche Salomos)
Jes.	Das Buch des Propheten Jesaja
Jer.	Das Buch Jeremia
Ez.	Das Buch Ezechiel (= Hesekiel)
Dan.	Das Buch Daniel
Hos.	Das Buch Hosea
Am.	Das Buch Amos
Mich.	Das Buch Micha
Sach.	Das Buch Sacharja

Neues Testament

Mt.	Das Evangelium nach Matthäus
Mk.	Das Evangelium nach Markus
Lk.	Das Evangelium nach Lukas

Joh.	Das Evangelium nach Johannes
Apg.	Die Apostelgeschichte des Lukas
Röm.	Der Brief an die Römer
1. Kor.	Der 1. Brief an die Korinther
2. Kor.	Der 2. Brief an die Korinther
Gal.	Der Brief an die Galater
Eph.	Der Brief an die Epheser
Phil.	Der Brief an die Philipper
Kol.	Der Brief an die Kolosser
1. Thess.	Der 1. Brief an die Thessalonicher
1. Tim.	Der 1. Brief an Timotheus
Hebr.	Der Brief an die Hebräer
1. Petr.	Der 1. Brief des Petrus

Anmerkungen

I. Teil
Zur Person

1. Kapitel: Die Quellen und ihre historische Qualität

1 Andere Religionen befinden sich allerdings in noch größeren Schwierigkeiten als das Christentum. Die Lehren Buddhas wurden erst ein halbes Jahrtausend nach seinem Tode niedergeschrieben, die des Konfuzius siebenhundert Jahre nach dem Tod des Urhebers.

2 Mose, Buddha, Kung-futse, Mohammed

3 Siehe dazu näher Joseph Klausner, S. 67 ff. Vgl. auch unten, S. 85 ff.

4 Robert L. Wilken, S. 156.

5 Ähnliches gilt für den Jakobus-Brief und den Judas-Brief. Die Namen wurden wahrscheinlich gewählt, um der Familie Jesu zu huldigen. Die Verfasser dieser Briefe sind nicht die in Mk.6.3 genannten Brüder Jesu Jakobus und Judas.

6 Mt.27.57; 28.19; Joh.4.1; 7.3; 8.31; 9.28; 13.35; 15.8.

7 Vgl. Hans Conzelmann, Religionen, S. 629.

8 Hermann L. Strack und Paul Billerbeck, Kommentar zum Neuen Testament aus Talmud und Midrasch, München 1926, 10. Aufl. 1994, S. 157.

9 Man kann dies z. B. laufend bei Gericht erleben, wenn dort ein türkischer Gastarbeiter aus Anatolien als Zeuge oder Angeklagter vernommen wird und der Dolmetscher wortgetreu übersetzt. Eine Messerstecherei zum Beispiel läuft für anatolische Augen ganz anders ab als für mitteleuropäische. Es dauert im Hinblick auf den unterschiedlichen Denkablauf häufig lange, bis einfachste Sachverhalte geklärt sind. Die Richter und sonstige Prozeßbeteiligte können ein leidvolles Lied davon singen. Mir persönlich bleibt folgende Begebenheit in Erinnerung, die jetzt wohl zwanzig Jahre zurückliegen mag: An einem Sonntagabend wurde ich zu Hause gegen Mitternacht von einer bei den Freiburger Gerichten vereidigten türkischen Dolmetscherin angerufen. Sie fragte mich aufgeregt, ob sie gleich am Montag früh bei mir einen Besprechungstermin in meiner Kanzlei haben könne. Auf meine Frage, um was es sich dabei wohl handele, erwiderte sie: »Um Mord«, und dann hängte sie den Hörer ein. Dieses Telefonat versetzte mich in Sorge, zumal auf meinen sofortigen Rückruf hin niemand den Hörer abnahm. So verstän-

digte ich vorsorglich die Polizei. Als die Dame dann am nächsten Morgen zu dem verabredeten Termin zu mir kam, stellte sich heraus, daß sie, als sie mich am vorangegangenen Abend angerufen hatte, einen heftigen Streit mit ihrem Ehemann gehabt hatte, in dessen Verlauf seitens des Ehemanns das Wort »Scheidung« gefallen war. Die türkische Gerichtsdolmetscherin nun war so sehr in ihrem orientalischen Denkschema verhaftet (obwohl sie schon 15 Jahre in Deutschland gelebt hatte und mit einem gebildeten Deutschen verheiratet war), daß sie ihren Ehekrach und das im Verlauf des Streitgesprächs gefallene Wort »Ehescheidung« mit »Mord« gleichsetzte.

10 Siehe dazu unten, S. 57 ff.

11 Anton Mayer, S. 158, unter Berufung auf Karl Lachmann.

12 Man kennt das Gesellschaftsspiel, bei dem in einer um einen Tisch versammelten Runde einer der Teilnehmer seinem Tischnachbarn einen Satz, einen Befehl oder eine Parole ins Ohr flüstert, dieser Tischnachbar das Gehörte an seinen Nachbarn durch Flüstern ins Ohr weitergeben muß und auf die Weise das ausgangs Gesagte bzw. das, was man dafür hält, seine Runde macht. Der letzte Teilnehmer muß dann laut sagen, was er gehört hat. Die Abweichung ist in der Regel verblüffend.

13 Strack/Billerbeck (S. 157) führen mit entsprechender Quellenangabe mehrere lustige Beispiele für galiläische Sprachentstellungen an. Zwei dieser Beispiele seien wiedergegeben: Eine Frau wollte sagen: Meine Freundin, komm, daß ich dir Milch zu essen gebe; sie sprach es aber aus wie: Meine Verworfene, es fresse dich die Löwin. Eine andere Frau kam vor einen Richter, um zu sagen: Mein Herr, ich hatte eine Tafel, die man mir gestohlen hat, und die von der Größe war, daß, wenn man sie dir angehängt hätte, ihr Fuß nicht bis zur Erde gereicht haben würde. Sie sprach es aber so aus: Mein Herr Knecht, ich hatte einen Balken, und man hat dich fortgestohlen; der (Balken) war so, daß, wenn man dich darauf geworfen hätte, dein Fuß nicht bis zur Erde gereicht haben würde.

14 Elaine Pagels, S. 44.

15 Zu Marcion siehe näher unten, S. 66 f.

16 Eugen Drewermann, S. 120.

17 Siehe zum gesamten Komplex der Höllenstrafen Uta Ranke-Heinemann, S. 292 ff.

18 Siehe dazu näher unten, S. 74 ff.

19 Zitiert nach Rudolf Augstein, S. 130.

20 Siehe u. a. Edward Schillebeeckx, S. 38.

21 Vgl. Willibald Bösen, Anm. 130 auf S. 401.

22 In der Theologie ist von den »Sieben Worten Jesu am Kreuz« die Rede. Gemeint sind damit: Drei »Worte« bei Johannes (Joh.19.26 f., 28 u. 30); drei »Worte« bei Lukas (Lk.23.34, 42 f., 46); ein »Wort« bei Markus und Matthäus (Mk.15.34, Mt.27.46).

23 Siehe dazu unten, S. 188 ff.
24 Die Person Jesu Christi im Spiegel der vier Evangelien, Freiburg 1994, S. 15, 19.
25 Martin Dibelius, zitiert bei Karlheinz Deschner, S. 34.
26 Die vier Evangelien, S. 13.
27 Vgl. dazu näher unten, S. 323 f.
28 Aring, S. 306.
29 Vgl. oben Einleitung, S. 10.
30 Siehe dazu Reinbold, S. 9 ff. u. 225.
31 Kolping, S. 653, Fn. 124, 667.
32 Zitat von Blank und Schelkle, angef. bei Bösen, S. 37 u. 358, Anm. 15.
33 Historisch dürften diese an die Jerusalemer Frauen gerichteten Worte Jesu allerdings nicht sein. Jesus war in dem Moment körperlich viel zu geschwächt, um sich in solchen dozierenden Worten zu ergehen.
34 Die letzten Tage Jesu in Jerusalem, S. 172.
35 Siehe dazu unten S. 348, 359 f.
36 Eine andere Auffassung vertritt der jüdische Autor Hyam Maccoby (S. 202 mit Fußnote 11 auf S. 260): »Die Nazarener nahmen als loyale Juden an der Verteidigung der Stadt teil, und bei dem folgenden Massaker starben die meisten von ihnen. Einige wenige überlebten und existierten geschwächt weiter, aber sie waren nicht mehr in der Lage, die missionarische Tätigkeit wiederaufzunehmen oder außerhalb Palästinas Einfluß auszuüben ... Die Geschichte, daß die Judenchristen mitten in der Belagerung von Jerusalem nach Pella aufbrachen, ist von S. G. F. Brandon (Jesus and the Zealots, S. 208 ff.) überzeugend widerlegt worden.« Maccoby und auch Brandon dürften sich m. E. im Irrtum befinden. Sie übersehen die Tatsache, daß während des Jüdischen Krieges sowohl der Führer des zelotischen Aufstandes, Menachem, als auch der jüdische Stadtkommandant von Jerusalem, Bar Giora, als Messiasse verehrt wurden – ein Umstand, der den Jesus-Anhängern doch wohl so zuwider gewesen sein mußte, daß man sich ihre Teilnahme am Krieg und damit verbunden ihren militärischen Gehorsam gegenüber diesen beiden »Messiassen« kaum vorstellen kann. Auch Bar-Kochba erhielt bei seinem Aufstand gegen die Römer (i. J. 132–135) keinerlei judenchristliche Unterstützung – freilich nicht nur aus pazifistischen Gründen, sondern insbesondere auch deshalb nicht, weil die Jesus-Gläubigen in ihm eine unerträgliche Konkurrenz erblicken mußten (Schoeps, S. 33).
37 Ein Teil der Judenchristen war nach Beendigung des Krieges nach Jerusalem zurückgekehrt.
38 Hans Joachim Schoeps, S. 17.
39 Apg. 13.45-48. Vgl dazu auch Schoeps, S. 10.
40 Rosemary Ruether, S. 90.
41 Siehe dazu Schalom Ben-Chorin, Paulus, S. 23.

2. Kapitel: Der biblische Jesus

1 Überwiegend allerdings wird die Auffassung vertreten, daß der Markus-Nachtrag nur aus den Versen 9–20 des 16. Kapitels besteht.
2 Zum Begriff »Gottessohn« siehe unten, S. 307 ff.
3 Siehe dazu unten, S. 110.
4 Übernommen von Bösen, Anm. 308 auf S. 393.
5 Im Markus-Schlußkapitel (Mk.16.19), welches Ende des 2. Jahrhunderts entstand, wird die lukanische Himmelsfahrtvorstellung in Form eines knappen Hinweises übernommen.
6 Simonis, S. 192.
7 Lk.13.33-35; 19.41-44; 21.20-24; 23.26-31. Vgl. auch Kolping, S. 297.
8 Lapide, Flüchtlingskind, S. 18.
9 Siehe dazu unten, S. 189 ff.
10 Auch die abwertende Stelle Mt.12.46-50 hat bei Lukas (8.19-21) eine Parallele.
11 Siehe auch Georg Pöhlmann, S. 70.
12 Vgl. oben, S. 40.
13 Vgl. Joh.2.23; 6.5; 6.24; 7.41; 11.45 u. 47 f.; 12.19.
14 Grundriß S. 27. In der vierten Auflage (S. 13), bearbeitet von Andreas Lindemann, erscheint diese Aussage in etwas abgeschwächter Form.
15 Kolping, S. 301. Detailliert zum Stand der Diskussion: Reinbold, S. 27 ff.
16 Übernommen von Bösen, S. 358, Anm. 3.
17 Zitiert nach Augstein, S. 449.
18 Siehe dazu näher unten, S. 244 ff.
19 Ben-Chorin, Paulus, S. 91
20 Bornkamm, Paulus, S. 18.
21 Vgl. dazu Jochen Bleicken, S. 113 ff.
22 Ben-Chorin, Paulus, S. 184 f.
23 Vgl. oben, S. 28 ff.
24 Vgl. unten, S. 59 f.
25 Für die Echtheit der Briefstelle spricht sich der Bielefelder Rechtshistoriker Gerhard Otte aus (»Neues zum Prozeß gegen Jesus?«, Neue Juristische Wochenschrift 1992, 1019 ff.), allerdings nicht empört über derartige Worte, sondern um darzulegen, daß die jüdische Verantwortung am Tode Jesu schon Anfang der fünfziger Jahre (Datierung des Thessalonicherbriefes) herausgestellt wurde, folglich nicht der Bedrängnis der Evangelisten zuzuschreiben sei, die ihre Werke zu einer Zeit verfaßt haben, als es angezeigt war, die Tatsache zu verdunkeln, daß der Stifter ihres Glaubens von der römischen Obrigkeit als Verbrecher hingerichtet war.
26 Die zweite Strophe des bekannten Kirchenliedes »O Haupt voll Blut

und Wunden« lautet:»O Herr, was du erduldest, ist alles meine Last. Ich habe selbst verschuldet, was du getragen hast. Ich, Jesu, bin's, ich Armer, der dies verdienet hat.«

27 Siehe dazu näher S. 259.

28 Nicht nachvollziehbar ist, warum Paulus selbst bei der Erwähnung derartig wertneutraler Fakten betont, daß er dabei nicht lüge. Stand er vielleicht im Ruf, ein Flunkerer zu sein?

29 Siehe dazu näher unten, S. 203.

30 Lapide, Paulus, S. 53.

31 Übernommen von Ranke-Heinemann, S. 9.

32 Vgl. Ranke-Heinemann, S. 249.

33 Zitiert nach Deschner, S. 181.

34 Zitiert nach Weinhandl (Hrsg.), Die geistlichen Übungen, 1921, S. 187.

35 Dieser auch theologischerseits oft vertretenen Auffassung von der (eigentlichen) Begründung des Christentums durch Paulus tritt allerdings Küng entschieden entgegen (Christ sein, S.399):»So hat Paulus – nicht ein Mann des Hasses, sondern der Liebe, ein echter ›Froher Botschafter‹ – kein neues Christentum begründet.« Aber die Christologie, diese »Halbschwester des Christentums«, hat der Apostel sicher begründet. Dem wird auch Küng zustimmen können. Das eigentliche Christentum ist nun mal das paulinische Christentum.

36 Zitiert bei Lapide, Paulus, S. 58.

37 Cassius Dio, Historia Romana, 56.46.

38 Im Markus-Schlußkapitel (Mk.16.19) welches Ende des 2. Jahrhunderts entstand, wird die lukanische Himmelfahrtvorstellung in Form eines knappen Hinweises übernommen.

39 Das Glaubensbekenntnis ist mit Sicherheit nicht apostolischen Ursprungs. Es entstand in seinen frühesten Schichten erst in der zweiten Hälfte des 2. Jahrhunderts (wahrscheinlich zur Bekämpfung des Marcionismus), erhielt dann mehrere Variationen und ist in der heutigen Fassung erst seit dem Mittelalter bekannt.

40 Dagegen wendet sich mit zutreffenden Argumenten S. Landmann, S. 281 f.

41 Angeführt bei Goguel (S. 101 f.). Vgl. auch Mack/Volpert (S. 31 f.).

42 Die Zahl 40 freilich hat symbolischen Charakter: Bei der Sintflut regnete es 40 Tage und 40 Nächte (Gen.7.4); die Juden sind 40 Jahre durch die Wüste geirrt (Num.14.33); 40 Jahre beträgt die Regierungszeit Davids (1.Kön.11.42); 40 Jahre ist Salomo an der Regierung (Ex.24.18; 34.28); die Reinigungszeit einer Frau nach der Geburt eines Kindes dauert, wenn es ein Sohn war, 40 Tage, wenn es eine Tochter war, zweimal 40 Tage (Lev.12.1-5); 40 Tage und 40 Nächte lang soll Jesus in der Wüste gefastet haben (Mt.4.2; Lk.4.2). Und zum Angriffskrieg im Libanon befragt, erklärte Premierminister Menachem Begin

1982, daß er Israel damit »40 Jahre Ruhe vor der PLO« verschaffen wolle.

43 Zitiert nach Elaine Pagels, S. 41.

44 Zitiert nach Egon Friedell, S. 91 f.

45 Rudolf Bultmann, zitiert bei Wolfgang Trilling, Fragen nach der Geschichtlichkeit Jesu, S. 145.

46 Lüdemann, S. 11, Fn.1.

3. Kapitel: Geschichtlichkeit Jesu

1 Bösen, S. 356, Anm. 18.

2 z. B. Ex.23.4-5; Lev.19.34; Sprüche Salomos 24.17; 25.21-22.

3 Die Tatsache, daß »Auge um Auge, Zahn um Zahn« eine durchaus positive Bedeutung verdient, ist vielen nicht bekannt. Diese alttestamentliche *lex talionis* besagt nämlich, daß – bildlich gesprochen – für ein Auge eben nur ein Auge und für einen Zahn eben nur ein Zahn gefordert werden könne, nicht auf jede Körperverletzung die Todesstrafe stehen dürfe. Hier tritt der Grundsatz der Verhältnismäßigkeit in Erscheinung. In der Praxis bedeutete dies, daß der Schädiger Schadensersatz einschließlich Schmerzensgeld zu erbringen hatte, vergleichbar den Verpflichtungen aus deliktischer Haftung nach dem BGB.

4 Vgl. Ranke-Heinemann, S. 312.

5 Siehe dazu unten, S. 261.

6 Stegemann, S. 220 f.

7 Spekulationen sind darüber angestellt worden, ob die Gemeinde von Qumran die Adressatin des sogenannten Hebräerbriefes sein könnte, eines Briefes, der von einem Mitarbeiter des Apostels Paulus oder von ihm selbst verfaßt worden ist (darüber näher Ben Chorin, Paulus, S. 153 ff.)

8 Vgl. Ranke-Heinemann, S. 301.

9 Deschner, S. 344, mit Quellennachweis.

10 Eine andere Möglichkeit der Erklärung von Annales XV.44 könnte die sein, daß Tacitus die Christenverfolgung unter Nero frei erfunden hat, um darin seine Verachtung, die er für die Christen empfand, zu dokumentieren. Denn geradezu genüßlich führt er aus, welche Martern man diesen zugedacht hatte: »Zuerst wurden diejenigen aus der Sekte verhaftet, die gestanden hatten; dann, nach ihrer Entlarvung, wurden sehr viele für schuldig erklärt, nicht so sehr wegen der Brandstiftung als für Verachtung des Menschengeschlechts. Und Lächerlichkeit begleitete ihr Ende: Sie wurden mit den Fellen von wilden Tieren bedeckt und von Hunden zerrissen; oder sie wurden an Kreuze gebunden und in der

Abenddämmerung angezündet, um bei Nacht als Fackeln zu dienen. Nero hat für dieses Schauspiel seinen Garten zur Verfügung gestellt.«

11 Siehe Bösen, S. 357, Anm. 40.

12 Siehe Harald von Mendelssohn, S. 116, mit Quellennachweis.

13 Jüdische Altertümer XVIII. 3.1; 4.1.

14 Jüdischer Krieg, VI 5.3.

15 XX. 9.1.»Ananos« ist die griechische Form von »Hannas«. Der hier genannte Ananos ist ein Sohn des Hohenpriesters Hannas, der im Lukas-Evangelium (3.2) und Johannes-Evangelium (18.13) erwähnt wird. Josephus spricht von Ananos dem Jüngeren und Ananos dem Älteren.

16 Dagegen allerdings der angesehene jüdische Gelehrte Joseph Klausner (S. 74), welcher meint, daß »ein Christ niemals von ›Jesus, den man den Messias nannte‹, gesprochen hätte; eine solche Interpolation wäre zu ›schlau‹. So konnte nur der pharisäische Jude Josephus schreiben ...«

17 Flusser (Die letzten Tage Jesu in Jerusalem, S. 155 ff.), der sich dabei auf eine neuentdeckte arabische Fassung der betreffenden Josephus-Stelle beruft. Ferner Klausner (S. 69) unter Berufung auf Origenes. Origenes war die von Eusebius zitierte Josephus-Stelle unbekannt.

18 Vespasian wird unterschiedlich beurteilt. Theodor Mommsen, der bedeutendste deutsche Historiker des 19. Jahrhunderts, (S. 343 f.) beschreibt ihn als besonnenen Feldherrn, der besonders vorsichtig taktierte.

19 Flusser, Selbstzeugnisse, S. 120, mit Quellennachweis.

20 Vgl. Craveri (S. 395), welcher sich seinerseits auf Adolf v. Harnack bezieht.

21 Zitiert nach Ben-Chorin, Bruder Jesus, S. 213.

22 Nach Vergil hüllt die Sonne über Rom »ihr strahlendes Haupt in stählernes Grauen«, um Cäsars Ermordung zu beklagen (übernommen von Bösen, S. 302).

23 Siehe Lapide/Luz, S. 136.

24 Zahrnt, S. 17.

25 Nach wie vor werden von höchsten katholischen Kirchenstellen – auch vom Papst – Teufelsaustreibungen/Exorzismen befürwortet und an den dafür vorgesehenen Personen praktiziert. Ein bekannter italienischer Exorzist, Pater Gabriel Amort, Mitglied der Päpstlichen Internationalen Marianischen Akademie in Rom, hat in der Öffentlichkeit darauf verwiesen, daß Johannes Paul II. in Rom, wie schon früher in Polen, Exorzismen vorgenommen und Teufel ausgetrieben hat. Kommt das Opfer dabei zu Tode oder erleidet es schwerste körperliche Schäden, so wird dies um seines Seelenheils willen in Kauf genommen. Als vier Exorzisten sich 1978 wegen ihrer Taten vor einem deutschen Gericht verantworten mußten, billigte der Staatsanwalt ihnen verminderte

Zurechnungsfähigkeit zu »wegen ihrer tiefen Religiosität« – übernommen von Ranke-Heinemann, S. 78 f.

26 Albert Schweitzer, Geschichte der Leben-Jesu-Forschung, Vorwort.
27 E. Bloch, Das Prinzip Hoffnung, 1967, S. 1482.
28 Simonis, S. 23 ff.
29 Siehe dazu Kolping, S. 336.
30 Angeführt bei Hengel, S. 149 ff.
31 Angeführt bei Blinzler, S. 358 f.
32 Zitiert nach Egon Friedell, S. 91 f.
33 Der Autor dieses Buches erinnert sich noch eines seiner Kindergebete (»Müde bin ich, geh' zur Ruh«), dessen zweite Strophe in Gegenwart der mit gefalteten Händen am Bett stehenden Mutter meistens schnell, ohne Sinn und Verstand, heruntergeleiert wurde: »Hab' ich Unrecht heut' getan, sieh es, lieber Gott, nicht an. Deine Gnad' und Christi Blut macht ja allen Schaden gut. Amen.«
34 Im Gegenteil: Nach der Prophezeiung des Sacharja (Sach.13.3) ist es gerade der »falsche« Prophet, der »durchbohrt« werden wird. Daß in der alten Kirche von einigen Kirchenvätern dennoch gelegentlich der Versuch unternommen wurde, in den Kreuzestod eine (verschlüsselte) Prophezeiung hineinzulegen, ist in Anbetracht der dem Weissagungsbeweis beigemessenen großen Bedeutung verständlich. Man bezieht sich dabei auf Jes.53, den sogenannten Deutero-Jesaja, wo vom »leidenden Gottesknecht« die Rede ist, einer Gestalt, die bereits erschienen, aber in ihrer Bedeutung unbekannt geblieben, verachtet worden und schmachvoll gestorben und begraben worden sei, dann aber auferstehen werde, um die Herrlichkeit der göttlichen Verheißung zu erfüllen.
35 Siehe dazu eingehend unten, S. 310 ff.

4. Kapitel: Wie, wann und wo geboren

1 Dies ist die griechische Übersetzung des Alten Testaments, die im Zuge der alexandrinischen Eroberung und der damit verbundenen Hellenisierung Palästinas auf Anordnung des Griechenkönigs Ptolemaios II. (308–246 v. Chr.) vermutlich in Alexandrien von 70 (rabbinischen) Dolmetschern gefertigt wurde – wobei die Geschichte von der Anzahl der Dolmetscher wohl Legende sein dürfte. Von besonderer Wichtigkeit war, daß dadurch auch die in der Diaspora lebenden, nur griechisch sprechenden Juden ihre Bibel lesen konnten.
2 Zitiert nach Ranke-Heinemann, S. 54 f.
3 Kolping (S. 322): »Die Sendung eines Engels zu einer Jungfrau ist für damaliges jüdisches Empfinden ungewöhnlich.«

4 Das räumt auch Kardinal Ratzinger ein, indem er schreibt: »Der Mythos von der wunderbaren Geburt des Retterkindes ist in der Tat weltweit verbreitet«, woraus er folgert, daß »die verworrenen Hoffnungen der Menschheit auf die Jungfrau-Mutter« vom neuen Testament aufgenommen wurden (zitiert nach Ranke-Heinemann, S. 46).

5 Es überzeugt mich nicht, wenn der katholische Neutestamentler Otto Knoch (S. 221) Apg.1.14 heranzieht, um daraus »Anzeichen einer urchristlichen Marienverehrung« herzuleiten. Das Gegenteil ist der Fall. Denn abgesehen davon, daß Maria in Apg.1.14 nur ganz nebenbei erwähnt wird, würden, wenn der betreffenden Stelle ein ausdrücklicher religiöser Verehrungscharakter zukäme, viele andere Personen, z. B. auch Maria Magdalena, auf dieselbe Verehrungsstufe gestellt sein.

6 Kolping (S. 319) weist darauf hin, daß im Judentum jeder erste Sohn den Titel »Erstgeborener« trug, ganz gleich, ob ihm Geschwister folgten oder nicht. Auch müßten die bei Markus und Matthäus genannten »Brüder« älter als Jesus gewesen sein, andernfalls wäre im Orient deren bevormundende Haltung, wie sie z.B. in Mk.3.21 zum Ausdruck kommt, unverständlich. Waren sie aber älter, können sie nicht Söhne Marias gewesen sein, da ja Jesus der »Erstgeborene« ist.

7 Vgl. Schwabe, S. 38.

8 Blinzler (S. 392) z. B. setzt das Wort »Brüder« in Anführungszeichen. Im Protevangelium des Jakobus werden die Geschwister Jesu als Kinder des Joseph aus einer früheren Ehe dargestellt. In der Herder-Bibel kann man zu Mt.12.46 in der Anmerkung lesen: »Die Worte ›Bruder‹ und ›Schwester‹ können nach hebräischem, aramäischem und griechischem Sprachgebrauch auch als Kurzbezeichnung für Verwandte im weiteren Sinne gebraucht werden.«

9 Siehe Craveri, S. 25 f. Angesichts dieses Tatbestandes hätte Joseph die Möglichkeit gehabt, gegen seine Verlobte ein Strafverfahren wegen Ehebruchs in Gang zu setzen, was möglicherweise mit einem Todesurteil für Maria geendet hätte. Auf die zwei Zeugen, welche die Anschuldigung an sich bestätigen müssen, um zu einer Verurteilung zu gelangen, hätte man in Anbetracht der Evidenz verzichten können. Auch die berühmt-berüchtigte »Spuntlochprobe«, die mit Rabbi Gamaliel in Verbindung gebracht wird, wäre hier als Beweismittel wohl nicht in Betracht gekommen. Bei der Spuntlochprobe (nach heutigem Verständnis ohnehin ein untaugliches Mittel) mußte sich die des Ehebruchs verdächtigte Frau auf das Spuntloch eines Weinfasses hocken. Roch ihr Atem dann nach Wein, so galt sie als überführt, roch er nicht danach, galt sie als unschuldig.

10 Zitiert nach Ranke-Heinemann, S. 51.

11 Nach heutigem Verständnis ist eine Frauenhaarflechterin eine Friseuse – ein Beruf, der Maria auch im modernen Judentum gelegentlich nachgesagt wird.

12 Salcia Landmann entrüstet sich (S. 310):»Es exkulpiert nicht, daß etliche Rabbinen ohne Griechischkenntnisse den dummen Plot von einem Techtelmechtel Mariä mit einem römischen Söldner namens Panthera oder Pandera erfunden und die Ehre dieser ohne Zweifel sehr braven Frau takt- und sinnlos befleckten.«

13 Vgl. Kolping, S. 322.

14 Vgl. Ranke-Heinemann, S. 26 f.

15 Allerdings war schon das vermutlich am Ende des zweiten Jahrhunderts verfaßte Protevangelium des Jacobus »zur Verherrlichung der Maria geschrieben, die jetzt auch Davididin ist (übrigens schon von Justin behauptet), deren Jungfrauschaft im Sinne der Unverletztheit verstanden wird, und wo die Brüder Jesu Kinder des Joseph aus einer früheren Ehe sind« (Kolping, S. 321, Fn. 42).

16 Craveri, S. 35.

17 Noch genauer: Kaiser Aurelian änderte 274 n. Chr. freiwillig seinen Status als Gott und erklärte den »sol invictus« zum Titulargott des Reiches, als dessen irdischer Regent er sich empfand.

18 Tabellarische Übersicht bei Edwards, S. 25 ff.

19 Zumindest anläßlich dieses Aufstandes konnte er fliehen, möglicherweise ist er später doch noch in die Hände der Römer gefallen und dann hingerichtet worden. In der Apostelgeschichte (5.37) wird der Eindruck vermittelt, Judas von Gamala sei im Zug des Aufstandes im Jahre 6 oder 7 umgekommen.

20 Möglicherweise waren Johannes die synoptischen Evangelien aber auch unbekannt (vgl. oben S. 49).

21 Hans Conzelmann (Religionen, S. 624) weist darauf hin, daß Galiläa seit den ersten Deportationen durch die Assyrer zwar stark überfremdet, dann aber durch die Makkabäer rejudaisiert worden sei. Zu Jesu Zeiten war zumindest der ländliche Kern vorwiegend jüdisch.

22 zitiert nach Deschner, S. 154. Siehe auch Schoeps, S. 23.

23 Siehe oben, S. 34.

5. Kapitel: Vorfahren und Familie

1 Ben-Chorin, Mutter Mirjam, S. 63.

2 Ranke Heinemann, S. 96.

3 Zitiert nach Ranke-Heinemann, S. 94.

4 Flusser, Selbstzeugnisse S. 22.

5 Hanna Wolff, S. 157 f.

6. Kapitel: *Jesu Fremdheit bleibt*

1 Auf derselben bombastisch-peinlichen Ebene liegt der in gestelztem Deutsch gemachte Ausspruch von Franz Alt (S. 26 seines Buches), mit dem er sich bei der Frauenbewegung anbiedern möchte: Überall dort, wo heute eine Frau unterdrückt wird, werde Jesus »neu gekreuzigt«.

2 Rudolf Augstein (S. 229 f.) bringt eine Zusammenstellung der wesentlichen Auffassungen, die über Jesu äußeres Erscheinungsbild kursieren.

3 Zitiert bei Baetz/Mack, S. 32.

4 Angeführt bei Bösen, S. 369, Anm. 30.

5 Warum überhaupt muß in das Gleichnis so viel hineingeheimnist werden? Kann man es nicht als Wiedergabe einer allen Völkern seit Urgedenken bekannten Volksweisheit sehen, daß die Zuspätkommenden gegenüber den Pünktlichen benachteiligt werden? »Wer zu spät kommt, den bestraft das Leben.« Oder: »Wer nicht kommt zur rechten Zeit, der muß sehen, wo er bleibt.«

6 Ranke-Heinemann, S. 170 f.

7 Mk.14.3-9; Mt.26.6-13; Joh.11.2, 12.1-8. Nur bei Johannes wird diese Frau mit Namen genannt.

8 Craveri, S. 291.

9 Evangelium des Philippus, §§ 32, 55 b. Zitiert nach Vardiman.

10 Siehe aber Paulus 1.Kor.9.5, wo ganz generell von den Ehefrauen der Apostel gesprochen wird.

11 Zitiert nach E. E. Vardiman, S. 108.

12 Quelle: Zander, S. 80.

13 Vgl. auch Mt.25.14-30.

II. Teil
Zur Sache

7. Kapitel: Zum Passionsbericht

1 Conzelmann, Religionen, S. 646.

2 Der Ex-Dominikanermönch Zander (S. 38) hält für denkbar, daß manche von ihnen auch einfach das ungeheure Marschtempo nicht haben mithalten können oder wollen, das Jesus ihnen abverlangte.

3 Flavius Josephus, Jüdische Altertümer XVIII.5.2; siehe auch unten, S. 338.

4 Zander, S. 52 f.

5 Übernommen von Bätz/Mack, S. 76 (Traktat Shabat 31a).

6 Siehe dazu auch unten S. 338.

7 Bei der Übertragung von Sach.9.9 bringt Matthäus allerdings eine Kuriosität ins Spiel, die zu heftigen theologischen Diskussionen geführt hat. Er geht irrtümlich von zwei Eseln aus, einer Eselin mit ihrem Füllen, und Jesus habe sich gleichzeitig auf beide gesetzt.

8 Zitiert nach Edwards, S. 17.

9 Vgl. dazu oben, S.72 ff.

10 Ben-Chorin, Bruder Jesus, S. 161; Stegemann, S. 356; ausführlich Bösen S. 76 ff. Die drei Autoren kommen zu einer Verneinung der Theorie, daß Jesus das Passahfest auf essenische Art gefeiert haben könnte.

11 Pesch, Der Prozeß Jesu, S. 56.

12 Siehe die tabellarische Übersicht bei Edwards, S. 81 ff. – wobei Edwards als Anthroposoph allerdings im Endergebnis zu einem anderen Todesdatum als die meisten übrigen Forscher kommt: Ebenso wie Rudolf Steiner nimmt Edwards den 3.4.33 an.

13 Vgl. dazu unten, S. 315.

14 Hier wird nur wiederholt, was das Zweite Vaticanische Konzil in der Dogmatischen Konstitution »lumen gentium« verkündet hatte: »Ihre Vereinigung mit dem Sohn hielt sie (Maria) in Treue bis zum Kreuz, wo sie nicht ohne göttliche Absicht stand, heftig mit ihrem Eingeborenen litt …, indem sie der Darbringung des Schlachtopfers, das sie geboren hatte, liebevoll zustimmte.«

15 Enzyklika, »Ad diem illum«, 1904, angeführt bei Ranke-Heinemann, S. 329.

16 Zitiert nach Bösen, Anm. 275 auf S. 405.

17 Angef. bei Ranke-Heinemann, S. 329, mit Quellennachweis.

18 Lukas spricht in einer allgemein gehaltenen Form:»Alle seine Bekannten aber standen in einiger Entfernung (vom Kreuz), auch die Frauen,
die ihm seit der Zeit in Galiläa nachgefolgt waren und die alles mit ansahen.« (Lk.23.49).

19 Korrekt ist die Wiedergabe in der ökumenischen Einheitsübersetzung
der Bibel, Herder 1980; s. a. H. Merkel, angef. bei Kümmel, S. 399.

20 Conzelmann, angef. bei Strobel, S. 10, Fn. 22.

8. Kapitel: Die Römer, nicht die Juden

1 Die syrischen Söldner haben sicherlich kein Hebräisch verstanden, ihre
Sprache war Aramäisch. Insbesondere darf man bei ihnen keine
Bibelkenntnis voraussetzen. Die ironische Bemerkung, die sie gemacht
haben sollen:»Halt, laßt sehen, ob Elia komme und ihn abnehme«
(Mk.15.36) ist mit Sicherheit nicht historisch.

2 Hengel, S. 176, unter Berufung auf Y. Yadin und die Tempelrollen von
Qumran.

3 Hengel, erläutert bei Kümmel, S. 410.

4 Angef. bei Craveri, S. 394, mit Quellennachweis.

5 Vgl. dazu Hengel, angef. bei Kümmel, S. 409.

6 Übernommen von Bösen, Anm. 154 auf S. 401.

7 Die Beschreibung wurde übernommen von Bätz/Mack, S. 96, Abb. S.
113.

8 Gemeint ist Kardinal Meisner – siehe dazu Ranke-Heinemann, S. 330 f.

9 Eine übersichtliche Zusammenstellung der Argumente gibt Strobel, S.
23 ff. Siehe im übrigen auch Schnackenburg, Joh.18.31, mit zahlreichen
Literaturhinweisen. Schnackenburg selbst neigt zwar zur Annahme
einer nicht vorliegenden Vollstreckungskompetenz, läßt die Frage letzten Endes aber doch offen. Besonders eingehend mit dieser Frage hat
sich Karlheinz Müller im Frühjahr 1987 auf der Tagung der deutschsprachigen katholischen Neutestamentler in Graz befaßt (Quaestiones
Disputatae, S. 41 ff.). Müller führt viele Argumente ins Feld, die gegen
eine bestandene Todesstrafenkompetenz sprechen könnten. Es ist ihm
m. E. aber nicht gelungen, die Fülle der Gegenargumente zu widerlegen.

10 gl. oben, S. 83.

11 Siehe dazu oben, S. 171.

12 Siehe dazu oben, S. 157.

13 Abb. bei Flusser, Selbstzeugnisse S. 107; Bätz/Mack, S. 29.

14 Flavius Josephus, Jüdische Altertümer, XX.9.1.

15 Angef. bei v. Schlotheim, S. 21.
16 Vgl. Anton Mayer, S. 310.
17 Kraft der Wurzel, S. 134.
18 In seinem Buch »Pontius Pilatus Defensus«, s. Blinzler, S. 24.
19 Vgl. Theodor Mommsen, Römisches Strafrecht, 1899, S. 240.
20 Doerr (unter Berufung auf Mommsen), S. 53.
21 Vgl. auch Flavius Josephus, Jüdischer Krieg II.8.1.
22 Flavius Josephus, Jüdischer Krieg II.20.5: »Josephus (sc. Kaiphas) bestimmte also aus der Mitte des Volkes die einsichtsreichsten Ältesten als höchste Behörde für ganz Judäa. In jeder Stadt setzte er sieben Richter für die kleineren Rechtssachen ein, denn Angelegenheiten von größerer Bedeutung und Mordfälle sollten nach seiner Anordnung ihm selbst und den 70 Ältesten vorgelegt werden.« S. a. Jüdische Altertümer, 4.8.14-16. Die besondere Rolle der Zahl 70 hat ihr Vorbild bei Ex.24.1.
23 Bei Lukas fehlt die Verspottungsszene durch römische Soldaten. Dieser Evangelist will am konsequentesten darlegen, daß Rom niemals christenfeindlich war.
24 Wie streng man es damals mit der Bestattung von Toten angesichts des nahenden Festtags nahm, beschreibt Ernst Haenchen (S. 540) mit folgender Geschichte: »Ein Mann, der am Freitag im Sterben lag, sagte zu seinen Angehörigen: Ich weiß schon, warum ihr mir die Augen zudrückt und die Nase zuhaltet; ihr wollt den Sabbat nicht verletzen. Ich will es aber auch nicht, und darum fahrt nur fort.«
25 La date de la Cène, 1957, s. Blinzler, S. 109 ff.
26 G. Kroll, S. 375.
27 Pesch (Prozeß Jesu, S. 15) bezeichnet sie abwertend als »Bandenkrieger«. Er gebraucht das Vokabular, dessen sich eine Besatzungsmacht bedient, der die Freischärler im besetzten Land zu schaffen machen. So z. B. waren Spezialeinheiten der deutschen Wehrmacht in Frankreich, Jugoslawien oder Rußland zur »Bandenbekämpfung« eingesetzt. In den Augen der römischen Besatzungsmacht waren natürlich auch die jüdischen Zeloten »Banditen«. Der Staat Israel hingegen ist heute stolz auf seine antiken Zeloten. Symbolstätte des zelotischen Widerstands ist die oberhalb vom Toten Meer gelegene Festung Masada, in deren Ruinen die israelischen Rekruten vereidigt werden.
28 Markus (15.32) und Matthäus (27.44) zufolge haben beide »Schächer« ihn gleichermaßen geschmäht.
29 Jüdische Altertümer, XVII.10.8.
30 Der Verstoß gegen die lex Julia maiestatis ist aufgeführt im Corpus iuris, Dig.48.4.1,1: »Maiestatis autem crimen illud est, quod adversus populum Romanum, vel adversus securitatem eius committitur.« Es handelt sich, grob gesprochen, um den Tatbestand des Hochverrats. Die dafür vorgesehene Strafe war, je nach dem Stand des Delinquenten, die Kreu-

zigung, der Tod durch wilde Tiere im Zirkus oder Deportation auf eine Insel (Dig.48.19.38).

31 Ernst Haenchen , zitiert bei Kolping, S. 663.

32 Lapide (Wer war schuld), S. 73.

33 Lohse und Ernst Haenchen , zitiert bei Kolping S. 625.

34 Prozeß Jesu, S. 38.

35 Der Chronologie des Johannes-Evangelisten zufolge, die mit der der Synoptiker nicht in Einklang zu bringen ist, übte Jesus zwischen seiner Rückkehr nach Jerusalem anläßlich des Passahfestes und seinem Tode allerdings keine öffentlichen Handlungen mehr aus, vgl. dazu oben, S. 7.

36 Die Ersatzwahl des Mattias als zwölften Apostel (Apg.1.21-26) hat erst 40 Tage später stattgefunden.

37 Ranke-Heinemann, S. 153:»Johannes hat offenbar bemerkt, daß bei einer Schilderung, bei der Judas die ganze Zeit beim Mahl anwesend ist, gar keine Zeit für einen Verrat wäre, und korrigiert jetzt eine solche Darstellung dahingehend, daß er Judas das Mahl verlassen läßt« (Joh.13.30).

38 Übernommen von Bösen, S. 373, Anm. 26.

39 Siehe Walter Jens, S. 85. Vgl. auch Salcia Landmann, S. 260.

40 Gegner Jesu, S. 203.

41 »Von den Juden und ihren Lügen«, zitiert nach Jens, S. 88.

42 Bei Lukas (22.48) heißt es:»Judas, mit einem Kuß verrätst du den Menschensohn?« Ein christliches »Auch du, Brutus?«.

43 Jesus, S. 154.

44 Man kann diese Anrede wohl auch anders auslegen, als Ben-Chorin es tut, nämlich »mein Freund« im Sinne des herablassenden »mein Lieber« oder »Freundchen«. Ob übrigens Judas wirklich mit »mein Freund« angeredet wurde, erscheint deswegen fraglich, weil dabei wieder der Verdacht einer Erfüllungslegende besteht:»Auch mein Freund, dem ich vertraute, der mein Brot aß, tritt mich mit Füßen.« (Ps.41.10); »Denn nicht mein Feind beschimpft mich, das würde ich ertragen; nicht ein Mann, der mich haßt, tritt frech gegen mich auf, vor ihm könnte ich mich verbergen. Nein, du bist es, ein Mensch aus meiner Umgebung, mein Freund, mein Vertrauter, mit dem ich, in Freundschaft verbunden, zum Haus Gottes gepilgert bin inmitten der Menge.« (Ps.55.13-15).

45 Jens, S. 57.

46 Zitat übernommen von Meinrad Limbeck, S. 85 f. Auch der Franziskanerpater ist eine Fiktion, wie der ganze Bericht von Jens – siehe dort S. 95.

47 Jens, S. 24, 37.

48 Bösen, S. 145.

49 Ben-Chorin (Bruder Jesus, S. 188).

50 Mk.15.16; Mt.27.27; Apg.21.31.

51 Apg. 21.31, 22.24; 23.10; 24.7. Siehe im einzelnen Blinzler, S. 90 ff.

52 Zitiert nach Lapide, Wer war schuld an Jesu Tod, S. 54.

53 Genau andersherum sieht es Otte (S. 1022): »Ganz ungezwungen ist daher die Annahme, die jüdische Obrigkeit habe sich aus Sorge vor gewaltsamem Widerstand bei den Römern Verstärkung besorgt, sei aber von den beteiligten Soldaten zunächst, d. h. bis zur Übergabe an Pilatus, als Herrin des Verfahrens angesehen worden.«

54 Klausner, S. 471, unter Berufung auf Flavius Josephus.

55 J. G. Sadosan, zitiert bei Kümmel, S. 402.

56 Ganz richtig kann die Wiedergabe dessen, was Kaiphas im Hohen Rat nach der Luther-Übersetzung gesagt haben soll, aber auch schon deswegen nicht sein, weil die »Wegnahme von Land« in jenen Jahren gewiß noch nicht aktuell war; den Juden ihr Land weggenommen haben die Römer erst nach dem Jahr 70 (Zerstörung Jerusalems durch Titus). Das war die Zeit, in der die Evangelien geschrieben wurden. Die richtige Übersetzung heißt im übrigen nicht »Land«, sondern »Ort«. Hans Maaß (S. 31) läßt dahingestellt, ob damit der Tempel oder ganz Jerusalem gemeint ist. In der Übersetzung der Herder-Bibel heißt es: »die heilige Stätte«.

57 Lapide, Wer war schuld an Jesu Tod, S. 107 – wobei leider anzumerken ist, daß Lapide, wenn er die Auffassungen anderer Autoren übernimmt, mit den Quellenhinweisen sehr sparsam verfährt. Der Brillanz seiner eigenen Gedanken und seiner Formulierungskunst tut dies allerdings keinen Abbruch.

58 Übernommen von Strobel, S. 4. Ausführlich und überzeugend zur historischen Situation und der sich daraus ergebenden Beurteilung: Heinz Kremers, S. 87 f. Vgl. ferner Hildegard Gollinger, S. 897 ff., die es versteht, in knapp vier Spalten eines Lexikons einen exegetisch hervorragenden Überblick über die Prozeßproblematik zu geben.

59 Zitiert bei Lüdemann, S. 64, Fn. 187.

60 Deswegen scheidet auch aus, daß es sich bei dem sogenannten »Grabtuch von Turin« um das Leintuch handelt, in das Jesus gewickelt sein soll. Für die in diesem Buch behandelten Fragen ist das Geheimnis des Tuches sowieso ohne Belang. Es könnte, wenn es sich als »echt« herausgestellt hätte, nur belegen, daß die Römer Jesus gekreuzigt haben. Im übrigen haben inzwischen unabhängig von einander durchgeführte wissenschaftliche Untersuchungen ergeben, daß das Linnen aus dem Mittelalter (zwischen 1260 und 1390) stammt. Wir haben es also mit einer Fälschung zu tun. Dieses Ergebnis wird auch vom Vatikan akzeptiert. Ungeklärt ist allerdings weiterhin, auf welche Weise der lebensgroße Abdruck eines 1,75 Zentimeter großen, bärtigen und vielfach geschundenen Gekreuzigten mit einem verehrungswür-

digen Antlitz auf das Leinentuch gelangt ist (vgl. Bösen, Anm. 47 a auf
S. 398).

61 Diese Splitter hatten sich in so wundersamer Weise vermehrt, daß, fügte
man sie alle wieder zu Kreuzen zusammen, nunmehr ein ganzer Wald an
Kreuzen entstünde.

62 Drewermann, S. 104.

63 Schmithals, Wer war verantwortlich für den Tod Jesu? (Rezension von
Frickes Buch »Standrechtlich gekreuzigt«, in: Der Tagesspiegel,
22.12.1987).

64 Mk.12.1-12; Mt.21.33-46; Lk.20.9-19.

65 Bösen nähert sich mit diesen Sätzen der Formulierung der bedeutenden
amerikanischen Theologin Rosemary Ruether, welche die Christologie
»die linke Hand des Antisemitismus« nennt – so wie insgesamt die amerikanischen (aber auch die französischen) Theologen weit mehr als die
deutschen (die sich als ursprünglich zerstrittene Brüder oft in antijüdischer Ökumene getroffen haben) das Problem des christlichen
Antisemitismus beschäftigt.

66 R. Ruether, S. 101 ff.

67 Mit Recht weist Hans Maaß (S. 24 f.) unter Berufung auf Ruth
Kastning-Olmesdahl darauf hin, daß man in den Formulierungen zwar
zurückhaltender geworden ist, es aber gerade eben zu dieser
»Zurückhaltung« gehört, daß man die »heilsgeschichtlichen
Konsequenzen« nicht mehr direkt historisch in der umstrittenen
»Beteiligung der Juden am Prozeß gegen Jesus« sieht, »sondern in den
Motiven, die einen angeblich unversöhnlichen Gegensatz zwischen
Jesus und dem offiziellen Judentum bedingt haben sollen«.

68 Siehe dazu im einzelnen oben, S. 34.

69 Siehe dazu oben, S. 49f.

70 Siehe dazu oben, S. 85.

71 Siehe dazu Mt.22.35; Apg.5.34. Es gab aber wohl auch Schriftgelehrte
bei den Sadduzäern. Kolping (S. 270) bezeichnet die Schriftgelehrten als
»eine der drei Gruppen im jerusalemischen Synedrion«.

72 Ben-Chorin, Paulus, S. 190, mit Quellennachweis.

73 Kurt A. Speidel, S. 33.

74 Thoma, zitiert bei Mussner, S. 281.

75 Deutlich dargelegt wird die Situation in der Encyclopaedia Judaica, Bd.
10: »Both of the chief sources of the Synoptic Gospels, the old account,
and the collection of Jesus' sayings, were produced in the primitive
Christian congregation in Jerusalem, and were translated into Greek
from Aramaic or Hebrew. They contained the picture of Jesus as seen by
the disciples who knew him. The present Gospels are redaction of these
two sources, which were often changed as a result of ecclesiastical ten-
dentiousness. This becomes especially clear in the description of Jesus'

trial and cruxifixion in which all Gospel writers to some degree exaggerate Jewish »guilt« and minimize Pilate's involvement. As the tension between the Church and the Synagogue grew, Christians were not interested in stressing the fact that the founder of their faith was executed by a Roman magistrate. But even in the case of Jesus' trial, as in other instances, advance toward historical reality can be made by comparing the sources according to principles of literary criticism and in conjunction with the study of the Judaism of the time.«

76 Zitate nach Lapide, Jesu Tod durch Römerhand, S. 239.
77 Man stelle sich eine Darstellung der Ereignisse in Frankreich zwischen 1940 und 1944 vor, in welcher die deutsche Besetzung nur ganz am Rande erwähnt wird.
78 Er wandelte, S. 44.
79 Siehe Blinzler, S. 15 ff.; Ben-Chorin, Bruder Jesus, S. 191 f.

9. Kapitel: Angeblicher Prozeß vor dem Synedrium

1 Siehe dazu Überblick bei Heinz Kremers (S. 78 ff.), Professor für ev. Theologie und ihre Didaktik an der Universität Duisburg-Gesamthochschule, einer neben Schalom Ben-Chorin, Pinchas Lapide, Paul Gerhard Aring, Hans Maaß und Peter Fiedler herausragenden Persönlichkeit im christlich-jüdischen Dialog, dessen plötzlicher Tod Anfang der neunziger Jahre eine schmerzliche Lücke in diesen Dialog gerissen hat.
2 Küng, S. 320 ff.; Bornkamm, S. 143 ff.; Holtz, S. 128.
3 Angef. bei Trilling, Fragen, S. 132.
4 Flusser, Selbstzeugnisse (S. 117) mit Quellennachweis. Demgegenüber meint Blinzler (S. 220), daß das »kleine Synedrium« in der Zeit Jesu noch nicht bekannt war.
5 Siehe oben, S. 84.
6 Dazu recht ausführlich Bösen, S. 167 ff.
7 Vgl. Ben-Chorin, Bruder Jesus, S. 198.
8 Nicht nur Glaubenszeugnis, sondern Glaubensschöpfungen der Gemeinde (sog. vaticinia ex eventu) sind die drei Leidensweissagungen Jesu in Mk.8.31, 9.31, 10.33. In der ersten deutet er die Beteiligung des Synedriums an; in der zweiten läßt er offen, wer ihn töten wird; in der dritten kündigt er an, daß er vom Synedrium zum Tode verurteilt werden wird.
9 Juri Eckstein, Freiburg, maschinenschriftliches Manuskript eines im Frühjahr 1986 gehaltenen Vortrags (leider ohne Quellenangabe). Dem stellt Blinzler (S. 216 ff.) die Hypothese entgegen, es habe zur Zeit Jesu

nicht das in der Mischna festgelegte pharisäische Strafprozeßrecht gegolten, sondern das harte sadduzäische. Mit diesem sadduzäischen Prozeßrecht aber sei das scheinbar illegale Strafverfahren gegen Jesus vereinbar gewesen. Gegen diese Hypothese Blinzlers wiederum wendet sich u. a. auch Strobel (S. 48 ff.) mit überzeugenden Argumenten.

10 Siehe dazu oben, S. 201 ff.

11 So jedenfalls berichten Markus (14.53-54) und Matthäus (26.57-58). In offenbar beabsichtigter Abweichung davon berichtet Lukas nicht von dieser Nachtsitzung in der Residenz des Hohenpriesters, sondern von einer Versammlung des Synedriums am nächsten Morgen (Lk.22.66). Strobel (S. 66) schließt daraus, daß es eine »ursprüngliche Traditionsgeschichte« gegeben habe, »in der anscheinend das Verhör im hochpriesterlichen Palast und die entscheidende Verhandlung im Versammlungsraum des Synedriums noch getrennt waren.« Einen »Beweis« für diese These sieht er darin, daß lt. Mk.14.60 der Hohepriester »in die Mitte« trat, und damit könne nur der halbkreis-förmige Versammlungsraum des Hohen Rates gemeint sein.

12 Harald von Mendelssohn, S. 67, mit Quellennachweis.

13 Lukas zufolge hat es eine einzige Gegenstimme (Joseph von Arimathia) gegeben; siehe dazu oben S. 210 sowie unten S. 284.

14 Blinzler, S. 199. Chaim Cohn, der jetzt in Jerusalem lebende, inzwischen pensionierte Präsident des Obersten Gerichts des Staates Israel, wider-spricht dem allerdings in einem Brief, den er mir schrieb. Er führt diese vielfach vertretene Auffassung auf eine falsche Quelleninterpretation zurück. Die richtige Lesung sei, daß, wenn Einstimmigkeit herrsche, die Richter nach Hause entlassen werden. Sie müssen dann erneut zusammenkommen, um zu beraten.

15 Kolping (S. 640) allerdings meint, daß das doch eine Rolle gespielt haben müsse: »Wenn diese (die Tempelreinigung) nicht ausdrücklich erwähnt wird, so könnte das an der Unvollständigkeit und Zufälligkeit der überlieferten Einzelheiten liegen.«

16 Prozeß Jesu, S. 31 ff., 41, 45.

17 »Der Prozeß gegen Jesus«, Aufsatz von Karlheinz Müller in: Quaestiones Disputatae, S. 43.

18 Theissen, zitiert bei Reinbold, S. 115.

19 Der Verfasser des Buches Daniel, auf den die frühen Christen sich vor-zugsweise hinsichtlich einer angeblich prophezeiten Zerstörung des Tempels berufen haben (Dan.9.27 i.V.m. Mt.24.15), wird in der weite-ren Kirchengeschichte hierfür nicht mehr in Anspruch genommen, seit Porphyrios nachgewiesen hat, daß Daniel nicht als Prophet voraussah, sondern vielmehr über die Vergangenheit berichtete (Wilken, S. 152).

20 Zitiert bei von Mendelssohn, S. 68, mit Quellennachweis.

21 Vgl. ebenso Mk.6.4; Mt.13.57; Lk.4.24.

22 Zum Stand der kontroversen Diskussion hierüber siehe z. B. Bösen, Anm. 146 auf S. 381.

23 Siehe Lapide, Der Jude Jesus, S. 34 f. Vgl. auch oben, S. 40 f.

24 U. a. Conzelmann, S. 646. Das »Schreien der Steine« ist durch den Propheten Habakuk inspiriert: »Es schreit der Stein in der Mauer, und der Sparren im Gebälk gibt ihm Antwort.« (Hab.2.11)

25 Gerhard Schneider, Taschenbuchkommentar, S. 387.

26 Siehe dazu Bösen, Anm. 160 auf S. 381.

27 Zitiert bei Augstein, S. 74 f.

28 Blinzler, S. 192.

29 Klausner, S. 474, mit Quellennachweis.

30 Ebenso Fiedler, S. 13.

31 Übernommen von Bösen, Anm. 162 auf S. 381.

32 Ben-Chorin, Bruder Jesus, S. 197.

33 Hingegen Schnackenburg (zitiert bei Bösen, S. 191) in vornehm distanzierter Formulierung: »Das Judentum hatte eine geordnete Rechtspflege, und eine solche Entgleisung der höchsten Richter ist kaum vorstellbar.«

34 Vgl. die detaillierte Aufführung bei Bösen, S. 189.

35 Ebenso Küng, Christ sein, S. 321.

36 Mussner, Kraft der Wurzel, S.129.

37 Diese Auffassung wird sogar von Josef Blinzler (S. 192 ff.) zurückgewiesen.

38 Dabei ist es gerade Bösen, der auf Seite 215 seines exzellenten Buches schreibt: »Zu solch allgemeiner Begrifflichkeit greift in der Regel, wer nichts oder wenig Konkretes weiß.«

39 Zitiert nach Blinzler, S. 189, Fn.15.

40 Nach den Ergänzungen und der Übersetzung von Fitzmyer hat das Fragment folgenden Wortlaut (übernommen von Mussner, S. 297): »But your Son shall be great upon the earth, O King! All men shall make peace, and all shall serve him. He shall be called the Son of the Great God, and by his name shall he be named. He shall be hailed as the Son of God, and they shall call him Son of the Most High. As comets flash to the sight, so shall be their kingdom.«

41 Robert L. Wilken, S. 192: »Bei den Juden greift Julian ihren Anspruch des Auserwähltseins als den anstößigsten heraus: ›Moses sagt, daß der Schöpfer des Weltalls das hebräische Volk auserwählt habe, daß er sich um dieses Volk allein kümmere und für es sorge und daß er es allein in seine Obhut nehme. Doch darüber, wie und durch welche Götter die übrigen Völker regiert werden, hat er kein Wort gesagt.‹ Diese Vorstellung vom Auserwähltsein, bemerkt Julian, wurde ebenfalls von den Christen übernommen. Denn ›Jesus der Nazarener und auch Paulus, der alle Magier und Quacksalber jedes Orts und jeder Zeit über-

traf, behaupten, daß er der Gott von Israel und von Judäa sei und daß die Juden sein auserwähltes Volk seien‹. An einer anderen Stelle, wo er von Jesus spricht, fragt Julian, warum Gott den Juden Propheten sandte, ›uns aber keinen Propheten, keinen Gesalbten, keinen Lehrer, keinen Vorläufer, um seine Menschenliebe zu verkünden, die eines Tages, wenn auch spät, sogar auch uns erreichen sollte? ... Ist er der Gott von uns allen und der Schöpfer von allem, warum hat er uns so vernachlässigt?‹«

42 Vgl. z. B. Strobel, S. 73.

43 Flusser, Selbstzeugnisse, S. 83.

44 Übrigens wird auch alle Tierquälerei ein Ende haben:»Und ich will zur selben Zeit für sie einen Bund schließen mit den Tieren auf dem Feld, mit den Vögeln unter dem Himmel und mit dem Gewürm des Erdbodens und will Bogen, Schwert und Rüstung im Land zerbrechen und will sie sicher wohnen lassen.« (Hos.2.20).

45 Zitiert nach Wilken, S. 208. Unbeschadet dieser Kritik hat Porphyrios einen erfolgreichen Kampf gegen das Heidentum geführt, dem eine besondere Bedeutung insofern zukommt, als etwa ein halbes Jahrhundert zuvor Kaiser Julian, den die Christen»Apostata« (= den Abtrünnigen) nannten, versucht hatte, das Christentum als Staatsreligion wieder abzuschaffen und an seine Stelle ein in neuplatonischem Geist erneuertes Heidentum einzuführen. Porphyrios war im Kampf gegen das Heidentum so erfolgreich, daß er trotz seiner Kritik an der Verfremdung des Christentums heiliggesprochen wurde. Sein Tag ist der 26. Februar.

46 Ich habe allerdings Bedenken, ob Ben-Chorin hier recht hat. Auch der Blinde von Jericho (Mk.10.51) nannte Jesus»Rabbuni«, jedenfalls dem griechischen Urtext zufolge.

47 In Jerusalem existierte eine eigene Jakobusgemeinde, deren Mitglieder sich – offenbar stark beeinflußt von Qumran – die»Armen« (Ebionim) nannten. Es gehörten ihr auch Pharisäer an. Die jüdischen Behörden ließen die Jakobusgemeinde, jedenfalls in den ersten Jahrzehnten, unbehelligt. Auch in der jüdischen Diaspora wurden dann ebionitische Kreise gegründet. Schon hundertfünfzig Jahre später aber, als in der Kirche nur noch die Lehre des Paulus, nicht aber die des Jakobus etwas galt und auch das Ideal der Armut nicht mehr den Stellenwert von einst besaß, wurden die Ebioniten als Häretiker verdammt – im Grunde folgerichtig angesichts der Tatsache, daß sie Jesus als Messias, nicht aber als»eingeborenen« Sohn Gottes im Sinne der schon frühchristlichen Kirchenlehre ansahen. Vgl. dazu oben, S. 33 f.

48 In Gal.4.4 allerdings scheint Paulus von einem anderen Zeitpunkt des Beginns der Gottessohnschaft auszugehen.

49 Vgl. Apg. 15.1-35 sowie oben, S. 32f., 187 ff.

50 Überzeugende Ausführungen hierzu macht Küng, Christ sein, S. 219 ff.

51 Craveri, S. 120.
52 Vgl. Wilken, S. 189.
53 In Gal.3.20 war Jesus nicht einmal eine Mittlerrolle zugesprochen worden: »Einen Mittler gibt es nicht, wo nur einer handelt. Gott aber ist ›der Eine‹.«
54 Zitiert nach Schwabe, S. 121.

10. Kapitel: Rechtsbrüche außerhalb der Anklage?

1 Die letzten Tage Jesu in Jerusalem, S. 35.
2 Zitiert nach Ben-Chorin, Bruder Jesus, S. 193.
3 Vgl. dazu oben, S. 171 f.
4 Siehe Ben-Chorin, Bruder Jesus, S. 193.
5 Siehe H. Braun, S. 81.
6 1.Makk.2.33-36.
7 Encyclopaedia Judaica, Bd. 10: »According to the Synoptic Gospels, Jesus did not heal by physical means on the Sabbath but only by words, healing through speech having always been permitted on the Sabbath, even when the illness was not dangerous.« Vgl. auch Maccoby, S. 230, mit Quellennachweis.
8 Vgl. dazu auch Schmithals S. 192.
9 Fragen zur Geschichtlichkeit Jesu.
10 Weiteres Material aus den Evangelien zur Stellung Jesu in der Frage nach »rein« und »unrein« sind die Erzählungen über die Heilung von Aussätzigen. Dazu eingehend Mussner, Kraft der Wurzel, S. 100 f.
11 The Trial and Death of Jesus, New York 1971.
12 Vgl. S. 84.
13 Käsemann, S. 188.

11. Kapitel: Gelitten unter Pontius Pilatus

1 Jüdische Altertümer XVIII. 5.2; siehe auch oben, S. 171.
2 Flavius Josephus, Jüdische Altertümer, XX.5.3; Jüdischer Krieg II.12.1.
3 Z.B. Hans Maaß, Für ein neues Verhältnis zwischen Christen und Juden, Idstein 1995, S. 80.
4 Siehe dazu oben, S. 256.
5 Vgl. Bösen, S. 230.
6 Zitat übernommen von Bösen, S. 213.

7 Zitiert nach Bösen, S. 262.
8 Vgl. oben S. 282.
9 Siehe dazu Schoeps, S. 32.
10 Siehe oben, S. 212.
11 Von der Kämpfernatur des Messias geht (versehentlich?) sogar Paulus (Röm1.3) aus.
12 Eine eingehende textkritische Analyse zum Einzug Jesu in Jerusalem bringt Reinbold, S. 131 ff.
13 Vgl. Flusser, Die letzten Tage Jesu in Jerusalem, S. 46.
14 Siehe dazu oben, S. 263 ff.
15 Zitiert nach Strack/Billerbeck, S. 156.
16 Er predigte in ihren Synagogen, S. 39.
17 Küng, Christ sein, S. 194.
18 An dieser Feststellung – keine Regel ohne Ausnahme – ändert nichts die Tatsache, daß der Führer des jüdischen Aufstandes gegen Rom im Jahre 66 ein Sadduzäer war: Eleazar, der Sohn des Hohenpriesters Ananos.
19 Augstein, S.45, mit Quellennachweis.
20 Vgl. dazu oben, S. 223.
21 Mommsen, S. 340 f.
22 Küng, Christ sein, S. 181.
23 Siehe dazu oben, S. 35 f.
24 Vgl. dazu oben, S. 186.
25 Zitiert bei Pagels, S. 143.
26 Vgl. dazu aber oben, S. 80 f.
27 Zitiert nach Pagels, S. 133.
28 Gemeint ist der – im Ritual umstrittene – fünfte Becher des Sedermahls: der Kelch der Bitternis und des Todes (Ben-Chorin, Bruder Jesus, S. 182 ff.).
29 Zur Gottesanrede Jesu s. a. Bätz/Mack, S. 95.
30 Goguel, angeführt bei Blinzler, S. 31, Fn.41.
31 Siehe Otte, S. 1021, unter Hinweis auf Digesten 48.4.1.1.
32 Vgl. oben S. 216 f.

12. Kapitel: Der Prokurator und die Juden

1 Pesch, Markus, S. 413, weist darauf hin, daß Mk.14.2 (ebenso Mt.26.4-5) unrichtig mit »nicht während des Festes« übersetzt wird; richtig muß es heißen »innerhalb der Festmenge«. Der Ausdruck ist also lokal zu verstehen (s. a. Schmithals, Taschenbuchkommentar, S. 588).
2 Küng, Christ sein, S. 318 f., hebt hervor, daß die Differenzierung zwi-

schen jüdischem Volk und seinen Führern ursprünglich wichtig war. Der Ausdruck »die Juden« in negativer Bedeutung erscheint im Johannes-Evangelium einundsiebzigmal, in allen übrigen Evangelien zusammen »nur« elfmal.

3 Mein ehemaliger Lehrer Franz Wieacker, der 1994 verstorbene, international hochangesehene Freiburger und Göttinger Professor für römisches und internationales Privatrecht, zog in einem mir geschriebenen Brief (als Reaktion auf mein Buch »Standrechtlich gekreuzigt«) diese Parallele.

4 Wer war schuld an Jesu Tod?, S. 72, mit Quellenangabe.

5 Zitiert nach Flusser, Jesus in Selbstzeugnissen, S. 141, Anm. 223. Vgl. auch Fiedler, S. 12.

6 Claude Aziza in: Journal für Geschichte 3/86, S. 52 ff.

7 Jüdische Altertümer XVIII.3.1.2.

8 Siehe Bösen, S. 245.

9 Lapide, Jesu Tod durch Römerhand, S. 242.

10 Eine zwar unsinnige und in der Formulierung nicht gerade ausgereifte, aber (aus seiner Sicht) sehr schön theologische Erkenntnis gibt Pesch zum besten, indem er folgendes schreibt (Der Prozeß Jesu, S. 69, 71): »Die Gemeinden der Evangelisten wußten noch, daß ... alle für den Tod des Messias mitverantwortlich waren, sofern sie der Feindschaft gegen Gott Raum gewährt hatten ... ›Die Juden‹, das sind in diesem Sinne auch die Christen, die im Gottesvolk die Sache des Widersachers Gottes betreiben.«

11 Trilling, Israel, S. 72.

12 Trilling, Israel, S. 70 f., weist unter Quellen- und Textangabe allerdings darauf hin, daß es sich bei dieser Sentenz um eine formelhafte Wiedergabe alttestamentlich verwurzelten Gedankengutes handeln könnte. Trilling übersieht aber die aus 2.Kön.14.6, Ez.18.19-20, insbesondere aber aus Dtn.24.16 sich eindeutig ergebende Gegenmeinung. Ähnlich wie Trilling auch Gubler, S. 29. Eine wiederum andere Meinung vertritt Klaus Haacker: Mt.27.25 sei eine christologische Deutung im Hinblick auf die jüdische Generation des Aufstandes der Jahre 66–74. Nur mit dieser Generation seien die »Kinder« gemeint.

13 P. Lapide/U. Luz, Der Jude Jesus, S. 10.

14 Siehe dazu näher Hans Kühner, S. 335.

15 Zitiert bei Lapide, Jesu Tod durch Römerhand, S. 239. Origenes wurde von der Kirche als Häretiker verdammt, aber natürlich nicht wegen der hier zitierten Kommenarstelle, sondern weil er nicht an die biologische Gottessohnschaft Jesu glaubte (s.oben, S. 322).

16 Thomas von Aquin, Super Evangelium S. Matthaei Lextura, Turin-Rom 1951 (Marietti) 2343 (zu Mt.27.25).

17 Zitiert nach Deschner, S. 458, mit Quellennachweis.

18 Übernommen von Bösen, Anm. 240 auf S. 391.

19 Blinzler zitiert dabei in einer Fußnote (S. 314) einen Satz von Ben-Chorin, Bruder Jesus, um den Anschein hervorzurufen, er und Ben-Chorin stimmten in dem Punkt überein. Der Satz bei Ben-Chorin lautet (S. 208):»Es wird sich nicht mehr ausmachen lassen, ob dieser Schrei (gemeint ist Mt.27.25) jemals wirklich ausgestoßen wurde. Ich halte es jedenfalls für möglich, obwohl die Formulierung ungewöhnlich ist.« Wohlweislich unterschlägt Blinzler, was Ben-Chorin wenige Sätze später (S. 209) schreibt:»Selbst wenn aber tatsächlich einige wilde Schreier oder von der Clique des Hohenpriesters abhängige und bezahlte Kreaturen einen solchen Schrei ausgestoßen haben sollten, könnte dieser Ausbruch des organisierten Volkszornes noch nicht einmal den Juden Jerusalems in toto und den Festpilgern aus dem übrigen Lande und der Diaspora zur Last gelegt werden, noch weniger der Masse der Juden im übrigen Lande, die von den Vorgängen nicht die geringste Ahnung hatten, bestimmt nicht den Gemeinden von Alexandrien bis Rom, und am allerwenigsten den Juden späterer Generationen.«

20 Zitiert nach Lapide, Jesu Tod durch Römerhand, S. 249. Kolping (Theologische Revue), S. 274:»Oberammergau entsprang einem historisch engen Bewußtseinshorizont, dessen Nachwehen auch bei Blinzler und Stauffer zu finden sind.« Favorisiert wurden die Oberammergauer Festspiele von Adolf Hitler, dem die Darstellung des Pontius Pilatus bei den Aufführungen besonders gefiel,»erscheint dieser doch als ein rassisch und intelligenzmäßig so überlegener Römer, daß er wie ein Fels inmitten des vorasiatischen Geschmeißes und Gewimmels wirkt« (zitiert nach Ranke-Heinemann, S. 126).

21 Ein klassischer Fall des Vorwurfs»mittelbarer« Täterschaft ist auch in der sogenannten Pfingstrede des Petrus enthalten – Apg.2.22-23: »Israeliten, hört diese Worte: Jesus von Nazareth ... habt *ihr* durch die Hand von Gesetzlosen ans Kreuz geschlagen und umgebracht.« Der Vorwurf»unmittelbarer« Täterschaft wird einige Verse später erhoben, Apg.2.36:»Diesen Jesus, den *ihr* gekreuzigt habt.« Der Verfasser der Apostelgeschichte (Lukas) setzt damit eine bereits von Paulus vierzig Jahre zuvor begonnene Polemik fort, 1.Thess.2.15:»Diese (die Juden) haben sogar den Herrn Jesus getötet.«

22 Mag es sich bei ihnen auch um eine ziemlich spät eingebrachte Einfügung handeln, der Ausspruch als solcher also unhistorisch sein. Kolping (S. 662):»In den jüdischen Märtyrergeschichten bittet der Märtyrer nie für seine Peiniger.«

23 Zitiert nach Lapide, Der Jude Jesus, S. 10.

24 Christ sein, S. 616.

25 Dogmatik, IV.3, 1007, zitiert nach Lapide, Der Jude Jesus, S. 19.

26 Zitiert nach Lapide, Wer war schuld an Jesu Tod, S. 90.
27 Übernommen von Bösen, Anm. 328 auf S. 394.
28 Quelle: Hans Kühner, S. 350.
29 Übernommen von Bösen, S. 198.
30 Angef. bei Reinbold, S. 198 Fn. 337.
31 Unter Berufung auf Strobel und Schneider.
32 Allerdings wird auch angedeutet, daß die Juden in Unwissenheit gehan-
    delt hätten – so Apg. 2.23, 36; 4.10.
33 Angeführt bei Blinzler, S. 277, Fn. 3.
34 Trilling, Das wahre Israel, S. 73.
35 Vgl. dazu oben, S. 183.
36 Quelle bei Blinzler, S. 27, Fn. 32.
37 Pilatus sagt demzufolge also nicht von sich, daß er Jesus für den Messias
    halte, noch daß Jesus sich selbst dafür halte. Nur die Leute sagen von
    ihm, er sei der Messias.
38 Nestle-Aland: Novum Testamentum Graece, Stuttgart 1979.
39 Oxford University Press/Cambridge University Press 1970.
40 Er wird als »lestes« bezeichnet, was man sowohl mit »Räuber« als auch
    mit »Aufständischer« übersetzen kann
41 Diese von mir 1986 auf S. 280 f. (Mai-Verlag » Standrechtlich gekreu-
    zigt«) vorgetragene Auslegungsvariante übernimmt Lapide (allerdings
    ohne Quellenhinweis) auf S. 84 seines 1987 erschienenen Buches »Wer
    war schuld an Jesu Tod?«.
42 Siehe oben , S. 105 f.
43 Siehe Michael Grant, S. 220, mit Quellennachweis.
44 Das Neue Testament Deutsch, »Ausgabe letzter Hand« 1545/46,
    Deutsche Bibelgesellschaft, Stuttgart 1982, S. 61.
45 Dazu kritisch Fiedler, S. 12.
46 Strobel, S. 120, mit Quellenangaben.
47 Cod. Theod. 9.38.3 ff.
48 Wer war schuld an Jesu Tod, S. 83 f.
49 Die Dornenkrone erwähnt nur Johannes. Daß Jesus sie bei der
    Kreuzigung noch getragen habe, läßt sich aber auch dem Johannes-
    Evangelium nicht entnehmen.
50 Daß der Evangelist hier »die Hohenpriester« sprechen läßt, hat nur
    redaktionelle Bedeutung; im Kontext bleiben es »die Juden«. Dazu
    Fiedler, S. 13: »Dem jüdischen Volk wird mit dem historisch unvorstell-
    baren Wort Joh.19.15 vorgeworfen, es sage sich von seinem Glauben,
    seiner Heilshoffnung los. Das ist nah an Mt.27.25.«
51 Siehe Craveri, S. 396.
52 Apologeticum, 21.24: »Et ipse iam pro conscientia Christianus.« Ein
    gewisser Wandel in der Beurteilung des Pilatus trat allerdings ab dem
    vierten Jahrhundert ein, nachdem sich das Römische Reich zum Chri-

stentum bekannt hatte. Seither hat es auch viele Verdammungsschriften über ihn gegeben.

53 U. a. Roger Chaillois, »Pontius Pilatus«; Michael Plauelt, »Sache Jesus«.

Epilog

1 Hingewiesen sei an dieser Stelle auf Willy Brandt und Roman Herzog, die sich bei ihren Staatsbesuchen in Warschau als couragiert und ehrenhaft erwiesen haben, indem sie das polnische Volk offiziell um Vergebung des Unrechts und Leides, das diesem Volk von Deutschen zugefügt worden ist, gebeten haben.

2 Abgedruckt bei Friedrich Heer, Vorspruch.

Literaturverzeichnis

Aring, P. G.: Christen und Juden heute – und die »Judenmission«?, Frankfurt (Main) 1987

Aufhauser, J. B.: Antike Jesus-Zeugnisse, Stuttgart 1925

Augstein, R.: Jesus Menschensohn, München 1972

Bätz, K./Mack, R.: Sachtexte zur Bibel, Lahr-München 1985

Ben-Chorin, Sch.: Bruder Jesus, München 1967

Ben-Chorin, Sch.: Mutter Mirjam, München 1971

Ben-Chorin, Sch.: Paulus, München 1981

Benz, E.: Der gekreuzigte Gerechte bei Plato, im Neuen Testament und in der alten Kirche, Wiesbaden 1950

Bleicken, J.: Verfassungs- und Sozialgeschichte des römischen Kaiserreichs, Bd. 2, Paderborn–München–Wien–Zürich 1981

Blinzler, J.: Der Prozeß Jesu, Regensburg 1969

Bösen, W.: Der letzte Tag des Jesus von Nazareth, Freiburg im Breisgau 1994

Bornkamm, G.: Jesus von Nazareth, Stuttgart 1977

Bornkamm, G.: Paulus, Stuttgart 1977

Braun, H.: Jesus, der Mann aus Nazareth und seine Zeit, Stuttgart–Berlin 1969

Bultmann, R.: Jesus, Gütersloh 1977

Burckhardt, J.: Die Zeit Constantins des Großen, Stuttgart 1970

Carmichael, J.: Leben und Tod des Jesus von Nazareth, München 1966

Cohn, C.: The Trial and Death of Jesus, New York 1971

Conzelmann, H.: Grundriß der Theologie des Neuen Testaments, München 1968

Conzelmann, H.: Die Religionen in Geschichte und Gegenwart, Tübingen 1959

Craveri, M.: Das Leben des Jesus von Nazareth, Stuttgart 1970

Czermak, G.: Christen gegen Juden, Geschichte einer Verfolgung, Nördlingen 1989

Dautzenberg, G.: Der Jesus-Report und die neutestamentliche Forschung. Eine Auseinandersetzung mit Johannes Lehmanns Jesus-Report, Würzburg 1970

Deschner, K.: Abermals krähte der Hauhn, Düsseldorf 1980

Dibelius, M.: Jesus, Berlin 1960

Doerr, F.: Der Prozeß Jesu in rechtsgeschichtlicher Bedeutung, Berlin–Stuttgart–Leipzig 1920

Drewermann, E.: Das Matthäus-Evangelium, Olten 1992

Drews, A.: Die Christusmythe, Jena 1909

Edwards, O.: Chronologie des Lebens Jesu und das Zeitgeheimnis der drei
Jahre, Stuttgart 1978

Encyclopaedia Judaica: Stichwort »Jesus«, Bd. 10, Jerusalem 1973

Fiedler, P.: Die Passion und »die Juden« – Last und Chance der Glaubens-
vermittlung, in: Katechetische Blätter 110 (1985); S. 10–17

Flavius Josephus: Geschichte des jüdischen Kriegs. Übersetzung von H. Clementz, Wiesbaden 1982

Flavius Josephus: Jüdische Altertümer. Übersetzt und mit Einleitung und Anmerkung versehen von H. Clementz, Wiesbaden 1982

Flusser, D.: Die letzten Tage Jesu in Jerusalem, Stuttgart 1982

Flusser, D.: Jesus in Selbstzeugnissen und Bilddokumenten, Reinbek 1978

Friedell, E.: Der historische Jesus Christus, Salzburg-Wien 1947

Gibbon, E.: Verfall und Untergang des römischen Reiches (Nachdruck),
Nördlingen 1987

Gnilka, J.: Jesus von Nazareth, Freiburg im Breisgau 1993

Goguel, M.: Das Leben Jesu, Zürich 1934

Goldschmidt, H.L./ Limbeck, M.: Heilvoller Verrat? Judas im Neuen Testament, Stuttgart 1976

Gollinger, H.: Prozeß Jesu, in: Praktisches Bibellexikon, Freiburg im Breisgau
1977

Grant, M.: Jesus, Bergisch Gladbach 1979

Gubler, M.-L.: Juden und Christen – die fremden Brüder, Stuttgart 1981

Haacker, K.: Sein Blut über uns, Erwägungen zu Matthäus 27.25, in: Kirche
und Israel, 1/86, S. 47 ff.

Haas, K.: Standrechtlich gekreuzigt, in: Verwaltungsblätter für Baden-Würt-
temberg, Heft 6/1988, S. 322 ff.

Haenchen, E.: Der Weg Jesu, Berlin 1968

Harenberg, W. (Hrsg.): Was glauben die Deutschen?, München 1968

v. Harnack, A.: Das Wesen des Christentums, Stuttgart 1903

Heer, F.: Gottes erste Liebe, München-Esslingen 1967

Hengel, M.: Mors turpissima crucis, in: Festschrift für Käsemann, Tübingen
1976

Holl, A.: Jesus in schlechter Gesellschaft, Stuttgart 1971

Holtz, T.: Jesus aus Nazareth, Zürich-Einsiedeln-Köln 1981

Jens, W.: Der Fall Judas, Stuttgart 1985

Käsemann, E.: Das Problem des historischen Jesus, Bd. I, Göttingen 1960

Kastning-Olmesdahl, R..: Die Juden und der Tod Jesu – Antijüdische Motive
in evangelischen Religionsbüchern, in: H. Jochum/ H. Kremers (Hrsg.):

Juden, Judentum und der Staat Israel im christlichen Religionsunterricht in der Bundesrepublik Deutschland, Paderborn-München-Wien-Zürich 1980

Klausner, J.: Jesus von Nazareth, Jerusalem 1952

Knoch, O.: Standrechtlich gekreuzigt, in: Anzeiger für die Seelsorge, Heft 6/1987, S. 220 ff.

Kolping, A.: Fundamentaltheologie, Bd. II, Regensburg-Münster 1974

Kolping, A.: Standrechtlich gekreuzigt. Neuere Überlegungen zum Prozeß Jesu, in: Theologische Revue, Heft 4/1987, S. 265 ff.

Kremers, H.: Die Juden und der Tod Jesu als historisches, theologisches und religionspädagogisches Problem, in: H. Jochum/ H. Kremers (Hrsg.): Juden, Judentum und Staat Israel im christlichen Religionsunterricht in der Bundesrepublik Deutschland, Paderborn-München-Wien-Zürich 1980

Kroll, G.: Auf den Spuren Jesu, Leipzig 1964

Kühner, H.: Die ungelöste Frage: Vatikan-Judentum-Israel, in: N. Greinacher/H. Küng (Hrsg.): Katholische Kirche – Wohin? Wider den Verrat am Konzil, München 1986

Kümmel, W. G.: Dreißig Jahre Jesusforschung: 1950-1980, Bonn 1985

Küng, H.: Christ sein, München 1975

Küng, H.: Das Judentum, München 1991

Landmann, S.: Jesus und die Juden, München-Berlin 1987

Lapide, P.: Jesu Tod durch Römerhand?, in H. Goldstein (Hrsg.): Gottesverächter und Menschenfeinde?, Düsseldorf 1979

Lapide, P./Lutz, U.: Der Jude Jesus, Zürich-Einsiedeln-Köln 1980

Lapide, P.: Paulus, Rabbi und Apostel, Stuttgart-München 1981

Lapide, P.: Ein Flüchtlingskind, München 1981

Lapide, P.: Mit einem Juden die Bibel lesen, Stuttgart 1982

Lapide, P.: Er wandelte nicht auf dem Meer, Gütersloh 1984

Lapide, P.: Er predigte in ihren Synagogen, Gütersloh 1985

Lapide, P.: Wer war schuld an Jesu Tod?, Gütersloh 1987

Lehmann, J.: Das Geheimnis des Rabbi J., Hamburg 1985

Levinson, N. P.: Nichts anderes als Jude, in: H. Goldstein (Hrsg.): Gottesverächter und Menschenfeinde?, Düsseldorf 1979

Limbeck, M.: s. Goldschmidt

Lüdemann, G.: Die Auferstehung Jesu, Göttingen 1994

Lutz, U.: s. Lapide

Maaß, H.: »Soll ich euren König kreuzigen?«, in: G. Büttner/ H. Maaß (Hrsg.): Erziehen im Glauben, Karlsruhe 1989

Maccoby, H.: König Jesus, die Geschichte eines jüdischen Rebellen, Tübingen 1982

Mack, R./ Volpert, D.: Der Mann aus Nazareth – Jesus Christus, Stuttgart 1981

Mackey, J. P.: Jesus, der Mensch und der Mythos, München 1981

Mayer, A.: Der zensierte Jesus, Olten-Freiburg 1983

v. Mendelssohn, H.: Jesus – Rebell oder Erlöser, Hamburg 1981

Mommsen, Th.: Das Weltreich der Römer, Nachdruck, Stuttgart (ohne Jahr)

Müller, K.: Möglichkeit und Vollzug jüdischer Kapitalgerichtsbarkeit im Prozeß gegen Jesus von Nazareth, in: Quaestiones Disputatae, Freiburg im Breisgau 1988

Mußner, F.: Traktat über die Juden, München 1979

Mußner, F.: Die Kraft der Wurzel, Freiburg-Basel-Wien 1987

Otte, G.: Neues zum Prozeß gegen Jesus? in: Neue Juristische Wochenschrift 1992, S. 1019 ff.

Pagels, E.: Versuchung durch Erkenntnis, Die gnostischen Evangelien, Frankfurt (Main) 1987

Pesch, R.: Das Markusevangelium, II. Teil, Freiburg-Basel-Wien 1980

Pesch, R.: Der Prozeß Jesu geht weiter, Freiburg im Breisgau 1988

Pöhlmann, H.G.: Wer war Jesus von Nazareth? Gütersloh 1987

Ranke-Heinemann, U.: Nein und Amen, Anleitung zum Glaubenszweifel, Hamburg 1992

Reinbold, W.: Der älteste Bericht über den Tod Jesu, Berlin 1993

Renan, E.: Das Leben Jesu, Berlin 1864

Ritt, H.: Wer war schuld am Tod Jesu, in: Biblische Zeitschrift, Sonderdruck 1987/31. Jahrgang

Ruether, R.: Nächstenliebe und Brudermord, Die theologischen Wurzeln des Antisemistismus, München 1978

Schillebeeckx, E.: Jesus. Die Geschichte von einem Lebenden, Freiburg-Basel-Wien 1975

v. Schlotheim, H. H.: Der Prozeß gegen Jesus von Nazareth, Hamburg 1959

Schmithals, W.: Ökumenischer Taschenbuchkommentar zum Neuen Testament, Bd. 2/1, Würzburg 1979

Schmithals, W.: Wer war verantwortlich für den Tod Jesu? in: Der Tagesspiegel, Ausgabe vom 22.12.1987

Schnackenburg, R.: Das Johannes-Evangelium, III. Teil, Kommentar zu Kap. 13–21, Freiburg-Basel-Wien 1979

Schnackenburg, R...: Die Person Jesu Christi im Spiegel der vier Evangelien, Freiburg im Breisgau 1993

Schneider, G.: Jesus vor dem Synedrium, in: Bibel und Leben, 11. Jg. 1970

Schneider, G.: Ökumenischer Taschenbuchkommentar zum Neuen Testament, Bd. 3/2, Würzburg 1977

Schoeps, H.J.: Das Judenchristentum – Untersuchungen über Gruppenbildungen und Parteikämpfe in der frühen Christenheit, Dalp-Tschenbuch 1964

Schonfield, H. J.: Der lange Weg nach Golgatha, Bergisch Gladbach 1978

Schwabe, H.: Was ist Wahrheit? Der historische Jesus, Frankfurt (Main) 1989

Schweitzer, A.: Geschichte der Leben-Jesu-Forschung, Bd. 1, Gütersloh 1977

Simonis, W.: Jesus von Nazareth, Düsseldorf 1985

Speidel, K. A.: Das Urteil des Pilatus, Stuttgart 1976

Stauffer, E.: Jesus. Gestalt und Geschichte, Bern 1957

Stegemann, H.: Die Essener, Qumran, Johannes der Täufer und Jesus, Freiburg im Breisgau 1993

Strack, H. L./ Billerbeck, P.: Kommentar zum Neuen Testament aus Talmud und Midrasch, München 1926, 10. Aufl. 1994

Swidler, L.: Der umstrittene Jesus, Stuttgart 1991

Trilling, W.: Fragen zur Geschichtlichkeit Jesu, Düsseldorf 1966

Trilling, W.: Gegner Jesu – Widersacher der Gemeinde – Repräsentanten der »Welt«, in H. Goldstein (Hrsg.): Gottesverächter und Menschenfeinde?, Düsseldorf 1979

Trilling, W.: Das wahre Israel, Leipzig 1975

Vardiman, E. E.: Die Frau in der Antike, Düsseldorf 1982

Wilken, R. L.: Die frühen Christen – wie die Römer sie sahen, Graz–Wien–Köln 1986

Wilckens, U.: Das Neue Testament (Wilckens-Bibel), Hamburg 1971

Winter, P.: On the Trial of Jesus, Berlin-New York 1974

Wolff, H.: Jesus der Mann. Die Gestalt Jesu in tiefenpsychologischer Sicht, Stuttgart 1975

Zahrnt, H.: Es begann mit Jesus von Nazareth, Stuttgart 1960

Zander, H. C.: Ecce Jesus, Reinbek 1992

Autorenverzeichnis

Register der Bibelstellen

Namen- und Sachregister

Rolf Winter
Wer, zur Hölle, ist der Staat?
Geständnisse, Fragen und Empörungen
eines Pazifisten
ISBN 3-89136-450-4

»Es ist ermutigend, daß es einen wie Rolf Winter gibt, der geradeaus denkend und mit kalter Wut die Realität so direkt und nüchtern beschreibt, daß der Leser oft ungewollt in lautes Lachen ausbricht, das ihm aber über dem, was Politiker und Militärs weltweit, am gründlichsten in Deutschland, angerichtet haben und täglich neu anrichten, rasch vergeht.«
DIE ZEIT

Rolf Winter
Hitler kam aus der Dankwartsgrube
(und kommt vielleicht mal wieder)
Eine Kindheit in Deutschland
ISBN 3-89136-413-X

»Rolf Winter will uns warnen – warnen davor, wieder Menschen auszugrenzen, uns abzufinden mit dem Skandal der Massenarbeitslosigkeit in den alten und einer bald noch viel größeren in den neuen Bundesländern« *DIE ZEIT*

Rolf Winter
Gottes eigenes Land?
Werte, Ziele und Realitäten der
Vereinigten Staaten von Amerika
ISBN 3-89136-321-4

»Rolf Winter enttarnt mit einer Fülle von Daten und Fakten die Weltführungsmacht USA, die sich gern ›Gottes eigenes Land‹ nennt und sich anschickt, der Welt ihre Ordnung zu oktroyieren.
Augsburger Allgemeine

RASCH UND RÖHRING VERLAG